国家社会科学基金重大项目"辽宋西夏金元族谱文献整理与研究"（19ZDA200）阶段性成果

西北大学"双一流"建设项目资助

辽宋金社会史论集

王善军 著

LIAO SONG JIN
SHEHUISHI LUNJI

人民出版社

责任编辑:贺　畅
文字编辑:黄煦明

图书在版编目(CIP)数据

辽宋金社会史论集/王善军 著. —北京:人民出版社,2022.10
ISBN 978－7－01－024924－7

Ⅰ.①辽…　Ⅱ.①王…　Ⅲ.①社会发展史-中国-辽宋金元时代-文集
　Ⅳ.①K240.7-53

中国版本图书馆 CIP 数据核字(2022)第 185585 号

辽宋金社会史论集
LIAOSONGJIN SHEHUISHI LUNJI

王善军　著

人民出版社 出版发行
(100706　北京市东城区隆福寺街 99 号)

北京九州迅驰传媒文化有限公司印刷　新华书店经销

2022 年 10 月第 1 版　2022 年 10 月北京第 1 次印刷
开本:710 毫米×1000 毫米 1/16　印张:22.25
字数:364 千字

ISBN 978－7－01－024924－7　定价:72.00 元

邮购地址 100706　北京市东城区隆福寺街 99 号
人民东方图书销售中心　电话 (010)65250042　65289539

目 录

CONTENTS

序

　　本论集所收的文章，大都发表于最近十年。从文章题目可以看出，基本是关于辽朝或宋朝的，但也有几篇涉及金朝或其他政权，内容上则多属于社会史领域，故名曰《辽宋金社会史论集》。本论集收录的文章，共有22篇，大体可分为以下四组。

　　首先是关于民族认同问题。民族作为经过长期的历史演化而形成的稳定共同体，日常生活方式的共同性是其重要标志之一。由于民族认同既包括低层次民族的认同，也包括高层次民族的认同，日常生活的相对稳定性和绝对变动性，一方面维持或强化了低层次的民族认同，另一方面也促进了高层次的民族认同。辽宋夏金时期，族际日常生活的交往比以前任何时期都频繁，融合度更高，各民族在日常生活中的广泛交往，有力地促进了高层次民族意识的产生和认同。因此，这一问题近年引起了我的较大兴趣，试图通过具体的历史事实来认识具有一定规律性的历史现象。这组文章涉及了中华一体意识、个案家族或特定群体日常生活演变中表现出来的民族认同以及饮食文化、人生礼仪和婚姻关系中的族际交流等问题。

　　其次是关于宗族与社会问题。宗族作为认识中国古代社会和中国传统文化不可或缺的社会组织，是我多年来最为注重的研究对象，研究成果大多收入相关的专著中。本论集所收的两篇论文，一篇论述了辽代的宗族字辈与排行，是以往学术界缺乏关注的问题；另一篇简单统计分析了宋代族谱序跋所涉家族的地域分布，可说是专门利用族谱文献的研究成果。包括族谱序跋在内的族谱文献，尚待系统整理和深入研究，这是我今后努力的学术方向之一。关于宋代社会的文章，涉及了举人群体的信仰、旌表制度、"八行科"以及南宋的社会特征等问题。

　　再次是关于人物、文献与史实的考证。历史学以研究人类的历史为主，离不开人物；历史学的支撑材料，无疑又是以文献记载为主，可惜我以往对这两个方面的专论并不多。这次编选文集，人物方面和文献考证方面所收文章各有一篇，分别涉及了辽道宗皇后萧观音和辽圣宗贵妃墓出土的《故贵妃萧氏玄堂志铭》。史实考证和文献考证一样，均是历史学研究的基本手段，尽管我的专题论文写作均以此为基础，但近年针对具体的某项史实进行的考证，也仅有两篇，亦收入该组。这两篇文章，分别涉及了翰林天文和折家将的作战对象。

最后是关于研究方法和研究综述。历史学的研究方法多种多样，除学科发展长期积累的各种基本研究方法外，在某项具体研究领域，还可以有更具针对性的研究方法。我在对世家问题的长期研究中，积累了一些认识，收入的文章，是对世家的个案与群体研究所作的总结。研究综述是对前人研究的认识，是进一步研究的基础。我在进行相关研究时，写作了若干综述文章。收入本论集的各篇研究综述，有的针对日常生活、宗族、民族融合等领域，也有的针对范围更为宽泛的社会史领域。

是为序。

10—13 世纪中国日常生活中的中华一体意识 *

在 10—13 世纪中华大地上，汉、契丹、党项、女真、渤海、奚、回鹘、吐蕃及南僚诸部等各民族之间不断交往、融合与认同。各民族交错杂居的生活环境，各政权相关政策的外力推动，促使了各民族间不断进行物质、精神层面的交流，促使人们夷夏观逐渐变化，各民族意识之上的一体意识得以产生和传播。这种民族认同的观念，在中华民族多元一体发展过程中，具有举足轻重的不可替代的作用。

10—13 世纪在中国历史上既是民族矛盾和冲突表现突出的阶段，又是民族交往和融合的活跃阶段，也是中华民族多元一体意识形成的关键时期。尽管民族认同的重要内容，就包括日常生活方式的认同，但以往学术界对民族间以日常生活为中心的交往和融合问题，却未给予足够的关注。事实上，10—13 世纪中国日常生活中各民族的交往与融合，不仅深刻反映着一个时代的社会文化变迁，而且具体体现了中华一体意识的深化与发展。

在 10—13 世纪辽、宋、西夏、金、元等多政权并存更替的政治背景下，中华大地上生活着汉、契丹、党项、女真、渤海、奚、回鹘、吐蕃及南僚诸部等众多的民族。三百余年间有十余个民族的统治者建立过区域性的政权，这些政权统治的范围或大或小，统治时间或长或短，计有数十个之多。各政权之间既有和平相处，频繁进行政治、经济、文化交流的时期，也有相互对抗、冲突攻伐的时期。就辽与中原王朝的关系而言，"辽之为国，邻于梁、唐、晋、汉、周、宋。

* 原载《光明日报》2018 年 4 月 23 日第 14 版。

晋以恩故，始则父子一家，终则寇雠相攻；梁、唐、周隐然一敌国"①。随着政权的更迭，疆域的变迁，大部分民族的分布地区比原来有较大规模的扩大，民族聚居的程度有所降低。同时，民族迁徙相当频繁，迁徙范围也不断扩大，分散居住、民族杂居日益明显。长期的杂居，使人们对同一民族在不同区域内的生存状况有不同认知，并形成"生""熟"族群的区分。辽朝有"生女真""熟女真"之别，金朝有"生塔坦""熟塔坦"之分，宋朝则更将周边少数民族视为生户、熟户加以区别。生熟族群的划分既反映出民族之间相互认同，也反映出民族之间的认知。"熟户"作为一个新出现的词，具有归属于王朝和反映民族认同的双重含义。如宋人曾说："回鹘自唐末浸微，本朝盛时，有入居秦川为熟户者。"②"熟户"既可用来界定群体，也可用来界定个人。如"原州熟户裴天下等"③。可见，"熟户"在民族认同的进程中成为一种身份认同的标识。

物质生活是人类生存的基础。族际日常物质生活的交流，对各族人民的民族意识和民族认同观念的发展，具有十分重要的作用。10—13世纪，无论在饮食和服饰方面，还是在居住和出行方面，中国境内各民族均有充分的交流。如饮食文化，尽管各主要民族均有较丰富的积累，并形成自己的饮食特色，但族际交流却不断加强。其中，游牧民族的饮食文化对农耕民族影响深远，主要表现在中原农耕民族传统的分餐制，逐渐为游牧民族的合餐制所取代。与饮食一样，各民族在服饰、居住、出行等方面都表现出相互交流、相互影响的特征。即使是北宋故都开封，在金统治下也曾出现"民亦久习胡俗，态度嗜好，与之俱化"④的情况。除衣食住行之外，在其他物质生活方面，也同样体现出族际文化的融合。各种器具、工艺品、金石、药物、香料等物品，不但在各政权内部的日常生活中有着比较充分的族际交流，而且在各政权间的贸易中，也占有很大比重。甚至在货币方面，少数民族政权也多使用宋朝铸币。宋人说"四夷皆仰中国之铜币"⑤或有夸大，但应该还是有一定事实依据的。这说明货币经济已出现了融为一体的征兆。各族人民在物质生活方面的长期接触，相互学习，彼此交

---

① 脱脱等：《辽史》卷三六《兵卫志下》，中华书局2017年版，第489页。

② 洪皓：《松漠纪闻》，见《全宋笔记》第3编第7册，大象出版社2008年版，第117页。

③ 李焘：《续资治通鉴长编》卷五四，咸平六年三月乙卯，中华书局2004年版，第1186页。

④ 范成大：《揽辔录》，见《范成大笔记六种》，中华书局2002年版，第12页。

⑤ 李焘：《续资治通鉴长编》卷二八三，熙宁十年六月壬寅，中华书局2004年版，第6929页。

流，推动了各族生活方式的发展和社会经济的进步，创造了灿烂的物质文明，为中华民族多元一体意识的产生和普及提供了物质基础。

与族际物质生活交往相伴而行，族际精神生活交往也同样范围不断扩大、程度不断加深。各民族在信仰上呈现出交流和互动的状态，这些信仰既包括祖先崇拜、萨满教、儒教、佛教、道教等，还有对天地山川等自然神的崇拜。其中，儒、释、道"三教合一"信仰的传播和发展引人注目。此外，尽管节日风俗比较能够表现民族特色，但不同民族间的文化影响已是一种难以阻挡的潮流。通过相互影响，一方面各民族的节日习俗渐趋同化；另一方面各民族相互的精神依赖和文化认同意识已明显增强，人生礼仪也表现出逐渐向社会下层普及和族际不断交流并日趋认同的趋势，具有鲜明的时代特征。宋代南方地区的桂州（今广西桂林），甚至已是"俗比华风，化同内地"[1]。在精神生活的交往和认同过程中，统一意识日益强烈。这种意识，从区域统一到天下统一，从文化到政治，无不有着充分的表现。所谓"万里车书已混同"[2]"天下一家，然后可以为正统"[3]等说法，均是其具体反映。这也正是人们对长期的政权分立阻碍日常生活交往的纠正，是中华一体意识发展变化的必然结果。

在各民族相互交往过程中，族际通婚现象自始至终都存在。族际婚既是民族交往的方式，又对民族关系、民族认同意识产生着深刻的影响。"你那里讨个南婆，我这里嫁个契丹。"[4] 以契丹族为代表的游牧民族与以汉族为代表的农耕民族之间的通婚，对双方的日常生活均产生了较大影响，亦最能反映族际婚的特点。当然，契丹、奚、室韦、回鹘、党项、吐谷浑等众多的游牧民族间交错分布，接触频繁，多种形式的族际通婚也广泛存在；汉、渤海、女真、白蛮、黎等农耕民族间也同样交往密切，族际通婚日益增多。通婚所带来的民族融合不仅是血缘的融合，也是文化的融合。通婚促进了各民族在政治、经济、文化以及风俗等方面的交流和发展，彼此加强了联系，增进了情感，在很大程度上消解了民族偏见。通婚者的后代有着较强的包容性，能兼容并蓄地接受父母传递的

---

① 王象之：《舆地纪胜》卷一〇三《广南西路》，中华书局 1992 年版，第 3157 页。
② 徐梦莘：《三朝北盟会编》卷二四二，绍兴三十一年十一月二十八日，上海古籍出版社 2008 年版，第 1741 页。
③ 脱脱等：《金史》卷一二九《佞幸·李通传》，中华书局 2020 年版，第 2937 页。
④ 吕居仁：《轩渠录》，见陶宗仪：《说郛》卷七，中国书店 1986 年版，第 14 页。

民族精神、民族感情以及生活方式等,对双方民族都有不同程度的认同。以族际婚家庭为核心,通过姻亲关系由近及远向外辐射,从而有利于在更大群体内形成兼容并蓄的社会意识与文化。该时期之所以产生了"华夷同风"[①]"契丹、汉人久为一家"[②]等中华一体观念和认同意识,显然与广泛存在的族际通婚息息相关。

只要人类群体在日常生活中不断进行交流,就必然产生不同类型和不同层次的认同意识。当族际交流达到一定程度时,就必然促使各种民族认同感的产生和增强;反过来,民族认同感也会促进民族间的交流与融合。10—13 世纪中国各民族认同观念的发展,主要表现为华夷同风观念的产生和发展。同时,随着族际交往的增强和民族意识的发展,特别是人们夷夏观的逐渐变化,各民族的中华一体意识得以产生和传播。这一意识在社会各领域有着广泛的表现,在政治上主要表现为各民族所建政权大多向"中国"意识靠拢,在日常生活中则表现为各民族相处时自认为"一家"的意识。这种民族认同的观念,在中华民族的形成和发展过程中,具有举足轻重的、不可替代的作用。时至今日,多元一体的中华民族之所以具有强大的凝聚力,很大程度上也正是历史上各民族在日常生活中不断交流和认同的结果。

---

① 脱脱等:《辽史》卷二一《道宗纪一》,中华书局 2017 年版,第 289 页。
② 脱脱等:《金史》卷七五《卢彦伦传》,中华书局 2020 年版,第 1823 页。

家族嬗变与民族融合[*]

——从耶律倍到耶律希亮的个案家族考察

辽宋夏金元时期，北方地区的民族融合甚为明显。蒙古名相耶律楚材的家族，从辽初耶律倍传承至元代的耶律希亮等人，明显表现出民族文化的兼容性，成为具有代表性的个案。在北方民族大规模进入中原的过程中，耶律氏家族整体有南迁的趋势，并逐渐在中原地区定居生活。随着家族的迁徙，其婚姻关系呈现出族际广泛通婚的趋势。如果单从血缘关系来看，元朝时期的耶律氏家族成员，其契丹族血统已在不断稀释中淡化，多民族融合的成分已占主流地位。在社会交往方面，也较多地表现出与其他民族成员间的交际。其宗教信仰，则明显具有杂糅多种信仰的特点，并且具有渐趋以儒教为主的倾向，家族的政治观念也因此向以忠孝为核心的价值观发展。历数百年之嬗变，耶律氏家族的社会生活已在不断的民族交往中发生着变化，表现出明显的兼容性特征；其族群认同意识的发展，也反映出元代契丹族的族群意识已逐渐淡化。

辽宋夏金元时期，是中国历史上民族间相互交往、相互融合最为活跃的时期之一。在北方地区，民族融合尤为明显。许多在历史舞台上的活跃民族，如契丹、渤海、奚、党项、女真、汉（特别是辽、西夏、金统治区内的汉人）等，经过此时期的民族交往和融合，族群认同观念逐渐发生变化，从而形成一些新的民族群体，而原有族称甚至也逐渐消失在历史的长河中。蒙古名相耶律楚材的家族，从辽初耶律倍传承至元代的耶律希亮等人，作为演变较为清晰的个案家

---

    * 原载《中国社会历史评论》第 13 卷，天津古籍出版社 2012 年版。

族,特别是该家族在发展过程中表现出民族文化的兼容性,成为具有代表性的个案,值得深入剖析。因此,尽管学术界对这一家族的重要人物以及家族的某些侧面多有研究①,但从其家族嬗变过程来探讨族际互动的基本状况,以说明此时期北方民族融合的路径和过程,仍是十分必要的。本文侧重从社会生活的角度,对该问题作一较为具体的剖析,不妥之处,恳望方家教正。

一、耶律氏家族的传承与迁徙

辽代的耶律氏皇族,枝繁叶茂,子孙昌盛,衍及金元,亦不乏人。本节仅探讨从辽代耶律倍至金代耶律履再到元代耶律希亮等人的一系。由于史料记载较为丰富,这一支系的世系传承较为清晰,家族迁徙情况也基本有迹可循,以下略作述说。

(一)族系传承

耶律倍为辽太祖耶律阿保机的长子,小字图欲(突欲)。史载其"幼聪敏好学",尝"经略燕地"。他是最早接触中原文明的契丹上层人物之一。天显元年(926年),耶律倍随父出征,攻灭曾号称"海东盛国"②的渤海王国,改其国名为东丹。耶律倍称人皇王,依天子冠服,节制东丹,年号甘露,"置左、右、大、次四

① 学术界对耶律楚材家族有所涉及的研究成果,数量颇多。关于耶律氏家族人物的成果主要有:舒焚《东丹王耶律倍》(《湖北大学学报》1985年第2期)、王国维《耶律文正公年谱(附余录)》(《王国维集》第4册,中国社会科学出版社2008年版)、韩儒林《耶律楚材在大蒙古国的地位和所起的作用》(《穹庐集》,河北教育出版社2000年版)、罗贤佑《儒释思想影响与耶律楚材的心路历程》(《民族研究》1999年第3期)、刘晓《耶律楚材评传》(南京大学出版社2001年版)、刘晓《耶律希逸生平杂考》(《暨大史学》第2辑,暨南大学出版社2003年版)等。关于耶律氏家族世系的成果主要有:赵振绩《耶律楚材族系考》(《台北文献》第40期,台北市文献委员会1978年版)、刘晓《耶律铸夫妇墓志札记》(《暨南史学》第3辑,暨南大学出版社2004年版)、[澳大利亚] Igor de Rachewiltz (罗依果), A NOTE ON YELü ZHU 耶律铸 AND HIS FAMILY (见郝时远、罗贤佑主编:《蒙元史暨民族史论集:纪念翁独健先生诞辰一百周年》,社会科学文献出版社2006年版)等。关于耶律氏家族具体侧面的成果主要有:向南《辽代医巫闾地区与契丹耶律倍家族的崛起》(《社会科学辑刊》1994年第1期)、缪钺《耶律楚材父子与元遗山》(《重庆益世报》文史副刊1943年6月3日)、陈垣《耶律楚材父子信仰之异趣》(《陈垣学术论文集》第1集,中华书局1980年版)、孟广耀《苏东坡与耶律楚材家族的关系》(《民族研究》1982年第3期)、刘晓《赵衍父子与耶律家族——兼论元代的卢龙赵氏》(《欧亚学刊》第6辑,中华书局2007年版)等。

② 欧阳修、宋祁等:《新唐书》卷二一九《北狄·渤海传》,中华书局1997年版,第6182页。

相及百官，一用汉法"。耶律阿保机死后，作为嫡长子的耶律倍与乃弟德光在皇位继承问题上发生龃龉，因其母述律太后偏向德光而最终败北。德光称帝后，他遭到猜忌。德光不但"以东平为南京，徙倍居之"，而且还派了许多卫士"阴伺动静"。耶律倍有感于"以天下让主上，今反见疑"[①]的状况，遂浮海投奔后唐。

耶律倍有子5人，其中长子阮于辽太宗死后继位，是为辽世宗。阮子贤于穆宗死后继位，是为辽景宗。此后的辽代皇帝，均出自此一支系。耶律楚材的先祖娄国，为倍之次子。他于天禄五年（951年）遥授武定军节度使。后值耶律察割叛乱，世宗遇害，娄国随耶律璟平定叛乱，亲手杀了察割。耶律璟即位后，娄国被任命为南京留守、政事令。后因"穆宗沉湎，不恤政事"，娄国遂"有觊觎之心"。而在平定察割叛乱中立功的耶律敌猎等人，因不受重用而与其党谋立娄国。谋反事件失败后，辽穆宗将娄国"缢于可汗州西谷，诏有司择绝后之地以葬"[②]。尽管辽穆宗希望叛乱者"绝后"，但辽代早期对皇族谋乱者多不株连子孙。因而，娄国的子孙得以世代繁衍。

耶律娄国之后人，尽管在辽代史书中难见记载，但后世碑铭资料却有相关支系的清晰记载：

> 娄国生将军国隐，国隐生太师合鲁，合鲁生太师胡笃，胡笃生定远大将军内剌，内剌生银青荣禄大夫、兴平军节度使德元。[③]

这一世系记载，与有关耶律楚材身世的记载完全吻合。宋子贞撰写耶律楚材神道碑云："公讳楚材，字晋卿，姓耶律氏，辽东丹王突欲之八世孙。"[④]耶律楚材也在诗中称："自怜西域十年客，谁识东丹八叶孙。"[⑤]娄国之后的国隐、合鲁、胡笃、内剌4代，虽然有耶律楚材诗中所称"四世皆太师，名德超今昔"[⑥]的家族荣耀，但由于史载有阙，事迹难考，"太师"一职或有封赠而得者。如内剌，在

---

① 脱脱等：《辽史》卷七二《宗室·义宗倍传》，中华书局2017年版，第1334页。

② 脱脱等：《辽史》卷一一二《逆臣·耶律娄国传》，中华书局2017年版，第1651页。

③ 元好问著，狄宝心校注：《元好问文编年校注》卷五《故金尚书右丞耶律公神道碑》，中华书局2012年版，第693页。

④ 宋子贞：《中书令耶律公神道碑》，见耶律楚材：《湛然居士文集》附录，中华书局1986年版，第323页。

⑤ 耶律楚材：《湛然居士文集》卷三《过云中和张伯坚韵》，中华书局1986年版，第60页。

⑥ 耶律楚材：《湛然居士文集》卷一二《为子铸作诗三十韵》，中华书局1986年版，第270页。

其后人墓志铭中仅云"赠定远大将军"①。不过,作为皇族显贵中的一支,他们在辽朝具有优越的政治地位和仕宦条件。

自耶律德元时期起,随着辽王朝的灭亡,该家族成员由皇族而沦为金朝臣民,姓氏亦改称"移剌"(金亡后又改回耶律,本文为叙述方便,一律称耶律)。耶律楚材称"我祖建四节,功勋冠黄阁"②,说明德元改仕金朝后尚属荣达。德元之弟聿鲁生子履,德元"鞠以为子,遂为之后"。后德元又有亲子震。耶律履仕金而显,成为家族此时期的关键人物。③金朝统治者对契丹族采取既拉拢又防范的政策。金朝初期,许多降金的契丹人参加了对宋战争,成为女真人坚定的同盟者。金世宗有"海陵时,契丹人尤被信任"④之语。然而,随着正隆、大定间的契丹大起义,"契丹部族大抵皆叛"⑤,女真与契丹的关系恶化,金世宗又有"契丹岂肯与我一心也哉"⑥的感叹。而耶律履在金朝中期官拜尚书右丞,是为数不多的跻身金朝权力中心的契丹人之一。

耶律履有子3人,分别为辨才、善才、楚材。3人均在金朝入仕为官。辨才"以门资试护卫",历仕冀州录事判官、顺天军节度副使、京兆府兵马使、中京兵马副都指挥使等职。金元之交,改仕蒙古的耶律楚材"奉命理索""昆季北归"后,辨才"留寓真定"而终。⑦善才"弱冠以宰相子引见,补东上阁门祗候",仕至中京副留守、同知归德府事,于耶律楚材理索兄弟北归之时,"乞留死汴梁",最后竟"自投于内东城濠中水而殁"⑧。兄弟之中,楚材年龄与两位兄长相差较

① 元好问著,狄宝心校注:《元好问文编年校注》卷五《奉国上将军武庙署令耶律公墓志铭》,中华书局 2012 年版,第 711 页。

② 耶律楚材:《湛然居士文集》卷一二《为子铸作诗三十韵》,中华书局 1986 年版,第 270 页。

③ 关于聿鲁与德元的关系,宋子贞《中书令耶律公神道碑》记为"其弟"(耶律楚材:《湛然居士文集》附录,中华书局 1986 年版,第 323 页),《耶律铸墓志》记为"德元弟聿鲁"(《北京元代史迹图志》,北京燕山出版社 2009 年版,第 199 页),然元好问《故金尚书右丞耶律公神道碑》及《金史》卷九五《移剌履传》均记为"族弟"。按,德元为内剌之子,史无异载。元好问虽云聿鲁为德元族弟,然所撰辨才、思忠(善才)墓志铭,又均以聿鲁为内剌之子。既然德元、聿鲁均为内剌之子,则二人为兄弟关系无疑。

④ 脱脱等:《金史》卷八八《唐括安礼传》,中华书局 2020 年版,第 2087 页。

⑤ 脱脱等:《金史》卷九一《蒲察世杰传》,中华书局 2020 年版,第 2145 页。

⑥ 脱脱等:《金史》卷八八《唐括安礼传》,中华书局 2020 年版,第 2087 页。

⑦ 元好问著,狄宝心校注:《元好问文编年校注》卷五《奉国上将军武庙署令耶律公墓志铭》,中华书局 2012 年版,第 712 页。

⑧ 元好问著,狄宝心校注:《元好问文编年校注》卷五《龙虎卫上将军耶律公墓志铭》,中华书局 2012 年版,第 716、717 页。

大（近二十岁），入仕金朝数年后即因中都陷落而沦入蒙古占领区，改仕蒙古后其政治才能逐渐得到发挥。他虽然以学行有闻于成吉思汗，但真正使之在蒙古军中立足的，还是因其通术数医卜之说。他曾说自己"待罪清台"，"徒旷著龟之任"，并在诗中写道："生遇干戈我不辰，十年甘分作俘臣。"①这说明他对此时的政治境遇并不满意。窝阔台即汗位后，大军南下中原，楚材为中书令，主持汉地事务。此时期他得以施展政治抱负——定制度、兴儒术、籍户口、统课税，"膏泽浃于天下"②，为经济的恢复和民族的融合作出了突出贡献。晚年的耶律楚材在与回回商人奥都剌合蛮的政治斗争中颇为失意，"愤悒以死"③。

耶律楚材之后辈成员，借其余荫，仕宦者众多。在元代政治舞台上，该家族仍为颇有影响的世家大族。辨才"子男一人，曰镛；男孙二人，曰志公奴、谢家奴"④，仕宦情况不详。善才之子钧，曾"仕为尚书省译史"⑤，后"制授东平工匠长官"⑥。钧有子3人，即宁寿、昌寿、德寿。宁寿即有尚，字伯强，仕至昭文馆大学士兼国子祭酒。⑦其"子男五人，长奉训大夫、邓州知州兼管诸军奥鲁劝农事楷，次太常礼仪院奉礼郎朴，次朝散大夫、佥江南湖北道肃政廉访司事权，……次陕西行中书省宣使栝，次将仕佐郎、广源库知事检"⑧。楚材之子为铉与铸。铉"监开平仓"⑨。铸在楚材死后"嗣领中书省事"⑩，应为"亦用蒙古重少子之俗"⑪，仕至中书左丞相、平章军国重事。铸之子共有12人，即希徽、希勃、

---

① 耶律楚材:《湛然居士文集》卷八《进征西庚午元历表》，中华书局1986年版，第185页；卷三《和移剌子春见寄五首》其二，中华书局1986年版，第47页。

② 田文镜等:《河南通志》卷四八《祠祀·卫辉府》，影印文渊阁四库全书本，第537册，第23页。

③ 苏天爵:《元朝名臣事略》卷五《中书耶律文正王》，中华书局1996年版，第84页。

④ 元好问著，狄宝心校注:《元好问文编年校注》卷五《奉国上将军武庙署令耶律公墓志铭》，中华书局2012年版，第712页。

⑤ 元好问著，狄宝心校注:《元好问文编年校注》卷五《龙虎卫上将军耶律公墓志铭》，中华书局2012年版，第717页。

⑥ 苏天爵:《滋溪文稿》卷七《耶律文正公神道碑铭》，中华书局1997年版，第102页。

⑦ 苏天爵:《滋溪文稿》卷七《耶律文正公神道碑铭》，中华书局1997年版，第104页。

⑧ 苏天爵:《滋溪文稿》卷七《耶律文正公神道碑铭》，中华书局1997年版，第105页。

⑨ 宋子贞:《中书令耶律公神道碑》，见耶律楚材:《湛然居士文集》附录，中华书局1986年版，第333页。

⑩ 宋濂等:《元史》卷一四六《耶律楚材传附铸传》，中华书局1976年版，第3464页。

⑪ 王国维:《耶律文正年谱》，见《王国维集》第4册，中国社会科学出版社2008年版，第353页。

道道、希亮、希宽、希素、希周、希光、希逸、希援、希崇、希晟①。他们"布列台阁寺监,皆有能官声"。②其中希亮官至知制诰监修国史。希亮"子男四人",长子普化曾"为承直郎、生料库使"③。

耶律氏家族历辽金元三代,不断产生精英人物,虽经两次改朝换代,而家族得以延续发展,未见明显衰败。这在此时期北方地区的世家大族中,具有一定的代表性。

（二）家族迁徙

耶律铸在《双溪醉隐集》诗注中曾云:"予家本辽上,后家医无（巫）间。"④所谓"辽上",应指"辽水之上",即契丹族的发祥地潢河流域。⑤所谓"医无间",则是指医巫间山地区。据考证,医巫间地区曾经为耶律倍家族的领地⑥。史载耶律倍曾"市书至万卷,藏于医巫间绝顶之望海堂"⑦。耶律倍死于中原,太宗派其子阮（即世宗）将其改葬于医巫间山,"以人皇王爱医巫间山水奇秀,因葬焉"⑧。此后耶律倍之长子世宗、四子隆先、世宗之子景宗及耶律倍支系多人皆葬于医巫间。《辽史》卷三七《地理志·头下军州》载:"间州,罗古王牧地,近医巫间山。"罗古即娄国。至金元时期,至少可知耶律履及其子辨才、善才,皆"葬于义州弘政县东南乡先茔之侧"⑨。耶律楚材的诗作也多次提到医巫间——"间山

---

① 宋濂等:《元史》卷一四六《耶律楚材传附铸传》,中华书局1976年版,第3465页;《耶律铸墓志》,见《北京元代史迹图志》,北京燕山出版社2009年版,第199页。

② 田文镜等:《河南通志》卷四八《祠祀·卫辉府》,影印文渊阁四库全书本,第537册,第24页。

③ 危素:《危太朴集》续集卷二《耶律公神道碑》,见《元人文集珍本丛刊》第7册,新文丰出版公司1985年版,第508页。

④ 耶律铸:《双溪醉隐集》卷四《寓历亭》诗注,见《辽海丛书》第3册,辽沈书社1985年版,第1918页。

⑤ 据宋人范镇《东斋记事》卷五记载:"契丹之先,有一男子乘白马,一女子驾灰牛,相遇于辽水之上,遂为夫妇。"（中华书局1980年版,第43页）

⑥ 向南:《辽代医巫间地区与契丹耶律倍家族的崛起》,《社会科学辑刊》1994年第1期。

⑦ 脱脱等:《辽史》卷七二《宗室·义宗倍传》,中华书局2017年版,第1335页。

⑧ 脱脱等:《辽史》卷三八《地理志二》,中华书局2017年版,第526页。

⑨ 元好问著,狄宝心校注:《元好问文编年校注》卷五《故金尚书右丞耶律公神道碑》,中华书局2012年版,第702页。

旧隐天涯远，梦里思归梦亦难"①；"他年归去无相弃，同到闾山旧隐居"②；"湛然有幽居，祗在闾山阴"③；等等。诗句中情不自禁地表现出强烈的家园归属感。

金宣宗南迁，辨才、善才皆扈驾。楚材母杨太夫人和妻梁夫人随后亦南行，初居东平，后寓嵩山。耶律楚材在思亲诗中云："故园屈指八千里，老母行年六十余。何日挂冠辞富贵，少林佳处卜新居。"④这是指寓居嵩山的情况。东平之所以成为楚材母、妻南迁的中继站，大概是因为该处早已成为耶律氏家族的重要迁徙地。据《元史》卷一七四《耶律有尚传》记载，有尚"祖父在金世尝官于东平，因家焉"，可知善才时已家于东平。耶律楚材诗中曾说："吾兄继世禄，袭封食东平。"⑤"老母琴书老自娱，吾山侧近结蘧庐。"⑥吾山即鱼山，在东平之北。耶律善才之子耶律钧先是"留居河朔"，后"东平严侯重其世望，请徙家焉"。耶律钧除短暂随耶律有尚就养于京师，大部分时间都生活在东平。去世后，有尚"护柩还东平"，可见耶律钧死后葬于东平。而耶律有尚归老后亦居东平，"自号汶南野老"，死后"葬须城县登贤乡执政里之原"⑦。

耶律氏家族的再一个重要聚居地是燕京。耶律履、楚材、铸、有尚、希亮等多人在京为官，虽有楚材随成吉思汗西征和铸随宪宗征蜀等情况，但大部分时间仍生活在燕京。耶律楚材死后，"葬于玉泉东瓮（应为瓮）山之阳"⑧。耶律铸死后亦"葬于瓮山之阳，中书令（指楚材——引者注）之兆次"⑨。1998年，北京市颐和园发现耶律铸夫妇合葬墓。该墓西北紧邻颐和园内的耶律楚材祠，可知此处即为时称"瓮山之阳"的耶律氏家族墓地。⑩耶律铸之子希亮，"薨于京师

① 耶律楚材：《湛然居士文集》卷一《和薛伯通韵》，中华书局1986年版，第6页。
② 耶律楚材：《湛然居士文集》卷三《和移剌子春见寄五首》其五，中华书局1986年版，第48页。
③ 耶律楚材：《湛然居士文集》卷一〇《鼓琴》，中华书局1986年版，第220页。
④ 耶律楚材：《湛然居士文集》卷六《思亲二首》其二，中华书局1986年版，第132—133页。
⑤ 耶律楚材：《湛然居士文集》卷一〇《送伯上真行》，中华书局1986年版，第232页。
⑥ 耶律楚材：《湛然居士文集》卷六《思亲二首》，中华书局1986年版，第132页。
⑦ 苏天爵：《滋溪文稿》卷七《耶律文正公神道碑铭》，中华书局1997年版，第105、106页；毕沅辑：《山左金石志》卷二二《耶律文正公茔碑》，见《石刻史料新编》第1辑第19册，新文丰出版公司1982年版，第14752页。
⑧ 宋子贞：《中书令耶律公神道碑》，见耶律楚材：《湛然居士文集》附录，中华书局1986年版，第333页。
⑨ 《耶律铸墓志》，见《北京元代史迹图志》，北京燕山出版社2009年版，第199页。
⑩ 北京市文物考古研究所：《耶律铸夫妇合葬墓出土珍贵文物》，《中国文物报》1999年1月31日。

私第"，亦"葬昌平县玉泉之东瓮山之阳"①。下面将耶律氏家族墓葬情况制为下表（见表1），以作总结。

表1　耶律氏家族墓葬情况

世代	姓名	安葬时间	安葬地点
一	耶律倍	大同元年（947年）	医巫闾山
八	耶律履	明昌元年（1190年）	义州宏政县东南乡
九	耶律辨才	癸卯年（1243年）	义州宏政县东南乡
	耶律善才		义州宏政县东南乡
	耶律楚材	中统二年（1261年）	玉泉东瓮山之阳
十	耶律铸	至元二十二年（1285年）	玉泉东瓮山之阳
	耶律钧	大德八年（1304年）	东平
十一	耶律有尚	至治元年（1321年）	东平须城县登贤乡执政里
	耶律希亮	泰定四年（1327年）	昌平县玉泉之东瓮山之阳

辽金元时期北方民族大规模进入中原，而中原人民也大批被掠北上，民族迁徙频繁，人口流动性大，各民族相互交往，进一步促进了民族融合。李锡厚先生指出，迁徙南下是辽宋金时期北方民族和中原汉族融合的最为重要的途径②。耶律氏家族作为辽代皇族，远离了传统的领地，整体有南迁的趋势，在中原地区定居生活，并逐渐安葬于此。

二、耶律氏家族的婚姻与族际血缘关系的演变

婚姻关系作为最重要的社会关系，对民族共同体的发展演变有着重要影响。不同民族间通婚，可以促进各民族间的交往，缩小民族间的社会距离，是民族融合最直接的途径。

有辽一代，"王族惟与后族通婚"③。皇族和后族较为固定的婚姻关系，构成了契丹贵族联合专政的基石，也是家族利益得以长期维护的基础。耶律倍先

---

① 危素：《危太朴集》续集卷二《耶律公神道碑》，见《元人文集珍本丛刊》第7册，新文丰出版公司1985年版，第505页。

② 李锡厚：《宋辽金时期中原地区的民族融合》，《中州学刊》2005年第5期。

③ （旧题）叶隆礼：《契丹国志》卷二三《族姓原始》，上海古籍出版社1985年版，第221页。

后有两位萧氏正妻，后谥为端顺和柔贞；又有二妃大氏、高氏，大氏出自渤海王族，高氏似应出自渤海右姓。浮海南渡后，后唐明宗又"以庄宗后宫夏氏妻之"①。以汉人夏氏为妻，这在契丹皇族的婚姻史上属于为数不多的特例。

随着辽朝的灭亡，其家族的皇族身份迅即消失，耶律氏与萧氏较为固定通婚的格局被打破。在辽以后的家族成员中，除耶律履始娶"辽贵族"萧氏外，尚未见其他成员娶萧氏的记载。这是一方面。另一方面，随着家族的迁徙，耶律氏家族的婚姻呈现出广泛与汉族通婚的趋势。耶律履"再娶郭氏，岠山世胄之孙；三娶杨氏，名士昙之女"②。辨才娶靖氏，善才娶郭氏，楚材娶梁氏、苏氏，钧娶谢氏、李氏，所娶成员多出自汉族之世家大族。她们多具有较高的文化涵养，其中以楚材母杨氏和楚材妻苏氏为代表。楚材3岁而孤，母夫人杨氏"诲育备至"③，楚材《思亲》诗中有"老母琴书老自娱，吾山侧近结蘧庐。鬓边尚结辟兵发，箧内犹存教子书"之语。又言太夫人昔有诗云："挑灯教子哦新句，冷淡生涯乐有余。"④杨氏也凭借其较高的才学，曾在泰和末"教授禁中"。⑤苏氏为耶律铸生母，宋代著名文学家苏轼四世孙威州刺史公弼之女。元好问为耶律铸所作祭文曾云："维先夫人，系由鼎族。天作之配，嫔于我家。妇德有光，母仪克备。"⑥关于耶律氏家族与苏轼家族的关系，孟广耀先生曾撰专文论证，可资参看。⑦

金末元初，耶律楚材北上投靠成吉思汗，得其礼遇，得以在蒙古贵族圈立足，而耶律铸则早年生长于蒙古王庭。故而耶律楚材、耶律铸一系与蒙古族联姻具有便利条件。同时，与蒙古贵族联姻也是出于政治上的需要。耶律铸有7位夫人：粘合氏、也里可温真氏、赤帖吉真氏、雪尼真氏、奇渥温真氏（2人）、

---

① （旧题）叶隆礼：《契丹国志》卷一四《诸王·东丹王传》，上海古籍出版社1985年版，第151页。

② 元好问著，狄宝心校注：《元好问文编年校注》卷五《故金尚书右丞耶律公神道碑》，中华书局2012年版，第702页。

③ 宋子贞：《中书令耶律公神道碑》，见耶律楚材：《湛然居士文集》附录，中华书局1986年版，第324页。

④ 耶律楚材：《湛然居士文集》卷六《思亲用旧韵二首》其二，中华书局1986年版，第133页。

⑤ 元好问著，狄宝心校注：《元好问文编年校注》卷五《故金尚书右丞耶律公神道碑》，中华书局2012年版，第706页。

⑥ 元好问著，狄宝心校注：《元好问文编年校注》卷五《中令耶律公祭先妣国夫人文》，中华书局2012年版，第687页。

⑦ 孟广耀：《苏东坡与耶律楚材家族的关系》，《民族研究》1982年第3期。

瓮吉剌真氏。粘合氏出身于"金源之巨族"①，为中书左丞相粘合重山之女。楚材与粘合重山是关系密切的同僚，政事上"凡建官立法，任贤使能，与夫分郡邑，定课赋，通漕运，足国用，多出楚材，而重山佐成之"②，交谊上多有诗歌唱颂。也里可温真氏应是色目人，因为也里可温一词是指基督教聂斯脱里派或其他教派的教徒和教士。后5人则均为蒙古人。另据《元史》记载，耶律希亮被叛军哈剌不花所捉，"哈剌不花与铸有婚姻之好"，因释希亮缚③。希亮娶扎喇真氏，郡王带孙之女。希逸娶贾氏，显贵贾希剌后人。希图娶畏兀人安藏女。④希援"娶瓮吉剌氏"，为蒙古族。希崇"娶安氏"，似应亦为畏兀人。⑤耶律钧妻谢氏、继室李氏，均应为汉。耶律有尚妻杨氏为汉族，继室伯德氏，从姓氏看应为奚族。⑥耶律楷妻为汉族名臣、翰林学士王恽之女孙。⑦耶律楚材还有一个四代孙名养正，妻韩氏，"四川行省左丞涣之女也"⑧。为有助观察，今将耶律氏家族娶妻情况，制为表（见表2）。

表2　耶律氏家族娶妻情况

世代	姓名	所娶妻（妾）	所娶妻（妾）出身	族属
一	耶律倍	萧氏	后族	契丹
		萧氏	后族	契丹
		大氏	渤海王族	渤海
		高氏		似为渤海
		夏氏	原为后唐庄宗宫人	汉

---

① 苏天爵：《滋溪文稿》卷二四《丞相耶律铸妻粘合氏封懿宁王夫人制》，中华书局1997年版，第394页。

② 宋濂等：《元史》卷一四六《粘合重山传》，中华书局1976年版，第3466页。

③ 宋濂等：《元史》卷一八〇《耶律希亮传》，中华书局1976年版，第4160页。

④ 程钜夫：《雪楼集》卷九《秦国文静公神道碑》，影印文渊阁四库全书本，第1202册，第105页。

⑤ 《耶律铸夫人奇渥温氏墓志》，见《北京元代史迹图志》，北京燕山出版社2009年版，第200页。苏天爵：《滋溪文稿》卷七《耶律文正公神道碑铭》，中华书局1997年版，第105页。

⑥ 王公儒：《大元故翰林学士中奉大夫知制诰同修国史赠学士承旨资善大夫追封太原郡公谥文定王公神道碑铭并序》，见王恽著，杨亮、钟彦飞点校：《王恽全集汇校》附录，中华书局2013年版，第4446页。

⑦ 宋濂：《文宪集》卷一一《韩节妇传》，影印文渊阁四库全书本，第1223册，第584页。参见刘晓《耶律铸夫妇墓志札记》，《暨南史学》第3辑，暨南大学出版社2004年版。

世代	姓名	所娶妻（妾）	所娶妻（妾）出身	族属
八	耶律履	萧氏	辽贵族	契丹
		郭氏	岵山世胄之孙	汉
		杨氏	名士昺之女	汉
九	耶律辨才	靖氏		汉
	耶律善才	郭氏		汉
	耶律楚材	梁氏		汉
		苏氏	苏轼四世孙威州刺史公弼之女	汉
		阿钵国夫人		待考
十	耶律钧	谢氏	金进士庆阳总管通祖之女	汉
		李氏		汉
	耶律铸	粘合氏	金源之巨族、中书左丞相粘合重山之女	女真
		也里可温真氏		色目
		赤帖吉真氏		蒙古
		雪尼真氏		蒙古
		奇渥温真氏（2人）	蒙古郡主、斡真大王女孙、捏木儿图大王女	蒙古
		瓮吉剌真氏		蒙古
十一	耶律有尚	杨氏	五十四处宣差坤珍之女	汉
		伯德氏	济、兖、单三州都达鲁花赤山哥之女	似为奚
	耶律希亮	札喇真氏	郡王爪秃之长女	蒙古
		何氏	金徐州领军都统立之女孙	汉
	耶律希逸	贾氏	显贵贾希剌后人	蒙古化汉人
	耶律希图	安氏	翰林学士承旨安藏之女	畏兀
	耶律希援	瓮吉剌氏		蒙古
	耶律希崇	安氏		似为畏兀
十二	耶律楷	王氏	翰林学士王恽之女孙	汉
十三	耶律养正	韩氏	四川行省左丞涣之女	汉

耶律氏家族的嫁女情况，也同样表现了多民族相互通婚的特点。史称耶律

履 "女三人,嫁士族"①,耶律思忠(即善才)"女二人,嫁士族"②,耶律楚材 "女孙五人,适贵族"③。虽均未称所嫁婿之民族成分,但明确透露出耶律氏家族嫁女的对象较重视其社会阶层地位,而并不在意其民族成分。耶律铸女昼锦嫁陕西四川行中书省左丞汪惟正,亦为名门之后,系出旺古族。④ 耶律有尚 "女一人,适奉训大夫、川州知州李孝恭"⑤,应为汉人。耶律希亮 "女四人:长适粘合□师奴,次适金河东山西肃政廉访司事乞奴,次适利用监卿梁完者笃,幼适东昌路同知总管府事僧家奴"⑥。粘合□师奴为女真人,其他3人民族成分不详。另外,汉人张天祐之妻耶律氏,为耶律希亮之从祖妹,应即耶律钧之女。⑦ 汉人宋义,所娶妻耶律氏,"元丞相楚材裔孙也"⑧,世代则不详。今亦将耶律氏家族嫁女情况制为一表(见表3),以助观察。

表 3　耶律氏家族嫁女情况

世代	出嫁女房系	所嫁婿姓名	所嫁婿出身或身份	族属
九	耶律履女三人		嫁士族	待考
十	耶律善才女二人		嫁士族	待考
十一	耶律楚材女孙五人		适贵族	待考
	耶律铸女昼锦	汪惟正	陕西四川行中书省左丞	旺古
	耶律钧之女	张天祐	资善大夫、同知行宣政院事	汉

---

① 元好问著,狄宝心校注:《元好问文编年校注》卷五《故金尚书右丞耶律公神道碑》,中华书局2012年版,第702页。

② 元好问著,狄宝心校注:《元好问文编年校注》卷五《龙虎卫上将军耶律公墓志铭》,中华书局2012年版,第717页。

③ 宋子贞:《中书令耶律公神道碑》,见耶律楚材:《湛然居士文集》附录,中华书局1986年版,第333页。

④ 宋濂等:《元史》卷一五五《汪惟正传》,中华书局1976年版,第3655页。也有学者认为 "巩昌汪氏不是汪古族的分支,而是汉化的吐蕃酋豪,从元代的习惯可以说是汉人"。(胡小鹏《西北民族文献与历史研究》,甘肃人民出版社2004年版,第183页)

⑤ 苏天爵:《滋溪文稿》卷七《耶律文正公神道碑铭》,中华书局1997年版,第105页。

⑥ 危素:《危太朴集》续集卷二《耶律公神道碑》,见《元人文集珍本丛刊》第7册,新文丰出版公司1985年版,第508页。

⑦ 姚燧:《牧庵集》卷二○《资善大夫同知行宣政院事张公神道碑》,四部丛刊初编本。据刘晓考证,张天祐之妻耶律氏应出自辨才或善才,但出自善才的可能性更大。(《耶律楚材评传》,南京大学出版社2001年版,第30页)善才唯一子钧,故可能为钧之女。

⑧ 岳正:《类博稿》卷九《关西宋处士行状》,影印文渊阁四库全书,第1246册,第433页。

世代	出嫁女房系	所嫁婿姓名	所嫁婿出身或身份	族属
十二	耶律有尚女一人	李孝恭	奉训大夫、川州知州	汉
	耶律希亮女四人	粘合口师奴		女真
		乞奴	金河东山西肃政廉访司事	待考
		梁完者笃	利用监卿	待考
		僧家奴	东昌路同知总管府事	待考
不详	耶律楚材裔孙	宋义	处士	汉

从辽朝到金朝，民族间通婚范围不断扩大，通婚率也日益提高。而至元朝统一以后，民族间社会交往进一步密切，族际婚盛行成为当时社会的一大特点。这一特点，在耶律氏家族的婚姻关系中，也得到了充分印证。如果单从血缘关系来看，元朝时期的耶律氏家族成员，其契丹族血统已在不断稀释中淡化，体质特征应已不甚明显，多民族融合的成分已占主流地位。

三、耶律氏家族生活习俗的演变

在辽金元时期的多民族交往过程中，不同民族间的生活习俗影响甚为明显。耶律氏家族在生活习俗方面的表现，突出的特点是具有开放性和兼容性。

首先看物质生活方面。契丹族作为游牧民族，在建立辽政权之前，物质生活习俗有其鲜明的特点。在辽王朝的发展过程中，契丹人特别是贵族阶层接受外族物质文明越来越多。饮食、衣饰品种日益丰富，工艺则日趋多样化，饮食器具更是显现出多民族文化交流的特点。这些在辽墓壁画及出土文物中均有充分的反映。耶律氏家族能够长期在东丹国及中原地区生活，应该在衣食方面较多受到农耕民族的影响。耶律楚材在中都曾"执菜根蘸油盐，饭脱粟"[①]，这是极为俭朴的农耕民族的饮食内容。耶律伯明被人描述为"翩然来自旧京华，历数

---

① 耶律楚材：《湛然居士文集》行秀《序一》，中华书局 1986 年版，第 1 页。

山河不谓遐。往事已空惟重黍,元(玄)谈未了更浇茶"①。耶律铸曾赋其"别业"云:"双溪别墅,实曰方湖。……我灌我园,我溉我蔬。蔬食为肉,安步为舆。"②食黍饮茶,以"蔬食为肉",明显地说明耶律氏家族饮食习惯的转变。

耶律氏家族在居住和交通方面,则更为明显地表现出由游牧向城居的过渡。娄国牧地在闾州,已非草原腹地,当时该地区普遍有建城居住的倾向。金元时期,其后人则完全接受定居。耶律楚材自注其诗"三十年前旅永安,凤箫楼上倚阑干"云"先叔故居之楼名"③。耶律有尚"既归老,屏居别墅,……表所居曰寓斋"④。当然,耶律氏家族成员的骑射习俗也没有完全消失。耶律辨才曾与"皆天下之选"的七百余人比试射艺,结果"中第三"⑤。耶律铸也是"尤工骑射"⑥。因此,当他们在北方草原地区生活时,仍能适应游牧民族习俗。耶律楚材曾称"癸巳扈从冬狩,独予诵书于穹庐中"⑦。耶律希亮"藏祖考画像,四时穹庐中陈列致奠"。他"有二马,白黑异色,黑者尤骁健"⑧。不过,家族总的迁徙趋势是由北向南,特别是迁居长城以南之后,已与中原汉人的生活方式十分接近。

值得注意的是,耶律氏家族在物质生活方面逐渐表现出家族互助的特点。耶律履为德元养子,后德元又生亲子震。及德元死,耶律履"悉推家资予之。及震卒,妻子贫,无以为资,复收养之"。"族人有负人债而宦游不返者",耶律履"代为输息者十年,既又无以偿,遂代偿之"。他还曾"奉使江左,得金直千

---

① 牟巘:《牟氏陵阳集》卷五《和汴教耶律伯明》,影印文渊阁四库全书本,第1188册,第40页。伯明,似应为耶律铺之字。王恽《为耶律伯明酿金疏》一文曾云:"伯明秀造,漆水东丹之后,右丞文献之孙。"(王恽著,杨亮、钟彦飞点校:《王恽全集汇校》卷七〇,中华书局2013年版,第2972—2973页)刘晓推测为耶律钧(《耶律楚材评传》,南京大学出版社2001年版,第29页)。但从其与牟巘交往的情况看,年龄稍轻的耶律铺可能性更大。

② 耶律铸:《双溪醉隐集》卷一《方湖别业赋》,见《辽海丛书》第3册,辽沈书社1985年版,第1887页。

③ 耶律楚材:《湛然居士文集》卷一〇《寄妹夫人》,中华书局1986年版,第231页。

④ 苏天爵:《滋溪文稿》卷七《耶律文正公神道碑铭》,中华书局1997年版,第105页。

⑤ 元好问著,狄宝心校注:《元好问文编年校注》卷五《奉国上将军武庙署令耶律公墓志铭》,中华书局2012年版,第712页。

⑥ 宋濂等:《元史》卷一四六《耶律楚材传附铸传》,中华书局1976年版,第3464页。

⑦ 耶律楚材:《湛然居士文集》卷一〇《扈从东狩》,中华书局1986年版,第214页。

⑧ 危素:《危太朴集》续集卷二《耶律公神道碑》,见《元人文集珍本丛刊》第7册,第508、507页。

万，皆散之亲旧，旬月而尽"①。耶律楚材"当国日久，得禄分其亲族，未尝私以官"②，自己临终"唯名琴数张，金石遗文数百卷而已"③。耶律履父子的这些做法，与长期为人称道的中原汉族贤士大夫无异。

其次看精神生活方面。这方面包括的内容甚广，宗教信仰的问题将在下节进行专门探讨，故此处不予涉及。

语言和文字是一个民族的重要标志，而民族的融合往往表现为对其他民族语言和文字的掌握和运用，同时民族的消亡也往往伴随着本民族语言和文字的消失。辽朝的开国皇帝耶律阿保机，"善汉语"④，而耶律倍"工辽、汉文章"⑤，对汉语和汉字已有很深的了解。耶律履、耶律楚材、耶律铸、耶律希亮、耶律希逸等人，"四世皆有文集"⑥。清人周春说："耶律氏、萧氏及渤海大氏，其后嗣繁衍入金元登显仕者，指不胜屈。就其政事、文学著称，莫如东丹房。"⑦耶律氏家族的汉语言文学创作，成就非凡，突出"反映了异质文化交融带给中国古代文学的生机"⑧。耶律楚材等人常年跟随蒙古军队征战，通蒙古语。耶律铸"能通诸国语，精敏绝伦"⑨。

有趣的是，契丹文字的消失在耶律氏家族史上有着明确的线索。辽朝虽然灭亡，但契丹文字在金朝前期尚得以与女真、汉字并行。承袭人曾学女真、契丹、汉字其一者，即许承袭。金朝中叶，女真与契丹的民族矛盾激化，金章宗废止契丹字，契丹文字逐渐消亡。耶律履"素善契丹大小字，译经润文，旨辞达而理得"。世宗曾"诏以小字译《唐史》，成，则别以女直字传之"，他不但"在选中"，而且"独主其事"⑩。可见，他应精通契丹文、女真文和汉文。耶律楚材在

① 元好问著，狄宝心校注：《元好问文编年校注》卷五《故金尚书右丞耶律公神道碑》，中华书局2012年版，第706页。
② 宋濂等：《元史》卷一四六《耶律楚材传》，中华书局1976年版，第3463页。
③ 宋子贞：《中书令耶律公神道碑》，见耶律楚材：《湛然居士文集》附录，中华书局1986年版，第334页。
④ 薛居正等：《旧五代史》卷一三七《外国列传第一》，中华书局2016年版，第2134页。
⑤ 脱脱等：《辽史》卷七二《宗室·义宗倍传》，中华书局2017年版，第1335页。
⑥ 盛如梓：《庶斋老学丛谈》卷上，见《知不足斋丛书》第8册，中华书局1999年版，第426页。
⑦ 周春：《增订辽诗话》卷下《耶律履》，见《全辽诗话》，岳麓书社1992年版，第174页。
⑧ 刘达科：《金元耶律氏文学世家探论》，《民族文学研究》2003年第2期。
⑨ 《耶律铸墓志》，见《北京元代史迹图志》，北京燕山出版社2009年版，第199页。
⑩ 元好问著，狄宝心校注：《元好问文编年校注》卷五《故金尚书右丞耶律公神道碑》，中华书局2012年版，第694页。

《醉义歌序》中云：

> 辽朝寺公大师者，……有《醉义歌》，……昔先人文献公尝译之。先人早逝，予恨不得一见。及大朝之西征也，遇西辽前郡王李世昌于西域，予学辽字于李公。期岁颇习，不揆狂斐，乃译是歌。[1]

由此可知，在中原地区，契丹文字已无人传习，耶律楚材不得不习之于西域。王国维说他"殆可谓通契丹文字最后之一人也"[2]，当可成立。

姓名是家族和个人最为明显的文化符号。耶律倍浮海奔唐后，先是被赐姓东丹，名之慕华，而后被改赐姓李，名之赞华。同时，他"每通名刺，云'乡贡进士黄居难，字乐地'，以拟白居易字乐天也"[3]。这明显是倾慕汉名的意思。自耶律履以后，耶律氏家族命名的汉化倾向更为明显。如耶律楚材，字晋卿，取《左传》"楚虽有材，晋实用之"之语。楚材下一辈——钧、铸、铉、铸等，取名均从"金"字；耶律铸之子希徵、希勃、希亮、希宽、希素、希周、希光、希逸、希援、希崇、希晟，从"希"字；耶律有尚之子楷、朴、权、栝、检，从"木"字。这一命名方法，乃是典型的汉族字辈命名法。《嘉靖开州志》曾提到"元刘德裕，本辽东丹阳王耶律之胄，尝历州郡，多异政。至元中为州尹，廉平公正，化行俗美，百姓为之立碑"[4]。刘德裕之姓名，甚至已与汉人无别。当然，家族成员的命名还同时存在"双轨"现象，其小字多有继承本民族传统命名法者，如志公奴、谢家奴等。值得一提的是，耶律楚材、耶律希亮还被赐以蒙古名——吾图撒合里、秃忽思，这也是多民族融合的有力见证。

耶律氏家族在人生礼仪、节日习俗、人伦关系等方面，也逐渐吸收契丹族以外民族尤其是汉族的做法。耶律钧与其兄弟曾作《传家誓训》，其主要意图是："自东丹王以来，生长中国，素习华风。父子夫妇纲常严正，累世弗变。不

---

① 耶律楚材：《湛然居士文集》卷八《醉义歌》，中华书局1986年版，第171页。

② 王国维：《耶律文正公年谱余记》，见《王国维集》第4册，中国社会科学出版社2008年版，第356页。

③ 厉鹗：《辽史拾遗》卷一九引《尧山堂外纪》，丛书集成初编本，中华书局1985年版，第383页。

④ 孙巨鲸修，王崇庆纂：《嘉靖开州志》卷五《官师志》，见《天一阁明代方志选刊》，上海古籍书店1964年版，第16页。

当效近世习俗，渎乱彝伦。"①耶律铸之女昼锦嫁入旺古族汪氏之后，"淑德宜家，义方教子，阃政为乡党仪范"②。耶律希亮"性至孝，困厄遐方，家赀散亡已尽，仅藏祖考画像，四时就穹庐陈列致奠，尽诚尽敬。朔漠之人，咸相聚来观，叹曰：'此中土之礼也。'"③耶律钧去世后，其子有尚"护柩还东平，丧葬合礼，闾里范之"④。有尚所遵行的丧葬礼仪，不但已完全是汉式的，而且即使在中原地区，也被人们奉为模范。耶律铸也曾说："祖宗以来，皆以礼薄葬。"⑤可见，耶律氏家族在丧葬方面注重的是儒家一再强调的礼。耶律铸之妻奇渥温氏，亦能"治家处身之道，一用汉人之法"⑥。耶律希亮侍从定宗幼子大名王火忽时，火忽"遗以耳环，其二珠大如榛，实价直千金，欲穿其耳使带之"，希亮辞以"不敢因是以伤父母之遗体也"⑦。这显然是因接受了儒家"身体发肤，受之父母，不敢毁伤，孝之始也"⑧观念的影响而改变生活习俗使之然也。

四、耶律氏家族的宗教信仰与政治观念的演变

宗教信仰不但对家族社会生活有着多方面的影响，而且从世界观、人生观等深层次上影响着民族群体的认同和人们的政治观念。耶律氏家族的宗教信仰，明显具有杂糅多种信仰的特点，并且具有渐趋以儒教为主的倾向，家族的政治观念也因此向以忠孝为核心的价值观发展。

（一）儒教

陈垣先生曾指出："儒学为中国特有产物，言华化者应首言儒学。"⑨耶律氏

---

① 苏天爵：《滋溪文稿》卷七《耶律文正公神道碑铭》，中华书局1997年版，第104—105页。
② 《大元中书左丞谥贞肃汪公贞善夫人耶律氏之墓志》，见赵一兵：《元代巩昌汪世显家族墓葬出土墓志校释五则》，《内蒙古社会科学》2006年第2期。
③ 宋濂等：《元史》卷一八〇《耶律希亮传》，中华书局1976年版，第4162页。
④ 苏天爵：《滋溪文稿》卷七《耶律文正公神道碑铭》，中华书局1997年版，第104页。
⑤ 《耶律铸墓志》，见《北京元代史迹图志》，北京燕山出版社2009年版，第199页。
⑥ 《耶律铸夫人奇渥温氏墓志》，见《北京元代史迹图志》，北京燕山出版社2009年版，第200页。
⑦ 宋濂等：《元史》卷一八〇《耶律希亮传》，中华书局1976年版，第4160页。
⑧ 李隆基注，邢昺疏：《孝经注疏》卷一《开宗明义》，见阮元校刻：《十三经注疏》（清嘉庆刊本），中华书局2009年版，第5526页。
⑨ 陈垣：《元西域人华化考》，上海古籍出版社2008年版，第8页。

家族是最早接触儒学的契丹家族之一。辽太祖曾就祭祀"有大功德者"问题征求侍臣意见，结果"皆以佛对"。唯耶律倍言："孔子大圣，万世所尊，宜先。"自此"建孔子庙"①。同时，尊孔崇儒亦成为家族信仰上的一大特色。耶律履"通六经、百家之书，尤邃于《易》《太玄》"。金章宗称其为"醇儒"，元好问称其为"通儒"②。即便是笃信佛教的耶律楚材，也被认为"迹释而心儒，名释而实儒"③，他对"六经诸子之书，百家众流之学，莫不该贯"④。自小在漠北生活的耶律铸，曾言"臣先世皆读儒书"⑤。至耶律有尚，"其学邃于性理，而尤以诚为本"⑥。其子耶律权则能"光嗣家学"⑦。由此可见，家族之"世事华学"⑧，诚非虚言。

耶律氏家族尊崇儒教，对儒教的传播和发展做出过重要贡献。王明荪先生《论辽代帝后之汉学》一文曾论及辽代的情况。⑨特别值得注意的是，元代，儒士相对受到轻视，民间后来甚至产生了"九儒十丐"之谣。在这种情况下，耶律氏家族仍不遗余力地推动儒教的传播和发展。早在癸巳年（1233年），耶律楚材即"致书于诸道士大夫之居官守者，各使营葺宣父之故宫"⑩。他还曾向窝阔台提议"制器者必用良工，守成者必用儒臣。儒臣之事业，非积数十年，殆未易成也"。他一方面采取各种措施保护儒生，另一方面使儒者为国家所用，并通过科举的形式传播儒学、选拔人才。然而，在对儒生选拔与任用的过程中，也同样暴露出一些贪赃问题。太原路转运使吕振、副使刘子振即为害群之马，二人双双以赃抵罪。窝阔台因此责问耶律楚材说："卿言孔子之教可行，儒者为好人，何故乃有此辈？"楚材回答："君父教臣子，亦不欲令陷不义。三纲五常，圣人

---

① 脱脱等：《辽史》卷七二《宗室·义宗倍传》，中华书局2017年版，第1333—1334页。

② 元好问著，狄宝心校注：《元好问文编年校注》卷五《故金尚书右丞耶律公神道碑》，中华书局2012年版，第693、698、692页。

③ 耶律楚材：《湛然居士文集》芳郭无名人《后序》，中华书局1986年版，第14页。

④ 田文镜等：《河南通志》卷四八《祠祀·卫辉府》，影印文渊阁四库全书本，第537册，第23页。

⑤ 宋濂等：《元史》卷一八〇《耶律希亮传》，中华书局1976年版，第4159页。

⑥ 宋濂等：《元史》卷一七四《耶律有尚传》，中华书局1976年版，第4064页。

⑦ 陶安：《陶学士文集》卷一二《伊洛渊源录序》，影印文渊阁四库全书本，第1225册，第724页。

⑧ 苏天爵：《滋溪文稿》卷七《耶律文正公神道碑铭》，中华书局1997年版，第102页。

⑨ 王明荪：《论辽代帝后之汉学》，见《辽金史论集》第10辑，中国社会科学出版社2007年版。

⑩ 耶律楚材：《湛然居士文集》卷八《燕京大觉禅寺创建经藏记》，中华书局1986年版，第199页。

之名教，有国家者莫不由之，如天之有日月也。岂得缘一夫之失，使万世常行之道，独见废于我朝乎！"① 正是他的这份执着与坚定，有力地推动了儒教的传播与发展。

（二）佛教

辽代的佛教非常盛行，不论是皇室贵族还是平民百姓，均崇佛成风，故有"辽以释废"②之说。耶律倍虽崇尚儒学，但其生活在辽朝境内的后人，对佛教崇奉自不待言。辽朝灭亡亦未能改变家族对佛教的信奉。耶律履自号忌言居士③，与僧人多有交往，曾撰有《天竺三藏吽哈啰悉利幢记》一文④，即说明耶律氏家族的崇佛传统是得以延续的。耶律楚材有一位年长于他的侄女，名舜婉，"禅理颇究"，"不食荤于笄年，欲为尼于高嵩"⑤。他还有一位法号为了真的侄女，"孀居二十年，礼佛读《传灯》"⑥。可见她们均是虔诚的佛教徒。

耶律楚材本人自幼喜爱佛学，曾自言："予幼而喜佛，盖天性也。壮而涉猎佛书，稍有所得，颇自矜大。"⑦后笃信禅宗，初拜澄公和尚为师，澄公以"予老矣！素不通儒，不能教子"，而推荐著名禅师万松行秀："有万松老人者，儒、释兼备，宗说精通，辩才无碍，君可见之。"⑧自此耶律楚材跟随万松参禅，号湛然居士。于是"大会其心，精究入神，尽弃宿学，冒寒暑、无昼夜者三年，尽得其道"⑨。耶律楚材的直系后人，笃信佛教者亦不乏其人。现存于北京市香山的碧

---

① 宋濂等：《元史》卷一四六《耶律楚材传》，中华书局 1976 年版，第 3462 页。
② 苏天爵：《元朝名臣事略》卷一〇《宣慰张公》，中华书局 1996 年版，第 206 页。
③ 元好问著，狄宝心校注：《元好问文编年校注》卷五《故金尚书右丞耶律公神道碑》，中华书局 2012 年版，第 706 页。元好问编，张静校注：《中州集校注》壬集第九《右相文献公耶律履》作"忘言居士"（中华书局 2018 年版，第 2339 页）。
④ 张金吾：《金文最》卷一一〇，中华书局 1990 年版，第 1587 页。
⑤ 耶律楚材：《湛然居士文集》卷一三《祭侄女淑卿文》，中华书局 1986 年版，第 295—296 页。
⑥ 耶律楚材：《湛然居士文集》卷一〇《送侄了真行》，中华书局 1986 年版，第 232 页。
⑦ 耶律楚材：《湛然居士文集》卷一二《琴道喻五十韵以勉忘忧进士并序》，中华书局 1986 年版，第 256 页。
⑧ 耶律楚材：《湛然居士文集》卷八《万松老人评唱天童觉和尚颂古从容庵录序》，中华书局 1986 年版，第 191 页。
⑨ 耶律楚材：《湛然居士文集》行秀《序一》，中华书局 1986 年版，第 1 页。

云寺,即"自元耶律楚材之裔名阿利吉者,舍宅开山,净业始构"。①

(三)道教

辽王朝甫建,耶律阿保机即"诏建孔子庙、佛寺、道观"②。因此,辽代契丹贵族崇奉道教亦甚为普遍。皇族成员耶律隆裕,"自少时慕道,见道士则喜"③。辽金时期,耶律氏家族信仰道教当有传统。至耶律楚材,虽仍尊尚道家,但却排斥当时的道教,认为"全真、大道、混元、太乙、三张左道之术,老氏之邪也"④。在红极一时的道教教主丘处机去世不久,他就列举了丘处机十大罪状⑤,公开向全真教发难,开元代佛道之争的先河。不过,其子耶律铸则偏爱道教,诗文中多仙风道骨。陈垣先生在《耶律楚材父子信仰之异趣》一文中,曾指出耶律铸对道教的偏爱及其与耶律楚材在宗教旨趣方面的差异。在耶律铸看来,佛道之间并没有冲突。他在《独醉园赋》中"自谓莲社上流,又为独醉痴仙",又作诗云:"是佛尽居安乐国,无仙不住没愁乡。听教共献天花供,更管清明分外香。"⑥在乙卯年(1255年)和林举行的佛道辩论中,他还曾周旋其中,试图调和。在其创作的诗文中,时而以道者自居,时而以居士自命,出入于释道之间。

(四)其他宗教

北方游牧民族多信仰萨满教,相信天地、日月、雷电、山川等万物皆有神灵,萨满(巫觋)与神相通。同时,在契丹民族发展过程中,又受各种外来宗教的影响,信仰日益庞杂。⑦在耶律氏家族的信仰中,也同样以各种形式包含了

---

① 《碧云寺碑》,见《北京图书馆藏中国历代石刻拓本汇编》第70册,中州古籍出版社1989年版,第117页。明人徐善《泠然志》曰:"香山寺址,辽中丞阿里吉所舍。"(厉鹗:《辽史拾遗》卷一四引,丛书集成初编本,中华书局1985年版,第280页)阿利吉即阿里吉,言其为辽人,显然时代有误。他应为元朝人,约为楚材曾孙辈。

② 脱脱等:《辽史》卷一《太祖纪上》,中华书局2017年版,第13页。

③ (旧题)叶隆礼:《契丹国志》卷一四《诸王·齐国王隆裕传》,上海古籍出版社1985年版,第153页。

④ 耶律楚材:《湛然居士文集》卷八《西游录序》,中华书局1986年版,第187页。

⑤ 耶律楚材:《西游录》卷下,中华书局1981年版,第15—16页。

⑥ 耶律铸:《双溪醉隐集》卷六《答客问》,见《辽海丛书》,辽沈书社1985年版,第3册,第1942页。

⑦ 王小甫:《契丹建国与回鹘文化的关系》(《中国社会科学》2004年第4期)认为,摩尼教在契丹人思想观念中具有一定的影响。

这方面的内容。辽朝时曾有名耶律纯者，撰有《星命总括》一书，流传至今，惜其出身无从稽考。史称耶律履"至于阴阳、方技之说，历象、推步之术，无不洞究"①。耶律楚材"凡星历、医卜、杂算、内算、音律、儒释、异国之书，无不通究"②。成吉思汗西征，"每征讨，必命楚材卜"③。他还著有《五皇秘语》《先知大数》等书。这些情况，都说明耶律氏家族对北方游牧民族的原始宗教既能坚持信奉，又能很好地加以改造和利用。

（五）宗教信仰趋向

耶律氏家族的宗教信仰虽然庞杂，但明显的趋向是向多教合一、以儒教为核心方面发展。以耶律楚材为例，他虽苦心参禅，但其宗教思想实为三教合一。他认为"三圣人教，皆有益于世者"。具体来讲，就是三教皆有助于民化："以能仁、不杀、不欺、不盗、不淫，因果之诚化其心，以老氏慈俭自然之道化其迹，以吾夫子君君臣臣、父父子子之名教化其身，使三圣人之道若权衡然行之于世，则民之归化，将若草之靡风，水之走下矣。"④ 相比而言，楚材尤重儒、释二教。他认为"穷理尽性莫尚佛法，济世安民无如孔教"⑤。因而当万松行秀告诉他"以儒治国，以佛治心"时，他"亟称之"⑥。此后，更"常谓以吾夫子之道治天下，以吾佛之教治一心，天下之能事毕矣"⑦。然而观其一生，他时时以天下为己任，无论是言论上还是行动上，体现最多的还是儒家思想。王国维曾对他评论说：

> 其于禅学所得最深，然其所用以佐蒙古安天下者，皆儒术也。公对儒者，则唱"以儒治国，以佛治心"之说。而《寄万松老人书》则又自谓此语为行权。然予谓致万松一书，亦未始非公之行权也。公虽洞达佛理，而其

① 元好问著，狄宝心校注：《元好问文编年校注》卷五《故金尚书右丞耶律公神道碑》，中华书局2012年版，第693页。
② 宋子贞：《中书令耶律公神道碑》，见耶律楚材：《湛然居士文集》附录，中华书局1986年版，第334页。
③ 宋濂等：《元史》卷一四六《耶律楚材传》，中华书局1976年版，第3456页。
④ 耶律楚材：《西游录》卷下，中华书局1981年版，第13、19页。
⑤ 耶律楚材：《湛然居士文集》卷六《寄用之侍郎》，中华书局1986年版，第130页。
⑥ 郭元釪：《御订全金诗增补中州集》卷六一《万松老人》引《绿水亭杂识》，影印文渊阁四库全书本，第1445册，第786页。
⑦ 耶律楚材：《西游录》卷下，中华书局1981年版，第13页。

性格实与儒家近，其毅然以天下生民为己任，古之士大夫学佛者，绝未见有此种气象。古所谓"墨名而儒行"者，公之谓欤！①

可以说，耶律楚材思想的本质不是崇佛而是宗儒。对此，后人曾有过精彩的评论："迹释而心儒，名释而实儒，言释而行儒，术释而治儒。"②

（六）政治观念

契丹族建立政权初期，由于在一定程度上受军事民主制的影响，特别是由此形成的家族世选制度，使皇族成员多具有家族共天下的政治观念。耶律倍虽受儒家观念影响，但却不能改变当时的主流观念。其以嫡长子身份而"让国"，虽出于被迫，但世选观念亦起了重要作用。耶律娄国谋反，觊觎皇位，也同样是因为他自认为具有世选可汗的资格。这种观念至辽朝中后期已明显弱化。辽金易代之后，耶律氏家族在失去皇族身份的情况下，政治观念受儒家忠君思想影响日益明显。尽管金代契丹人反叛事件不断发生，但耶律氏家族成员却都能"委质"事金。耶律履及其他家族成员不仅为政有声，更能表现出对金朝的忠贞。及蒙古军南下，楚材奉旨索理家眷，辨才"涕泣请留死汴京"③，而善才则"自投于内东城濠中水而殁"④。即便楚材在成吉思汗说"辽与金为世雠，吾与汝已报之矣"时，回答也是："臣父祖已（衍文）以来皆尝北面事之，既为臣子，岂敢复怀贰心，雠君父耶！"⑤其家族的忠君思想已超越了狭隘的民族界限。耶律氏家族的忠君思想，是与其孝亲思想相结合的。耶律钧"奉先惟孝"⑥，时人称为

---

① 王国维：《耶律文正年谱余记》，见《王国维集》第4册，中国社会科学出版社2008年版，第356页。

② 耶律楚材：《湛然居士文集》芳郭无名人《后序》，中华书局1986年版，第14页。

③ 元好问著，狄宝心校注：《元好问文编年校注》卷五《奉国上将军武庙署令耶律公墓志铭》，中华书局2012年版，第712页。

④ 元好问著，狄宝心校注：《元好问文编年校注》卷五《龙虎卫上将军耶律公墓志铭》，中华书局2012年版，第717页。

⑤ 宋子贞：《中书令耶律公神道碑》，见耶律楚材：《湛然居士文集》附录，中华书局1986年版，第324页。

⑥ 姚燧：《牧庵集》卷二《耶律祭酒考赠涞（漆）水郡庄慎公制》，四部丛刊初编本。

"孝继忠传自一家"①。

从耶律倍"让国",到娄国谋反,再到善才死国,说明耶律氏家族的政治观念已从早期的军事民主制下家族世选的观念向君主专制制度下无条件忠君观念的转变。可见,忠君孝亲的政治伦理观,已逐渐在耶律氏家族中扎根。

五、耶律氏家族的社会交际与族群观念的演变

人的社会属性来自他同其他社会成员的交往互动。族际间的社会交往必然会对交往者的情感归属、行为规范、价值体系甚至民族观念产生某种程度的影响。耶律氏家族成员在社会交往方面的实践活动,对家族发展产生的影响是多方面的,也是比较明显的。

耶律氏家族的社会交际,除与本民族成员的交际外,较多地表现出与他民族成员间的交际。这种交际,首先表现在与姻亲之间的交际。姻亲作为与家族具有姻缘关系的社会群体,自古就是人们交往最为密切的群体之一。耶律氏家族的姻亲,包含了多种民族成分的人们,如渤海、女真、蒙古、畏兀,特别是汉人。具体情况前文已述,此不再赘。

耶律氏家族成员与同僚之间的交际,更具有多民族间交往的特征。耶律倍在浮海适后唐前,交往同僚即有奚人、汉人、渤海人等。适后唐后,主要同中原汉人进行交往。辽朝作为多民族统治阶级联合统治的政权,耶律倍的后人逐渐与辽统治区内各主要民族的臣僚广泛交往。进入金朝,耶律氏家族成员与女真人既有君臣关系,又有广泛的同僚关系。而女真统治下民族融合的加深,更使他们与各民族同僚间交往频繁。特别值得一提的是,耶律氏家族与元好问的交往。元好问"系出拓拔魏"②,但已与中原汉人无异。他自称与耶律思忠(善才)

① 王恽著,杨亮、钟彦飞点校:《王恽全集汇校》卷二三《庆耶律秘监九秩之寿》,中华书局 2013 年版,第 1138 页。耶律秘监,刘晓认为可能为耶律钧(《耶律楚材评传》,南京大学出版社 2001 年版,第 30 页)。

② 脱脱等:《金史》卷一二六《文艺·元德明传》,中华书局 2020 年版,第 2892 页。

"有一日之雅"①，耶律镛"尝从予学"②，并曾为耶律履、耶律辨才、耶律善才等人撰写神道碑或墓志铭。他还曾上书向耶律楚材推荐儒士，寄希望于借楚材之力，"使脱指使之辱，息奔走之役，聚养之，分处之"，以便他日"求百执事之人，随左右而取之"③。元好问与楚材之子铸更为友善，二人多有诗文交往。

耶律氏家族成员与师生、同门及友人之间的交际，同样具有多民族间交往的特征。耶律氏家族重视教育，多择名儒为师。同时，家族成员中产生了不少名师，培养了大批门生。耶律楚材"乐得贤才而教育之"④。耶律铸"既成童，从学于九山李先生子微"⑤，后又师从"自为燕蓟一派"⑥的赵著、吕鲲。耶律希亮曾师从前金进士赵衍，他后来"闲居京师，四方之士多从之游"⑦。耶律有尚曾师从汉族名儒许衡，在许氏弟子中，"卓居辈行之先"⑧，因而最得赏识。后来他出任国子助教，"而诸生多昔时同门者，皆帖帖敬服"⑨。这些"诸生"，多为所谓"胄子"，主要是蒙古等民族贵族的子弟。

族际间的社会交往和互动，对族群认同观念产生的影响往往具有多样性和多层次性的特征。这在辽金元时期的契丹族身上，也有明显的体现。契丹族因与奚族"异种同类"⑩，特别是奚族最早为其征服，两者关系最为密切，因而两者最早具有一定认同倾向。金朝统治时期，契丹、奚及原辽统治区的汉人等则具有一定的认同倾向。元朝统治时期，契丹则与原金朝统治区内的主要民族具有一定的认同倾向。清代史家赵翼曾总结说："金、元取中原后，俱有汉人、南人

---

① 元好问著，狄宝心校注：《元好问文编年校注》卷五《龙虎卫上将军耶律公墓志铭》，中华书局2012年版，第717页。

② 元好问著，狄宝心校注：《元好问文编年校注》卷五《奉国上将军武庙署令耶律公墓志铭》，中华书局2012年版，第712页。

③ 元好问著，狄宝心校注：《元好问文编年校注》卷四《癸巳寄中书耶律公书》，中华书局2012年版，第310页。

④ 元好问著，狄宝心校注：《元好问文编年校注》卷四《癸巳寄中书耶律公书》，中华书局2012年版，第310—311页。

⑤ 《耶律铸墓志》，见《北京元代史迹图志》，北京燕山出版社2009年版，第199页。

⑥ 王恽著，杨亮、钟彦飞点校：《王恽全集汇校》卷四三《西岩赵君文集序》，中华书局2013年版，第2049页。

⑦ 宋濂等：《元史》卷一八〇《耶律希亮传》，中华书局1976年版，第4162页。

⑧ 黄溍：《黄溍集》卷八《代浙东宪使请立耶律文正公书院公牒》，浙江古籍出版社2013年版，第293页。

⑨ 苏天爵：《滋溪文稿》卷七《耶律文正公神道碑铭》，中华书局1997年版，第103页。

⑩ 魏收：《魏书》卷一〇〇《契丹传》，中华书局2018年版，第2223页。

之别。金则以先取辽地人为汉人，继取宋河南、山东人为南人；元则以先取金地人为汉人，继取南宋人为南人。"①"汉人"范围的不断扩大，虽有一定的政治原因，但显然是以族群认同观念为基础的。

辽朝后期，经过民族间的互动特别是民族文化的融合，即已产生了契丹等民族与汉族之间在一定程度上的认同意识。辽道宗在汉人侍臣避讲"夷狄之有君"时说："上世獯鬻猃狁荡无礼法，故谓之夷，吾修文物，彬彬不异中华，何嫌之有？"②至辽末更有"契丹、汉人久为一家"③的说法。耶律铸曾对宪宗蒙哥说："臣先世皆读儒书，儒生俱在中土，愿携诸子，至燕受业。"④而耶律钧更是"尝同昆季作《传家誓训》，以教子孙。大概以谓：自东丹王以来，生长中国，素习华风，父子夫妇纲常严正，累世勿变。不当效近世习俗，渎乱彝伦"⑤。从耶律氏家族成员的言行可以看出，生活在民族杂居地区的契丹族成员，已逐渐具有与不断吸收新鲜血液的汉族相互认同的趋势。

耶律氏家族长期与各民族的交往，使其成员多具有开阔的民族胸怀，而甚少民族偏见。蒙古窝阔台汗时期，近臣别迭等言："汉人无补于国，可悉空其人以为牧地。"耶律楚材当即反驳说："陛下将南伐，军需宜有所资，诚均定中原地税、商税、盐、酒、铁冶、山泽之利，……足以供给，何谓无补哉？"针对窝阔台汗"令于西京宣德徙万余户"充劳役之事，他上奏说："先帝遗诏，山后民质朴，无异国人，缓急可用，不宜轻动。"⑥他还曾上奏窝阔台说："诸路民户今已疲乏，宜令土居蒙古、回鹘、河西人等与所在居民一体应输赋役。"⑦这些言论，均表明耶律楚材甚少民族偏见。正是在这样的民族胸怀下，耶律楚材才能在易代鼎革之际"摆脱华夷困惑和进行新的调适中"，走在了时代的最前列⑧，并提出了"华夷混一非多日"⑨的理想社会蓝图。

① 赵翼：《廿二史劄记》卷二八《金元俱有南人汉人之名》，中华书局1984年版，第630页。
② 洪皓：《松漠记闻》卷上，见《辽海丛书》第1册，辽沈书社1985年版，第205页。
③ 脱脱等：《金史》卷七五《卢彦伦传》，中华书局2020年版，第1823页。
④ 宋濂等：《元史》卷一八〇《耶律希亮传》，中华书局1976年版，第4159页。
⑤ 苏天爵：《滋溪文稿》卷七《耶律文正公神道碑铭》，中华书局1997年版，第104—105页。
⑥ 宋濂等：《元史》卷一四六《耶律楚材传》，中华书局1976年版，第3458页。
⑦ 宋子贞：《中书令耶律公神道碑》，见耶律楚材：《湛然居士文集》附录，中华书局1986年版，第327页。
⑧ 李治安：《元初华夷正统观念的演进与汉族文人仕蒙》，《学术月刊》2007年第4期。
⑨ 耶律楚材：《湛然居士文集》卷五《过闾居河四首》，中华书局1986年版，第103页。

六、结语

耶律氏家族在辽金元时期的发展历程,清晰地反映了不同民族间交往、互动及融合是一个历史渐进过程。这一过程,涉及社会生活的方方面面。尽管在民族共同体的发展演变过程中,政治因素往往起着决定性的作用,但民族间社会生活的融合,也是促进民族融合不可或缺的因素。历数百年之嬗变,耶律氏家族成员身体中已流淌着多民族的混合血液,社会生活已在不断的民族交往中发生着变化,表现出明显的兼容性特征。仍然能够表明其契丹族身份的,仅有姓氏符号等个别因素而已。

耶律氏家族作为契丹族家族个案,其族群认同意识的发展,也反映元代契丹族的本民族意识已逐渐淡化。如所周知,元代的"汉人"称谓,不仅仅指北方汉族,也包括契丹、女真等族,而明代规定"其辫发椎髻、胡服、胡语、胡姓,一切禁止"[①]以后,契丹族作为一个族称,逐渐消失在历史的长河中。在北方民族的融合过程中,得以不断壮大的一些族称,无论是汉,还是蒙古等,其成分都处在不断的变化中。正如南宋人蔡戡在论及金代女真族的变化时所说:"遗种所存,盖亦无几。后来生于中原者,父虽虏种,母实华人,……骄纵懦弱,习与性成,非复昔日女真也。"[②]可见,新的民族群体,或形成新的族称,或仍延续原有族称,但民族融合过程中的变化,却是十分明显的。

---

① 《明实录·太祖实录》卷三○,洪武元年二月壬子,"中央研究院"历史语言研究所校印本1962年版,第525页。

② 黄淮、杨士奇编:《历代名臣奏议》卷二三四·蔡戡《论和战》,上海古籍出版社1989年版,第3089页。

附录 耶律氏家族世系图

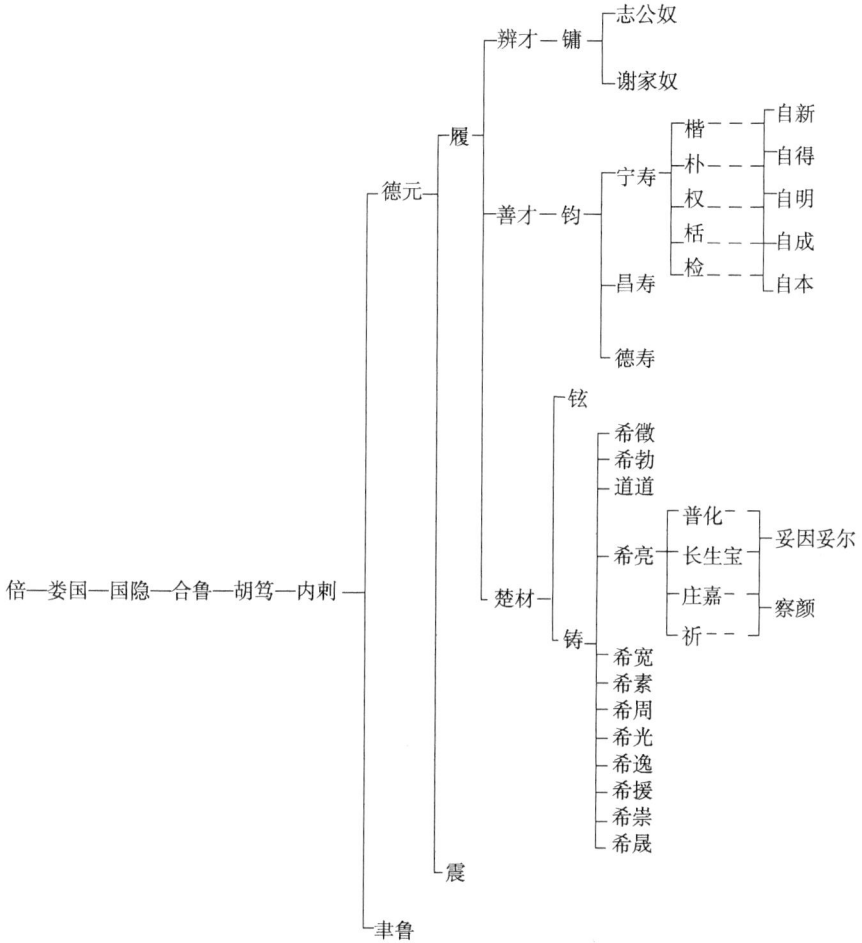

```
                                              ┌─ 志公奴
                                    辨才 ─ 镛 ─┤
                                              └─ 谢家奴
                                                            楷 ─ ─ 自新
                              履 ─┤                         朴 ─ ─ 自得
                                   │             ┌─ 宁寿 ──┤ 权       自明
                       德元 ─┤    善才 ─ 钧 ─┤            栝 ─ ─ 自成
                              │                   │             检 ─ ─ 自本
                              │                   ├─ 昌寿
                              │                   └─ 德寿
                              │
                              │            ┌─ 铉
                              │            │        ┌─ 希徽
                              │            │        ├─ 希勃
                              │            │        ├─ 道道
                              │            │        │             ┌─ 普化 ─── 妥因妥尔
                              │            │        ├─ 希亮 ──┤  长生宝
                              │            │        │             │  庄嘉  ─── 察颜
  倍─娄国─国隐─合鲁─胡笃─内刺 ─┤   楚材 ─┤        │             └─ 祈 ─ ─
                              │            │        │
                              │            └─ 铸 ──┤  希宽
                              │                     ├─ 希素
                              │                     ├─ 希周
                              │                     ├─ 希光
                              │                     ├─ 希逸
                              │                     ├─ 希援
                              │                     ├─ 希崇
                              │                     └─ 希晟
                              │
                              ├─ 震
                              │
                              └─ 聿鲁
```

31

南宋社会中的契丹人 *

南宋社会中的契丹人主要来源于北宋时期归明人及其后代、降人、流民、商贾、僧道等。他们的生计最初多靠政府安顿、赡济，转而通过军前效命、入仕为官、经商、从事农业或手工业生产以及为僧为道等方式获得收入。契丹人的社会习俗不断发生变化，通过族际婚姻，姓氏名字变迁，甚至服饰、饮食、节日等生活习俗方面与其他民族尤其是汉族的融合，逐渐失去其本民族的特征。南宋境内契丹族群的变迁，从一个侧面说明了辽宋夏金时期作为中国历史上民族交往和融合的活跃阶段，不同民族间的相互认同又有了进一步的发展。

辽宋夏金时期在中国历史上既是民族矛盾和冲突表现突出的阶段，又是民族交往和融合的活跃阶段。各民族的迁徙、交往和融合均有不同程度的表现，北方地区的一些民族最为突出。本文仅就南宋社会中契丹人的来源和社会状况等问题进行初步考证 [1]，以期有助于我们对该时期民族融合的认识。

一、南宋契丹人的来源

宋室南渡后由于失去北方大片国土，因而其领土离传统契丹族的聚居区更

---

* 原载《南宋史及南宋都城临安研究（续）上》，人民出版社 2013 年版。

[1] 在学术界已有的研究成果中，直接针对该问题的专题论述尚未见到，间接涉及的主要有：陈述《大辽瓦解以后的契丹人》（中央民族学院研究部编：《中国民族问题研究集刊》第 5 辑，中央民族学院研究部内部刊物 1956 年版；收入氏著《契丹政治史稿》，人民出版社 1986 年版）、黄宽重《略论南宋时代的归正人》（《南宋史研究集》，新文丰出版公司 1985 年版）、裴淑姬《试论南宋政府对归正人的政策》（《中国史研究》2003 年第 4 期）、夏宇旭《浅析宋朝对金治下契丹人的招诱》（《东北师大学报［哲学社会科学版］》2009 年第 2 期）等。

为遥远。不过，此时由于契丹族建立的辽王朝已为金人所灭，契丹人的迁徙范围与活动范围急遽扩大，所以进入南宋统治区域的可能反而增大。同时，北宋社会中的契丹人，虽然有不少会因政权变革而成为金朝臣民，但亦应有一些成为南宋臣民。应该说，南宋契丹人的来源是多渠道的。

（一）北宋时期归明人及其后代

在北宋与辽长期对峙的过程中，即不断有辽王朝境内的臣民投奔北宋。虽然这些所谓"归正人""归明人"以汉族为主，但其中亦不乏包括契丹族在内的其他民族成员。宋太宗端拱二年（989 年）"以契丹伪命南大王兄子耶律昌时领涿州刺史"①。"真宗咸平元年正月，定州部送投来契丹骨初等三人，诏赐锦袍、银带、缗（应为缗）钱，给田处之。"②咸平三年（1000 年）九月，"契丹伪应州节度使萧辖剌肯头、侄招鹘、虫哥、判官吴拾得归顺。以肯头为右领军卫将军、严州刺史，赐名怀忠；招鹘为右监门卫〔将〕军，赐名从化；虫哥为右千牛卫将军，赐名从顺"③。同年十二月，"契丹税木监使黄颢、茶酒监使张文秀、关城使刘继隆、张显各挈其属归顺，赐冠带、袍笏，舍于归明班院。颢等皆于越之族也"④。辽代于越"非有大功德者不授"⑤，此时期的于越应为皇族成员耶律休哥。这些"皆于越之族"的投宋者，或许投宋后更改姓名。若然，自应均为契丹族成员。景德元年（1004 年），"板给军都监耶律吴欲来降，补三班奉职"⑥。景德二年，"有司言契丹清朔、擒戎剩员军士十八人，老病当停"⑦。这均是契丹族归降宋朝的实例。

北宋时来归的契丹人一般被安置在北方地区居住，但由于仕宦、从军、经商等原因迁居南方地区者当亦有人。北南宋之交，受战争影响而大批南迁的北方人中，更具有包含契丹人在内的多民族成分。这些因各种原因南迁的契丹归明人及其后裔，无疑成为南宋社会中契丹人的组成部分。

---

① 徐松辑：《宋会要辑稿》蕃夷一之二二一，上海古籍出版社 2014 年版，第 9723 页。
② 徐松辑：《宋会要辑稿》蕃夷一之二三，上海古籍出版社 2014 年版，第 9725 页。
③ 徐松辑：《宋会要辑稿》蕃夷一之二四，上海古籍出版社 2014 年版，第 9726 页。
④ 徐松辑：《宋会要辑稿》蕃夷一之二四至二五，上海古籍出版社 2014 年版，第 9726 页。
⑤ 脱脱等：《辽史》卷四五《百官志一》，中华书局 2017 年版，第 782 页。
⑥ 徐松辑：《宋会要辑稿》蕃夷一之二七，上海古籍出版社 2014 年版，第 9728 页。
⑦ 李焘：《续资治通鉴长编》卷六〇，景德二年六月辛巳，中华书局 2004 年版，第 1344 页。

（二）流民

在金军灭亡辽朝和北宋的过程中，大规模的战争造成了北方地区的社会动乱。由此引发的避乱流民，四散奔亡，但自北而南流亡应是主流。南宋前期，因南宋与金及伪齐的战争而造成的流民，仍长期存在。北方地区的流民流入南宋境土，难以避免。同时，因灾荒年景而形成的流民，亦难免有越境之举。所有这些北方地区的流民中，均可能包含了部分契丹人。据记载，宗泽镇守开封时，"契丹九州人，日有归中国者"①。尽管绍兴十一年（1141年）的宋金和议中有"其自燕以北人（流移在宋境者），见行节次遣发，今后上国（金）逋亡之人，无敢容隐"②之类的内容，但随着形势的变化，流民入境仍是司空见惯的现象。南宋官员史浩甚至还认为流民自敌境襁负而至，很可能是敌国的战略手段。他对宋孝宗说："今陛下外有劲敌日为奸谋以挠我，日纵流民以困我。"③可见，进入南宋境内的流民数量不会很少。

（三）降人

长期的军事对峙和冲突，使宋金双方都有可能接受对方投降过来的将士。金朝军队由于民族构成复杂，民族界线比较明显，被统治民族的将士投降宋方的可能性更大。宋人曾说："金人之兵……大半皆奚、契丹、渤海杂种。"④契丹族对金政府因有亡国之恨，潜在的离心力时刻存在，降宋事件时有发生。职此之故，宋政府甚至曾诏谕前线将领留意接纳降人。绍兴十一年，"诏［胡］世将纳契丹降人"⑤。虽然此次因张焘的反对宋方未能接纳契丹降人，但更多的时候则是宋方热忱接纳，甚至"边将必多方招置以为功"⑥。南宋初年的富平大战前

---

① 宗泽：《宗泽集》附录宗颖《遗事》，浙江古籍出版社2012年版，第185页。
② 李心传：《建炎以来系年要录》卷一四二，绍兴十一年十一月庚申，中华书局2013年版，第2686页。
③ 史浩：《鄮峰真隐漫录》卷七《论归正人劄子》，影印文渊阁四库全书本，第1141册，第590页。
④ 李纲：《李纲全集》卷一七二《靖康传信录中》，岳麓书社2004年版，第1587页。
⑤ 周必大：《文忠集》卷六四《张忠定公神道碑》，影印文渊阁四库全书本，第1147册，第682页。
⑥ 史浩：《鄮峰真隐漫录》卷七《乞罢萧鹧巴入内打球札子》，影印文渊阁四库全书本，第1141册，第589页。

夕,宋军曾极力捍御,"生擒女真及招降契丹、燕人甚众"①。招降及主动来归者均属于归降的人,降人还有另一种情况,即战争中的俘虏。赵鼎在建炎四年(1130年)曾对论"诸所获生口内,契丹并燕蓟及诸路签军皆不可杀"②。这些不可杀的"生口",即属于后一类的降人。绍兴十一年,宋高宗降德音,对北方诸族"其生擒不杀见在军下者,亦与支破请给,并加存恤"。这是对俘虏类降人的优待,目的是"以称朝廷兼爱南北生灵之意"③。现将契丹降人事例制成下表(见表1),以资参考。

表1 契丹降人事例

时间	首领或代表人物	规模及降宋简要经过	资料来源
建炎四年(1130年)	屈烈	招到女真、契丹、渤海、汉儿一十八人	《宋会要辑稿》兵一七之一八
绍兴元年(1131年)		据知连水军吴诚申,节次招谕到女真、契丹、渤海、汉儿签军共一百六十七人	《三朝北盟会编》卷一四五绍兴元年三月二十六日
		据知楚州祝友并刘光世遣人过淮探事,因便招收到女真、渤海、契丹、汉儿签军等共一百九十四人	《三朝北盟会编》卷一四五绍兴元年三月二十六日
	归奴	翟兴解到归顺契丹归奴等	《三朝北盟会编》卷一四五绍兴元年三月二十六日
		刘光世招纳女真、契丹、渤海、汉儿万人	《三朝北盟会编》卷一四五绍兴元年三月二十六日
绍兴十年	耶律温	刘光为擒获契丹千户耶律温等	《宋会要辑稿》兵一七之二五,张嵲《紫微集》卷一二
绍兴十一年		投降、生擒不杀	《宋会要辑稿》兵一七之二五
绍兴三十一年	男三郎君	与王友直等将带军马八百余人前来	《三朝北盟会编》卷二四八

---

① 朱熹:《晦庵先生朱文公文集》卷九五上《少师保信军节度使魏国公致仕赠太保张公行状上》,见朱杰人等编:《朱子全书》,上海古籍出版社2002年版,第25册,第4371页。
② 赵鼎:《忠正德文集》卷七《建炎笔录》,影印文渊阁四库全书本,第1128册,第737—738页。
③ 徐松辑:《宋会要辑稿》兵一七之二五,上海古籍出版社2014年版,第8967页。

续表

时间	首领或代表人物	规模及降宋简要经过	资料来源
绍兴三十二年		张子盖招降契丹	《宋会要辑稿》兵一七之二七
	萧中一	挈家归正	周必大《文忠集》卷九七
	萧鹧巴、耶律适哩、耶律秃谋、萧邈舌	百余人自金国归顺，皆契丹首领也	《宋会要辑稿》兵一七之二八
隆兴元年（1163 年）	萧琦[1]	将带家属、奴婢、亲信赤山千户、尖山千户、马尾山千户、石盘千户、蕃军等，自宿州归顺	《宋会要辑稿》兵一七之二八
隆兴六年	萧夺里懒、萧为也	义胜军二百余人，系招纳契丹、女真、汉儿等	《宋会要辑稿》兵一七之二九
	萧整	自虹县来归	《宋会要辑稿》兵一七之三一
乾道九年（1173 年）		萧鹧巴元同起事人有自荆南来归者	《宋会要辑稿》兵一七之三一
		萧鹧巴一行官兵等七十一人，向化远来[2]	《宋会要辑稿》兵一七之三一
绍定六年（1233 年）	移刺瑗	以邓州举城降宋	《金史》卷一一八《武仙传》；《宋史》卷四一《理宗纪一》
		张浚招降契丹、燕人甚众	《朱熹集》卷九五上

[1]萧琦即《金史》所载奚挞不也，为奚族。由于奚族在辽金时期已与契丹族具有明显认同倾向，故南宋史料中很少提及奚族，而是大多数情况下将其视作契丹族的。
[2]萧鹧巴已于绍兴三十二年投宋，此71人似应亦为"元同起事人"。

（四）其他

在南宋与金、元长期对峙过程中，既有颇具规模的契丹流民群体进入宋境，也有个别的、零星的契丹人进入宋境。后者除战争时期不时出现外，和平时期亦有商人、僧道等因各种原因入宋境安身、定居。史浩在论归正人的劄子中曾说："僧道虽无度牒，但持戒牒来者，即与度牒。"①可见，僧道之类的宗教人士流入宋境者亦不稀奇。

---

① 史浩:《鄮峰真隐漫录》卷七《论归正人第二劄子》,影印文渊阁四库全书本,第1141册,第592页。

二、契丹人的经济生活

作为游牧民族的契丹族，其经济生活虽在辽代二百余年民族间交往和融合的洪流中已发生了很大变化，但对于进入南宋境内的契丹人来说，毕竟自然环境和物质条件均有很大的不同，需要逐渐适应新的情况。因此，他们在融入南宋社会的过程中，经济生活有其自身的特点。

（一）初期的生计来源

不同来源渠道的契丹人，在南宋社会中生计来源亦有所区别。北宋归明人及其后裔，由于此前已取得宋王朝臣民的身份，进入南宋后其生计来源与广大汉民并无区别。流民和降人，进入南宋境内之初，一般由官府予以安置，以保障其基本生计。

南宋政府对契丹归明人的安置，除在政治上授官任职外，还包括如下一些经济上的内容。

1. 授予田宅

据记载，"诸归明人应给田者，以堪耕种田限半年内给，每三口给一顷"[1]，这可能只是对平民身份的归明人的授田数量，至于来归的官员、将领，则不受此规定的限制。隆兴元年（1163年），"诏萧琦，宣抚司摽拨宅一所，及于淮东系官田内拨赐二十顷"[2]。显然，萧琦一家当不至有60口人。"降人萧鹥巴赐淮南田，意不慊，以职田请"[3]，萧鹥巴向宋政府伸手要田，更不会以规定的数额为限。绍定六年（1233年），移剌瑗"率邓州军民诣宋人纳款，宋以兵马辖处之，赐第，居襄阳"[4]。对于授予的田宅，朝廷又进一步规定："诸归明人官给田宅，不得典卖"，但"已死而子孙典卖者，听"。这里的"子孙"，"谓归明后所生者"[5]。

---

[1]　谢深甫等：《庆元条法事类》卷七八《蛮夷门·归明恩赐》，黑龙江人民出版社2002年版，第855页。

[2]　徐松辑：《宋会要辑稿》兵一七之二九，上海古籍出版社2014年版，第8968页。

[3]　脱脱等：《宋史》卷三八五《魏杞传》，中华书局1985年版，第11833页。

[4]　刘祁：《归潜志》卷六，中华书局1983年版，第63页。

[5]　谢深甫等：《庆元条法事类》卷七八《蛮夷门·归明恩赐》，黑龙江人民出版社2002年版，第855页。

可见，归明人从官府得到的田宅，是拥有所有权的私人财产，只是附有一定的限制条件而已。当然，也有官府临时借予房屋居住的情况。如"未授田而权与官屋居住者，免赁直"①。

2. 钱米养济

宋政府曾规定，"诸归明人初过界，所属具事因保奏，应给钱米或田土者，不得援例自乞增给"②。建炎四年（1130年），宋政府又进一步规定："归朝、归明自身效用无差使人并归朝、归明官效用等身故之家者，老小无依倚人，仰寄居州军计口数，大人每口每月支钱八百省，米八斗，内十三岁已下人，各减半，仍每家不得支过五口。"③ 由此可知，对归明人的钱米养济应是按制度执行的。不过，对于身份较高的契丹人，则是"厚加优恤"④ 的。绍兴三十二年（1162年），洪适言："沿边已招纳降胡，若使之饥寒失所，则必怨望。如萧鹧巴一家余二十口，券钱最多，日不过千六百金，尚不给用，则其余可知。"⑤ 至乾道三年（1167年），"诏建康府驻劄御前后军都统制耶律括（应为适）哩，每月支钱三百贯。适哩援萧鹧巴等例，乞月支千缗，故有是命"⑥。看来，短短数年间，萧鹧巴等人的待遇提高不少。

钱米养济主要在于安顿归明人及其家属的初期生活，因而具有严格的时效性。绍熙元年（1190年），"枢密院言：保义郎即（应为耶）律桩状：'故父归朝身亡，臣虽受世赏，方一十四岁。'乞送临安府，权支效士钱米，养赡孤幼。诏候年及二十，即行住支"⑦。耶律桩自14岁以后，得到钱米养赡不过6年，但应算是时间较长的了。

---

① 谢深甫等:《庆元条法事类》卷七八《蛮夷门·归明恩赐》，黑龙江人民出版社2002年版，第855页。

② 谢深甫等:《庆元条法事类》卷七八《蛮夷门·归明恩赐》，黑龙江人民出版社2002年版，第854页。

③ 谢深甫等:《庆元条法事类》卷七八《蛮夷门·归明恩赐》，黑龙江人民出版社2002年版，第856页。

④ 徐松辑:《宋会要辑稿》兵一七之二七，上海古籍出版社2014年版，第8968页。

⑤ 洪适:《盘洲文集》附录《宋尚书右仆射观文殿学士正议大夫赠特进洪公行状》，影印文渊阁四库全书本，第1158册，第794页。

⑥ 徐松辑:《宋会要辑稿》兵一七之二九，上海古籍出版社2014年版，第8969页。

⑦ 徐松辑:《宋会要辑稿》兵一六之九，上海古籍出版社2014年版，第8942页。

3. 赋税减免

宋朝法律规定："诸归明人，官赐田，免十料催科，荒田倍之。"① "如归正人兴贩，特全免三年"② 税收。绍兴三十二年（1162年），更规定对于"贫不能辨（应为办）牛种农具者，官给之，仍免十年差科、税赋"③。

（二）职业生活

尽管大部分流入南宋境内的契丹人最初得到过官府的安置和救助，但在随后的日常生活中，他们以及他们的后人，谋生仍然主要依靠职业收入。

1. 从军

作为降人的契丹人，由于入宋前即为将士，加之契丹传统上具有尚武精神，因而入宋后多被安排军前效命。建炎四年（1130年），大将刘光世"招到女真、契丹、渤海、汉儿一十八人"，朝廷予以补官赐姓后"并送刘光世收管使唤"④。绍兴三十二年（1162年）规定，"遇有自北来归之人"，"愿为兵者，发赴军前，免刺面，补为效用，优支请给。如材艺过人可备使令，许主帅量材录用"⑤。隆兴元年（1163年），有臣僚上言"宣抚司解遣招降、捕获金人百余人"，建议"以今所招并自今归附人尽拨归都督府处分"，宋孝宗下诏"仍分拨江上诸军使唤"⑥。可见，降人入宋后继续从军乃是普遍现象。"皆契丹、渤海、汉儿慕义来归"⑦ 组成的"义胜军"，甚至以整队建制长期存在。隆兴二年，"以建康归正人为忠毅军，镇江为忠顺军，命萧琦、萧鹧巴分领之"⑧，也是属于降人整体从军的情况。

除归降将士继续从军外，其他流入宋境的契丹人以及契丹人的后裔，也不乏积极从军者。绍熙三年（1192年），"诏归朝、归明、归正忠顺官子弟，身材强壮、武艺过人无以自奋者，可并赴所居州军自陈，令守臣审验人材武艺，解赴本

---

① 谢深甫等：《庆元条法事类》卷七八《蛮夷门·归明恩赐》，黑龙江人民出版社2002年版，第855页。

② 徐松辑：《宋会要辑稿》兵一五之一六，上海古籍出版社2014年版，第8923页。

③ 徐松辑：《宋会要辑稿》兵一五之一一，上海古籍出版社2014年版，第8918页。

④ 徐松辑：《宋会要辑稿》兵一七之一八，上海古籍出版社2014年版，第8962、8963页。

⑤ 徐松辑：《宋会要辑稿》兵一五之一一，上海古籍出版社2014年版，第8918页。

⑥ 徐松辑：《宋会要辑稿》兵一七之二八，上海古籍出版社2014年版，第8968页。

⑦ 周必大：《文忠集》附录卷四《宋故少傅观文殿大学士致仕益国公食邑一万五千六百户食实封五千八百户赠太师谥文忠周公神道碑》，影印文渊阁四库全书本，第1149册，第329页。

⑧ 脱脱等：《宋史》卷三三《孝宗纪一》，中华书局1985年版，第626页。

路安抚司。如是身长五尺五寸，射一石力弓、三石力弩为上等，日支食钱三百文、米三升；身长五尺五寸、射九斗力弓、二石八斗力弩为次等，日支食钱二百文、米二升。委帅躬亲拍试及格，补充本司效用，与免诸般杂役及防送差使"①。宋政府制定的这类专门政策，为"忠顺官子弟"群体从军开了方便之门，也正说明这一包括契丹人在内的社会群体具有从军的需要。

2. 仕宦

对于投奔宋朝的各类归明人，宋朝的原则是"有官者还以官爵，仍加优转"②。因此，原在北方金政权或其他政权统治下具有官员身份的契丹人，入宋后大都仍为官员。由于以此种方式入官的人员众多，大臣史浩甚至对"今北人将片纸来者，即与官"③的做法颇有微词。事实上，即使原无官职的一些归明人，有时也会受到授予官资的特殊优待。乾道八年（1172 年），"诏所属取会归正契丹、女真、渤海、汉儿名下元带私身家人即今确实见在人数，并特补守阙、进男（应为勇）副尉，支效用钱米，候立新功，依官资请给"④。

投奔宋朝的士人，还可以通过参加科举考试进入仕途，乾道元年（1165 年），宋廷规定："归正士人令所在州军赴今秋解试，其取人分数，依昨流寓人例施行。"⑤至于契丹人的后裔，也同样地可以参加科举考试，并可能享受到特殊的优待。淳熙十二年（1185 年），"诏归正、归朝、归明补官之人亲子亲孙，愿应举者"⑥，经审批程序和相关官员的保明后，可参加本路转运司的考试。个别子弟甚至受到特殊关照。嘉泰三年（1203 年），宋宁宗下诏说："萧拱为系忠义归朝头目之人故萧夺里懒之子，理宜存恤，特与放行呈试。余人不得援例。"⑦

3. 经商

契丹民族早在建立政权之初，即有商人南下中原从事商业活动。后晋在与辽王朝发生龃龉之后，"凡辽国贩易在晋境者，皆杀之，夺其货"⑧。可见常驻中

---

① 徐松辑：《宋会要辑稿》兵一七之三二，上海古籍出版社 2014 年版，第 8970 页。
② 徐松辑：《宋会要辑稿》兵一五之七，上海古籍出版社 2014 年版，第 8914 页。
③ 史浩：《鄮峰真隐漫录》卷七《论归正人第二劄子》，影印文渊阁四库全书本，第 1141 册，第 592 页。
④ 徐松辑：《宋会要辑稿》兵一七之三〇，上海古籍出版社 2014 年版，第 8969 页。
⑤ 徐松辑：《宋会要辑稿》兵一五之一五，上海古籍出版社 2014 年版，第 8922 页。
⑥ 徐松辑：《宋会要辑稿》兵一六之五，上海古籍出版社 2014 年版，第 8937 页。
⑦ 徐松辑：《宋会要辑稿》兵一七之三四，上海古籍出版社 2014 年版，第 8971 页。
⑧ （旧题）叶隆礼：《契丹国志》卷二《太宗嗣圣皇帝上》，上海古籍出版社 1985 年版，第 23 页。

原汉地的商人当非少数。北宋时期,辽朝商人至宋境贸易者,不乏其人。景德二年(1005年),宋廷曾诏谕雄州:"如北商赍物至境上者,且与互市。"① 南宋时期,契丹人自然也有从事经商活动者。绍兴三十一年(1161年),宋廷下诏规定:"北来归正之人,诸场务不得收税,违者必罚无赦。"② 乾道二年(1166年),臣僚言:"日归正人诉牒,或住临安、建康府,于诸路商贩物货。乞用近旨下所属,给据照免沿路津税。"③ 契丹人在南宋以经商为职业者应有相当数量。

4. 僧道

辽代契丹人信仰庞杂,而佛教最为兴盛。道宗时曾出现过"一日而祝发三千"④ 的奇迹。尽管"辽以释废"⑤,但契丹人的信仰却未必随之改变。流入南宋境内的契丹人,原为僧道者一般换授度牒后继续做僧道,仅有个别人会因度牒作伪被强令还俗,而自愿还俗者更是微乎其微。宋法律规定:"诸归明及陷蕃投归僧道,送州城内寺观。"⑥ 与此同时,仍有普通契丹人出家情况的存在。萧琦"致仕、遗表恩泽以名二补异姓,二名换度僧牒"⑦。度僧牒是出家人的凭证,这说明萧琦亲属有出家为僧的需求。

5. 从事农业或手工业生产

契丹人在辽代已较多地接触到农业耕种,进入南宋境内后,多有从事农耕以养家糊口者。宋政府对归明人的授田,均是适宜农业耕作的。只有对个别高级将领,宋政府才会"多与空地,令可驰射"⑧。限于自然条件,南宋社会中的契丹人已很难从事游牧生产,而较多地转为农耕生产。绍兴三十二年(1162年)的诏书云,"沿边州军遇有自北来归之人,置籍抄录姓名,出给公据,使皆着业。其愿为农者,许请官田,立定顷亩,永为己业。贫不能辨(应为办)牛种农具

① 李焘:《续资治通鉴长编》卷五九,景德二年正月庚午,中华书局2004年版,第1313页。
② 李心传:《建炎以来系年要录》卷一九四,绍兴三十一年十一月壬午,中华书局2013年版,第3800页。
③ 徐松辑:《宋会要辑稿》兵一五之一六,上海古籍出版社2014年版,第8923页。
④ 脱脱等:《辽史》卷二六《道宗纪六》,中华书局2017年版,第353页。
⑤ 苏天爵:《元朝名臣事略》卷一〇《宣慰张公》,中华书局1996年版,第206页。
⑥ 谢深甫等:《庆元条法事类》卷七八《蛮夷门·归明附籍约束》,黑龙江人民出版社2002年版,第860页。
⑦ 徐松辑:《宋会要辑稿》兵一七之二九,上海古籍出版社2014年版,第8969页。
⑧ 张孝祥:《于湖居士文集》卷一八《论萧琦第宅及水灾赈济劄子》,上海古籍出版社1980年版,第176页。

者，官给之"①。隆兴元年（1163年），宋政府对"招降、捕获金人百余人"的安置中，亦有"各家丁壮给闲田耕种"②的内容。至于从事手工业生产，虽尚未发现具体的实例，但对于在皮革等行业具有技术优势的契丹人来说，却不能说没有这种可能。《太平老人袖中锦》列为天下第一的"契丹鞍"，或许即包括入宋契丹人的作品。

三、契丹人的生活习俗及其民族特征的弱化

作为形成于北方草原地区的游牧民族，契丹族在形成后的数个世纪中，生活习俗颇具特色，民族特征鲜明。辽王朝的建立及其灭亡，使契丹族加速了与其他民族的融合步伐，并最终在辽亡后的数个世纪中消失于历史的舞台。南宋社会中的契丹人，其生活习俗即处于急遽的变化之中，其民族特征也明显表现出弱化的趋势。

南宋诗人姜夔曾作《契丹歌》一首，诗云：

> 契丹家住云沙中，奢车如水马若龙。
> 春来草色一万里，芍药牡丹相间红。
> 大胡牵车小胡舞，弹胡琵琶调胡女。
> 一春浪荡不归家，自有穹庐障风雨。
> 平沙软草天鹅肥，健儿千骑晓打围。
> 卓旗低昂围渐急，惊作羊角凌空飞。
> 海东健鹘健如许，鞲上风生看一举。
> 万里追奔未可知，划见纷纷落毛羽。
> 平章俊味天下无，年年海上驱群胡。
> 一鹅先得金百两，天使走送贤王庐。
> 天鹅之飞铁为翼，射生小儿空看得。
> 腹中惊怪有新姜，元是江南经宿食。③

---

① 徐松辑：《宋会要辑稿》兵一五之一一，上海古籍出版社2014年版，第8918页。
② 徐松辑：《宋会要辑稿》兵一七之二八，上海古籍出版社2014年版，第8968页。
③ 姜夔：《白石道人诗集》卷上《契丹歌》，四部丛刊初编本。

诗人自注其诗云："都下闻萧总管自说其风土如此。"此处之萧总管,似应即是绍兴三十二年(1162年)归宋的萧鹧巴或其后人①。萧总管所说的这些风土习俗,在南宋大都已成为契丹人的美好回忆。

（一）物质生活习俗

衣食住行方面,契丹人的生活习俗变化十分明显。衣饰由较多地穿皮衣向布衣转变,但在样式上则存在契汉相互影响的趋势。宋末元初人周密曾说:"茶褐、黑绿诸品间色,本皆胡服,自开燕山始有至东都者。"② 显然,北宋末的这类习俗影响,至南宋而得到进一步的发展。宋孝宗乾道四年(1168年),臣僚曾上言:"临安府风俗,自十数年来,服饰乱常,习为胡装。"③饮食则由食肉饮潼转为以蔬食为主,这是自然条件所决定的。居住方面更是完全接受了汉人的"城郭以居"的方式,而扎帐居住的方式已被放弃。宋代官员甚至称来归的契丹人是"厌毡毳之习,蹈不测来归我,可谓壮士矣"④。宋朝政府曾赐萧琦高大的第宅,并尽量"多与空地,令可驰射"⑤。但这仅是为高级武将提供了一定的习武条件而已。在出行方面,以车、马为工具的出行方式,本来汉、契民族并无太大差别,只是受制于南方的自然地理条件,交通工具略有差别,并在水路较多使用船只而已。总之,进入南宋的契丹人"重锦鱼轩,易其毡毳"⑥,原有物质生活习俗明显地发生了变化。

（二）精神生活习俗

契丹人本有自己的语言和文字,但进入南宋境内的契丹人由于数量较少且

---

① 姜夔作为文人,一生未曾仕宦,接触具有官员身份的契丹归明人的机会并不多。但他曾在临安府张氏家族(张俊后人)做家塾教师。萧鹧巴等人当时由张俊之侄张子盖招降,故张氏成员当与张氏家族有交往,他们在临安期间极可能会去张府做客,故姜夔有机会聆听其"自说其风土"。萧鹧巴降宋后曾任权侍卫马军司职事、马步军统制、忠州团练使等职,他或其后人有任"总管"职务的可能。

② 周密:《癸辛杂识》别集上《胡服间色》,中华书局1988年版,第255页。

③ 潜说友:《咸淳临安志》卷四七《秩官五》,见《宋元方志丛刊》,中华书局1990年版,第3775页。

④ 陈傅良:《止斋文集》卷一三《耶律古哩致仕》,四部丛刊初编本。

⑤ 张孝祥:《于湖居士文集》卷一八《论萧琦第宅及水灾赈济劄子》,上海古籍出版社1980年版,第176页。

⑥ 周必大:《文忠集》卷九七《萧中一妻耶律氏封郡夫人》,影印文渊阁四库全书本,第1148册,第41页。

相当分散，使他们很难继续使用本民族的语言和文字，很可能比较迅速地接受了汉语和汉字。辛弃疾曾说："今之归明人中，其能通夷言、习夷书者甚多。"①这虽主要是指女真语言文字，但契丹人使用契丹语言当亦包括在内。萧哲伯（即萧鹧巴）等人投宋之初，"译者谓契丹为金人所败，此曹遁来"②。这说明他们当时还不能说汉语，需要翻译。但此后却很难再见到他们需要翻译的情况。而且，洪迈起草的《萧鹧巴词》曰："随会在秦，晋国起六卿之惧；日䃅仕汉，秺侯传七叶之芳。"③制词对仗用典，追求文辞典雅含蓄，萧鹧巴若理解其意，则需很高的汉语言水平。

契丹人的姓氏只有耶律和萧两姓，在辽时往往既有契丹名又有汉名。入宋的归明人，多有被赐姓赵者。绍兴元年（1131年），在刘光世招降的各族归明人中，"内无姓人赐姓赵"④。绍兴十年，"诏淮南宣抚司降到契丹千户耶律温，特赐姓赵"⑤。除赐姓外，亦有不少获赐名字者。绍兴元年，"枢密院言：翟兴解到归顺契丹归奴等，已等第补官、赐姓外，诏归奴赐名怀顺，毒撅名怀义，揲里八名怀忠，撅烈名怀明，澁腊名怀信，怪腊名怀节，月一名怀德"⑥。显然，这些被朝廷赐姓赐名者，已在名字方面具有明显的汉化倾向。当然，被赐姓赐名的只是部分契丹人，亦有入宋后即更改姓名者。绍定六年（1233年）以邓州降宋的移剌瑗，"既至襄阳，使更姓名，称归正人刘介"⑦。对于大部分的契丹人来说，姓名的汉化倾向至少从其第二代人身上已有明显反映。耶律（或称移剌）姓虽是契丹的特有姓氏，但因其可比附刘姓，实很易混入汉姓中。至于萧氏，本来就与汉姓无别。入宋第二代以后契丹人的起名，也具有明显的汉化倾向。如萧拱，"系忠义归朝头目之人故萧夺里懒之子"⑧。萧鹧巴之孙名存德。⑨萧拱、萧存德之类的姓名，已与汉人姓名无别。

① 辛弃疾：《辛稼轩诗文笺注·九议·其五》，上海古籍出版社1995年版，第80页。
② 周必大：《文忠集》卷一六四《龙飞录》，影印文渊阁四库全书本，第1148册，第775页。
③ 洪迈：《容斋随笔三笔》卷八《吾家四六》，中华书局2005年版，第523页。
④ 徐松辑：《宋会要辑稿》兵一七之一九，上海古籍出版社2014年版，第8963页。
⑤ 徐松辑：《宋会要辑稿》兵一七之二五，上海古籍出版社2014年版，第8966页。
⑥ 徐松辑：《宋会要辑稿》兵一七之一九，上海古籍出版社2014年版，第8963页。
⑦ 脱脱等：《金史》卷一一八《武仙传》，中华书局2020年版，第2722页。
⑧ 徐松辑：《宋会要辑稿》兵一七之三四，上海古籍出版社2014年版，第8971页。
⑨ 楼钥：《攻媿集》卷三四《萧鹧巴奏孙秉义郎存德乞将磨勘转官回授母淑人耶律氏封郡夫人》，丛书集成初编本，中华书局1985年版，第463页。

契丹人的社会风俗习惯有其自己的特点,而他们在入宋之初往往是仍保留着自己的风俗的。乾道六年(1170年),四川宣抚使王炎曾说由契丹、女真、汉儿等降人组成的义胜军"缘北人风俗情性不同",应由契丹人萧夺里懒、萧为也统领,并请求"选择抽差,团结作义胜军一将,所贵人情相谙"①。这里的"风俗情性"虽没有确指,但应是包括社会风俗习惯的。

(三)契丹民族特征的弱化

南宋契丹人由于与广大汉族及其他民族杂居,很难形成自己的族内通婚群体,加之宋王朝鼓励他们与汉族通婚②,因此,族际通婚便成为他们的正常选择。周必大在论归正人就食诸道时曾提到,分散在各地就食的归正人"岁月浸久,男婚女嫁",将会使朝廷的"俸给居处""渐有不足之患"。一方面这些归正人既有"山东、河北之人",又有"燕山、女真、契丹、渤海遗种"③,本身就具有多民族成分;另一方面,他们因"就食"需要而十分分散,其"男婚女嫁"势必以族际婚为主。在长期的宋金战争过程中,因战争而造成的南北民族间的通婚已为人们所普遍接受。绍兴元年(1131年),刘光世招降"女真、契丹、渤海、汉儿万人,无室家者,则为之娶妇"④。所娶之妇自然以汉族为主。吕本中《轩渠录》记载的故事也说明了人们对族际婚的认可:"绍兴辛巳冬,女真犯顺。米忠信夜于淮南劫寨,得一箱箧,乃自燕山来者,有书十余封,多房中妻寄去者。唐仲友亲见一纸,别无他语,止诗一篇云:'垂杨传语山丹,你到江南艰难。你那里讨个南婆,我这里嫁个契丹。'"⑤这里的主人公垂杨、山丹可能是契丹族,也可能是其他民族⑥,但"讨个南婆""嫁个契丹"无疑涉及不同民族间的通婚。

---

① 徐松辑:《宋会要辑稿》兵一七之二九,上海古籍出版社2014年版,第8969页。
② 北宋时曾有过禁止沿边地区族际通婚的诏令,如至道元年(995年),"禁西北缘边诸州民与内属戎人昏娶"(《宋史》卷五《太宗纪二》,中华书局1985年版,第98页);元祐元年(1086年),归明人在"三路及沿边不得婚嫁"。但对内陆地区则是"听与嫁娶"的(《续资治通鉴长编》卷三七三,元祐元年三月辛巳,中华书局2004年版,第9034页)。
③ 周必大:《文忠集》卷一三七《论归正人就食诸道》,影印文渊阁四库全书本,第1148册,第522页。
④ 徐梦莘:《三朝北盟会编》卷一四五,绍兴元年三月二十六日,上海古籍出版社2008年版,第1057页。
⑤ 吕居仁(本中):《轩渠录》,见陶宗仪:《说郛》卷七,中国书店1986年版,第14页。
⑥ 张邦炜先生断定垂杨为女真族妇女(《婚姻与社会〔宋代〕》,四川人民出版社1989年版,第44页),但未具体说明理由。

族际通婚的直接结果是，契丹人在血缘、体质上的民族特征不断弱化。而在行为方式、价值观念等方面与其他民族的逐渐趋同，则使契丹人在文化上的民族特征亦不断弱化。如前所述，契丹人的各种物质生活和精神生活已具有明显的汉化趋势，这是一方面。另一方面，汉族文化在发展过程中也不断吸纳包括契丹在内的异族文化，从而更有利于契丹人与汉人在文化上的认同。宋孝宗隆兴元年（1163 年），中书门下省言："窃见迩来临安府士庶服饰乱常，声音乱雅，如插掉篦、吹鹧鸪、拨胡琴、作胡舞之类，已降指挥严行禁止外，访闻归朝、［归］正等人往往不改胡服，及诸军有仿效蕃装，所习音乐杂以胡声。乞行下诸军及诸州县，并行禁止。"[①] 乾道四年（1168 年），臣僚言："临安府风俗，自十数年来，服饰乱常，习为胡装，声音乱雅，好为胡乐。如插掉篦，不问男女；如吹鹧鸪，如拨胡琴，如作胡声，所在而然。此皆小人喜新，初则效学，以供戏笑，久则习以为非（应为常），其则，上之人亦将乐之，与之俱化矣。臣窃伤悼，中原士民，沦为左衽，延首企踵，欲自致于衣冠之化者，三四十年而不可得，而东南礼义之民，乃反堕于胡虏之习，而不自知，甚可痛也。今都人静夜，百十为群，吹鹧鸪，拨胡琴，使一人黑衣而舞，众人拍手和之，道路聚观，便同夷落，伤风败俗，不可不惩。伏望戒敕守臣，检坐绍兴三十一年指挥，严行禁止，犯者断罪，令众自然知惧矣。"[②] 虽然官府不断以禁令的形式加以阻止，但这种文化上的涵化往往是政治权力所不能完全阻挡的。诗人范成大吟出的"绣靴画鼓留花住，剩舞春风小契丹"[③]，正是这种涵化的真实写照。

四、南宋汉人对契丹人的看法

处在汉族人口占绝大多数的社会中，南宋契丹人很容易被人们认同于汉族。这一方面是契丹人进入南宋社会中发展变化所带来的结果，另一方面也与汉族具有不断与其他民族相融合的特点密切相关。在这一民族融合过程中，汉人对契丹人的看法发挥了重要的作用。只是各种看法相当复杂，并且亦处在不

---

① 徐松辑：《宋会要辑稿》刑法二之一五六，上海古籍出版社 2014 年版，第 8384 页。
② 潜说友：《咸淳临安志》卷四七《秩官五》，见《宋元方志丛刊》，中华书局 1990 年版，第 3775 页。
③ 范成大：《范石湖集》卷六《次韵宗伟阅番乐诗》，上海古籍出版社 1981 年版，第 93 页。

断的变化中而已。

（一）南宋政府对契丹人的政治认同

南宋在大部分时间内的敌人主要是金朝，而契丹人与金政权间有亡国之恨，因此，宋政府将招诱契丹人视作对付金朝的一条"秘计"。南宋建立之初，宗泽即上疏说："窃见契丹、汉儿，自与我宋盟约，几百年实唇齿之邦、兄弟之国。偶被金人杀掳，忿怨不已。止缘势弱，未繇报冤。今若复约盟会，使得回戈，共力破敌，一举便可灭亡。"① 此后，宋政府多次采取措施，有时秘密有时公开地招诱契丹人。绍兴三十一年（1161年），宋廷发布的《契丹通好榜》云："契丹与我为二百年兄弟之国，顷缘奸臣误国，招致女真，彼此皆被其毒。朕既移跸江南，而辽亦远居漠北，相去万里，音信不通。今天亡此虏，使自送死。朕提兵百万，收复中原，惟尔大辽豪杰忠义之士，亦协力乘势，宜歼厥渠魁，报耶律之深仇。"在《续榜措置招谕事件》中又云："渤海、奚、契丹诸国，与我本朝初无雠隙，止缘女真不道，劫以兵威，签卒从军，不能自脱。今朕亲行讨伐，本为完颜一族，仓卒之间，恐难分彼此。本榜到日，如能束身来归，或擒杀酋首自效者，除依格给赏外，虽管军节钺，朕亦不惜。"②

可以看出，在宋政府陆续发布的各种诏书和榜文中，基于对金政权共同的仇视，大都将契丹人视作政治上的盟友。一方面挑拨契丹人与金政权的关系，一方面强调辽宋间长期的盟约关系，即使提及北宋徽宗时期的毁约，也只是将责任推卸给奸臣而已。显然，宋政府在极力追求与契丹人的政治认同。对于来到南宋境内的契丹人，则在各种制书中肯定他们对宋政权的认同。如关于契丹长行李嘉努补官的制书称："尔等皆以裔民，归心华夏，并秩官资，以为慕义者之劝，尚思勉哉！"③ 萧存德之母耶律氏封郡夫人的制书则称："早嫔名将之家，

---

① 宗泽：《宗泽集·政论·奏给公据与契丹汉儿及本朝被掳之民疏》，浙江古籍出版社2012年版，第77页。

② 徐梦莘：《三朝北盟会编》卷二三四，绍兴三十一年十月九日，上海古籍出版社2008年版，第1680页。参阅夏宇旭《浅析宋朝对金治下契丹人的招诱》，《东北师大学报（哲学社会科学版）》2009年第2期。

③ 张嵲：《紫微集》卷一九《金穆昆于俊成契丹长行李嘉努为远来归附于俊成补保义郎李嘉努补承信郎制》，影印文渊阁四库全书本，第1131册，第505页。契丹人姓李氏当与唐朝赐姓有关。元人刘因《少中李公名字说》云："公之先，契丹氏之族也。其氏李，则远有端绪。"（《全元文》卷四六四，江苏古籍出版社1999年版，第13册，第378页）

同慕中华之义。"①

值得注意的是，宋代一般将少数民族归降者称为归明人，而将汉族来归者称为归正人。②对于契丹来归者，在很多情况下均称其为归正人。如萧中一被称为"故归正人"③。乾道九年（1173年），"萧鹧巴一行官兵等七十一人，向化远来"④。朝廷下诏改作归正。绍定六年（1233年）以邓州降宋的移剌瑗，"既至襄阳，使更姓名，称归正人刘介"⑤。这说明，在基于政治认同的前提下，宋政府有时甚至不再将契丹人视作异族。

（二）一些官员对契丹人的分析与偏见

在宋政府热衷于招诱契丹人的同时，也有不少官员对来到南宋社会的契丹人作了具体分析，提出自己的看法。这些看法，多系从政治、军事方面着眼，其中不乏对官府态度的纠偏，但亦有不少表现了对契丹人的偏见。

在对当时军事形势和国家政策的分析中，官员们多涉及对归正人的看法，尽管专门针对契丹人的议论很难见到，但他们所说的归正人一般是包括契丹人在内的。华岳的《平戎十策·利害》可谓颇有代表性。华岳认为应将各种归正人区别看待："自今观之，向来归正之别有三：一曰因人鼓率，二曰远来慕义，三曰军前杀降。因人鼓率者，随众归正者也；远来慕义者，忠心归正者也；所谓军前杀降者，口欲食我之肉，身欲寝我之皮，势力未加，勉强从命。有司一时总名曰归正，而不知其此心所向未尝一日不萌北归之念。今存行伍者有之，擢为将佐者有之，除以麾节者亦有之，然则本兵之地，胡为而不原其归正之初耶？"⑥华岳所说的三种类型的归正人，其实主要是指主动归降和被动归降的人。辛弃

---

① 楼钥：《攻媿集》卷三四《萧鹧巴奏孙秉义郎存德乞将磨勘转官回授母淑人耶律氏封郡夫人》，丛书集成初编本，中华书局1985年版，第463页。

② 朱熹曾说："归正人，元是中原人，后陷于蕃而复归中原，盖自邪而归于正也。归明人，元不是中原人，是徭洞之人来归中原，盖自暗而归于明也。"（《朱子语类》卷一一一《论民》，中华书局1994年版，第2719页）

③ 周必大：《文忠集》卷九七《故归正人奉国上将军武胜军节度使兼邓州管内观察使威略军都总管护军萧中一赠节度使》，影印文渊阁四库全书本，第1148册，第41页。

④ 徐松辑：《宋会要辑稿》兵一七之三一，上海古籍出版社2014年版，第8970页。

⑤ 脱脱等：《金史》卷一一八《武仙传》，中华书局2020年版，第2722页。

⑥ 华岳：《翠微北征录》卷一《平戎十策·利害》，见《翠微南征录北征录合集》，黄山书社1993年版，第169页。

疾更明确指出了招诱契丹人的具体效果,不宜过于乐观:"朝廷所谓经略秘计者,不过招沙漠之酋长,结中原之忠义。其招之者,未必足以为之固也。假使招之来,拥兵而强,则为我之师;释兵而穷,则为今之萧鹧巴。不然,使甘听吾言而就战其地,虽婴儿之智亦不为此。"①

如果说华岳、辛弃疾等人的议论尚可谓主要基于理性分析,那么也有一些官员的议论,则是明显带有偏见的。隆兴元年(1163年),有臣僚上言:"宣抚司解遣招降、捕获金人百余人,诏拨隶殿前司。窃谓非我族类,其心必异。汉、晋、唐尝处夷狄于外郡,尚皆生患,而况行阙之下、周卫之中哉!"②嘉定十六年(1223年),李大有奏云:"臣观自昔归附之徒,固有始于效顺,卒于反覆者,况今入居内地而左衽自若,窥我虚实,安知其中无伺间乘隙之人。"③似此类的看法,显然是基于将异族或降人成员视作敌对势力的。

(三)民间人士对契丹人的社会认同

在民间,由于汉族在发展过程中逐渐形成了极强的包容性,所以进入汉人社会中的少数民族特别是南下的北方民族,往往很快就与当地汉人融合到一起。唐末五代时期,进入中原的沙陀族就是明显的实例。至于比较零散、数量较少的北方民族成员分散到汉人社会的汪洋大海之中,则更容易很快丧失其民族特性。数代人之后,其民族属性也往往很少再被提起,特别是不断经过族际婚的血缘稀释后,逐渐被认同为汉人就成为必然。

早在唐代,契丹人进入中原地区生活的就已不乏其人,名将李光弼可谓其中的代表人物。但他们的后裔,至宋代时恐很难再被视作契丹族了。史籍中所记北宋时期的契丹人物,多是当时进入宋境土内的第一代人物。北宋归明人的后裔,至南宋时已很难见到记载,恐怕也很难再被人们视作契丹族了。南宋境内新流入的契丹人,虽然其民族特征尚比较明显,但主要的生产、生活习俗都在或快或慢地发生着改变。汉人对契丹族的意象,往往也是北方草原上的特有风貌和行为方式。前引姜夔的《契丹歌》所描述的,就是这种意象。同样在

---

① 辛弃疾:《辛稼轩诗文笺注·九议·其五》,上海古籍出版社1995年版,第80页。
② 徐松辑:《宋会要辑稿》兵一七之二八,上海古籍出版社2014年版,第8968页。
③ 魏了翁:《鹤山先生大全集》卷七五《太常博士李君墓志铭》,四部丛刊初编本。

宋朝统治时期未曾仕宦的顾逢,所作《海东青》一诗,也是这种意象的代表作。诗云:

> 相传产海东,不与众禽同。
> 两翅飞腾去,层霄顷刻中。
> 转眄明似电,追马疾如风。
> 坠得天鹅落,人皆指远空。[①]

在这种意象的作用下,生活在南宋社会中的契丹人,不但在政治上被认同为宋王朝的臣民,而且在社会生活上也逐渐被认同为汉人了。元人陶宗仪在其所列的各民族中,汉人8种包括了契丹人[②],应是这种认同过程的历史结果。

五、结语

陈述先生在论辽亡后的契丹人时曾说,金朝"南征中降宋的或南徙屯田和汉人杂居的都已溶合于汉人"[③]。事实上,南宋社会中的契丹人并非都是"南征中降宋的",也有不少其他来源的契丹人。他们"溶合于汉人"也是一个长期的历史的过程。辽朝是汉人北迁在规模和地理位置上达到空前程度的时期,南宋境内相当数量契丹人的到来,也在一定程度上反映了北方民族南迁空间范围的扩大。在南宋以汉人为主的社会中,契丹人的社会习俗不断发生变化,通过族际婚姻,姓氏名字变迁,甚至服饰、饮食、节日等生活习俗方面的与其他民族尤其是汉族的融合,逐渐失去其本民族的特征。南宋境内契丹族群的变迁,从一个侧面说明了辽宋夏金时期作为中国历史上民族交往和融合的活跃阶段,无疑也是中华民族多元一体格局形成的关键时期之一。

---

① 顾逢:《海东青》,见《诗渊》第2册,书目文献出版社1984年版,第2748页。
② 陶宗仪:《南村辍耕录》卷一《氏族》,中华书局1959年版,第14页。
③ 陈述:《契丹政治史稿》,人民出版社1986年版,第166页。

生命彩装：辽宋西夏金人生礼仪述略 *

　　作为生命历程的彩装，包括诞辰、成年、婚嫁以及丧葬在内的各种人生礼仪，在辽宋西夏金时期既表现出逐渐普及于平民的趋势，也表现出族际交往和影响日益加深并向中华一体认同的趋势。在礼仪逐渐向社会下层普及的过程中，各社会阶层间的人生礼仪虽不像前代那样差别巨大，但不同阶层间特别是富者与贫者之间仍然存在重大差别。族际礼仪的交往，不但表现为少数民族崇尚儒学，礼仪形式向汉族靠拢，而且汉族受少数民族影响同样十分明显。可以说，该时期人生礼仪表现出来的总体特征是丰富多彩，总体趋势是融汇变迁。

　　在人类社会的发展过程中，逐渐形成了自身生命历程中的各种礼仪活动。这些对生命历程的彩装，既在一定程度上反映着个人的人生观和世界观，也是群体认同特别是民族认同的一个重要方面。辽宋西夏金时期，人生礼仪在承继前代的基础上，表现出逐渐向社会下层普及和族际不断交流并日趋认同的趋势，具有鲜明的时代特征。本篇在学术界已有成果的基础上[①]，作进一步的探讨和较为全面的总结。

---

　　* 　原载《兰州学刊》2015 年第 10 期。
　　① 　朱瑞熙等《辽宋西夏金社会生活史》(中国社会科学出版社 1998 年版)、宋德金和史金波《中国风俗通史·辽金西夏卷》(上海文艺出版社 2001 年版)、徐吉军等《中国风俗通史·宋代卷》(上海文艺出版社 2001 年版)、游彪等《中国民俗史·宋辽金元卷》(人民出版社 2008 年版)等著作均在相关部分有所涉及。至于对某一侧面有所涉及的论文，则相对较多，恕难列举。不过，针对这一问题作整体探讨的研究成果，则迄今未见。

一、诞辰

作为人生旅途的起点，生命诞生不但首先值得亲人加以庆贺，而且诞生日也是日后自己和亲朋庆贺的重要纪念日。有关诞辰的礼仪，辽宋西夏金时期明显呈现出阶层、民族和地区的差异，可谓异彩纷呈。

辽代诞辰礼仪的具体内容，在关于社会上层的史料中多有记载。其中皇后生育仪式非常隆重："若生儿时，方产了，戎主着红衣服，于前帐内动番乐，与近上契丹臣僚饮酒，皇后即服调酥杏油半盏；如生女时，戎主着皂衣，动汉乐，与近上汉儿臣僚饮酒，皇后即服黑豆汤调盐三分。"其余契丹人家"若生儿时，其夫面涂莲子、胭脂，产母亦服酥调杏；或生女时，面涂炭墨，产母亦服黑豆汤调。番言，用此二物涂面时，宜男女。贫者不具此仪"[①]。"贫者"仪式如何，史载有阙，自然难得其详。幸《辽史·耶律乙辛传》载其出生情况云："乙辛生，适在路，无水以浴，回车破辙，忽见涌泉。迭剌自以得子，欲酒以庆，闻酒香，于草棘间得二榼，因祭东焉。"[②]可见，即使贫困，仍需以酒祭东等仪式。

辽代比较有特色的是再生礼。"国俗，每十二年一次，行始生之礼，名曰再生。惟帝与太后、太子及夷离堇得行之。又名覆诞。"[③]这种说法，在《辽史》的本纪和列传部分得到了不少具体事例的证明。显然，这是统治者借助十二生肖信仰神化其地位的诞辰纪念。

宋代的诞辰礼仪可谓繁复，自出生至周岁，礼仪活动至少有五六次之多。而周岁之后，则可能岁岁均有诞辰纪念活动。诞辰礼仪的具体内容，大致包括：

出生：在婴儿出生前夕，相关礼仪即已开展："凡孕妇入月，于初一日，父母家以银盆或镜或彩画盆，盛粟秆一束，上以锦绣或生色帕复盖之，上插花朵及通草帖罗五男二女花样，用盘合装送馒头，谓之分痛。并作眠羊、卧鹿羊、生果实，取其'眠卧'义。并牙儿衣物褓籍等，谓之催生。就蓐分娩讫，人争送粟米炭醋之类。"[④]出生礼仪中有不少具有地域特色的礼仪，据宋人记载："西北

---

① 王易：《重编燕北录》，见陶宗仪：《说郛》卷三八，中国书店1986年版，第17页。
② 脱脱等：《辽史》卷一一○《奸臣·耶律乙辛传》，中华书局2017年版，第1634页。
③ 脱脱等：《辽史》卷一一六《国语解》，中华书局2017年版，第1693页。
④ 孟元老撰，伊永文笺注：《东京梦华录笺注》卷五《育子》，中华书局2007年版，第503页。

人生子，其侪辈即科其父，首使作会宴客而后已，谓之扪帽会。……广南富家生女，即蓄酒藏之田中，至嫁方取饮，名曰女酒。"①

三日会："三日落脐、炙囟。"②伴随这些婴儿护理活动，各种礼仪也普遍受到重视。杨彦龄记载蜀地的情况说："熙宁中，余随侍在成都，兄长房生子，为三日会。有衙前史戴献诗，其警句云：月中又长一枝桂，堂上喜生千里驹。"③可见，三日会有献诗祝贺的习俗。苏轼记载闽人"生子三朝浴儿时，家人及宾客皆戴葱钱，曰葱使儿聪明，钱使儿富大"。宋人甚至认为"三日之礼，通古今远近为重尔"④。

一腊、二腊、三腊：七日名"一腊"，十四日谓之"二腊"，二十一日名曰"三腊"，女家与亲朋俱送膳食，如猪腰肚蹄脚之物。⑤

满月：满月礼仪活动谓之洗儿会。"亲宾盛集，煎香汤于盆中，下果子彩钱葱蒜等，用数丈彩绕之，名曰围盆。以钗子搅水，谓之搅盆。观者各撒钱于水中，谓之添盆。盆中枣子直立者，妇人争取食之，以为生男之征。浴儿毕，落胎发，遍谢坐客。抱牙儿入他人房，谓之移窠。"⑥洗儿会仪式内容丰富，在不同社会阶层中显示出明显的差别："若富室宦家，则用此礼。贫下之家，则随其俭，法则不如式也。"⑦

百晬：生子百日，置会，谓之"百晬"。⑧

周晬：至来岁生日，谓之"周晬"。是日，家长罗列盘盏于地，盛果木、饮食、官诰、笔砚、算秤等，经卷、针线，应用之物，观幼儿所先拈者，以为征兆，谓之"试晬"。作为"小儿之盛礼"⑨，"其日诸亲馈送，开筵以待亲朋"⑩。据说宋初名将曹彬在"始生周晬日，父母以百玩之具罗于席，观其所取"。结果他"左

---

① 庄绰：《鸡肋编》卷下，中华书局1983年版，第118页。
② 孟元老撰，伊永文笺注：《东京梦华录笺注》卷五《育子》，中华书局2007年版，第503页。
③ 杨彦龄：《杨公笔录》，见《全宋笔记》第1编第10册，大象出版社2003年版，第150页。
④ 叶寘：《爱日斋丛钞》卷一，中华书局2010年版，第26页。
⑤ 吴自牧：《梦粱录》卷二〇《育子》，中国商业出版社1982年版，第175页。
⑥ 孟元老撰，伊永文笺注：《东京梦华录笺注》卷五《育子》，中华书局2007年版，第503—504页。
⑦ 吴自牧：《梦粱录》卷二〇《育子》，中国商业出版社1982年版，第176页。
⑧ 孟元老撰，伊永文笺注：《东京梦华录笺注》卷五《育子》，中华书局2007年版，第504页。
⑨ 孟元老撰，伊永文笺注：《东京梦华录笺注》卷五《育子》，中华书局2007年版，第504页。
⑩ 吴自牧：《梦粱录》卷二〇《育子》，中国商业出版社1982年版，第176页。

手提戈，右手提俎豆，斯须取一印，[余]无所视"。曹彬是真定人，说明北方地区在五代时期已流行这种礼仪。而在江南地区，也同样具有这样的"遗俗"，民间称之为"试周"①。

西夏诞辰礼仪中或许也有浴儿的习俗，只是洗浴的时间未必等到满月，而应是产后即对婴儿洗浴。"产后心喜，浣褓哺乳。"②在信仰佛教的民众中，宗教性的仪式则成为诞辰礼仪的重要部分："凡有子女者，为偶像蓄养一羊。年终或偶像节庆之日，蓄羊者挈其子女携羊至偶像前礼拜。拜后，烤煮羊肉使熟，复礼奉之于偶像前陈之。礼拜祈祷，求神降福于其子女。"③

金代生日礼仪活动的特别之处是所谓"过盏之礼"："金国，上至朝廷，下至州郡，皆有过盏之礼。如宰臣百官生日，及民间娶妇生子，若迎接天使、趋奉州官之类，则以酒果为具，及有币、帛、金、银、鞍马、珍玩等诸物，以相赠遗。主人乃捧其酒于宾，以相赞祝、祈恳，名曰过盏。如此结恩释怨。不如是者，为不知礼。"④

如果说诞辰礼仪的阶层差别主要表现在出生者的家庭富裕状况，那么诞辰纪念的阶层差别则主要表现出本人的身份地位。辽、宋、金政权，均有皇帝或临朝太后的生辰建节，称为诞圣节。宋代"天子诞节，则宰臣率文武百僚班紫宸殿下，拜舞称庆"⑤。臣僚生日亦有各种庆祝活动。宋代"公卿诞日，以诗为寿"⑥。金代女真贵族诞辰纪念则经历了从无到有的过程："女真旧绝小，正朔所不及。其民皆不知纪年，问之，则曰：'我见草青几度矣。'盖以草一青为一岁也。自兴兵以后，浸染华风。酋长生朝，皆自择佳辰。粘罕以正旦、悟室以元夕、乌拽马以上巳，其他如重午、七夕、重九、中秋、中下元、四月八日皆然。亦有用十一月旦者，谓之'周正'。金主生于七月七日，以国忌用次日。"⑦应该说，女真人生辰观念的确立，是深受中原文化影响的结果。

---

① 叶寘：《爱日斋丛钞》卷一，中华书局2010年版，第25页。
② 佚名：《圣立义海》卷一四《父母爱子名义·母爱怜子》，见克恰诺夫、李范文、罗矛昆：《圣立义海研究》，宁夏人民出版社1995年版，第69页。
③ [意]马可·波罗：《马可波罗行纪》，冯承钧译，上海书店出版社2001年版，第117页。
④ 文惟简：《虏廷事实·过盏》，见陶宗仪：《说郛》卷八，中国书店1986年版，第48页。
⑤ 蔡絛：《铁围山丛谈》卷二，中华书局1983年版，第25页。
⑥ 吴曾：《能改斋漫录》卷二《事史·生日祝寿始》，上海古籍出版社1979年版，第39页。
⑦ 洪皓：《松漠纪闻》，见《全宋笔记》第3编第7册，大象出版社2008年版，第125页。

二、成年

成年意味着责任，一个人成年之后，应成为社会礼仪的自觉遵守者。成年的仪式，称为冠笄之礼。《礼记·冠义》云："冠者，礼之始也。"《礼记·乐记》则云："婚姻冠笄，所以别男女也。"这说明人在儿童时期可以男女无别，而成年后则需男女有别。

辽代契丹等游牧民族的男子"凡民年十五以上，五十以下，隶兵籍"①，"隶兵籍"成为男子成年的标志之一。豪民男子要成为"舍利"，则需向官府交纳一定数量的马牛。"契丹豪民要裹头巾者，纳牛驼十头，马百匹，乃给官名曰舍利。"②这个裹头巾的仪式和资格，说明舍利（郎君）可以表示贵族成年男子的身份。汉族等农耕民族，成年礼则应基本继承儒家的传统礼仪。

宋代成年礼主要是继承了儒家传统的冠笄之礼。但随着社会形势的变化，礼仪内容有了若干变化，这主要是为了与宋代的日常生活相适应。

宋代男子年及15—20岁，若其父母无期以上之丧，即可举行冠礼。其程序主要有：主人告于祠堂；"择朋友贤而有礼者一人"③作为宾客，为冠者加冠巾，再加帽子，三加幞头；宾客为冠者取字；主人以冠者见于祠堂以及见于尊长等。

笄礼则是女子的成人礼。《礼记·杂记》记载："女子十有五年许嫁，笄而字。"可见，女子应在许嫁之后举行笄礼、取字。宋代仍然是"女子许嫁，笄"，但"年十五，虽未许嫁，亦笄"。由"母为主"，"宾，亦择亲姻妇女之贤而有礼者为之"④，宾客为将笄者加冠笄、取字，仪式比冠礼略简。

与其他人生礼仪相比，宋代成年礼仪虽然并不烦琐，但却同样受到各种因素特别是经济因素的制约，表现出明显的阶层和地域差别。普通百姓的成年礼仪相当简单，"谓之'上头'而已"⑤。东南地区由于身丁钱税种的存在，使广大农

---

① 脱脱等：《辽史》卷三四《兵卫志上》，中华书局2017年版，第451页。

② 脱脱等：《辽史》卷一一六《国语解》，中华书局2017年版，第1692页。

③ 朱熹：《家礼》卷二《冠礼》，见朱杰人等编：《朱子全书》，上海古籍出版社2002年版，第7册，第890页。

④ 朱熹：《家礼》卷二《冠礼》，见朱杰人等编：《朱子全书》，上海古籍出版社2002年版，第7册，第893页。

⑤ 蔡絛：《铁围山丛谈》卷二，中华书局1983年版，第23页。

民即使过了举行成年礼的年龄，依然不敢加冠，而仍冒充儿童。如仁福，"税籍全编户，村童半壮丁"[1]；严州，"深山穷谷，至有三十余，颜壮老苍，不敢裹头"。而县吏们则"恐丁数亏折，时复搜括相验，纠令输纳，谓之'貌丁'"[2]。

西夏的成年年龄同样是15岁。男子年15以上要到官府注籍[3]，承担相应责任。15岁还是结婚的最低年龄，不论男女。"十五以内定婚，令习文业，十五以上迎娶妻眷，令习武艺。女年十五以内，准备妇礼，十五以上送出嫁也。"[4]西夏皇帝谅祚于奲都五年（1061年）行冠礼，恰为15岁。[5]只是他作为皇帝，娶妻年龄远早于此。

金代女真族早期的成年礼仪虽史载有阙，但从其"旧俗"来看，应是不可或缺的。"生女直之俗，生子年长即异居。"[6]男子在成年后即分家异居，分家仪式亦成为男子成年的标志；至于女子，则"年及笄行歌于途"，"以申求侣之意"[7]，说明"行歌于途"是女子成年的标志。金代的汉族，则明显受辽宋遗俗的影响。据庄绰《鸡肋篇》卷上记载："燕地其良家世族女子，皆髡，许嫁方留发。""留发"成为女子订婚的标志，当然也是成年的标志，只是成年未许嫁者何时由髡发转为留发，尚未可知。这应是燕云地区受契丹习俗影响的结果，而原北宋统治区内，应仍沿袭着中原汉族习俗。

三、婚嫁

婚嫁礼仪是人生礼仪中的重大喜庆活动。与其他人生礼仪不同，婚嫁礼仪涉及的当事人为两人，而且当事人同时还代表着两个家族。因此，参与人员众多是其基本特色。

辽代社会上层的婚嫁礼仪活动十分隆重，见于记载的"皇帝纳后之仪""公

① 陈思编，陈世龙补：《两宋名贤小集》卷二八四沈说《庸斋小集·仁福道中》，影印文渊阁四库全书本，第1364册，第264页。
② 吕祖谦：《东莱吕太史文集》卷三《为张严州作乞免丁钱奏状》，续金华丛书本。
③ 史金波、聂鸿音、白滨译注：《天盛改旧新定律令》第六《抄分合除籍门》，法律出版社2000年版，第262页。
④ 克恰诺夫、李范文、罗矛昆：《圣立义海研究》，宁夏人民出版社1995年版，第70页。
⑤ 吴广成撰，龚世俊等校证：《西夏书事校证》卷二〇，甘肃文化出版社1995年版，第236页。
⑥ 脱脱等：《金史》卷一《世纪》，中华书局2020年版，第7页。
⑦ 徐梦莘：《三朝北盟会编》卷三，重和二年正月十日，上海古籍出版社2008年版，第18页。

主下嫁仪"等，仪式兼容了汉、契民族的一些特色。同时有"百戏、角觝、戏马较胜以为乐"①，可看作是婚姻之家的盛大娱乐时节。

契丹族传统婚礼有其特色，拜奥礼即为其中之一。"契丹故俗，凡婚燕之礼，推女子之可尊敬者坐于奥，谓之奥姑。"②送亲者"拜而致敬，故云拜奥礼"③。近年发现的《大王记结亲事碑》，则反映了奚族议亲和纳彩礼的情况。该碑记载的多起聘礼，一般为"羊三百口，牛马卅头匹，合得金腰带一条，较具二，衣服绫采廿件"之类，多者则达"羊七百口，牛马七十头匹，……还以川锦五匹，又银五匹，银炼银五定，脚银一定，较具二付，重绫一十匹，吴绫一十匹，袄子卅领，并冬夏衣"④。此碑的记事时间为辽太祖天赞二年（923年），所反映的是辽初的情况。

宋人对婚嫁相当重视，礼仪呈现出日益丰富多彩的趋势。《家礼》一书虽将婚姻礼仪简化为纳采、纳币、亲迎三个阶段，但事实上每个阶段仍可包含相当多的程序。《梦粱录》记载的程序，即有定帖、相亲、插钗、压惊、双缄、回鱼箸、追节、下财礼、兜裹、撒谷豆、坐虚帐、坐床富贵、走送、利市缴门、牵巾、合髻、送三朝礼、会郎、暖女会、洗头、贺满月会亲等。这些程序的具体内容，该书均有详细的记载。由于礼仪的复杂，一般人家很难操办全礼，所以"若士庶百姓之家，贫富不等，亦宜随家丰俭，却不拘此礼"⑤。有些地区甚至"贫家终身布衣，惟娶妇服绢三日，谓为郎衣"⑥。可见，婚姻礼仪的阶层差别十分明显。

宋朝境内两广地区的各少数民族，婚姻礼仪与中原、江南地区差距甚大。在东部的岭南地区，"嫁女之夕，新人盛饰庙坐，女伴亦盛饰夹辅之，迭相歌和，含情凄惋，各致殷勤，名曰送老"。其表达的意思是"将别年少之伴，送之偕老也"⑦。在西部的邕州地区，"诸溪峒，相为婚姻。峒官多姓黄，悉同姓婚也。其婚嫁也，唯以粗豪痛扰为尚。送定礼仪，多至千人，金银币帛固无，而酒鲜为

---

① 脱脱等：《辽史》卷五二《礼志五》，中华书局2017年版，第960页。
② 脱脱等：《辽史》卷六五《公主表》，中华书局2017年版，第1105—1106页。
③ 脱脱等：《辽史》卷一一六《国语解》，中华书局2017年版，第1695页。
④ 《大王记结亲事碑》，见盖之庸：《内蒙古辽代石刻文研究》，内蒙古大学出版社2002年版，第374页。
⑤ 吴自牧：《梦粱录》卷二〇《嫁娶》，中国商业出版社1982年版，第175页。
⑥ 庄绰：《鸡肋编》卷下，中华书局1983年版，第118页。
⑦ 周去非著，杨武泉校注：《岭外代答校注》卷四《送老》，中华书局1999年版，第158页。

多, 然其费亦云甚矣。婿来就亲, 女家于所居五里之外, 结草屋百余间与居, 谓之入寮"①。瑶人还有一种颇具特点的婚嫁礼仪: "每岁十月旦, 举峒祭都贝大王。于其庙前, 会男女之无夫家者。男女各群, 连袂而舞, 谓之踏摇。男女意相得, 则男咿嘤奋跃, 入女群中负所爱而归, 于是夫妇定矣。各自配合, 不由父母, 其无配者, 姑俟来年。女三年无夫负去, 则父母或杀之, 以为世所弃也。"② 这种仪式虽然尚简, 但父母杀死 "为世所弃" 的亲生女, 未免过于残酷。

西夏党项族的婚姻仪式经历了一个由简单到复杂的过程。早期的情况是: "凡育女稍长, 靡由媒妁, 暗有期会, 家不之问。"③ 在族际交往日益频繁的影响下, 逐渐产生了明媒正娶的观念。据《番汉合时掌中珠·人事下》记载: "男女长大, 遣使□□, 诸处为婚, 索与妻眷, 室女□□, 嫁与他人。送与浽房, 亲家翁、亲家母, 并诸亲戚, 尽皆聚集。儿女了毕, 方得心定。" 仪式中的催妆、障车、打情、下地安帐、交拜和乘鞍等, 应是传统族俗受到汉人礼仪影响后逐渐形成的。

金代建立政权前后, 女真等族的婚嫁礼俗极为简略: 男女 "邂逅相契, 调谑往反, 即载以归。……有子, 始具茶食、酒数车归宁, 谓之拜门, 因执子婿之礼"④。而 "渤海旧俗" 则是 "男女婚娶多不以礼, 必先攘窃以奔"⑤。这类婚俗随着民族融合的发展以及金政府的限制甚至 "禁绝" 而发生了明显变化。据记载, 女真等族逐渐形成了相当完备的婚姻礼仪, "婚纳币, 皆先期拜门, 戚属偕行, 以酒馔往。少者十余车, 多至十倍。饮客佳酒, 则以金银瓶贮之, 其次以瓦瓶列于前, 以百数。宾退, 则分饷焉。男女异行而坐, 先以乌金银杯酌饮(贫者以木)。酒三行, 进大软脂、小软脂(如中国寒具)。蜜糕(以松实、胡桃肉渍蜜和糯粉为之, 形或方或圆, 或为柿蒂花, 大略类浙中宝阶糕), 人一盘, 曰茶食。宴罢, 富者瀹建茗, 留上客数人啜之, 或以粗者煎奶酪。妇家无大小, 皆坐炕上, 婿党罗拜其下, 谓之男下女。礼毕, 婿牵马百匹, 少者十匹, 陈其前。妇翁选子姓之别马者视之, '塞痕' 则留(好也), '辣辣' 则退(不好也)。留者不

① 周去非著, 杨武泉校注:《岭外代答校注》卷一〇《入寮》, 中华书局 1999 年版, 第 418 页。
② 周去非著, 杨武泉校注:《岭外代答校注》卷一〇《踏摇》, 中华书局 1999 年版, 第 423 页。
③ 张鉴:《西夏纪事本末》卷一〇《元昊僭逆》, 甘肃文化出版社 1998 年版, 第 68 页。
④ 洪皓:《松漠纪闻》, 见《全宋笔记》第 3 编第 7 册, 大象出版社 2008 年版, 第 119 页。
⑤ 脱脱等:《金史》卷七《世宗纪中》, 中华书局 2020 年版, 第 187 页。

过什二三，或皆不中选，虽婿所乘，亦以充数，大氐以留马少为耻。女家亦视其数而厚薄之，一马则报衣一袭。婿皆亲迎"①。金章宗承安五年（1200年），曾"定本国婚聘礼制"②；泰和五年（1205年），又"制定本朝婚礼"③。显然，这是金统治者有意对全国婚姻礼仪加以规范。

值得一提的是，该时期北方民族仍普遍存在收继婚习俗。契丹"取妇于家，而其夫身死，不令妇归宗，则兄弟侄皆得以娉之。有妻其继母者"④。女真"父死则妻其母，兄死则妻其嫂，叔伯死则侄亦如之，故无论贵贱，人有数妻"⑤。党项，甘州城"男子得娶从姐妹，或其父已纳之妇女为妻，然从不娶其生母"⑥。蒙古"鞑靼可娶其从兄妹，父死可娶其父之妻，惟不娶生母耳。娶者为长子，他子则否，兄弟死亦娶兄弟之妻"⑦。收继婚虽然侧重于内容，在形式上相对简单，但必要的礼仪仍是不可或缺的。在元朝初年的一个案例中，曾提到"先据河间路申，王黑儿下财续亲婶母许留奴"⑧，这应可看作北方民族收继婚习俗对汉人的影响。

四、丧葬

死亡是人生的尽头。逝者已矣，然生者需通过丧葬礼仪为逝者画上人生的句号。

契丹族原始的葬俗颇具特色："父母死而悲哭者，以为不壮。但以其尸置于山树之上，经三年之后，乃收其骨而焚之。因酹而祝曰：'冬月时，向阳食。若我射猎时，使我多得猪鹿。'"以至被中原汉人称为"其无礼顽嚣，于诸夷最甚"⑨。这种丧葬习俗在建立政权后有所改变。契丹世家大族在处理死者尸体时方式更为独特，据宋人文惟简《虏廷事实》记载："其富贵之家，人有亡者，以刃

① 洪皓：《松漠纪闻》，见《全宋笔记》第3编第7册，大象出版社2008年版，第124—125页。
② 脱脱等：《金史》卷一一《章宗纪三》，中华书局2020年版，第277页。
③ 脱脱等：《金史》卷一二《章宗纪四》，中华书局2020年版，第295页。
④ 文惟简：《虏廷事实·婚聘》，见陶宗仪《说郛》卷八，中国书店1986年版，第48页。
⑤ 徐梦莘：《三朝北盟会编》卷三，重和二年正月十日，上海古籍出版社2008年版，第17页。
⑥ ［意］马可·波罗：《马可波罗行纪》，冯承钧译，上海书店出版社2001年版，第129页。
⑦ ［意］马可·波罗：《马可波罗行纪》，冯承钧译，上海书店出版社2001年版，第148页。
⑧ 陈高华等点校：《元典章》卷一八《户部四·婚姻·不收继·侄儿不得收婶母》，中华书局、天津古籍出版社2011年版，第658页。
⑨ 魏徵等：《隋书》卷八四《北狄·契丹传》，中华书局1973年版，第1881页。

破腹，取其肠胃涤之，实以香药、盐矾，五彩缝之。又以尖苇筒刺于皮肤，沥其膏血且尽，用金银为面具，铜丝络其手足。"这一特殊的丧葬礼仪，已为考古资料所充分证实。与此同时，各游牧民族也逐渐吸收汉族仪礼，在丧葬礼仪方面越来越表现出民族融合的趋势。辽道宗死后，"天祚皇帝问礼于总知翰林院事耶律固，始服斩衰；皇族、外戚、使相、矮墩官及郎君服如之；余官及承应人皆白臬衣巾以入，哭临"。这已是基本接受了儒家的礼仪。同时，辽代还逐渐形成了一种具有北方民族特色的礼仪——"烧饭"："以衣、弓矢、鞍勒、图画、马驼、仪卫等物皆燔之。"①

宋代丧葬礼仪受到儒家孝亲观念影响比较明显。孙奭认为"孝莫重乎丧""礼莫大于祭"②；何坦认为"冠昏丧祭，民生日用之礼，不可苟也"③。由于极受重视，所以丧葬礼仪十分烦琐。据《家礼》卷四《丧礼》记载，其基本礼仪包括：初终，沐浴、袭、奠、为位、饭含，灵座、魂帛、铭旌，小敛，大敛，成服，朝夕哭奠、上食，吊、奠、赙，闻丧、奔丧，治葬，迁柩、朝祖、奠赙、陈器、祖奠，遣奠，发引，及墓、下棺、祠后土、题木主、成坟，反哭，虞祭，卒哭，祔，小祥，大祥，禫等。这只是基本程序，就包括了如此多的内容。而每个具体程序，都代表着详细的礼仪规范。如小敛，其具体规范是："厥明，执事者陈小敛衣衾，设奠，具括发麻、免布、髽麻，设小敛床、布绞、衾衣，乃迁袭奠，遂小敛；主人主妇，凭尸哭擗；袒，括发，免，髽于别室；还，迁尸床于堂中，乃奠；主人以下哭尽哀，乃代哭不绝声。"

除上述烦琐礼节之外，尚有"居丧杂仪"若干，可见丧葬礼仪之细致和严格。这种过于烦琐和严格的礼仪，甚至使一些体质羸弱的孝子贤孙难以承受，再加上对丧亲过度悲痛，因丧礼而亡者不乏其人。孙唐卿"与黄庠、杨寘自景祐以来俱以进士为举首，有名一时"，惜3位状元皆未及大用而卒。其中孙唐卿入仕不久即"丁父忧，毁脊呕血而卒"④；杨寘"未至官，持母丧，病羸卒"⑤。杨寘榜排名在他之后的同年王珪、韩绛、王安石，均位至宰相，令人感叹。

---

①　脱脱等：《辽史》卷五〇《礼志二》，中华书局2017年版，第933页。
②　宋祁：《景文集》卷六一《孙仆射行状》，丛书集成初编本，中华书局1985年版，第822页。
③　何坦：《西畴老人常言·正弊》，丛书集成初编本，中华书局1985年版，第17页。
④　脱脱等：《宋史》卷四四三《文苑五·孙唐卿传》，中华书局1985年版，第13099页。
⑤　脱脱等：《宋史》卷四四三《文苑五·孙唐卿传附杨寘传》，中华书局1985年版，第13100页。

宋代南方少数民族在丧葬礼仪上仍有诸多与汉族不同之处。"钦人始死，孝子披发，顶竹笠，携瓶瓮，持纸钱，往水滨号恸，掷钱于水而汲归浴尸，谓之买水。否则邻里以为不孝。"[①] 其亲人"不食鱼肉而食螃蟹、车螯、蚝、螺之属，谓之斋素，以其无血也。海南黎人，亲死，不食粥饭，唯饮酒食生牛肉，以为至孝在是"[②]。而更大的不同在于服饰等方面。"广南黎洞，非亲丧亦顶白巾，妇人以白布巾缠头。家有祀事，即以青叶标门禁往来。"[③] 所以"道路弥望，白巾也"。少见多怪的北方人见到这种状况，竟会惊讶地认为："南瘴疾杀人，殆比屋制服者欤！""又南人死亡，邻里集其家，鼓吹穷昼夜，而制服者反于白巾上缀少红线以表之。"所以有人作诗云："箫鼓不分忧乐事，衣冠难辨吉凶人。"[④]

西夏行丧服制度，与中原地区略同。"族、姻二种亲节，依上下服五种丧服法不同而使区分，其中妇人丧服法应与丈夫相同。"[⑤] 而葬俗主要是土葬和火葬。不同民族间丧葬礼仪相互影响十分明显，但也同时形成了一些民族或地域的特点。其中沙州一带的居民，其火葬礼仪被马可·波罗比较详细地记载下来：

> 焚前，死者之亲属在丧枢经过之道中，建一木屋，履以金锦绸绢。枢过此屋时，屋中人呈献酒肉及其他食物于尸前，盖以死者在彼世享受如同生时。迨至焚尸之所，亲属等先行预备纸扎之人、马、骆驼、钱币，与尸共焚。据云，死者在彼世因此得有奴婢、牲畜、钱财等若所焚之数。枢行时，鸣一切乐器。[⑥]

金代丧葬礼仪的早期特征是汉人与女真人各有特点。文惟简记载："北人丧葬之礼，盖各不同。汉儿则遗体，然后瘗之，丧凶之礼，一如中原。女真则以木槽盛之，葬于山林，无有封树。"[⑦] 女真人还继承了匈奴、突厥等北方民族流传的特殊丧葬礼仪——劙面，称之为"送血泪"。即"以小刀轻厉（应为劙）额上，

---

① 周去非著，杨武泉校注：《岭外代答校注》卷六《买水沽水》，中华书局 1999 年版，第 239 页。
② 周去非著，杨武泉校注：《岭外代答校注》卷六《斋素》，中华书局 1999 年版，第 239 页。
③ 周辉：《清波杂志》卷一〇，见《全宋笔记》第 5 编第 9 册，大象出版社 2008 年版，第 113 页。
④ 周去非著，杨武泉校注：《岭外代答校注》卷六《白巾鼓乐》，中华书局 1999 年版，第 257 页。
⑤ 史金波、聂鸿音、白滨译注：《天盛改旧新定律令》第二《亲节门》，法律出版社 2000 年版，第 134 页。
⑥ ［意］马可·波罗：《马可波罗行纪》，冯承钧译，上海书店出版社 2001 年版，第 117 页。
⑦ 文惟简：《虏廷事实·丧葬》，见陶宗仪：《说郛》卷八，中国书店 1986 年版，第 48—49 页。

血泪淋漓不止,更相拜慰"。随后"则男女杂坐,饮酒舞弄,极其欢笑"①。进入宋朝的北方民族,也有仍流传该习俗者。如"薛怀让,其先戎人,徙居太原。……及死,童仆皆劙面以哭,盖其俗也"②。不过,北方民族与汉人之间的这种礼仪差别已在日益缩小,双方相互影响已是大势所趋。

丧葬礼仪在族际影响下发生变迁,突出的表现是北方民族与中原民族间的互动。火葬原为北方许多民族的主要葬式之一,契丹、渤海、党项、女真等族均流行火葬。由于汉人长期与契丹等族杂居相处,再加上深受佛教的影响,辽代中期以后,火葬在北方地区汉人平民中也逐渐流行开来。北宋河东路,"中民以下,亲戚丧亡,即焚其尸,纳之缸中,寄放僧寺与墓户之家"③。汉族礼仪对北方民族的影响更为明显。即使是兴起最晚的蒙古族,至元朝初年也已有人完全采纳了汉族礼仪。"盖北俗丧礼极简,无衰麻哭诵之节,葬则刳木为棺,不封不树,饮酒食肉无所禁,见新日即释服。"及至乃蛮部人别的因居其母"张夫人之丧,始悉用中国礼,逾年乃从吉"④。可见,礼仪上的族际影响,在正常的族际交往情况下,主要是人们日常生活中的自觉行为。

五、后论

辽宋西夏金时期,人生礼仪表现出来的总体特征是丰富多彩,总体趋势是融汇变迁。民族、地域、阶层间的差别是礼仪差别最主要的表现,该时期自然存在这些差别,而且有些表现十分明显,但随着民族交往、人口流动和社会流动的加强,不同社会群体间的互动同样十分明显。

先看族际礼仪交往和影响的日益加深。虽然少数民族崇尚儒学,礼仪形式向汉族靠拢是时代大趋势,但汉族受少数民族影响同样十分明显。西夏西平府,"其人习华风,尚礼好学"⑤。而汉族受少数民族特别是北方民族的影响,唐代即已十分明显。苏鹗曾说:"婚姻之礼,坐女于马鞍之侧,或谓此北人尚乘

---

① 文惟简:《虏廷事实·血泣》,见陶宗仪:《说郛》卷八,中国书店 1986 年版,第 49 页;徐梦莘:《三朝北盟会编》卷三,重和二年正月十日,上海古籍出版社 2008 年版,第 18 页。

② 脱脱等:《宋史》卷二五四《薛怀让传》,中华书局 1985 年版,第 8887—8889 页。

③ 黄淮、杨士奇编:《历代名臣奏议》卷一一六《风俗》,上海古籍出版社 1989 年版,第 1541 页。

④ 黄溍:《黄溍集》卷三二《答禄乃蛮氏先茔碑》,浙江古籍出版社 2013 年版,第 1187 页。

⑤ 吴广成撰,龚世俊等校证:《西夏书事校证》卷七,甘肃文化出版社 1995 年版,第 85 页。

鞍马之义。夫鞍者，安也，欲其安稳同载者也。……今娶妇家，新人入门跨马鞍。"① 在族际礼仪融合的大趋势下，甚至最高统治者也一时难以适应。如西夏建立政权之初，元昊曾"下令国中悉用蕃书、胡礼"②。至㴬都五年（1061年），谅祚则令在国内停止使用蕃礼，改用汉礼。③ 显然，不管统治者怎样利用行政命令，大趋势均难以扭转。

次看地域间差别的存在及其相互影响。不论地域范围的大小，人生礼仪在地域间存在一定的差别，这是由礼仪的习俗性所决定的。该时期最主要的地域差别，是并列存在的不同政权统治范围内所表现出来的差别。但同时也应看到，随着该时期人口流动的加强，政权间的更迭与交往，不同地域间人生礼仪的影响亦十分明显。火葬礼仪在不同地域特别是广大北方地区的逐渐流行，试晬礼仪从北方向南方的流行，均是地域影响的具体体现。

再看各社会阶层间的人生礼仪差别。该时期虽不像前代那样差别巨大，但不同阶层间特别是富者与贫者之间仍然存在重大差别。辽代的诞辰等礼仪，许多是专为社会上层而设，或者在社会上层中比较隆重，因而，有些是"贫者不具此仪"④ 的。相比而言，宋代人生礼仪逐渐向平民普及的趋势明显。李觏曾说："庶人丧祭，皆有其礼。"⑤《政和五礼新仪》专门有"庶人婚仪""庶人冠礼""庶人丧仪"等条目。尽管如此，但各种礼仪也要"随家丰俭，却不拘此礼"⑥。

可以说，人生礼仪在不同社会群体间的融汇变迁，或者说在一定程度上的趋同意识的出现和发展，是该时期日常生活发展的主流状态。

---

① 苏鹗：《苏氏演义》卷上，中华书局 2012 年版，第 20 页。
② 沈括：《梦溪笔谈》卷二五，见《全宋笔记》第 2 编第 3 册，大象出版社 2006 年版，第 187 页。
③ 脱脱等：《宋史》卷四八五《外国·夏国传上》，中华书局 1985 年版，第 14001 页。
④ 王易：《重编燕北录》，见陶宗仪：《说郛》卷三八，中国书店 1986 年版，第 17 页。
⑤ 李觏：《李觏集》卷二《礼论第六》，中华书局 2011 年版，第 20 页。
⑥ 吴自牧：《梦粱录》卷二〇《嫁娶》，中国商业出版社 1982 年版，第 175 页。

辽宋西夏金时期族际饮食文化交流略论[*]

辽宋西夏金时期，中国境内不同经济形态的各民族，在饮食文化相互交流的过程中，明显表现出农耕民族饮食与游牧民族饮食的交融。一方面，农耕民族以谷物食品为主的主食不但在游牧民族的日常生活中占据越来越重要的地位，而且副食、果品、饮品等对游牧民族也产生了广泛的影响。另一方面，作为游牧民族主食的乳肉制品，逐渐成为农耕民族的副食品种，游牧民族副食蔬果类的某些品种、饮食器具，尤其是合餐制的饮食方式对农耕民族也产生了不同程度的影响。同时，相同经济形态的民族，其饮食文化也往往各具特色，并在民族和地区间相互交流。饮食文化在日常生活中的族际交流，不但推动了各民族生活方式的发展和社会经济的进步，而且有力地促进了各民族相互认同意识的发展。

辽宋西夏金时期的中国境内各民族，在饮食文化方面尽管仍有发展阶段上的差异，但各主要民族均有较丰富的积累，并形成自己的饮食特色。在各民族相互之间的物质文化交流过程中，饮食文化的交流首当其冲，明显表现出农耕民族饮食与游牧民族饮食的交融。族际饮食文化的交流，不但对物质文明的发展具有重要作用，而且对民族认同意识的发展也产生了重要影响。尽管学术界关于辽宋西夏金饮食文化的研究已有较为丰厚的积累，^①但对于各民族在日常生活中

---

* 原载《河北大学学报》2021年第5期。

① 相关学术专著主要有：陈伟明《唐宋饮食文化初探》（中国商业出版社1993年）与《唐宋饮食文化发展史》（学生书局1995年）、沈冬梅《茶与宋代社会生活》（中国社会科学出版社2007年版）、刘朴兵《唐宋饮食文化比较研究》（中国社会科学出版社2010年版）、张景明《中国北方游牧民族饮食文化研究》（文物出版社2008年版）等。论文主要有：吴正格《金代女真族食俗窥略》（《满族研究》1986年第3期）、程妮娜《辽代契丹族饮食习俗述略》（《博物馆研究》1991年第3期）、吴涛《北宋东京的饮食生活》（《史学月刊》1994年第2期）、陈晓莉《辽、金、夏代饮食考述》（《民俗研究》1995年第2期）、苏冠文《西夏膳食述论》（《宁夏社会科学》1999年第2期）、崔广彬《金代女真人饮食习俗考》（《学习与探索》2001年第2期）、夏宇旭的《金代女真人食用蔬菜瓜果刍议》（《满语研究》2013年第2期）等。

的饮食文化交流，仍缺乏系统探讨，故笔者不揣谫陋，略加论述，以期抛砖引玉。

一、不同经济形态民族的饮食特点

各民族的主副食品，大体上是游牧民族与农耕民族之间各有特点。游牧民族大多以乳肉为主食，而农耕民族则以谷物食品为主食。

契丹、奚、党项等北方游牧民族的传统饮食特点是"食牛羊之肉酪"[1]，亦即主要以牧养所得为饮食来源。不过，不同民族对食物的加工方式及精细化程度却有很大差别。宋使范镇曾云："予尝使契丹，接伴使萧庆者谓予言：'达怛人不粒食，家养牝牛一二，饮其乳，亦不食肉，煮汁而饮之，肠如筋，虽中箭不死。'"[2] 显然，契丹人将达怛人的饮食视为另类，其中还夹杂着一些怪异不实的说法。其实其饮食"出入止饮马乳，或宰羊为粮"[3]。同样是游牧民族，契丹人的饮食则精细得多。宋使路振曾记述参加辽筵的情况是："以驸马都尉兰陵郡王萧宁侑宴。文木器盛房食，先荐骆糜，用杓而啜焉。熊肪、羊、豚、雉、兔之肉为濡肉，牛、鹿、雁、鹜、熊、貉之肉为腊肉，割之令方正，杂置大盘中。二胡雏衣鲜洁衣，持帨巾，执刀匕，遍割诸肉，以啖汉使。"[4] 其中骆糜指用骆驼肉制作的米粥，濡肉为煮熟的新鲜肉，腊肉为加工腌晒的干肉。辽朝一次宴会包括了肉粥以及用熊、羊、鸡、兔、牛、鹿、雁、野猪肉等做成的菜肴，可谓风味独特。另一宋使张舜民则记载了辽朝皇帝赐予特色食物的情况："虏岁使正旦、生辰驰至京，见毕，密赐大使一千五百两，副使一千三百两，中金也。南使至北虏账前，见毕，亦密赐羊矺十枚，毗黎邦十头。毗黎邦，大鼠也，虏中上供佛（应为物），善糜物如猪猫，若以一脔置十斛肉鼎，即时糜烂。"[5] 辽使能够得到宋朝皇帝密赐的珍贵"中金"，而宋使得到辽朝皇帝密赐的物品则是肉食制品或肉食加工佐料，这正说明契丹等游牧民族对肉食加工的用心以及肉食在其饮食中的重

---

① 沈括：《熙宁使契丹图抄》，贾敬颜《五代宋金元人边疆行记十三种疏证稿》，中华书局2004年版，第127页。

② 江少虞：《宋朝事实类苑》卷七八，上海古籍出版社1981年版，第1019页。

③ 赵珙：《蒙鞑备录·粮食》，《全宋笔记》第7编第2册，大象出版社2016年版，第107页。

④ 路振：《乘轺录》，贾敬颜《五代宋金元人边疆行记十三种疏证稿》，中华书局2004年版，第46页。

⑤ 张舜民：《画墁录》，《全宋笔记》第2编第1册，大象出版社2006年版，第213—214页。

要地位。其中的毗黎邦，应为契丹语名称，汉语名称为貔狸，但汉人多称其为黄鼠。文惟简云：“沙漠之野，地多黄鼠，畜豆壳于其地，以为食用。村民欲得之，则以水灌穴，遂出而有获。见其城邑有卖者，去皮刻腹，极甚肥大。虏人相说，以为珍味。”[1] 正是因为草原游牧民族对肉食的依赖，所以貔狸成为当时的特殊食品。

上述宋使所记，主要涉及了契丹人的肉食，也印证了辽太宗灭晋后所说的话：“我在上国，以打围食肉为乐。”[2] 至于饮品，以牛、羊、马等动物乳汁为原料的乳品，同样可以作为主食食品。史称契丹人“马逐水草，人仰湩酪”[3]。他们喜欢精细的乳制品，如乳酪、乳粥等。乳酪由乳汁精炼而成，营养丰富，其中最上乘的是“极甘美”[4] 的醍醐。乳粥则是以乳汁加野菜等配料熬煮制成。宋使王洙曾言：“虏人馈客以乳粥，亦北荒之珍。”[5] 另一宋使朱服出使辽朝时，“日供乳粥一椀，甚珍”[6]。可见，乳酪、乳粥等乳制品，确是乳品中的珍品。

当然，游牧民族虽以牧业生产为主，但采集、狩猎、捕捞甚至作物种植始终是社会生产的补充形式。因此，游牧民族的饮食中也有一定比例的粮食、蔬菜及水果。辽朝建立政权之初，外出征战的军队曾“采野菜以为食”[7]。辽代传入的回鹘豆、西瓜之类，其前虽为回鹘等中亚游牧民族的食物，但东传后却受到契丹等族的普遍接纳。西北地区的吐蕃族，居住区“地高寒，无丝枲五谷，惟产青稞，与野菜合酥酪食之”[8]。各类来自植物的食物，成为游牧民族肉食之外的有益补充。

汉、渤海等农耕民族的饮食特点是以素食为主，主食为面、米等粮食加工品，而副食则以蔬菜及饲养动物的肉类为常见。谷物食品在中国境内有广泛的分布和传播，受到农耕民族的偏爱。北方的谷物食品主要有馒头、煎饼、糯米饭、糕等。这些食品各有特点：馒头应是有馅的面食，长期在汉族人中流行；煎

---

① 文惟简：《虏廷事实·黄鼠》，见陶宗仪：《说郛》卷八，中国书店 1986 年版，第 2 册。
② 欧阳修：《新五代史》卷七二《四夷附录第一》，中华书局 2016 年版，第 1015 页。
③ 脱脱等：《辽史》卷五九《食货志上》，中华书局 2017 年版，第 1025 页。
④ 李时珍：《本草纲目》卷五一《兽部一》引寇宗奭语，人民卫生出版社 1982 年版，第 2882 页。
⑤ 王钦臣：《王氏谈录·北虏风物》，《全宋笔记》第 1 编第 10 册，大象出版社 2003 年版，第 172 页。
⑥ 朱彧：《萍洲可谈》卷二，《全宋笔记》第 2 编第 6 册，大象出版社 2006 年版，第 153 页。
⑦ 脱脱等：《辽史》卷一《太祖纪上》，中华书局 2017 年版，第 8 页。
⑧ 脱脱等：《金史》卷九一《移剌成传》，中华书局 2020 年版，第 2141 页。

饼、糯米饭、糕等食品也是见于各种节日活动的记载中①，但在日常生活中亦应为常见的谷物食品。

在中原和南方地区，面食在主食中所占比重最大。遍布于北宋都城汴京大街小巷的饮食铺，一般都供应各种面食。金人残破开封城后，宗泽出任东京留守，当时物价飞涨，宗泽认为"都人率以食饮为先，当治其所先"②，于是借作坊饼师的人头来稳定物价。可见面食在人们日常生活中的重要性。南宋定都临安后，由于北人南迁，临安府不仅面食店猛然增多，而且面食制品亦日益丰富。"最是大街一两处面食店及市西坊西食面店，通宵买卖，交晓不绝。"③

因受自然条件的制约，中国古代北方地区的副食不如中原和南方丰盛。蔬菜虽种类较少，但在城市附近有专门的菜园子。宋使王曾曾见中京"城南有园圃"④。回鹘豆作为蔬菜，"色黄，味如粟"⑤。除种植外，一些野生的蔬菜亦为取食的对象。出使宋朝的辽朝政事舍人刘经，曾见"路中有野韭可食，味绝佳"，作诗云："野韭长犹嫩，沙泉浅更清。"⑥王洙曾云契丹人"有铁脚草，采取阴干，投之拂汤中，顷之，茎叶舒卷如生"⑦。北方地区出产的各种水果，不管是传统的桃、李、杏、梨、栗、枣、葡萄、石榴等，还是从回鹘传入的西瓜等，均受到各族人民的喜爱。这在壁画中多有反映。北方人们保存水果的各种方法，包括蜜饯成果脯、酒浸成酒果以及冰冻成冻梨等⑧，虽大多需要较高的成本，但为人们在较长时段内食用水果提供了条件。

南方地区的蔬菜、果品种类丰富、产量亦高。如福州地区，蔬菜即有菘、芥、莱菔、凫葵、白苣、莴苣、芸台、雍菜、水鄞、菠稜、苦荬、东风菜、茄子、

---

① （旧题）叶隆礼：《契丹国志》卷二七《岁时杂记》，上海古籍出版社1985年版，第250—252页。

② 何薳：《春渚纪闻》卷四《宗威愍政事》，中华书局1983年版，第54页。

③ 吴自牧：《梦粱录》卷一三《天晓诸人出市》，《全宋笔记》第8编第5册，大象出版社2017年版，第221页。

④ 王曾：《上契丹事》，贾敬颜《五代宋金元人边疆行记十三种疏证稿》，中华书局2004年版，第102页。

⑤ （旧题）叶隆礼：《契丹国志》卷二七《回鹘豆》，上海古籍出版社1985年版，第256页。

⑥ 杨亿口述，黄鉴笔录，宋庠整理：《杨文公谈苑·刘经野韭诗》，上海古籍出版社1993年版，第35页。

⑦ 王钦臣：《王氏谈录·北房风物》，《全宋笔记》第1编第10册，大象出版社2003年版，第172页。

⑧ 宋德金、史金波：《中国风俗通史·辽金西夏卷》，上海文艺出版社2001年版，第19—20页。

苋、胡荽、同蒿、蕨、姜、葱、韭、薤、葫、冬瓜、瓠、瓠娄瓜、白蘘荷、紫苏、薄荷、马芹子、茵陈、海藻、紫菜、鹿角菜、芋、枸杞等品种,果品则有荔枝、龙眼、橄榄、柑橘、橙子、香橼子、杨梅、枇杷、甘蔗、蕉、枣、栗、葡萄、莲、鸡头、芰、樱、木瓜、瓜、柿、杏、石榴、梨、桃、李、林檎、胡桃、柰、楉梓、杨桃、王坛子、茨菰、菩提果、金斗、新罗葛等品种[①],再加上各种肉类和水产品,副食可谓丰富多彩。与丰盛的副食相伴而生的,是饮食佐料的多种多样。"盖人家每日不可阙者,柴、米、油、盐、酱、醋、茶。"[②]方回曾说:"予常见佃户携米或一斗或五七三四升,至其肆,易香烛纸马油盐酱醯浆粉麸面椒姜药饵之类不一。"[③]可见,即使是社会中下层人群,也在日常生活中重视饮食的多样性及加工技艺。

作为农耕民族副食的肉类,在品种方面也与游牧民族有所差异。游牧民族食用较多的是羊、牛及各种野生动物,农耕民族则以食用猪肉及家禽为多。这种差别,在饲养动物的地域分布上也有明显的体现。"燕北第产羊,俗不畜猪"[④],说明契丹人、奚人的饮食中基本不需要猪肉的存在。而渤海人、女真人生活的东北平原地区,"地少羊,惟猪、鹿、兔、雁"[⑤]。至于中原及江南地区,更是以饲养猪和家禽为主要肉食来源。"莫笑农家腊酒浑,丰年留客足鸡豚。"[⑥]而羊肉尽管也受到人们的喜爱,但羊即使可以饲养或长途贩运,也是"羊价绝高"[⑦],普通民众难以企及,基本为宫廷或富贵人家的专享。

二、农耕民族对游牧民族的饮食影响

由于农耕民族与游牧民族间的饮食文化交流空前扩大,各民族对外族饮食

---

① 梁克家:《淳熙三山志》卷四一《菜蔬》《果实》,四川大学出版社 2007 年版,第 1665—1674 页。

② 吴自牧:《梦粱录》卷一六《鲞铺》,《全宋笔记》第 8 编第 5 册,大象出版社 2017 年版,第 257 页。

③ 方回:《续古今考》卷一八,影印文渊阁四库全书本,第 853 册,第 368 页。

④ 韩元吉:《桐阴旧话》,《全宋笔记》第 4 编第 7 册,大象出版社 2008 年版,第 124 页。

⑤ 《许亢宗行程录》,贾敬颜《五代宋金元人边疆行记十三种疏证稿》,中华书局 2004 年版,第 244 页。

⑥ 陆游著,钱仲联校注:《剑南诗稿校注》卷一《游山西村》,上海古籍出版社 1985 年版,第 102 页。

⑦ 洪迈:《夷坚志》丁志卷一七《三鸦镇》,中华书局 2006 年版,第 682 页。

文化的了解日益深入。在辽朝前期，即有"耶律德光云：南人饮食动息，北人无不知之"①。在这种相互了解的基础上，通过借鉴和吸收农耕民族饮食文化，便不断使游牧民族的饮食文化发生着变化。及至南北政权建立起和平相处的政治关系，各种交往日益频繁，游牧民族的社会上层甚至有意识地对中原饮食文化加以欣赏和吸纳，而对本民族的饮食文化加以改造。北宋宰相宋祁曾说："和戎以来，北人习见朝廷袍笏之美，百官之富，肴果饧醴，炙瀹甘珍，衣服器彝，薰泽光鲜，皆委毡罽，厌血食，慕为华风。时时道诗书语，窃问儒者礼乐等事。争货纨绡纤缛之丽，橙茗辛馥之奇，以相夸尚。"②当然，饮食的影响不局限于社会上层，更重要的是各阶层成员在日常生活中的逐渐接受。在农耕经济和游牧经济的交错地带，这种影响已经十分明显。苏颂有诗："拥传经过白霫东，依稀村落见南风。食饧宛类吹箫市，逆旅时逢炀灶翁。渐使边氓归畎亩，方知厚泽遍华戎。朝廷涵养恩多少，岁岁辂车万里通。"他还在诗注中特别说明："村店炊黍卖饧，有如南土。"③

具体来看，农耕民族对游牧民族的饮食影响表现在以下几个方面。

首先，以谷物食品为主的主食在游牧民族的日常生活中占据越来越重要的地位甚至成为主食。契丹族的谷物食品种类主要有馒头、煎饼、水饭和干饭等。馒头作为有馅的面食，契丹等族对之甚为喜爱，在许多礼仪场合均有"行馒头"④的做法。煎饼等其他谷物食品加工应相对简单，但同样广为流行。如每岁正月初七"人日"，契丹"俗煎饼食于庭中，谓之'薰天'"⑤。在"宋使进遗留礼物仪"中，"行酒殽（应为肴）、茶膳、馒头毕，从人出。水饭毕，臣僚皆起"⑥。辽兴宗耶律宗真"幸［张］俭第，尚食先往具馔，却之。进葵羹干饭，帝食之美"⑦。这些食品在形状和口味上各有其特点，正因如此，也多见于各种节日活动之中。䏢糒、䏢粥是具有北方特色的食品，便于游牧、行军时食用。宋使王曾说契丹

① 程琳：《洺水集》卷一四《回崔侍郎二》，影印文渊阁四库全书本，第1171册，第414页。
② 宋祁：《景文集》卷四四《御戎论》之二，丛书集成初编本，中华书局1985年版，第553页。
③ 苏颂：《苏魏公文集》卷一三《奚山道中》，中华书局1988年版，第170页。
④ 脱脱等：《辽史》卷五一《礼志四》，中华书局2017年版，第950页。
⑤ 脱脱等：《辽史》卷五三《礼志六》，中华书局2017年版，第974页。
⑥ 脱脱等：《辽史》卷五〇《礼志二》，中华书局2017年版，第938页。
⑦ 脱脱等：《辽史》卷八〇《张俭传》，中华书局2017年版，第1408页。

人"食止糜粥、秒糒"①。沈括亦说契丹人在肉酪之外"间啖麨粥"②。西夏工具书《文海》中也记载了大量的谷物食品，如细面、汤面、粥、油饼、胡饼、蒸饼、干饼、烧饼、花饼、馒头等。这些食物必定影响党项人的饮食习惯。谷物食品丰富了游牧民族的饮食结构，深受喜爱。

其次，副食方面的各种影响越来越明显。以渤海族食品对契丹等族产生的影响为例，有"渤海螃蟹，红色，大如椀，螯巨而厚，其脆如中国蟹螯。石举鮀鱼之属，皆有之"③。此外，渤海族的特色食品艾糕和大黄汤则为契丹统治者采用，"国主及臣僚饮宴，渤海厨子进艾糕，各点大黄汤下"④。党项族的副食也受到汉族的广泛影响。《番汉合时掌中珠》中记载有香菜、芥菜、蔓菁、萝卜、茄子、苦蕒、葱、蒜、韭等蔬菜，大部分的品种与中原地区或北方其他地区是相同的，说明西夏人副食的丰富和族际交流的广泛存在。

再次，果品的食用也受到农耕民族的一定影响。契丹人从汉地引进了梨、枣、柿子等品种。宋使臣庞元英曾记载契丹人冬季食梨的方法云："坐上有北京压沙梨，冰冻不可食，接伴使耶律筠取冷水浸，良久冰皆外结，已而敲去，梨已融释，……味即如故也。"⑤这种冰冻保存水果的方法，流传至今。显然，只有在大量食用水果的社会条件下，才会有实用储存方法的产生。在已出土的辽墓壁画中，也不时发现盛放着各种水果的果盘图案。

最后，农耕民族的饮品对游牧民族产生了广泛影响。日常饮料主要有酒、茶、汤等。北方地区的酒主要是粮食酒，还有粮食酒加草药配制成的配制酒如菊花酒、茱萸酒等以及葡萄酒等果酒。契丹人喜爱饮酒，尤其是社会上层更是嗜酒成风。辽前期的两个皇帝——世宗和穆宗——均因饮酒丧命。《辽史》称耶律官奴"嗜酒"，"觞咏自乐"⑥，当是颇有代表性的情况。酗酒、因酒败事者也

① 王曾：《上契丹事》，贾敬颜《五代宋金元人边疆行记十三种疏证稿》，中华书局2004年版，第103页。

② 沈括：《熙宁使契丹图抄》，贾敬颜《五代宋金元人边疆行记十三种疏证稿》，中华书局2004年版，第127页。

③ 洪皓：《松漠纪闻续》，《全宋笔记》第3编第7册，大象出版社2008年版，第133页。

④ （旧题）叶隆礼：《契丹国志》卷二七《岁时杂记》，上海古籍出版社1985年版，第251—252页。

⑤ 庞元英：《文昌杂录》卷一，《全宋笔记》第2编第4册，大象出版社2006年版，第123页。

⑥ 脱脱等：《辽史》卷一〇六《卓行·耶律官奴传》，中华书局2017年版，第1616页。

不乏其人。辽兴宗时甚至不得不下诏规定："诸职官非婚祭，不得沉酗废事。"[1]
被称为"酒仙"的皇族成员耶律和尚，"嗜酒不事事，以故不获柄用"。有人劝告
他，他却回答说："吾非不知，顾人生如风灯石火，不饮将何为？"[2]党项人也爱
饮酒，谚语有"该学不学学饮酒，该教不教教博弈"，"饮酒量多人不少，空胃半
腹人不死"[3]等等。党项人之间"仇解，用鸡猪犬血和酒，贮于骷髅中饮之"[4]。这
些均说明饮酒是党项社会的一种普遍现象。吐蕃人"嗜酒及茶"[5]，也同样普遍
喜爱饮酒。

茶虽非北方草原地区所产，但对多食肉乳的契丹等族人来说，有其特别重
要的作用。"解渴不须调乳酪，冰瓯刚进小团茶"[6]。契丹人喜欢饮茶，固然是受
汉人影响的结果。契丹人对茶的偏爱，在辽墓壁画中亦多有反映。内蒙古敖汉
旗羊山辽墓出土有《煮茶图》、下湾子辽墓出土有《进饮图》、七家辽墓出土有
《备饮图》，河北宣化辽墓出土有《茶道图》。北宋的名贵团茶传入辽朝后，受到
社会上层的追捧。据张舜民《画墁录》记载："有贵公子使房，广贮团茶。自尔
房人非团茶不纳也，非小团不贵也。"[7]价格昂贵的团茶，自然非一般平民所能饮
用，而成为上层成员炫耀身份的饮料。西夏也通过各种途径从宋朝大量输入茶
叶。除宋政府每年赐给西夏三万斤茶叶外，党项人还通过榷场贸易或走私贸易
的形式购买茶叶。显然，茶成为西夏党项等游牧民族的必饮品。

汤有多种，一般是用药材、水果或谷物等加水熬煮而成。汤为传统饮料，
辽代盛行"先汤后茶"[8]的习俗，因而汤也是日常消费的重要饮料。

三、游牧民族对农耕民族的饮食影响

游牧民族对农耕民族的饮食影响，早在唐代已有明显表现。唐朝出现了

---

① 脱脱等：《辽史》卷一八《兴宗纪一》，中华书局 2017 年版，第 251 页。
② 脱脱等：《辽史》卷八九《耶律和尚传》，中华书局 2017 年版，第 1490 页。
③ 陈炳应译：《西夏谚语——新集锦成对谚语》，山西人民出版社 1993 年版，第 8、11 页。
④ 脱脱等：《辽史》卷一一五《西夏外纪》，中华书局 2017 年版，第 1673 页。
⑤ 脱脱等：《宋史》卷四九二《吐蕃传》，中华书局 1985 年版，第 14163 页。
⑥ 柯九思等著：《辽金元宫词》，北京古籍出版社 1988 年版，第 50 页。
⑦ 张舜民：《画墁录》，《全宋笔记》第 2 编第 1 册，大象出版社 2006 年版，第 211 页。
⑧ 张舜民：《画墁录》，《全宋笔记》第 2 编第 1 册，大象出版社 2006 年版，第 200 页。

"时行胡饼，俗家皆然"①。据记载，开元以后，"贵人御馔，尽供胡食"②。至辽宋西夏金时期，一方面随着农耕民族迁徙范围的扩大，进入草原地区或与游牧民族接触较多的农耕民族成员，逐渐接受游牧民族饮食文化。曾出使辽国的北宋人刘跂，在使辽诗《虏中作》中云："人物分多种，迁流不见经。已无燕代色，但有犬羊腥。"③因为他亲眼看见过受契丹人影响的汉人已是食腥饮膻。另一方面，在农耕民族传统的居住区内，游牧民族饮食文化影响也越来越多。

作为游牧民族主食的乳肉制品，逐渐成为农耕民族的副食品种，且为佐餐之佳肴。契丹人以肉做成的各种菜肴，相继传入宋。北宋东京品种繁多的菜肴中，有"虚汁垂丝羊头、入炉羊、羊头签、鹅鸭签、鸡签、盘兔、炒兔、葱泼兔、假野狐、金丝肚羹、石肚羹、假炙獐、煎鹌子"④等，当有不少是借鉴了契丹等北方游牧民族的饮食习惯。契丹族的乳酪、乳粥是传统的食品。在北宋都城开封，作为风味小吃的乳酪成了珍贵而美味的饮品。北宋时有专门经营乳酪而成名的"乳酪张家"⑤，到南宋时，汉人还把乳酪改进，制成"酪面"⑥。

作为游牧民族副食的蔬果类的某些品种，在传播过程中也逐渐为农耕民族所接受，从而更加丰富了农耕民族的副食来源。如"味淡而多液"的西瓜，"本燕北种"，至金朝中期已是"河南皆种之"，因而中原农耕民族也能"年来处处食西瓜"⑦。洪皓《松漠纪闻》记其出使金国，见到了西瓜，又"携以归"南宋，随后便"禁圃、乡圃皆有"⑧。镌刻于南宋度宗咸淳六年（1270年）的《西瓜碑记》，则记载施州地区的西瓜系直接从北方引种："又一种回回瓜，其身长大，自庚子嘉熙北游带过种来。"⑨可见，通过多种渠道，西瓜在南宋境内得到广泛传播和种植。

---

① ［日］圆仁撰，顾承甫、何泉达点校：《入唐求法巡礼行记》卷三，上海古籍出版社1986年版，第146页。

② 刘昫等：《旧唐书》卷四五《舆服志》，中华书局1975年版，第1958页。

③ 刘跂：《虏中作》其三，《四库辑本别集拾遗》，中华书局1983年版，第71页。

④ 孟元老撰，伊永文笺注：《东京梦华录笺注》卷二《饮食果子》，中华书局2007年版，第189页。

⑤ 孟元老撰，伊永文笺注：《东京梦华录笺注》卷二《酒楼》，中华书局2007年版，第176页。

⑥ 周密：《武林旧事》卷二《元夕》，中华书局2007年版，第52页。

⑦ 范成大：《范石湖集》卷一二《西瓜园》，上海古籍出版社1981年版，第146页。

⑧ 洪皓：《松漠纪闻续》，《全宋笔记》第3编第7册，大象出版社2008年版，第132页。

⑨ 郑永禧著，邓治凡、田发刚校注：《施州考古录校注》下卷《柳州城·西瓜碑记》，新华出版社2004年版，第63页。

游牧民族的饮食器具，对农耕民族也有一定的影响。契丹玉注碗对宋朝的影响，可说是这方面的代表。"契丹有玉注碗，每北主生辰称寿，徽考（宋徽宗）在御，尝闻人使往来，知有此注，意甚慕之，自耻中国反无此器，遂遣人于阗国求良玉，果得一璞甚大，使玉人为中节，往辽觇其小大短长，如其制度而琢之。"①社会上层人物向往异族器具，百般索求，必欲得之而后已，说明饮食器具对汉族的深刻影响。但更为普遍的现象是，人们日常生活中对游牧民族饮食器具有意识地加以接受并借鉴其制作方法。河北省大城县郭底村辽墓"出土的白瓷刻花莲纹注壶，通体施白色釉，釉面匀净，造型端庄古朴，装饰纹样洗练疏朗，刻划手法豪放流畅，与丰满圆浑的器型相匹配，颇具庄重典雅之美。其工艺手法既突出了辽瓷的制作风格，又保持了中原传统器型"②，是不同民族文化制瓷工艺结合的精湛之作。

在各种饮食文化对农耕民族的影响中，饮食方式的影响最为重大，意义深远。其主要表现，就是中原农耕民族传统的分餐制，逐渐为游牧民族的合餐制所取代。游牧民族在食肉的过程中，由于很难将熟肉精确地分给每一位用餐者，因而形成合食的饮食方式。农耕民族由于以素食为主，在饮食品种比较单一的社会条件下，分食制成为最佳选择。这种情况发展到唐朝时期，随着北方民族坐具坐姿的不断影响，也由于饮食品种的日益丰富，已出现并逐渐流行会食制。不过，这种会食虽然是多人围坐在一起进餐，但主要的菜肴和食物仍然是分餐的。因此，唐代的会食制还只是分餐制向合餐制转变过程中的过渡形式，③或者说是具有合食气氛的分食制。④辽朝时期，北方汉人才逐渐接受了契丹人的合餐制。在河北省张家口市宣化区下八里辽代张文藻墓中，餐桌上摆放的丰富食物已充分说明了这一点。⑤在宋朝统治区内，合餐制也得以确立并逐渐流行。《清明上河图》中餐饮店内桌凳摆放情景已反映了合餐制的普及。与此相关的是，宋人的坐姿也发生了根本的改变。庄绰曾说："古人坐席，故以伸足

---

① 张端义：《贵耳集》卷中，中华书局1958年版，第26页。
② 张兆祥、武玉茹：《廊坊市出土辽代白瓷研究》，《文物春秋》1997年增刊，第38页。
③ 王仁湘：《饮食与中国文化》，人民出版社1993年版，第292页。
④ 姚伟钧：《中国传统饮食礼俗研究》，华中师范大学出版社1999年版，第106页。
⑤ 河北省文物研究所：《宣化辽墓——1974～1993年考古发掘报告》下册，文物出版社2001年版，图版57。

为箕踞。今世坐榻，乃以垂足为礼，盖相反矣。盖在唐朝，犹未若此。"① 坐姿的变化正反映了合餐方式由唐朝出现到宋朝确立的过程。早期的女真族虽不是单纯的游牧民族，但在饮食方式上却是典型的合餐制。史称其"春夏之间，止用木盆贮鲜粥，随人多寡盛之，以长柄小木杓子数柄，回还共食"②。西南蛮则是"性好洁，数人共饭，一样中植一匕，置杯水其旁，少长共匕而食"③。可见，他们也同女真一样，是典型的合餐制。女真等族进入中原地区，其饮食方式与当时人们已普遍接受的合餐制正相适合，进一步冲击了汉人社会中传统分餐制的残余影响。

四、其他族际或区域饮食文化交流

在各民族饮食文化的相互交流中，不仅仅存在不同经济形态民族间的交流，即使是相同经济形态的民族，其饮食文化也往往各具特色，因此也存在相互交流的必要。这种交流，对民族间的融合所起作用同样不应忽视。

契丹人从回鹘传入了回鹘豆和西瓜，可视作游牧民族间饮食品种交流的代表性现象。胡峤在《陷辽记》中记述其北行时曾见上京一带的西瓜种植："自上京东去四十里，至真珠寨，始食菜。……遂入平川，多草木，始食西瓜，云契丹破回纥，得此种，以牛粪覆棚而种，大如中国（指中原地区）冬瓜而味甘。"④

相比于游牧民族间的饮食文化交流，饮食品种多样、加工形式繁复的农耕民族，相互交流更为明显。汉族的饮食文化，无论是与北方渤海、女真等族，还是与南方的黎、瑶等族，均有较为广泛的交流。金世宗对北方农耕民族间的交流深有感触，他曾说："会宁乃国家兴王之地，自海陵迁都永安，女直人浸忘旧风。朕时尝见女直风俗，迄今不忘。今之燕饮音乐，皆习汉风，盖以备礼也，非朕心所好。东宫不知女直风俗，第以朕故，犹尚存之。恐异时一变此风，非长久之计。甚欲一至会宁，使子孙得见旧俗，庶几习效之。"⑤ 金世宗虽贵为帝王，

①　庄绰：《鸡肋编》卷下《唐有坐席遗风》，中华书局1983年版，第126页。
②　徐梦莘：《三朝北盟会编》卷三，重和二年正月十日，上海古籍出版社2008年版，第17页。
③　范成大：《桂海虞衡志·志蛮》，《范成大笔记六种》，中华书局2002年版，第149页。
④　欧阳修：《新五代史》卷七三《四夷附录第二》，中华书局2016年版，第1024页。
⑤　脱脱等：《金史》卷七《世宗纪中》，中华书局2020年版，第176—177页。

但若试图阻止汉族饮食对女真等族的影响，却颇感力不从心。例如茶的饮用，女真人、渤海人均很快受到汉人的影响，以至于在金境内"下上竞啜，农民尤甚，市井茶肆相属"①。宋代士大夫对南方农耕民族间的交流，也在有意无意间留下了一些零散的记载：黎州地区，"蕃部蛮夷混杂之地无市肆，每汉人与蕃人博易，不见使钱。汉用绅、绢、茶、布，蕃部用红椒、盐、马之类"②。在族际以物易物的交易中，茶、红椒、盐等饮食物品成为大宗。桂林地区，有所谓"老酒"："以麦麹酿酒，密封藏之，可数年。土人家尤贵重。每岁腊中，家家造鲊，使可为卒岁计。有贵客，则设老酒、冬鲊以示勤（应为劝）。婚娶以老酒为厚礼。"③这种"老酒"的制作与使用，与福建地区为女子出嫁而长久储存酒的现象颇有相似之处。

在传统的农耕区域，以汉族为主的多民族居民由于人口众多，分布区域广泛，饮食文化的南北差别明显，因而南北饮食文化的交流也值得关注。朱彧总结饮食的区域差别是："大率南食多盐，北食多酸，四夷及村落人食甘，中州及城市人食淡。"④陆游在《食酪》中云："南烹北馔妄相高，常笑纷纷儿女曹。未必鲈鱼笔菰菜，便胜羊酪荐樱桃。"⑤诗人将鲈鱼加菰白视作"南烹"佳肴，将羊酪添樱桃视作"北馔"珍馐。表达了南食和北食之间存在相当大的差别，并且被一些儿女辈见识的人各自妄相夸耀。这种差别，经过不断交流和融合，至南宋末期，至少在临安这样的大城市已无严格的南、北差别了。⑥据《梦粱录》记载："向者汴京开南食面店、川饭分茶以备江南往来士夫，谓其不便北食故耳。南渡以来，几二百余年，则水土既惯，饮食混淆，无南北之分矣。"⑦可以说，宋代饮食的南北交流，已达空前程度。

---

① 脱脱等：《金史》卷四九《食货志四》，中华书局 2020 年版，第 1187 页。
② 乐史：《太平寰宇记》卷七八《黎州·风俗》，中华书局 2007 年版，第 83 页。
③ 范成大：《桂海虞衡志·志酒》，《范成大笔记六种》，中华书局 2002 年版，第 98 页。
④ 朱彧：《萍洲可谈》卷二，《全宋笔记》第 2 编第 6 册，大象出版社 2006 年版，第 153 页。
⑤ 陆游著，钱仲联校注：《剑南诗稿校注》卷八一《食酪》，上海古籍出版社 1985 年版，第 4385 页。
⑥ 朱瑞熙：《宋代的南食和北食》，《中国烹饪》1985 年第 11 期。
⑦ 吴自牧：《梦粱录》卷一六《面食店》，《全宋笔记》第 8 编第 5 册，大象出版社 2017 年版，第 252 页。

五、结语

饮食作为物质生活的基本内容之一,在民族间的相互交流,对各族人民的民族意识和民族认同观念的发展,具有十分重要的作用。游牧民族与农耕民族间饮食生活的交流,一方面使人们通过改变自身的生活方式,逐渐相互认同;另一方面又使彼此通过对他者的认知,进一步接受或认同各民族互为一家。辽朝有"契丹、汉人久为一家"[①]的说法;宋朝有"且令蕃汉作一家"[②]的说法;金朝则有"猛安人与汉户,今皆一家"[③]的说法。可见,这一时期各民族互为一家的意识具有广泛影响。

辽宋西夏金时期,正是包括饮食生活的族际物质生活的广泛交流,推动了各族生活方式的发展和社会经济的进步,创造了灿烂的物质文明。同时,也有力地促进了各族人民相互认同意识的发展,加强了各民族意识中的中华一体观念。

---

① 脱脱等:《金史》卷七五《卢彦伦传》,中华书局 2020 年版,第 1823 页。
② 李焘:《续资治通鉴长编》卷八七,大中祥符九年五月甲子,中华书局 2004 年版,第 1992 页。
③ 脱脱等:《金史》卷八八《唐括安礼传》,中华书局 2020 年版,第 2086 页。

辽代族际婚试探 *

在各民族相互交往的过程中，辽王朝统治区域内游牧民族与农耕民族之间、不同游牧民族之间以及不同农耕民族之间，族际通婚广泛存在。同时，辽朝统治集团还以和亲的形式与周边政权通婚。辽王朝对全国范围内的族际通婚，始终未曾严格禁止。族际通婚引起婚姻习俗的变迁，主要表现是游牧民族与农耕民族习俗的相互影响和相互转变。辽代文化的多样性和兼容性，中华民族多元一体观念和认同意识的产生，均与广泛存在的族际通婚不无关系。

由契丹族建立的辽王朝，地域辽阔，民族成分复杂，族际通婚现象自始至终存在。同时，在辽人的对外交往过程中，也产生了不少的族际通婚家庭。族际婚既是民族交往的方式，又对民族关系、民族认同意识产生着深刻的影响。一个社会中族际通婚的方式、比率及社会认可程度，可以在一定程度上反映这个社会的民族融合状况。因此，对辽代族际婚现象的分析，可加深对民族融合问题的认识。学术界以往虽有若干成果积累，然多集中在契丹族与其他民族之间的通婚问题上，[①]全面研究仍付阙如。本文对此试做一相对全面的探讨，以求取得总体性的认识。

---

* 原载《史学集刊》2020 年第 6 期。

① 有关研究成果均仅涉及契丹族的族际通婚，而对于契丹族之外的各民族间的相互通婚，则尚无专门成果出现。如孟古托力《契丹族婚姻探讨》(《北方文物》1994 年第 1 期)在探讨契丹族婚姻状况时论及契丹族与外族的通婚；崔明德《辽朝和亲初探》(《民族研究》2004 年第 4 期)仅限于契丹族中的和亲者与外族的通婚状况；孙红梅《契丹族的族际通婚》(《东北史地》2008 年第 3 期)则明确以契丹族的族际通婚为探讨内容，而且相关问题仍有待深入。

一、契丹等游牧民族与汉族等农耕民族之间的通婚

辽代民族间的差别，主要表现在以契丹族为代表的游牧民族与以汉族为代表的农耕民族之间的不同。两者之间的通婚，对双方的社会生活影响均较大，亦最能反映辽代族际婚的特点。其具体的通婚形式，主要有以下几种。

（一）在战争中掳掠妇女

在与中原各政权进行的频繁战争中，辽朝官兵曾掠夺了大量的汉族妇女。神册六年（921年），汉人王郁为争取辽兵驰援镇州，对辽太祖说："镇州美女如云，金帛如山，天皇王速往，则皆己物也。"结果辽太祖"以为然，悉发所有之众而南"[①]，而置述律后之苦谏于不顾。会同九年（946年），辽太宗南下进攻后晋，辽军破相州时，"悉杀城中男子，驱其妇女而北"[②]。统和二十二年（1004年），辽宋订立澶渊之盟，辽军"解甲后，幽州亦遭劫掠财物，迫夺妇女，发掘坟墓，燕人苦之"[③]。不少契丹人、奚人特别是其中的奴隶主从这些被俘获的妇女中选娶妻妾。作为最高统治者的帝王，即是其中的突出代表。据记载："庄宗皇帝嫡夫人韩氏，后为淑妃，伊氏为德妃。契丹入中原，陷于虏庭。宰相冯道尊册契丹王，虏张宴席。其国母后妃列坐同宴，王嫱、蔡姬之比也。"[④]在攻伐后唐的战争中，不但辽太宗选纳了韩氏、伊氏，而且耶律阮也得到宫人甄氏。耶律阮即辽世宗，及其即位，甄氏被"立为皇后"[⑤]，成为辽朝历史上唯一的非萧姓皇后。耶律德光之子耶律璟（即辽穆宗），则曾强娶后晋亡国之君石重贵的宠姬赵氏、聂氏[⑥]。灭晋后留守中原的耶律麻荅，"贪猾残忍，民间有珍货、美妇女，必夺取

---

① 司马光等：《资治通鉴》卷二七一，龙德元年十一月，中华书局2011年版，第8992—8993页。
② 司马光等：《资治通鉴》卷二八六，天福十二年三月辛亥，中华书局2011年版，第9479页。
③ 余靖：《上仁宗论契丹请绝元昊进贡事》，见赵汝愚：《宋朝诸臣奏议》卷一三五，上海古籍出版社1999年版，第1513页。
④ 孙光宪：《北梦琐言》卷一八《失身虏庭》，见《全宋笔记》第1编第1册，大象出版社2003年版，第191页。
⑤ 脱脱等：《辽史》卷七一《后妃·世宗妃甄氏传》，中华书局2017年版，第1322页。
⑥ 司马光等：《资治通鉴》卷二八八，乾祐二年正月甲寅，中华书局2011年版，第9537页。

之"①；耶律阮的妻兄萧禅奴强娶石重贵的女儿②，则是皇族、后族臣僚掳掠妇女的具体事例。这种状况虽然主要存在于辽朝前期，但中期以后仍然存在。据赵至忠《虏廷杂记》言："圣宗芳仪李氏，江南李景女。初嫁供奉官孙某，为武疆都监。妻女皆为圣宗所获，封芳仪，生公主一人。"③此李氏若果为李景之女，纳入辽圣宗后宫时至少已是半老徐娘，正可说明统治者之贪婪。辽圣宗还有妃姜氏、马氏、白氏、艾氏、耿氏、孙氏等，亦应为汉族，或多由掳掠而来。

战争中有游牧民族掳掠农耕民族女子的情况，也同样有农耕民族掳掠游牧民族女子的情况。女真族虽有畋猎、畜牧成分，但农耕成分越来越重要，因而可视为农耕民族。完颜乌古乃有"次室注思灰，契丹人"④。鉴于女真族早期盛行掠夺婚习俗，"次室"极可能为掠夺而来。无独有偶，其孙完颜阿骨打也有一妃萧氏，似为契丹族或奚族。因女真族中未见萧姓，北方地区的汉族、渤海族中也罕见萧姓人物，加之该女子在阿骨打诸妻中地位并非很高，家世不详，故很可能为战争中掳掠的契丹或奚族女子⑤。阿骨打还曾对从行的石土门之子蝉蠡说："吾妃之妹白散者在辽，俟其获，当以为汝妇。"⑥这个白散，或即是萧氏之妹。蝉蠡与白散之婚姻，更明确地表现为战争中俘获妇女为妻。又如《金史·石抹荣传》记载：金灭辽时，"荣方六岁，母忽土特满携之流离道路，宗室神谷得之，纳为次室，荣就养于神谷家"⑦，石抹荣母应为契丹人，而完颜神谷为女真人，这也是一次掳掠性的婚姻。

（二）官府主持的降人婚配

对于在战争中俘获的各类降人，官府有时主动为其婚配。这类婚配虽然未必全是族际婚，但族际婚占相当比例当毋庸置疑。一些具有官位的降人，甚至会被契丹统治者主动接纳为婿。辽太宗时期曾担任通事的汉人高唐英，因太宗

---

① 司马光等：《资治通鉴》卷二八七，天福十二年七月庚辰，中华书局 2011 年版，第 9499 页。
② 薛居正等：《旧五代史》卷八五《晋书·少帝纪五》，中华书局 2016 年版，第 1310 页。
③ 王铚：《默记》卷下，中华书局 1981 年版，第 43 页。
④ 脱脱等：《金史》卷六五《始祖以下诸子传》，中华书局 2020 年版，第 1642—1643 页。
⑤ 脱脱等：《金史》卷六三《后妃·太祖崇妃萧氏传》，中华书局 2020 年版，第 1597 页。
⑥ 脱脱等：《金史》卷七〇《石土门传》，中华书局 2020 年版，第 1722 页。
⑦ 脱脱等：《金史》卷九一《石抹荣传》，中华书局 2020 年版，第 2151 页。

"念彼忧劳,遂以北大王帐族姓女妻之,则夫人耶律氏之谓也"①。在特定情况下,甚至降人后裔的婚姻仍受官府干预,本人并无自主权。法天太后主政时期,其妹"晋国夫人喜户部使耿元吉貌美",她竟从妹请,"为杀其妻,以晋国妻之"②。

被俘获的普通民众,也有官府主持婚配的情况。辽朝建立之初,辽太祖曾接受汉臣韩延徽的建议,"树城郭,分市里,以居汉人之降者。又为定配偶,教垦艺,以生养之"③。这些由官府主持的婚配,未必全是汉人间的相互婚配,完全可能包含契汉通婚或其他族际通婚。对于其他民族的被掠者或归降者,辽朝官府同样可以采取"定配偶"的办法,以达到安稳人心、减少逃亡的目的。

(三)社会上层的门第婚

作为多民族统治者联合执政的政权,辽代各民族社会上层成员之间交往最多,联姻也最为频繁。渤海国虽为契丹所灭,然其王族在辽朝仍属社会上层,耶律倍娶于大氏(后生子耶律隆先④),圣宗耶律隆绪、天祚皇帝耶律延禧亦娶于大氏,均应是门第婚的表现。圣宗妃大氏所生临海公主,又回嫁渤海王族成员大力秋⑤。而大力秋与公主所生的两个女儿,又分别嫁给皇族成员耶律迪烈得和耶律连宁。学界最近的研究成果证明,圣宗弟隆庆亦曾娶于大氏。隆庆子宗教之汉文墓志云"母曰萧氏,故渤海圣王孙女迟女娘子也"⑥,而契丹小字墓志意为"母迷里吉迟女娘子,丹国之圣汗乌鲁古之后代"。圣王、乌鲁古均指渤海末王大諲譔,可见所谓"萧氏"乃是比附而书⑦。这更进一步证明了渤海大氏与皇族之间频繁的婚姻关系。

汉人玉田韩氏家族,虽出身于奴隶,最初的地位极其低微,然由于得到最高统治者的宠遇,地位上升迅猛,很快即成为权势之家,跻身于社会上层。韩

① 《高嵩墓志》,见向南等编:《辽代石刻文续编》,辽宁人民出版社2010年版,第37页。该墓志云"其先渤海郡人也",乃是泛称郡望的套语,辑注者注为"据此志知高嵩为渤海裔",则系误解。

② (旧题)叶隆礼:《契丹国志》卷一三《后妃·圣宗萧皇后传》,上海古籍出版社1985年版,第144页。

③ 脱脱等:《辽史》卷七四《韩延徽传》,中华书局2017年版,第1357页。

④ 脱脱等:《辽史》卷七二《宗室·义宗倍附子平王隆先传》,中华书局2017年版,第1335页。

⑤ 脱脱等:《辽史》卷六五《公主表》,中华书局2017年版,第1111页。

⑥ 《汉字耶律宗教墓志铭》《契丹小字耶律宗教墓志铭》,见刘凤翥、唐彩兰、青格勒编:《辽上京地区出土的辽代碑刻汇辑》,社会科学文献出版社2009年版,第211、213页。

⑦ 韩世明、都兴智:《渤海王族姓氏新考》,《中国边疆史地研究》2015年第2期。

氏家族在发展过程中，逐渐形成以族际婚为特点的门第婚，其婚配对象主要是后族萧氏，同时也与奚族等上层家族存在婚姻关系。韩氏家族男性成员，多娶萧氏为妻，据传韩德让早年曾与承天太后萧燕燕定亲，同时也有娶渤海族女子为妻或妾的情况；韩氏家族女性成员，也多嫁给契丹上层贵族，耶律隆祐之女还"适奚王府相之息也"①，耶律遂正的长女"适奚太师为夫人"②。

与韩氏家族同为汉人"四大家族"之一的河间刘氏家族，则与皇族耶律氏、后族萧氏有着多重的婚姻关系。辽圣宗之女八哥，下嫁刘三嘏；另一女擘失，下嫁刘四端。缘此，刘氏二兄弟均为驸马都尉。耶律隆庆之秦晋王妃萧氏，乃枢密使萧曷宁之女，在改嫁耶律宗政不成后，则改嫁给了刘二玄。③其他的汉人世家大族，也不乏与契丹贵族通婚的事例。如刘仁恭之孙刘承嗣曾娶夫人两位，即杨氏夫人和契丹夫人。刘承嗣官至兴州刺史，其契丹夫人耶律牙思，"本属皇亲"④。涿州刘氏刘珂娶世宗妹燕国公主⑤。卢龙赵氏赵匡禹继室为护卫相公萧某之女⑥。医巫闾梁氏梁延敬，"娶荆王（耶律道隐）女耶律氏"⑦。

耶律庶几在收继的奚族继母去世后，又"求得刘令公孙女寿哥夫人为妇"⑧。虽然目前尚不知刘令公的名字，但应为汉人当无问题。

奚族作为辽代人口较少的由游牧向农耕过渡的民族，其上层家族也出现了与农耕民族上层家族通婚的事例。据墓志记载，奚人郑恪"之父娶渤海申相国女，生子七人，女四人"。⑨可见，这个多子女的大家庭，是由奚族与渤海族通婚组建而成的。

---

① 《耶律隆祐墓志铭》，见刘凤翥、唐彩兰、青格勒编：《辽上京地区出土的辽代碑刻汇辑》，社会科学文献出版社2009年版，第13页。

② 《耶律遂正墓志铭》，刘凤翥、唐彩兰、青格勒编：《辽上京地区出土的辽代碑刻汇辑》，社会科学文献出版社2009年版，第16页。关于韩氏家族的婚姻状况，可参看王玉亭：《从辽代韩知古家族墓志看韩氏家族契丹化的问题》，《北方文物》2008年第1期；史风春：《韩知古家族的婚姻与政治》，《黑龙江民族丛刊》2009年第6期；爱新觉罗·乌拉熙春：《韩知古家族世系考》，《立命馆文学》591号，2005年10月。

③ 陈述：《全辽文》卷八《秦晋国妃墓志铭》，中华书局1982年版，第193页。

④ 《刘承嗣墓志》，见向南编：《辽代石刻文编》，河北教育出版社1995年版，第48页。

⑤ （旧题）叶隆礼：《契丹国志》卷一五《外戚·刘珂传》，上海古籍出版社1985年版，第157页。

⑥ 《赵匡禹墓志》，见向南编：《辽代石刻文编》，河北教育出版社1995年版，第300页。

⑦ 《梁援墓志》，见向南编：《辽代石刻文编》，河北教育出版社1995年版，第520页。

⑧ 《耶律庶几墓志铭》，见刘凤翥、唐彩兰、青格勒编：《辽上京地区出土的辽代碑刻汇辑》，社会科学文献出版社2009年版，第287页。

⑨ 《郑恪墓志》，见向南编：《辽代石刻文编》，河北教育出版社1995年版，第428页。

（四）不同社会阶层间的日常婚配

辽代不同社会阶层族际通婚，虽有正常婚娶的情况，但更多的是贵族、官僚及富室男子的纳妾行为。耶律倍从东丹国浮海奔后唐时携一高美人，至后唐以后高氏生子道隐。此高氏极可能属渤海右姓。原渤海国的门阀观念十分强烈，"右姓曰高、张、杨、窦、乌、李，不过数种"①。耶律倍作为东丹国王，为更好地统治渤海人而与渤海右姓联姻，可说是顺理成章的事情。萧孝忠曾娶"第五汉儿小娘子苏哥，所生一女，名石婆"②。此萧孝忠虽非辽中后期权势煊赫之拔里氏后族之萧孝忠，但亦官至静江军节度使，属官僚阶层。墓志记苏哥时并未云某官之女，可见应属平民阶层。

宋朝使臣在描述幽蓟地区的情况时说："耶律、萧、韩三姓恣横，岁求良家子以为妻妾，幽蓟之女，有姿质者，父母不令施粉白，弊衣而藏之。"③这里的"耶律、萧、韩三姓"，其实是指皇族、后族及玉田韩氏家族。他们凭借其强大的政治势力，随意选娶民间女子。其中契丹贵族选娶汉族女子，即属于族际婚配。

当然，不同阶层族际婚中的正常婚娶也并非十分罕见。松山州刘氏家族，作为汉人官僚家族，曾有松山州商曲都监刘旷娶妻萧氏、其子刘君彦亦娶妻萧氏的情况④。萧氏很可能为契丹族或奚族，从石刻资料看，她们应属平民家族。

（五）基层社会的日常婚配

辽代游牧民族与农耕民族日益交错杂居的社会现实，使不同民族的平民百姓有了更多的相互接触的机会。社会交往的增多，为日常族际婚配提供了较多的可能。出土于契丹腹地黑山（今内蒙古巴林右旗罕山南麓）的《崇善碑》，记载了众多契丹、汉人以及渤海人名字，其中有"孙奚婆""刘公林、姐姐奚婆"⑤之语。"奚婆"或许是称嫁予奚人的妇女。若然，则应是奚族与汉族或渤海族之间的婚姻关系。归化州富室张世卿，曾于道宗大安中入粟赈灾，乃孙张伸，娶

---

① 洪皓：《松漠纪闻》，见《全宋笔记》第3编第7册，大象出版社2008年版，第119页。

② 《萧孝忠墓志》，见向南编：《辽代石刻文编》，河北教育出版社1995年版，第416页。

③ 路振：《乘轺录》，见贾敬颜：《五代宋金元人边疆行记十三种疏证稿》，中华书局2004年版，第52页。

④ 李俊义、庞昊：《辽上京松山州刘氏家族墓地经幢残文考释》，《北方文物》2010年第3期。

⑤ 《黑山崇善碑题名》，见向南编：《辽代石刻文编》，河北教育出版社1995年版，第719、722页。

耶律氏为妻①，可说是民间汉人与契丹通婚的难得例证。南宋人洪迈撰写的《夷坚志》，也曾记载了一个具体的实例："契丹季年，常胜军校庞太保妻耶律氏，诣燕山乐先生卜肆问命。……既而金人灭契丹，首领兀术至燕，见耶律氏美，纳之而杀其夫，后封越国王妃。妃方颐修额，明眸华发，权略过男子，兀术敬畏之。先公在燕时，熟识其状。予奉使日，接伴使曰工部侍郎庞显忠，盖耶律在庞氏时所生也。"常胜军来源于辽东汉人和渤海人，这个所谓的"庞太保"，不过"一营卒耳"②，应出身于平民。他与契丹族女子的姻缘，很可能是民间日常族际婚配的结果。

二、契丹、奚等不同游牧民族之间的相互通婚

除建立政权的契丹族外，辽王朝境内还存在着奚、霫、室韦、回鹘、唐古（党项）、吐谷浑、沙陀等众多的游牧民族。它们中虽有若干由游牧向农耕过渡的情况，但主体均仍处在游牧状态。游牧民族间交错分布，接触频繁，多种形式的族际通婚广泛存在。

（一）掠夺婚

长期以来，生活在北方草原、森林地区的各游牧、畋猎民族，在相互攻伐、征讨的过程中，掠夺对方妇女为婚已成习俗。这种情况，不但在辽建立政权前后契丹与奚族的攻伐中存在，而且在室韦、阻卜等周边民族与契丹等主体民族的长期冲突中也广泛存在。应历十五年（965年），"乌古掠上京北榆林岭居民"③，即含有掠夺婚的因素。有些边远部族，甚至相互攻掠的主要目的就是掠夺妇女。《金史》记完颜部先世事迹时曾云："初，乌萨扎部有美女名罢敌悔，青岭东混同江蜀束水人掠而去，生二女，长曰达回，幼曰滓赛。……昭祖及石鲁以众至，攻取其赀产，虏二女子以归。昭祖纳其一，贤石鲁纳其一，皆以为

---

① 《张世卿墓志》，见向南编：《辽代石刻文编》，河北教育出版社1995年版，第656页。
② 洪迈：《夷坚志》志补卷一八《乐先生》，中华书局2006年版，第1720—1721页。《建炎以来系年要录》卷一九九称庞显忠为"契丹人"（中华书局2013年版，第3931页），或就其母亲的族属而言。
③ 脱脱等：《辽史》卷七《穆宗纪下》，中华书局2017年版，第91页。

妾。"① 可见，北方部族对掠夺婚已习以为常。

（二）社会上层的门第婚

不同游牧民族社会上层间的相互通婚，早在契丹建立政权前即已存在。这类婚姻，往往带有一定的政治色彩。据史载：

> 初，契丹主阿保机强盛，室韦、奚、霫皆役属焉。奚王去诸苦契丹贪虐，帅其众西徙妫州，依刘仁恭父子，号西奚。去诸卒，子扫剌立。唐庄宗灭刘守光，赐扫剌姓李名绍威。绍威娶契丹逐不鲁之姊。逐不鲁获罪于契丹，奔绍威，绍威纳之；契丹怒，攻之，不克。②

李绍威作为奚族的首领，所娶契丹族妻子应为社会上层成员。后其内弟逐不鲁因政治避难而投奔他，正可说明这种情况。

某些关系密切的民族，其社会上层成员还存在着长期的频繁的通婚关系，可以说形成了相互间的世婚关系。《金史》云："奚有五王族，世与辽人为昏，因附姓述律氏中。"③ 附姓述律氏者，虽然未必是全体成员，但"五王族"作为奚族的上层成员，世代与以皇族耶律氏为主的契丹贵族通婚，则是事实。皇族三父房之仲父房成员耶律庆嗣之妹"迪辇夫人，适故尚父、奚王萧福善男、右祗侯（应为候）郎君详稳忠信"④。萧福善（即萧韩家奴）之母为耶律氏，封襄城郡主；其弟萧福延"娶漆水耶律氏，出华茂之族"⑤，亦出自皇族。皇族耶律霞兹，"夫人萧氏，奚国王越宁长妹也"⑥。皇族耶律万辛，"又娶得索胡驸马、奚胡公主孙，奚王、西南面都招讨大王、何你乙林免之小女中哥"⑦。万辛在两位妻子先后辞世后，第三位妻子为奚王之女，属契奚联姻。该女子之祖母既然为公主，应为

---

① 脱脱等：《金史》卷六八《欢都传》，中华书局 2020 年版，第 1691 页。

② 司马光等：《资治通鉴》卷二八一，天福二年二月戊戌，中华书局 2011 年版，第 9298 页。

③ 脱脱等：《金史》卷六七《奚回离保传》，中华书局 2020 年版，第 1687—1688 页。

④ 《耶律庆嗣墓志》，见向南编：《辽代石刻文编》，河北教育出版社 1995 年版，第 457—458 页。

⑤ 《萧福延墓志》，见向南等编：《辽代石刻文续编》，辽宁人民出版社 2010 年版，第 131—132 页。

⑥ 《耶律霞兹墓志》，见向南等编：《辽代石刻文续编》，辽宁人民出版社 2010 年版，第 60 页。

⑦ 《北大王墓志》，见向南编：《辽代石刻文编》，河北教育出版社 1995 年版，第 223 页。

契丹皇族成员,说明其祖辈也是契奚联姻。显而易见,家族之间存在世婚关系。皇族耶律惯宁"求得神得奚王女蒲里不夫人","蒲里不夫人故,再求得挞里么奚王儿查鲁太保女,名骨欲夫人"。该夫人后为惯宁长子庶几收继,而她与惯宁所生之次女"聘与拜里古奚王孙什德奴相家为妇"①。可见,也是明显的世婚关系。

（三）社会各阶层的日常婚配

辽代开国皇后述律平,史书记载为"其先回鹘人糯思"②,且其家族与耶律阿保机家族世代通婚。尽管学术界对述律平家族是否为回鹘人尚有争议③,但辽代存在回鹘人与契丹人通婚的现象,当是不争的事实。官至同知南院宣徽使事的回鹘人孩里,"其先在太祖时来贡,愿留,因任用之"④。由于回鹘人在辽代社会中相对稀少,⑤进入官僚行列者更属凤毛麟角,他们自成婚姻圈应十分困难。因此,孩里家族作为进入社会上层的官僚家族,婚姻对象很可能主要为契丹人。

三、汉族、渤海等不同农耕民族之间的相互通婚

辽代的农耕民族主要有汉族和渤海族,女真等族则处在畋猎、畜牧与农耕相结合的状态。这些民族在相互交往过程中,也同样存在族际通婚的现象。

（一）社会上层的门第婚

汉族、渤海族等农耕民族作为被统治民族,其跻身社会上层的机会虽相对较少,但由于辽朝统治者实行"因俗而治"⑥,联合各民族上层成员进行统治的政策,更由于农耕民族人口数量庞大,因而其社会上层成员之间相互联姻,比普通成员具有更多有利的条件。汉人张思忠"男妇四人:……一金州防御使大守

---

① 《耶律庶几墓志铭》,见刘凤翥、唐彩兰、青格勒编:《辽上京地区出土的辽代碑刻汇辑》,社会科学文献出版社 2009 年版,第 287 页。

② 脱脱等:《辽史》卷七一《后妃·太祖淳钦皇后述律氏传》,中华书局 2017 年版,第 1319 页。

③ 康建国:《淳钦皇后回鹘后裔辩证》,见《宋研究论丛》第 11 辑,河北大学出版社 2010 年版。

④ 脱脱等:《辽史》卷九七《孩里传》,中华书局 2017 年版,第 1548 页。

⑤ 脱脱等:《辽史》中仅见一个部族——薛特部。卷三三《营卫志下》记载该部"开泰四年,以回鹘户置"(中华书局 2017 年版,第 444 页)。

⑥ 脱脱等:《辽史》卷四五《百官志一》,中华书局 2017 年版,第 773 页。

节女"①。大守节似应为渤海王族大氏成员。玉田韩氏，其成员耶律隆祐也曾与大氏联姻，据其墓志记载："女一人，渤海娘子大氏之所出也。"②

辽代渤海望族——扶余府鱼谷县高氏家族，迁往朔州郫阳县的一支，与汉族广泛通婚，其中即有相当一部分属于社会上层家族间的门第婚。高为裘"长女适扶风马三郎，次女适夫（扶）风马兴祖，皆名家子"③。扶风马氏应为汉人官僚家族。

（二）社会各阶层的日常婚配

原渤海国地区，即辽代东京道的州县，大多以汉人和渤海人杂居为特征。故贾师训曾说"辽东旧为渤海之国，自汉民更居者众，迄今数世无患"④。显然，长期的杂居生活，使两族间日常婚配不可避免，并逐渐形成安居乐业的社会局面。

散居在其他地区的渤海人，与其他农耕民族的交往机会更多，族际通婚的可能性更大。前述高氏家族的起家人物高模翰曾流亡于高丽，高丽王"妻以女"⑤。其后人则多与汉族进行日常婚配。其孙高为裘"娶天水阎氏、太原孙氏"⑥；为裘之子泽，"娶彭城刘氏"⑦。这些女子的出身虽然无闻，然按辽代墓志撰写笔法，她们均应出自平民家族。高泽之女"适左班殿直、平昌孟三温"，泽子永年"女二：长女适平昌孟湘，次女适陇西李仲颙"⑧。3位高氏女所嫁的孟氏和李氏，仅见孟三温有一个低级的武阶，加之高泽、高永年父子也均无任何官位，可见基本演变为平民间的日常婚配。一生未仕的武吕郡人程延超，有女"适渤海郡高守凝提举"⑨，也很可能属于汉人与渤海人间的通婚。

---

① 《张思忠墓志》，见向南编：《辽代石刻文编》，河北教育出版社1995年版，第216页。
② 政协巴林左旗委员会编：《大辽韩知古家族》附录，内蒙古人民出版社2003年版，第177页。
③ 《高为裘墓志》，见向南编：《辽代石刻文编》，河北教育出版社1995年版，第609页。
④ 《贾师训墓志》，见向南编：《辽代石刻文编》，河北教育出版社1995年版，第479页。
⑤ 脱脱等：《辽史》卷七六《高模翰传》，中华书局2017年版，第1377页。
⑥ 《高为裘墓志》，见向南编：《辽代石刻文编》，河北教育出版社1995年版，第609页。
⑦ 《高泽墓志》，见向南编：《辽代石刻文编》，河北教育出版社1995年版，第611页。
⑧ 《高泽墓志》，见向南编：《辽代石刻文编》，河北教育出版社1995年版，第612页。
⑨ 《程延超墓志》，见向南编：《辽代石刻文编》，河北教育出版社1995年版，第167页。

四、和亲中的族际婚

辽王朝对周边的并存政权以及个别属国实行和亲政策。通过和亲而结成的婚姻关系，均为契丹族与外族之间的族际婚。

在与辽和亲的各政权中，以西夏最为频繁。据《辽史·西夏记》记载："（统和）七年，来贡，以王子帐耶律襄之女封义成公主，下嫁继迁。""兴宗即位，以兴平公主下嫁李元昊，以元昊为驸马都尉。"重熙二十三年（1054年），"谅祚遣使求婚"。不过，该次求婚没有得到辽朝的准许。乾统二年（1102年），"复请尚公主。……三年，复遣使请尚公主。……五年，……以族女南仙封成安公主下嫁乾顺"[1]。可见，辽与西夏至少有3次和亲，均为辽朝契丹皇族与西夏党项皇族的通婚。

西北地区除党项政权外，回鹘族政权、吐蕃族政权也均与辽朝存在和亲关系。回鹘族政权喀喇汗王朝和高昌回鹘，《辽史》中可见与辽朝和亲的记载。会同七年（944年），"回鹘遣使请婚，不许"[2]。此处之"回鹘"，应指当时的回鹘分裂政权之一，或即后来的高昌回鹘。开泰九年（1020年），"大食国遣使进象及方物，为子册割请婚"[3]。太平元年（1021年）"大食国王复遣使求婚，以王子班郎君胡思里女可老封公主，降之"[4]。此处之"大食"，乃是指喀喇汗王朝[5]。现存于穆斯林著作中的一封辽圣宗国书，也提及这次和亲。书云："由于合的儿（Bāqadar）的儿子察合儿特勤（Jaghar tīgīn）与我的家族的一名贵族之女结婚，两家因此结为亲家。我令合的儿汗为我们的使者开路，并向我们派出一名聪颖认真的使者，以使我们的消息能送到他（马哈茂德）那里，并建立双边赠礼的惯例。"[6]可见，这次和亲是辽朝契丹族与喀喇汗王朝回鹘皇族之间的一次联姻。

---

① 脱脱等：《辽史》卷一一五《西夏记》，中华书局2017年版，第1677—1681页。

② 脱脱等：《辽史》卷四《太宗纪下》，中华书局2017年版，第59页。

③ 脱脱等：《辽史》卷一六《圣宗纪七》，中华书局2017年版，第210页。

④ 脱脱等：《辽史》卷七○《属国表》，中华书局2017年版，第1272页。

⑤ 胡小鹏：《辽可老公主出嫁"大食"史实考辨》，《西北师大学报（社会科学版）》1995年第6期。

⑥ ［伊朗］乌苏吉著，王诚译：《〈动物之自然属性〉对"中国"的记载——据新发现的抄本》，《西域研究》2016年第1期，第106页。

高昌回鹘在《辽史》中曾被记载为阿萨兰回鹘①。统和十四年（996年），"回鹘阿萨兰遣使为子求婚，不许"②。在这次求婚被拒后，回鹘王并未灰心，而是继续求婚。数十年之后，回鹘王室终于娶上了辽朝的公主。重熙十六年（1047年），"阿萨兰回鹘王以公主生子，遣使来告"③。这说明在重熙十六年之前，双方已结秦晋之好。

吐蕃族政权与辽朝的和亲，发生于辽朝后期。宋人沈括所著《梦溪笔谈》云，唃厮啰之子董毡，"娶契丹之女为妇"④。《宋史》更明确记载："嘉祐三年，擦罗布阿作等叛厮啰归谅祚，谅祚乘此引兵攻掠境上，厮啰与战，败之……会契丹遣使送女妻其少子董毡，乃罢兵归。"⑤这次和亲，是辽朝契丹族与吐蕃唃厮啰政权王族之间的一次联姻。

阻卜作为对辽政权时附时叛的属国，也曾有过其酋长求婚的情况。不过，《辽史》的两处记载明显抵牾。一是《圣宗纪》云，统和二十二年（1004年），阻卜酋"铁剌里求婚，不许"⑥；二是《属国表》则记载为"铁剌里求婚，许之"⑦。因此，这次求婚究竟是否成功，在没有其他佐证材料的情况下，就不得而知了。

辽与东部邻国高丽，也同样存在和亲关系。统和十四年（996年），"高丽王治表乞为婚，许以东京留守、驸马萧恒德女嫁之"⑧。可见，这次和亲，是辽朝契丹后族与高丽王族之间的联姻。

西辽王朝亦曾与乃蛮部有过一次和亲。天禧二十七年（1203年），被成吉思汗击败的乃蛮部太阳汗之子屈出律投奔西辽，拜谒辽主耶律直鲁古，结果"辽主认为义子，命尚公主，三日即成昏"⑨。这是西辽契丹皇族与乃蛮部之间的联姻。

---

① 也有学者认为阿萨兰回鹘应为喀喇汗王朝。参见魏良弢《中国历史·喀喇汗王朝史 西辽史》，人民出版社2010年版，第35页。

② 脱脱等：《辽史》卷一三《圣宗纪四》，中华书局2017年版，第160页。

③ 脱脱等：《辽史》卷七〇《属国表》，中华书局2017年版，第1279页。

④ 沈括：《梦溪笔谈》卷二五《杂志二》，见《全宋笔记》第2编第3册，大象出版社2006年版，第196页。

⑤ 脱脱等：《宋史》卷四九二《吐蕃传》，中华书局1985年版，第14162页。

⑥ 脱脱等：《辽史》卷一四《圣宗纪五》，中华书局2017年版，第174页。

⑦ 脱脱等：《辽史》卷七〇《属国表》，中华书局2017年版，第1264页。

⑧ 脱脱等：《辽史》卷一三《圣宗纪四》，中华书局2017年版，第160页。

⑨ 屠寄：《蒙兀儿史记》卷二一《乃蛮塔阳汗列传》，中国书店1984年版，第231页。

上述这些和亲,均为契丹族女子出嫁外族的情况,至于契丹族帝王及贵族男子,虽无通过和亲娶外族女子的情况,但却有类似和亲的接受赠女的事实。南唐创建者李昪在称帝前夕"欲结契丹以取中国,遣使以美女、珍玩泛海修好,契丹主亦遣使报之"①。

五、族际婚政策与习俗变迁

辽代各民族日常生活中的联姻,虽主要是民间行为,但政府的相关政策却具有引导或限制的作用。同时,长期的族际通婚,又使各民族的婚姻习俗相互影响。正是政策的作用和族际婚的影响,使反映民族特点的婚姻习俗在不同民族成员身上潜移默化,从而表现出多民族融合的时代特征。

(一)族际婚政策

宋人余靖概括辽朝族际婚政策说:"胡人东有渤海,西有奚,南有燕,北据其窟穴,四姓杂居,旧不通婚。谋臣韩绍方献议,乃许婚焉。"②韩绍方,《辽史》作"绍芳",③辽兴宗重熙年间任参知政事。这段材料虽为治史者广泛引用,但显然并不准确。早在会同三年(940年),辽太宗即曾下诏:"契丹人授汉官者从汉仪,听与汉人婚姻。"④显然,这一政策为做汉官的契丹人提供了方便。然而,婚姻一旦成立,便相当固定,而契丹人的官职,则是变动不居的。由此可以推知,即便曾存在限制族际通婚的政策,也难以限制契丹官户与汉人之间的婚姻关系。

汉人集中的地区主要是南京地区和西京地区,上述婚姻政策当主要反映了这两个地区的情况。在东京地区,自东丹国南迁以后,就陆续迁徙汉人,以与渤海人杂居。显然,民族杂居必然是以允许或鼓励族际婚为基础的。道宗时的枢密副使贾师训曾说该地区"迄今数世无患"⑤,这应与广泛的族际通婚不无关

---

① 司马光等:《资治通鉴》卷二八一,天福二年五月条,中华书局2011年版,第9301页。

② 余靖:《武溪集》卷一八《契丹官仪》,见《宋集珍本丛刊》第3册,线装书局2004年版,第306页。

③ 脱脱等:《辽史》卷七四《韩延徽传附绍芳传》,中华书局2017年版,第1359页。

④ 脱脱等:《辽史》卷四《太宗纪下》,中华书局2017年版,第53页。

⑤ 《贾师训墓志》,见向南编:《辽代石刻文编》,河北教育出版社1995年版,第479页。

系。中京地区的情况则不然。据辽道宗时的宋使苏辙反映,奚、汉之间依然是"婚姻未许连"①。

关于辽王朝明确禁止族际通婚的记载,仅见一条。即:大安十年(1094年),"禁边民与蕃部为婚"②。显然,该禁令仅行于边疆地区,目的应是为了国防安全。这一禁令的出现,又说明边疆地区的族际通婚已经盛行,并对国防产生了不利的影响。另外,辽王朝关于皇族的婚姻禁令中,曾提到"横帐三房不得与卑小帐族为婚"③,但这里强调的主要是家族地位而已。至于"诸部族彼此相婚嫁",则是"不拘此限"④的。

要之,辽王朝对全国范围内的族际通婚,始终未曾严格禁止,虽有个别附带条件的禁令,但整体上看是相当宽容的。

（二）婚姻习俗的变迁

1. 游牧民族与农耕民族相近的习俗

在各民族逐渐形成的婚姻习俗中,可说是各有自己的特点。总体来看,北方游牧民族与中原农耕民族的婚姻习俗差异较大,但也有不少相近的习俗。中原农耕民族长期奉行同姓不婚的习俗,游牧民族也同样如此。契丹族"同姓可结交,异姓可结婚"⑤的习俗,正说明了这一相近的习俗。

中原农耕民族长期存在姊亡妹续的习俗。在游牧民族中,也有类似的习俗。会同三年(940年),辽政府"除姊亡妹续之法"⑥。既然称之为"法",很可能在契丹等族中存在过姊亡后在室妹必须续的规则。可见,游牧民族的这一习俗比农耕民族更具强制性。不过,在此法被废之后,或许仍延续着不具有强制约束力的习俗。

除了中原地区的农耕民族汉族外,其他的民族,不论是游牧民族还是农耕民族,还多存在抢婚的习俗。北方民族的节日"放偷",隐含着抢婚的习俗。据

---

① 苏辙:《栾城集》卷一六《奉使契丹二十八首·奚君》,见《苏辙集》,中华书局1990年版,第321页。

② 脱脱等:《辽史》卷二五《道宗纪五》,中华书局2017年版,第342页。

③ 脱脱等:《辽史》卷一六《圣宗纪七》,中华书局2017年版,第209页。

④ (旧题)叶隆礼:《契丹国志》卷二三《族姓原始》,上海古籍出版社1985年版,第221页。

⑤ 脱脱等:《辽史》卷七一《后妃·懿祖庄敬皇后萧氏传》,中华书局2017年版,第1318页。

⑥ 脱脱等:《辽史》卷四《太宗纪下》,中华书局2017年版,第53页。

记载:"正月十三日,放国人做贼三日,如盗及十贯以上,依法行遣。北呼为'鹊里叵',汉人译云'鹊里'是'偷','叵'是'时'。"①即从正月十三这天起,纵偷三日作为娱乐,偷盗对象除了物品之外,女子也包括在内②。放偷习俗也长期存在于女真族。渤海族习俗中则表现为更加直接的掠夺婚:"男女婚娶多不以礼,必先攘窃以奔。"③

2.游牧民族中具有特色的习俗

游牧民族中具有特色的习俗众多,辽代的收继婚、异辈婚(特别是甥舅婚)等表现突出。收继婚是游牧民族中具有悠久传统的习俗。匈奴,"父死,妻其后母;兄弟死,皆取其妻妻之"④。乌桓,"其俗,妻后母,报寡嫂"⑤。突厥,"父兄死,子弟妻其群母及嫂"⑥。契丹人也同样具有这样的习俗。宋人文惟简曾说:"虏人风俗,取妇于家,而其夫身死,不令妇归宗,则兄弟侄皆得以娉之。有妻其继母者,与犬豕无异。汉儿则不然,知其非法也。"⑦这段言语正说明该风俗与中原农耕民族的差异之大。

"不限以尊卑"⑧的"异辈婚"也是游牧民族婚俗的一大特色。在契丹人婚姻中最流行的是交错的从表婚,姑舅表兄弟表姊妹间有优先婚配的权利,交错婚姻表现为亲上加亲,强化了家族间的世婚关系,但不注重辈分。在异辈之间的婚配关系中,甥舅相配最为常见,即外甥女嫁给舅父为妻。

3.习俗的变迁

辽代婚姻习俗的变迁,主要表现是游牧民族与农耕民族习俗的相互影响和相互转变。

随着以契丹人为代表的游牧民族的汉化程度不断加深,许多人开始自觉地抵制某些富有游牧民族特色的婚姻习俗。耶律宗政对收继婚的抵制,便是明显

---

① (旧题)叶隆礼:《契丹国志》卷二七《岁时杂记·治盗》,上海古籍出版社1985年版,第254页。

② 洪皓《松漠纪闻》云:"正月十六日,则纵偷一日以为戏,妻女、宝货、车马为人所窃,皆不加刑……自契丹以来皆然。"(见《全宋笔记》第3编第7册,大象出版社2008年版,第125页)

③ 脱脱等:《金史》卷七《世宗纪中》,中华书局2020年版,第187页。

④ 司马迁:《史记》卷一一〇《匈奴列传》,中华书局2014年版,第3483—3484页。

⑤ 范晔:《后汉书》卷九〇《乌桓鲜卑列传》,中华书局1965年版,第2979页。

⑥ 魏徵等:《隋书》卷八四《突厥传》,中华书局1973年版,第1864页。

⑦ 文惟简:《虏廷事实》,见陶宗仪:《说郛》卷八,中国书店1986年版,第48页。

⑧ (旧题)叶隆礼:《契丹国志》卷二三《族姓原始》,上海古籍出版社1985年版,第221页。

的一例。耶律宗政为圣宗之弟耶律隆庆之子，隆庆死后圣宗根据"子妻后母"的习俗叫宗政纳秦晋国妃萧氏，但宗政拒不奉诏。"先是，圣宗皇帝藩戚间，逼王娶妃。王性介特，辞以违卜，不即奉诏。自是不复请婚，以致无子。"①虽然如此，但双方死后，仍然被下令合葬。辽道宗女赵国公主，在初嫁之夫萧挞不也被害后，挞不也之弟讹都斡"欲逼尚公主，公主以讹都斡党［耶律］乙辛，恶之"②，也是对传统收继婚俗的抵制。

以汉族为代表的农耕民族的传统婚姻习俗，也随着辽代族际交往的日渐加深发生着变化。辽朝中期以后，汉人婚姻形态中陆续出现异辈婚、收继婚事例。霸州耿氏耿延毅先娶舅父韩德冲之女，属中表婚；继娶韩德冲之孙女，即原配之侄女，则属异辈婚。③涿州杜氏杜叔彦娶舅父韩资顺之孙女，亦属异辈婚④。圣宗时期的汉族名臣张俭的二女儿嫁给了郑弘节，郑弘节的女儿又嫁给了张俭的从侄张嗣復⑤。这样的婚姻是一桩明显的甥舅婚。安次韩氏韩绍雍之孙女嫁丁文道，丁文道之女又回嫁韩绍雍之孙韩昉，也属甥舅婚之例⑥。燕京刘氏刘日泳曾娶其兄之遗孀杨氏⑦，渔阳韩氏韩君详继娶族人韩秉信之遗孀张氏⑧，则明显带有收继婚的特点。至于与契丹族融合最深的玉田韩氏家族，除与霸州耿氏存在的异辈婚关系外，尚有多例异辈婚及收继婚的事实。在韩匡美的三房妻室中，第二位夫人"邺王妃"与第三位夫人"邺王妃之侄"为姑侄关系。耶律迪烈（韩承规）之妻乌卢本娘子，为迪烈之姐当哥夫人之女，二人为甥舅关系；迪烈次子乌鲁姑郎君之妻乌特赖娘子，为迪烈次女之女，夫妻亦为甥舅关系。这些都是异辈婚。韩德威之女霞安石奴，先嫁末掇郎君，后嫁其弟阿古轸大王，则是遵循了收继婚的习俗⑨。

---

① 陈述：《全辽文》卷七《耶律宗政墓志铭》，中华书局1982年版，第157页。

② 脱脱等：《辽史》卷六五《公主表》，中华书局2017年版，第1115页。

③ 《耿延毅墓志》，见向南编：《辽代石刻文编》，河北教育出版社1995年版，第160页。

④ 《杜念墓志铭》，见向南等编：《辽代石刻文续编》，辽宁人民出版社2010年版，第306页。

⑤ 《马直温妻张馆墓志》，见向南编：《辽代石刻文编》，河北教育出版社1995年版，第634页。

⑥ 《丁文道墓志》，见向南编：《辽代石刻文编》，河北教育出版社1995年版，第639—640页。参见齐伟《辽代汉人墓志中体现的契丹婚俗特征》，见《宋史研究论丛》第12辑，河北大学出版社2011年版。

⑦ 《刘日泳墓志》，见向南编：《辽代石刻文编》，河北教育出版社1995年版，第245页。

⑧ 《马直温妻张馆墓志》，见向南编：《辽代石刻文编》，河北教育出版社1995年版，第635页。

⑨ 参见爱新觉罗·乌拉熙春《韩知古家族世系考》，《立命馆文学》591号，2005年10月；王玉亭：《从辽代韩知古家族墓志看韩氏家族契丹化的问题》，《北方文物》2008年第1期。

六、结语

婚姻是人类日常生活的重要组成部分，族际通婚促进了各民族在政治、经济、文化等方面的交流和发展，彼此缩小了差距，加强了联系，增进了情感。可以说，族际通婚是民族融合的重要方式。族际通婚所带来的民族融合不仅是血缘的融合，也是文化的融合。通婚者的后代有很强的包容性，能兼容并蓄地接受父母传递的民族精神、民族感情、生活方式、思维方式等，对两个民族都有不同程度的认同。

因此，族际通婚有助于淡化民族界限、民族意识，有利于更大范围、更高层次的民族意识的认同。正是因为族际通婚的长期存在及其多方面的影响，至辽朝后期才能产生"华夷同风"[①]"契丹、汉人久为一家"[②]等中华一体观念和认同意识。

族际通婚也是文化走向多元的重要途径。在族际婚家庭中，两种民族文化不断融合，相互渗透，从而形成新的家庭文化。在社会上，以族际婚家庭为核心，通过姻亲关系由近及远向外辐射，从而有利于在更大群体范围内形成兼容并蓄的社会意识与文化。学术界对辽代文化的特点虽然见仁见智，但其多样性和兼容性则不应无视，这也是与族际通婚密切相关的。

[①] 脱脱等：《辽史》卷二一《道宗纪一》，中华书局 2017 年版，第 289 页。
[②] 脱脱等：《金史》卷七五《卢彦伦传》，中华书局 2020 年版，第 1823 页。

辽代契丹世家大族家庭伦理的
变迁及其原因 *

在辽朝统治的二百余年中，契丹世家大族家庭伦理呈现出日趋儒家化的趋势。基于"父子""兄弟""夫妇"三组关系而产生的"父慈子孝""兄良弟悌""夫义妇顺"三种儒家代表性家庭伦理观念，对契丹世家大族产生了重要影响，并形成了其颇具特色的家庭伦理。契丹家庭伦理的变迁，与辽代游牧文化与中原文化的交融、社会治理思想的转型及契丹世家大族维系发展的内在需求等因素有着密切的关系。

家庭作为人类社会最基本的细胞和最重要、最核心的社会组织，自其诞生以来，就形成了一系列用来规范家庭生活、调节家庭关系和指导约束家庭成员行为的规范和准则。这些规范和准则反映在人的世界观和价值观之中，就形成了人类最基本的家庭伦理。辽代契丹族作为统治民族，在政权建立和发展过程中，形成了一批"世代仕宦的家族"，可称之为契丹世家大族①。关于这些家族的家庭关系、家庭观念和家庭教育，学术界已取得了丰硕的研究成果②，为笔者的研究提供了有益的借鉴和帮助。但从总体来说，这些研究多偏重于现象描述，

---

*　原载《内蒙古社会科学》2021 年第 1 期。

①　王善军：《世家大族与辽代社会》，人民出版社 2008 版，第 4 页。

②　在契丹世家大族的家庭关系和家庭观念方面，张国庆《辽代社会史研究》（中国社会科学出版社 2006 年版）一书与孟古托力《契丹族家庭探讨》（《学习与探索》1994 年第 4 期）、郭康松《论辽朝契丹人的孝忠妇道观与中原文化的关系》（《北方文物》1999 年第 1 期）、宋德金《辽金人的忠孝观》（《史学集刊》2004 年第 4 期）、陈鹏《辽代契丹家庭浅论——以汉文石刻资料为中心》（《黑龙江民族丛刊》2016 年第 4 期）等论文多有涉及。在家庭教育方面，王善军《世家大族与辽代社会》（人民出版社 2008 年版）、高福顺《教育与辽代社会》（人民出版社 2019 年版）等专著作了比较全面的论述；张志勇和赖宝成《契丹世家大族的家庭教育——基于出土的辽代碑刻资料》（《辽宁工程技术大学学报［社会科学版］》2015 年第 2 期）一文也作了专门探讨。

从社会文化变迁角度探讨契丹世家大族家庭伦理变迁的研究尚付阙如。

辽建立政权以前，在契丹世家大族内部，"'家'的观念已形成一定的社会俗约或规例，成为人们必须遵循的基本法则"①，但总体来看，当时契丹世家大族内部通行的多是一些约定俗成的部落习俗或习惯法，其家庭伦理相对朴素。辽建立政权后，随着与中原交往的日益频繁，再加上朝廷的大力提倡，以"亲亲、尊尊"为核心的儒家家庭伦理思想对契丹世家大族产生了重大影响。《礼记·礼运》中曾提出"父慈、子孝、兄良、弟悌、夫义、妇听、长惠、幼顺、君仁、臣忠"等十项儒家伦理道德原则②，其对应的是中国传统社会中"父子、兄弟、夫妇、长幼、君臣"等五组最基础的社会关系。在五组关系中，"父子、兄弟、夫妇"三组关系是中国传统社会中最基本的家庭关系，只有协调好这三组关系，才能做到《礼记·礼运》提出的"父子笃，兄弟睦，夫妇和，家之肥也"③的家庭建设目标。因此，本篇拟从这三组家庭关系入手，在已有研究成果基础上，探讨辽代契丹世家大族家庭伦理的变迁。

一、从"无礼顽嚣"到"父慈子孝"："孝亲"观念的普遍推行

"儒家的取向是以父子关系具有绝对约束力为出发点的。"④父子关系是家庭关系中最基本的一组关系，而父慈子孝，则是儒家处理父子关系的一个基本原则。父慈，乃是出自人类血缘的天性，也是维系人类自身繁衍和家族延续的自然要求，因此"子孝"就成为现实生活中维系父子关系最重要的伦理。何谓"孝"，《孝经》中明确解释："子曰：孝子之事亲也。居则致其敬，养则致其乐，病则致其忧，丧则致其哀，祭则致其严。五者备矣，然后能事亲。"⑤这种"孝亲"观念也是契丹世家大族遵循的家庭基本伦理规范。从历史记载来看，契丹世家

---

① 任爱君：《契丹人的处世方式与价值追求》，《内蒙古社会科学（汉文版）》2013年第6期。

② 郑玄注，孔颖达疏：《礼记正义》卷二二《礼运》，阮元校刻：《十三经注疏》（清嘉庆刊本），中华书局2009年版，第3080页。

③ 郑玄注，孔颖达疏：《礼记正义》卷二二《礼运》，阮元校刻：《十三经注疏》（清嘉庆刊本），中华书局2009年版，第3089页。

④ 郭齐勇、郑文龙：《杜维明文集》第3卷，武汉出版社2000年版，第306页。

⑤ 李隆基注，邢昺疏：《孝经注疏》卷六《纪孝行章》，阮元校刻：《十三经注疏》（清嘉庆刊本），中华书局2009年版，第42页。

大族的"孝亲"观念是伴随契丹民族始终的,而其内涵和要求随着契丹民族受儒家文化影响程度的加深而不断丰富和完善。

早在建立政权以前,契丹先民中已经出现"孝亲"观念的萌芽。虽然在中原人看来当时契丹"无礼顽嚣,于诸夷最甚"①,"子孙死,父母旦夕哭;父母死则否,亦无丧期"②,"父母死,以不哭为勇"③。但感恩父母是人类的本性,契丹早期的这些现象是"同人们在生产活动中的地位和作用相联系,也同当时社会经济发展阶段相适应"④的,并不能说明其无"孝亲"观念。契丹早期的"孝亲"观念在其语言中有所反映,《辽史·营卫志》对契丹语"孝"的解释是"赤寔得本"⑤,从中可以看出早期契丹人对"孝"已经有了自己的认识。此外,遥辇氏部落联盟时期的阻午可汗,为教育子女牢记母亲的养育之恩,制定了"再生仪"⑥,为后世契丹帝后一直沿用,这更是契丹族早期"孝亲"观念的一个最有力证据。当然,这一时期契丹的"孝亲"观念,并没有被赋予更多的礼仪规范和伦理道德内涵。

辽建立政权以后,随着与中原王朝的频繁交往和儒家思想文化的广泛传播,辽朝历代统治者对"以孝治天下"的认识更加深刻。他们"率先垂范,全力施教",成为"孝道观念与行为规范的受教者和践行者"⑦。如辽太祖,神册四年(919年),"征乌古部,道闻皇太后不豫,一日驰六百里还,侍太后"⑧。辽太宗侍奉母亲十分孝顺恭谨,"母病不食亦不食。尝侍于母前,应对或不称旨,母扬眉而视之,辄惧而趋避,非复召不敢见也"⑨。辽圣宗更是奉行"孝亲"观念的模范。其"御服、御马皆太后检校焉。或宫嫔谗帝,太后信之,必庭辱帝,每承顺,略无怨辞",母亲去世后,圣宗"哀毁骨立,哭必呕血",当群臣以"宜法古制"劝

---

① (旧题)叶隆礼:《契丹国志》卷二三《国土风俗》,上海古籍出版社1985年版,第221页。

② 欧阳修、宋祁等:《新唐书》卷一四四《北狄传》,中华书局1997年版,第6167页。

③ 欧阳修:《新五代史》卷七二《四夷附录第一》,中华书局2016年版,第1004页。

④ 宋德金:《辽金人的忠孝观》,《史学集刊》2004年第4期。

⑤ 脱脱等:《辽史》卷三一《营卫志上》,中华书局2017年版,第418页。

⑥ 再生仪,属于辽代礼仪中的嘉仪,是契丹贵族及辽代帝后所特有的一种礼仪。在《辽史》卷一一六《国语解》中解释为:"国俗,每十二年一次,行始生之礼,名曰再生。惟帝与太后、太子及夷离堇得行之,又名复诞。"(中华书局2017年版,第1693页)

⑦ 高福顺:《教育与辽代社会》,人民出版社2019年版,第208页。

⑧ 脱脱等:《辽史》卷二《太祖纪下》,中华书局2017年版,第17页。

⑨ (旧题)叶隆礼:《契丹国志》卷二《太宗嗣圣皇帝上》,上海古籍出版社1985年版,第11页。

其改元时，圣宗认为"居丧行吉礼，乃不孝子也"，"宁违古制，不为不孝之人"，予以坚决拒绝，并坚持"终制三年"①。辽代皇后亦多能秉行孝道。钦哀皇后萧耨斤为秦国太妃耶律氏的女儿，据《秦国太妃墓志》记载，在其母病重期间，她"躬亲左右，夙夜扶持。馈其药则先尝，扇其枕则废寝"，为其母能尽快康复，她甚至还"奉香花以供佛，严菁蔡以告神"②。

帝后之外，其他契丹世家大族中也多有奉行孝道的代表。耶律义先担任惕隐之后，曾告诫族人："国家三父房最为贵族，凡天下风化之所自出，不孝不义，虽小不可为。"其妻"每见中表，必具礼服"③。萧阳阿"父卒，自五蕃部亲挽丧车至奚王岭"④。萧乌野"性孝悌，尚礼法，雅为乡党所称……母亡，尤极哀毁"⑤。萧蒲离不父母早亡，鞠于祖父兀古匿，"性孝悌，年十三，兀古匿卒，自以早失怙恃，复遭祖丧，哀毁逾礼，族里嘉叹"⑥。耶律元宁的夫人"始女于室，以孝敬奉父母；暨妇于家，以柔顺事舅姑"⑦。这些记载，从多个方面证明"孝亲"观念已经得到契丹世家大族的普遍认同，并被作为行为准则来指导和规范家庭生活。

二、从"兄弟相争"到"兄良弟悌"：宗法秩序的逐步建立

兄弟关系，是契丹世家大族家庭中的另一组重要关系。《尔雅注疏》记载："兄，况也。况于父。又谓之晜。弟，悌也。言顺于兄。"⑧意思是说，在家庭中兄长要像父亲一样爱护自己的弟弟，弟弟则要顺从兄长。可见，在兄弟这一组关系中也有着明确的尊卑秩序。兄长，特别是长兄，在家庭中具有特殊地位，在礼法上享有特殊地位，兄长有义务要照顾家庭和弟弟，而作为弟弟，则必须要恭敬、顺从兄长。在契丹世家大族内部，兄弟关系伴随着辽代社会发展进程

---

① （旧题）叶隆礼：《契丹国志》卷七《圣宗天辅皇帝》，上海古籍出版社1985年版，第71—72页。

② 《秦国太妃墓志》，见向南等编：《辽代石刻文续编》，辽宁人民出版社2010年版，第91页。

③ 脱脱等：《辽史》卷四五《百官志一》，中华书局2017年版，第783页。

④ 脱脱等：《辽史》卷八二《萧阳阿传》，中华书局2017年版，第1426页。

⑤ 脱脱等：《辽史》卷九二《萧乌野传》，中华书局2017年版，第1509页。

⑥ 脱脱等：《辽史》卷一〇六《萧蒲离不传》，中华书局2017年版，第1616页。

⑦ 《耶律元宁墓志》，见向南等编：《辽代石刻文续编》，辽宁人民出版社2010年版，第44页。

⑧ 郭璞注，邢昺疏：《尔雅注疏》卷四《释亲》，见阮元校刻：《十三经注疏》（清嘉庆刊本），中华书局2009年版，第5639页。

而不断演变发展，而宗法秩序的逐步建立则可视为契丹世家大族兄弟关系演变的一个重要表征。

在早期契丹世家大族家庭中，诸兄弟之间地位基本是平等的。特别是在皇族内部，嫡出诸子地位的平等性表现得尤为明显。这从契丹世选制度的发展演变中即可窥得一斑。契丹自大贺氏联盟时期开始，联盟的君长及诸部之长位置已经"被显赫家族控制"，史籍可考的几位君长多为兄弟关系，"显现了兄终弟及的传承关系"；至于耶律阿保机家族对夷离堇职位的继承情况，"不仅表现为世选制，而且表现为在这个家族中兄弟继承的制度，即兄终弟及制"①。但这种"兄终弟及"制过分强调同辈的平等继承权，重视旁系而否认直系，在契丹历史上曾多次造成兄弟之间为争夺权力而产生争端和纷乱。耶律阿保机登上汗位后，其诸弟先后三次发动大规模的武装叛乱来争夺汗位，应当就是这种权力继承观念影响所致。这也充分说明在早期契丹世家大族内部，诸兄弟地位基本没有差别，只要有实力，都有问鼎最高权力的资格。

相较于"兄终弟及"的权力传承方式，宗法制度的核心和基础是嫡长子继承制，强调权力的直系传承，重视长子地位而否定兄弟间的平等关系，虽然看似剥夺了其他诸子的继承权利，但在制度的稳定性和可操作性方面具有明显优势，因此自周之后就成了中原王朝皇位继承的首选原则。王国维对宗法制度的产生有比较详细的论述："夫舍弟而传子者，所以息争也。兄弟之亲本不如父子，而兄之尊又不如父，故兄弟间常不免有争位之事……使于诸子之中可以任择一人而立之，而此子又可任立其欲立者，则其争益甚，反不如商之兄弟以长幼相及者犹有次第矣。故有传子之法，而嫡庶之法亦与之俱生。"②耶律阿保机称帝后，为确保最高权力在其小家内部的有序传承，逐渐认同强调"别嫡庶、立尊卑"的传统宗法制度。神册元年（916年），阿保机"立子倍为皇太子"，标志着以嫡长子继承制为核心的宗法制开始被契丹统治者接纳。虽然由于契丹传统势力依然强大，嫡长子继承制还未完全确立，耶律倍最终也未能继承皇位，但嫡长子继承观念已开始得到部分契丹人的认同，并为以后宗法秩序的建立奠定

① 漆侠：《契丹辽国建国初期的皇位继承问题》，《河北师院学报（哲学社会科学版）》1989 年第3 期。

② 王国维：《殷周制度论》，见《观堂林集》，河北教育出版社 2003 年版，第 233 页。

了基础。如耶律迭里在述律后欲以耶律德光继位时，曾不顾生命危险建言："帝位宜先嫡长，今东丹王赴朝，当立。"①在世宗继位过程中，耶律屋质在和述律后谈及太宗继位时也提出质疑："昔人皇王在，何故立嗣圣……人皇王当立而不立，所以去之……礼有世嫡，不传诸弟。昔嗣圣之立，尚以为非。"②辽太宗之后的世宗、穆宗和景宗三位皇帝，皇位虽然是在叔侄、兄弟之间进行传承，但中间依然可以看到嫡长子继承制的因素在起作用。如世宗以其"人皇王之嫡长"③的身份而被推立，而穆宗在察割之乱后也以其太宗"嗣圣子"④的身份顺利继位。这两人均不是以皇嫡子身份继位，但嫡子身份却是他们得以顺利继位的重要条件。辽景宗时，立长子耶律隆绪为梁王，并明确其皇位继承资格，标志着辽代皇权的继承方式最终告别世选传统，从而正式确立了皇位的嫡长子继承制。

为进一步协调规范契丹世家大族中出现的越来越多的嫡庶诸子之间的矛盾，辽圣宗即位以后，一方面进一步完善皇位的嫡长子继承制，"册皇子梁王宗真为皇太子"⑤；另一方面在契丹世家大族内部积极宣扬嫡庶观念，并通过颁布一系列的诏令，推进宗法秩序的逐步建立。他从"画谱牒以别嫡庶"⑥入手，在契丹世家大族内部明确妻妾身份和诸子嫡庶出身，先后颁布了"诸帐院庶孽，并从其母论贵贱""庶孽虽已为良，不得预世选""两国舅及南、北王府乃国之贵族，贱庶不得任本部官"⑦等一系列诏令。随着这些国家法令的颁布实施，以别嫡庶为核心的宗法观念在契丹世家大族中普及开来。辽圣宗以前的墓志碑铭中很少出现"嫡"字，但辽中后期的契丹世家大族墓志中开始较多地出现了"嫡长""嫡孙""嫡嗣""嫡夫人"等含有嫡庶观念的词汇⑧，这当是宗法观念在契丹世家大族中逐渐盛行的一个有力证据。

宗法秩序的建立，明确了兄弟间的"长幼、尊卑"之序，为规范协调契丹世家大族兄弟关系提供了一个重要依据，有利于契丹世家大族内部关系的稳定。

---

① 脱脱等：《辽史》卷七七《耶律安抟传》，中华书局2017年版，第1390页。
② 脱脱等：《辽史》卷七七《耶律屋质传》，中华书局2017年版，第1386—1387页。
③ 脱脱等：《辽史》卷七七《耶律洼传》，中华书局2017年版，第1392页。
④ 脱脱等：《辽史》卷七七《耶律屋质传》，中华书局2017年版，第1388页。
⑤ 脱脱等：《辽史》卷一六《圣宗纪七》，中华书局2017年版，第211页。
⑥ 脱脱等：《辽史》卷八〇《萧朴传》，中华书局2017年版，第1411页。
⑦ 脱脱等：《辽史》卷一七《圣宗纪八》，中华书局2017年版，第227、229页。
⑧ 邱靖嘉：《辽朝皇位继承史事考》，见《辽金历史与考古》第6辑，辽宁教育出版社2015年版，第130—131页。

但宗法制度过于强调诸子出身的尊卑，打破了世选制"量材授之"的传统，导致契丹世家大族中嫡出和庶出诸子身份地位的差异日益扩大。到辽中后期，大量庶出的契丹世家大族子弟"既非无能，又非无功"，却终生未得到重用，与其"庶生"身份应该有着直接关系①。在这种情况下，也出现了兄弟之间为争取嫡出身份而不和的现象。这是宗法秩序建立过程中必然产生的另一景象。

三、从"妇道不修"到"夫义妇顺"：妇女地位的逐步降低

夫妇关系在家庭关系中占据着重要位置。《周易·序卦》称："人伦之道，莫大乎夫妇。"②司马迁在《史记》中也提道："夫妇之际，人道之大伦也。"③能否维持夫妇关系和睦，不仅关乎家庭的稳定与否，更关系着家族的存续和发展。《周易·家人卦》中记载："夫夫妇妇，而家道正。正家而天下定矣。"④可见，在夫妇这组关系中，丈夫要恩义待妻，而妻子必须顺从丈夫。在古代传统社会中，"夫义"的行为受到的约束较少，但"妻顺"却有种种"妇道"条款来保障。

作为东胡族系的一支，契丹早期受儒家礼教思想的影响较弱，保持着"凡事只从妇谋"⑤的历史传统。因此，建立政权前契丹妇女地位是非常高的。但随着各民族间的交往和不断融合，以"妇德、妇言、妇容、妇功"为核心的"妇道"观念在契丹世家大族中开始盛行。而"妇道"观念中，又以"夫尊妻卑"的尊卑观、"相夫教子"的家庭观和"从一而终"的节烈观在契丹世家大族中最具影响力。

（一）"夫尊妻卑"的尊卑观及其表现

在契丹世家大族内部，虽然妻子地位相对较高，但总体来说，"夫权"仍旧占绝对统治地位，"夫尊妻卑"的尊卑观十分牢固。这主要体现在两方面。首

---

① 孟古托力：《契丹族家庭探讨》，《学习与探索》1994年第4期。
② 王弼、韩康伯注，孔颖达疏：《周易正义》卷九《序卦》，见阮元校刻：《十三经注疏》（清嘉庆刊本），中华书局2009年版，第201页。
③ 司马迁：《史记》卷四九《外戚世家》，中华书局2014年版，第1967页。
④ 王弼、韩康伯注，孔颖达疏：《周易正义》卷四《家人》，见阮元校刻：《十三经注疏》（清嘉庆刊本），中华书局2009年版，第102页。
⑤ 方凤：《夷俗考》，丛书集成新编本，新文丰出版公司2008年版，第196页。

先，在契丹世家大族中，男子多妻妾现象非常盛行。北宋路振在《乘轺录》中这样记载："耶律、萧、韩姓恣横，岁求良家子以为妻妾，幽蓟之女，有资质者，父母不令施粉白，弊衣而藏之。"[①] 而在墓志记载中，契丹世家大族子弟多妻妾的现象更是普遍存在。如《北大王墓志》记载，耶律万辛"先娶达曷娘子……再娶留女夫人……又娶得索胡驸马、袅胡公主孙，奚王、西南面都招讨大王、何你乙林免之小女中哥"[②]。而《萧孝忠墓志》记载，墓主萧孝忠虽地位不甚显赫，但前后竟娶了五房妻妾："前嫔先掩泉台……次妻琴弦续断……第三夫人南大王帐分女……第四嫔东刺史位女……第五汉儿小娘子苏哥。"[③] 其次，丈夫对妻子有绝对的支配权。在契丹皇族内部，夫权与皇权合二为一，后妃惨遭皇帝赐死的就有多例。圣宗德妃萧氏、道宗宣懿皇后萧观音、天祚皇帝文妃萧瑟瑟等均因遭诬陷而被赐死。即便强势如太祖淳钦皇后述律平，也迫于契丹殉葬旧俗，不得不做出"断右腕纳于柩"[④] 的无奈之举。而在其他契丹世家大族中，虽丈夫无法决定妻子生死，但丈夫随意休妻的现象也多有发生。如耶律挞不也"少谨愿，后为族嫠妇所惑，出其妻，终以无子"[⑤]。

（二）"从一而终"的节烈观及其表现

受自身民族传统习俗影响，契丹妇女从一而终的婚姻观念比较淡薄，"辽据北方，风化视中土为疏"[⑥]。在辽代前期，契丹世家大族中妇女改嫁、离婚的现象比较普遍。据《辽史·公主表》记载，辽代 36 位公主中就有 6 人曾改嫁，有的甚至 3 次改嫁。但辽中期以后，由于受到儒家礼教思想的影响，朝廷逐渐开始宣扬"从一而终"的节烈观，提倡妇女守节，并限制贵族妇女再嫁。开泰六年（1017年），辽圣宗下诏"禁命妇再醮"[⑦]。辽朝虽没有禁止公主再嫁的法律条款，但对于多次再嫁的公主却要给予处罚。如辽兴宗长女跋芹就曾因为"妇道不

---

① 贾敬颜：《五代宋金元人边疆行记十三种疏证稿》，中华书局 2004 年版，第 71 页。
② 《北大王墓志》，见向南编：《辽代石刻文编》，河北教育出版社 1995 年版，第 223 页。
③ 《萧孝忠墓志》，见向南编：《辽代石刻文编》，河北教育出版社 1995 年版，第 416 页。
④ 脱脱等：《辽史》卷七一《后妃·太祖淳钦皇后述律氏传》，中华书局 2017 年版，第 1320 页。
⑤ 脱脱等：《辽史》卷九六《耶律挞不也传》，中华书局 2017 年版，第 1538 页。
⑥ 脱脱等：《辽史》卷一〇七《烈女传》，中华书局 2017 年版，第 1619 页。
⑦ 脱脱等：《辽史》卷一五《圣宗纪六》，中华书局 2017 年版，第 196 页。

修"多次离婚而受到"徙中京"的惩处①。此外，辽代法律还有"淫乱不轨者，五车辕杀之"②的明确规定。

在朝廷的大力倡导之下，虽然契丹世家大族中妇女再嫁的风俗依然存在，但"从一而终"的节烈观逐渐被接受，一些贵族妇女还在行动上付诸实施，坚持"从一而终"，不再婚嫁。《辽史·烈女传》记载，耶律奴妻萧意辛在丈夫受诬陷而被流放时，辽道宗"以意辛公主之女，欲使绝昏"，而萧意辛严词拒绝，"然夫妇之义，生死以之。妾自笄年从奴，一旦临难，顿尔乖离，背纲常之道，于禽兽何异？幸陛下哀怜，与奴俱行，妾即死无恨！"后来她一直陪同丈夫"久在贬所"，且"事夫礼敬，有加于旧"③。更有甚者，还有在丈夫去世之后自杀殉夫的烈女④，她们成为节烈观念支配下的牺牲品。

（三）"相夫教子"的家庭观及其表现

相较于农耕民族家庭来说，契丹妇女一直扮演着家庭内部事务管理的重要角色。她们除了要承担家庭日常家务劳动外，还要和男性一起外出从事放牧、挤奶、剪毛、驾车、转场等一系列生产性事务。因此在契丹世家大族家庭观念中，"相夫教子"成为契丹妇女在家庭中的最重要职责。首先，协助丈夫管理家族事务。在辽代墓志中，有多处这样的记载。如《秦国太妃墓志》称墓主耶律氏的几位女儿"德备言容，禀良箴于姆传；功宣辅佐，作嘉偶于侯王"⑤；《秦晋国妃墓志》记载秦晋国妃"能佐辅王家，恭肃宸幄，礼敦贞顺，志在谦柔"⑥；萧继远夫人秦晋国大长公主"行尊典伦"，"勤恭于王家"，并"施宽仁于仆庶"，因此有"克正母仪，遂专家事"⑦的美誉。在这些契丹女性的治理之下，其家庭日益繁荣，蒸蒸日上。《耶律元妻晋国夫人萧氏墓志》记载，萧氏在其夫去世之后，

① 脱脱等：《辽史》卷六五《公主表》，中华书局2017年版，第1113页。
② 脱脱等：《辽史》卷六一《刑法志上》，中华书局2017年版，第1039页。
③ 脱脱等：《辽史》卷一〇七《烈女·耶律奴妻萧氏传》，中华书局2017年版，第1621—1622页。
④ 脱脱等：《辽史》卷一〇七《烈女·耶律术者妻萧氏传》《烈女·耶律中妻萧氏传》，中华书局2017年版，第1622、1623页。
⑤ 《秦国太妃墓志》，见向南等编：《辽代石刻文续编》，辽宁人民出版社2010年版，第91页。
⑥ 《秦晋国妃墓志》，见向南编：《辽代石刻文编》，河北教育出版社1995年版，第341页。
⑦ 《秦晋国大长公主墓志》，见向南编：《辽代石刻文编》，河北教育出版社1995年版，第249—250页。

经过努力，"育婢仆百千口，整家道十数年。衣食由是丰，仓廪以之实"①。此外，妻子的贤德对丈夫的仕途也有很大助益。如《耶律弘世妻秦越国妃墓志》记载，耶律弘世"善始令终，能守富贵。上倚爱而恩宠日隆者，虽王之仁哲恭顺，抑由内助之致也"②。此"内助"即秦越国妃萧氏之助。

其次，抚养教育子女。在管理家族事务之外，妇女的另一个重要任务就是要培养教育好子女，努力提高他们的品德、学业，乃至为人、为官之道。辽圣宗母亲睿智皇后萧绰就非常善于教育子女，在圣宗年幼时教他要"宜宽法律"，学习为君之道；圣宗"因猎于平地松林"，萧绰就告诫他"前圣有言，欲不可纵"③，《辽史》甚至称"圣宗称辽盛主，后教训为多"④。不少墓志中记载了其他一些契丹世家大族妇女教育子女的事迹。《萧氏夫人墓志》记载："夫人之德兼令淑，志在肃雍。孟母许其贤明，卫诗高其圣善。"⑤《耶律加乙里妃墓志》记："教于子□伯□母无以其贤也。昔人或善其一，夫人能备乎三。"⑥《萧乌卢本娘子墓志》记载："为母时，常以正辞气诫诸子孙，正颜色训诸女妇。正其上则惟嗝嗝以尚严，治其下则罔嘻嘻而失节。服用中仪，组织有训，其慈教也。"⑦这些女性均是契丹世家大族中教育子女的典范，在其严格教育之下，其子女大多能"通明经史，兼知仕途进退之义"⑧，其中"克其家""登显列"的也大有人在。显然，"教子"与"相夫"一样，也是妇女注重家庭发展的表现。

四、辽代契丹世家大族家庭伦理变迁的原因

家庭的"发展变化有其自身发展衍变的程序和规律，同时也受到一些外界

---

① 《耶律元妻晋国夫人萧氏墓志》，见向南编：《辽代石刻文编》，河北教育出版社1995年版，第212页。

② 《耶律弘世妻秦越国妃墓志》，见向南等编：《辽代石刻文续编》，辽宁人民出版社2010年版，第229页。

③ 脱脱等：《辽史》卷一三《圣宗纪四》，中华书局2017年版，第162页。

④ 脱脱等：《辽史》卷七一《后妃·景宗睿智皇后萧氏传》，中华书局2017年版，第1323页。

⑤ 《萧氏夫人墓志》，见盖之庸：《内蒙古辽代石刻文研究》，内蒙古大学出版社2002年版，第213页。

⑥ 《耶律加乙里妃墓志》，见向南编：《辽代石刻文编》，河北教育出版社1995年版，第136页。

⑦ 《萧乌卢本娘子墓志》，见向南等编：《辽代石刻文续编》，辽宁人民出版社2010年版，第205页。

⑧ 《鲜于氏墓志》，见向南编：《辽代石刻文编》，河北教育出版社1995年版，第684页。

因素的直接影响。就宋元时期而言,这些外界因素主要有家族形态的变化、礼
(理)法双重约束机制的完善和北方游牧习俗的影响,使得这个时期的家庭显示
出了一些时代特征"①。有辽一代,在儒家思想文化的影响下,契丹世家大族早期
的简单质朴、相对平等的家庭关系逐渐演变为尊卑有序、等级分明的家庭关系,
以"父慈子孝""兄良弟悌""夫义妇顺"为特点的儒家家庭伦理逐渐被契丹世
家大族认同接纳,并规范、指导着其家族成员的日常生活。契丹世家大族家庭
伦理作为契丹社会关系的映射和缩影,其变迁原因既与辽代文化交融的时代背
景、社会治理思想的转型等外在因素有着密不可分的关系,也同契丹世家大族
家庭的内部发展规律有着千丝万缕的联系。

(一)中原农耕文化和北方游牧文化长期交融的产物

"如果一个民族群体与另一个群体接触,无论如何接触,都总会出现文化交
流,通过交流一方或双方都会受到影响。"②早在北魏时期,契丹已经与中原王朝
开始了密切接触。据《魏书》记载,显祖时,契丹"悉万丹部、何大何部、伏弗
郁部、羽陵部、日连部、匹絜部、黎部、吐六于部等,各以其名马文皮入献天府,
遂求为常。皆得交市于和龙、密云之间,贡献不绝"③。隋唐时期,已经有相当数
量的契丹部落内附并向中央政权称臣纳贡,接受册封,与中原王朝建立了密切
的政治、经济、文化联系。到了唐末五代时期,随着辽政权的建立以及燕云十
六州的并入,大批汉人进入辽朝治下,契丹与中原文化的交流与融合更加频繁
而深刻。

在辽代各民族相互交往和融合的过程中,中原农耕文化和北方游牧文化的
相互影响尤为突出。从辽代家庭伦理的变迁来看,契丹世家大族原有的家庭关
系和家庭观念,在受到儒家文化的深刻影响后,逐渐发生变化,呈现出与同时
期的中原汉族家庭伦理趋同化的发展趋势。在辽宁、北京等地发现的多座辽代
墓葬都绘有"二十四孝图"画像,其内容为儒家经典故事,但人物妆扮均为契丹
装束。"此种故事内容相同、人物形象变异,正是契丹族求同存异观念的真实体

---

① 邢铁:《中国家庭史·宋辽金元时期》,广东人民出版社 2007 年版,第 3 页。
② [美]克拉克·威斯勒著:《人与文化》,钱岗南等译,商务印书馆 2004 年版,第 163 页。
③ 魏收:《魏书》卷一〇〇《契丹传》,中华书局 2018 年版,第 2223 页。

现，也是南北文化交融并蓄、重新整合的结果。"①在契丹世家大族成员中逐渐流行在契丹名之外另取汉名，且汉名中明显使用字辈；兄弟之间的称谓，还使用排行，不但盛行亲兄弟间的小排行，甚至出现了族兄弟间的大排行。这些习俗，无疑"体现出各民族日常生活的趋同性"②。

当然，文化的融合不会是单向的，而往往是双向的或多向的。在受到儒家文化影响的同时，契丹原有的游牧民族朴素的家庭伦理，对儒家尊卑分明的家庭伦理也会产生一定影响。在这一过程中，观念的彻底改变往往相当漫长，有时甚至还会出现反复。如面对契丹世家大族中"妻后母"的收继婚制，一些汉化程度较高的世家大族子弟选择了公开拒绝，但却付出了较大的代价。据《耶律宗政墓志》记载，在耶律宗政父亲耶律隆庆去世时，其后母秦国王妃仅16岁，"圣宗皇帝藩戚间逼王娶妃，王性介特，辞以违卜，不即奉诏，自是不复请婚，以至无子"③。作为汉化程度非常高的辽圣宗，尚且不能完全摆脱这种婚姻家庭观念，可想在当时契丹世家大族中收继观念应当还大有市场。

（二）辽朝社会统治思想转型带来的必然结果

契丹在大贺氏部落联盟时期共有八部，联盟主以"推举"方式产生，联盟带有军事民主特征。至契丹迭剌部涅里（又称"雅里"）时，遥辇氏阻午被立为联盟长，此后，契丹联盟的最高首领只能由遥辇氏贵族担任，推举制被世选制所取代。在世选制度下，部落联盟的重要职位往往为某些家族所垄断，并在特定家族内部成员中进行传承。但是各家族所具有的世选某一职位的特权，并不是绝对固定的，甚至对于最高职位联盟首领来说也是如此。一旦出现势力更为强大的家族，就有争夺部落联盟最高职位的可能。耶律阿保机替代遥辇氏痕德堇可汗担任部落联盟最高首领，就是一个明显例子。在阿保机称汗以后，为巩固其政治地位，从思想层面上将他与部民之间的不确定关系逐步转变为稳固的君臣关系，就成为摆在其面前的最大问题。

在守业方面，儒家思想具有明显优势。汉儒叔孙通曾说："夫儒者难于进

---

① 曹显征：《辽代的孝道教育》，《昭乌达蒙族师专学报》2000年第4期。
② 王善军：《辽代的宗族字辈与排行》，《安徽史学》2019年第1期。
③ 《耶律宗政墓志》，见向南编：《辽代石刻文编》，河北教育出版社1995年版，第308页。

取,可与守成。"①因此,用"亲亲""尊尊"的儒家思想去改造原有的部族管理制度,就成为契丹王朝的一个很好的选择。同时,契丹世家大族作为辽代统治阶级中的核心阶层,在其内部倡导"孝悌""妇道"观念,用儒家礼法管理其家族内部秩序,既有利于统治阶层内部关系的协调,又通过榜样示范的作用,从而间接达到让臣民"忠君"的社会效果。因此,在辽国建立之初,耶律阿保机就实行了"建孔子庙,诏皇太子春秋释奠"②的尊儒举措。其后,历代相沿。辽圣宗即位后,进一步实行全面的社会治理改革,制定礼法,在全国推行一系列倡导"孝亲""别嫡庶""妇道"等的礼法条令。这些措施,对于契丹世家大族家庭伦理的变迁起到了巨大推动作用。

(三)契丹世家大族维系地位持续发展的内在需求

作为以"雄武"勃兴的契丹世家大族,历来具有尚武轻文的传统。但这种明显带有军功贵族色彩的家族,历来为中原王朝的传统世家大族所轻。在其系统接受儒家思想熏陶以后,家庭观念开始向传统世家大族靠拢,发展形成了类似传统世家大族"阀阅"的门第意识③。稳定、严谨的家风和家教,既是传统世家大族"阀阅"门风的外在表现,也是其提升家族成员才德和家族凝聚力,进而保持家族社会和政治地位长久不衰的重要手段。同历代世家大族一样,契丹世家大族为了长久维护其家族地位,对外要展示其门风世德,对内要做到修身齐家,必须要高度重视家庭教育和家风建设。因此,契丹世家大族在继续保持其尚武家风的同时,也努力以儒学修身齐家④。在辽代契丹世家大族中,出现了一大批讲求礼教、以礼法修身齐家的家族。耶律义先家族堪称这方面的典型代表之一。耶律义先与其妻均能"以身率先"⑤,遵守礼法,其兄弟几人也均以仁、义、礼、智、信取名⑥。在耶律义先家族中,礼法已经成为家族成员必须遵循的基本行为规范。再如前述萧意辛,针对女子的家庭礼仪规范提出了"修己以洁,

---

① 司马迁:《史记》卷九九《叔孙通传》,中华书局2014年版,第2722页。
② 脱脱等:《辽史》卷七二《宗室·义宗倍传》,中华书局2017年版,第1333—1334页。
③ 任爱君:《契丹人的处世方式与价值追求》,《内蒙古社会科学(汉文版)》2013年第6期。
④ 王善军:《世家大族与辽代社会》,人民出版社2008版,第237页。
⑤ 脱脱等:《辽史》卷四五《百官志一》,中华书局2017年版,第783页。
⑥ 《耶律仁先墓志》,见向南编:《辽代石刻文编》,河北教育出版社1995年版,第354页。

奉长以敬,事夫以柔,抚下以宽,毋使君子见其轻易"①的观点。其他如被誉为"以礼自持,临事能断""知诗知礼,如珪如璋"②的耶律元宁、"性孝悌,尚礼法,雅为乡党所称"③的萧乌野、"性和易,笃学好礼法"④的萧德等,均是契丹世家大族中遵循礼法的典型代表。在这些家族的带动和垂范下,到辽代中后期,契丹世家大族中已经出现不输中原王朝的"乐慕儒宗"⑤"钦崇儒教"⑥的风气,家族子弟中能做到"动循礼法"⑦"冲澹有礼法"⑧"洞遵于礼法"⑨者大有人在。契丹世家大族,对内修身齐家,对外彰显门风家教,充分展现了家庭建设的努力与成效,成为其永为"世官之家"⑩的重要保证,也是其区别于一般科举家族"进士浮薄"⑪的重要标志。

---

① 脱脱等:《辽史》卷一〇七《烈女·耶律奴妻萧氏传》,中华书局 2017 年版,第 1621 页。

② 《耶律元宁墓志》,见向南等编:《辽代石刻文续编》,辽宁人民出版社 2010 年版,第 58 页。

③ 脱脱等:《辽史》卷九二《萧乌野传》,中华书局 2017 年版,第 1509 页。

④ 脱脱等:《辽史》卷九六《萧德传》,中华书局 2017 年版,第 1540 页。

⑤ 《耶律宗政墓志》,见向南编:《辽代石刻文编》,河北教育出版社 1995 年版,第 308 页。

⑥ 《耶律宗允墓志》,见向南编:《辽代石刻文编》,河北教育出版社 1995 年版,第 321 页。

⑦ 脱脱等:《辽史》卷九二《萧韩家传》,中华书局 2017 年版,第 1508 页。

⑧ 脱脱等:《辽史》卷一〇四《耶律谷欲传》,中华书局 2017 年版,第 1605 页。

⑨ 《耶律宗允墓志》,见向南编:《辽代石刻文编》,河北教育出版社 1995 年版,第 321 页。

⑩ 脱脱等:《辽史》卷四五《百官志一》,中华书局 2017 年版,第 791 页。

⑪ 欧阳修、宋祁等:《新唐书》卷四四《选举志上》,中华书局 1997 年版,第 1168 页。

辽代的宗族字辈与排行 *

　　作为宗族群体的凝聚方式，字辈与排行在中国古代各民族的日常称谓中有着不同程度的体现。辽代汉族因继承传统的宗族习俗，比较严格地使用字辈和排行。契丹族、渤海族和奚族均已广泛使用字辈取名，并流行以排行相称甚至取名。从辽代各主要民族的情况看，辽人取名明显地表现为各民族相互影响，而字辈和排行习俗一方面体现出各民族日常生活的趋同性，另一方面也体现出汉族文化对其他民族的深刻影响。

　　宗族作为具有很强凝聚力的社会群体，其凝聚方式多种多样。在作为个人符号的称谓中，也有着明显的体现。个人称谓中能够表现宗族群体的要素，主要是姓氏、字辈与排行。字辈是指宗族成员取名时每一辈分成员用同一个字相连，或单名则用同一偏旁相连，也有的两者兼用。排行又称行第，是指按父系的某一直系长辈之下同辈成员的年龄相排，或兄弟和姐妹分别排列，或兄弟姐妹混合排列。辽代汉族及部分少数民族已广泛使用字辈取名，并流行以排行相称甚至取名。鉴于以往学术界对辽代的姓氏多有研究，而对字辈与排行则很少涉及 ①，本篇拟以主要民族汉族、契丹族、渤海族和奚族为线索，对此问题进行初步探讨。

---

　　* 原载《安徽史学》2019 年第 1 期。
　　① 都兴智《契丹族的姓氏和名称》（《辽宁师范大学学报［社会科学版］》1990 年第 5 期）最早提及契丹人取汉名时，兄弟往往有一字相同，见名即知辈分。刘浦江《再论契丹人的父子连名制——以近年出土的契丹大小字石刻为中心》（《清华元史》创刊号，商务印书馆 2011 年版）涉及 3 例契丹名的兄弟连名，但刘先生并不认为是字辈，而认为只是父子连名制的变例。

一、汉人的宗族字辈与排行

汉人宗族字辈在唐代已非常流行，辽代汉人的宗族字辈无疑是从唐代继承下来的。一般来说，汉人姓名中的第一字为姓（复姓除外），第二字（或第三字，或第二字之偏旁）为字辈，第三字（或第二字）是名。以下先举述若干世家大族的事例，以便观察。

安次韩氏：延徽一代仅见1人，字辈不明。延徽有子德枢、德邻，应是以"德"为字辈。孙辈有佚、倬、伟，以"人"为字辈。第四代绍勋、绍芳、绍雍、绍文、绍升等，以"绍"为字辈。第五代述、遘、遹、造等，以"走"为字辈。第六代资让、资懋、资道、资顺、资贞等，以"资"为字辈，另有晦、昉以"日"为字辈。第七代诉、计等，以"言"为字辈。可以看出，韩氏家族拟定字辈的方式基本上是隔代相同，即若一代以单字为字辈，则其上一代与下一代均以偏旁为字辈。辽初名臣韩延徽名颖，字藏明，延徽亦应为其字[1]，应是符合韩氏家族称谓规则的，只是因史书记载而使韩延徽之名更为人们所熟知而已。

燕京刘氏：为刘守奇之后。守奇之子袭授沧州节度使者，有子名宇正、宇平，名连"宇"字；有孙名日善、日亨、日爱、日成，名连"日"字；曾孙名从信；玄孙名思谔、思诚，名连"思"字，并以言字偏旁相连。[2]守奇之子名承嗣者，有子名宇弼、宇晏、宇傑，应为杨氏所生，以"宇"为字辈；延哥、兴哥、宝哥、八哥，应为耶律氏所生，名连"哥"字；又有大豬、小豬，亦应为耶律氏所生[3]，因幼亡，应是小字，似也名连"豬"字。承嗣之孙日泳、日丽，名连"日"字；又有阿钵哥亦因幼亡只有小字。日泳之子从敏、从举、从文、从质，梁氏所生，名连"从"字；湘、济、润，李氏所生，名连"水"字。兄弟中以母氏排字辈，与司马

---

①　欧阳修《新五代史》卷七二《四夷附录第一》云"德光遣中书令韩颖奉册高祖为英武明义皇帝"（中华书局2016年版，第1010页），外交场合称"韩颖"，应为正式姓名。在韩氏后裔的碑志资料中，如《韩佚墓志》《韩资道墓志》《韩诉墓志》等，亦均称"延徽"为"颖"（可参见向南编《辽代石刻文编》，河北教育出版社1995年版，第100、334页）。

②　《刘从信墓志》，见向南等编：《辽代石刻文续编》，辽宁人民出版社2010年版，第212页。该墓志系据抄本录文，原文中"宇正"为"申正"，"日善""日亨""日爱""日成"为"曰善""曰亨""曰爱""曰成"。依刘氏字辈来看，抄者很可能因字形相近而误抄。

③　王成生：《辽宁朝阳市辽刘承嗣族墓》，《考古》1987年第2期。

迁所说的"同母者为宗亲"①似有关联。燕京刘氏为唐幽州节度使刘仁恭之后，刘承嗣为刘仁恭之孙，官至兴州刺史，其契丹夫人耶律牙思，"本属皇亲"②。家族取名中的这一现象是否与汉代皇室类似，有待新材料的出现加以证明。

河间张氏：谏之子正岌、正峦、正嵩、正峰，第二字名连"正"字，第三字又均连"山"字。正嵩子思睿、思恭、思敬、思忠，名连"思"字，另有韩七，其弟思忠又名韩八，俱为小字。思忠子可举、可从、可奂、可巽，名连"可"字，公献、公谨，名连"公"字，另一子吴哥，因出家，应为小字。③

上述事例说明，在辽代世家大族群体中，以字辈取名的习俗不但十分流行，而且许多复杂的规则均有体现。同时，在中下层官僚宗族中，按字辈取名也相当常见。据出土于内蒙古自治区巴林左旗的《李文贞墓志》记载，其父辈成员名居□、居昭、居顺；其弟名文积、文善、□□；子侄辈成员名□□、崇孝、崇舜、宜儿、崇仁、崇政、□□、崇俭、崇□、崇□、崇慈、崇让、崇禧、崇佑；孙辈成员名遭、逯、道、適、逾、迪、□、法花奴、花严奴、□、普贤奴、千儿；曾孙辈名合儿、和儿、吉祥奴、□□④。李氏宗族前3代成员分别以"居""文""崇"为字辈取名，十分规范；李文贞孙辈的前7人继续按字辈取名，名连"走"字，后5人则为小字；曾孙辈则都是小字。李文贞去世时这些成员还比较小，或许还没到拥有名字的年龄。"法花""花严""普贤""吉祥"均属佛教词汇，且李氏宗族中有两人为僧侣，一方面反映了当时汉人日常生活中的佛教信仰，另一方面则是受到契丹等族取名习俗的影响。

与李文贞家族情况类似的还有不少汉人官僚家族。其先"入国系保和县"⑤的东头供奉官王士方家族，第一代名兆；第二代名承祚；第三代延玉、延臬，名连"延"字；第四代士廉、士政、士俊、士方，名连"士"字；第五代中的士方之子仲康、从省、仲祺，士俊之子仲仁、伯伦、仲佺，名连"人"字，其中士俊之子

---

① 司马迁：《史记》卷五九《五宗世家》，中华书局2014年版，第2547页。

② 《刘承嗣墓志》，见向南编：《辽代石刻文编》，河北教育出版社1995年版，第48页。

③ 《张正嵩墓志》《张思忠墓志》，见向南编：《辽代石刻文编》，河北教育出版社1995年版，第69、215—216页。

④ 《李文贞墓志》，见向南等编：《辽代石刻文续编》，辽宁人民出版社2010年版，第162—163页。

⑤ 《王士方墓志铭》，见刘凤翥等辑：《辽上京地区出土的辽代碑刻汇辑》，社会科学文献出版社2009年版，第110页。

第三字亦连"人"字。第六代婆孙、吴孙、丰寿奴、兴寿奴、亨寿奴、德寿，则均为契丹名，且似为小字。

如果说上述宗族均为官僚宗族，那么在有关平民宗族的有限记载中，亦体现出宗族字辈的流行。河北省蔚县大水门头村三官庙中矗立的两方经幢，记载的人物应为同一宗族。其中一方记李昌疑之子惟晟、惟□；惟晟之子文举、文全，惟□之子文□、文昱。另一方记李昌逸之子惟准、惟沐、惟□①。显然，可知的李氏第一代名连"昌"字；第二代名连"惟"字，其中李昌逸之子似又有同用"水"旁的现象，可惜碑文在关键处阙字；第三代名连"文"字。辽宁省朝阳市出土的《朝阳北塔作头题名》，记载"锻匠……副作头崔从成，弟从巳"②，应是兄弟名连"从"字。北京市房山区北郑村《北郑院邑人起建陀罗尼幢记》所记的建幢者中，有邑人郑景章、郑景辛、郑景遇、郑景约、郑景存、郑景章等。又有郑彦福，为景辛之子；郑彦温、郑彦周；郑彦从、弟彦温、郑彦殷；郑彦信、弟彦温、彦进、彦友。郑彦周之子有马五、马六等。③可以看出，郑氏三代人的字辈分别为景、彦、马。《房山天开塔舍利石函记》所记良乡县村民岳姓有岳文山、岳文诠、岳文玄、岳文援，张姓有张世清、张世准、张世安、张世永④，显然也应是同族以字辈相连之成员。

在流行以字辈取名的同时，宗族排行在辽代汉族的亲属称谓或取名中也有充分表现。已获"赐姓，出宫籍，隶横帐季父房"⑤的韩德让，在韩氏兄弟中排行第四，因其次兄德庆早亡，故皇族成员耶律乌不吕呼其为"三父"⑥。韩氏宗族的韩瑜与夫人萧氏"生九男三女"，其中小字三哥、四哥者虽按实际排行为第七、第八，但因兄弟多有夭亡，应是取名时实际存活者的排行。⑦河间刘氏宗族还曾

① 《李惟晟建陀罗尼经幢记》《李惟准建陀罗尼经幢记》，见向南等编：《辽代石刻文续编》，辽宁人民出版社 2010 年版，第 268、269 页。

② 《朝阳北塔作头题名》，见向南等编：《辽代石刻文续编》，辽宁人民出版社 2010 年版，第 84 页。

③ 《北郑院邑人起建陀罗尼幢记》，见向南编：《辽代石刻文编》，河北教育出版社 1995 年版，第 12 页。

④ 《房山天开塔舍利石函记》，见向南等编：《辽代石刻文续编》，辽宁人民出版社 2010 年版，第 279 页。

⑤ 脱脱等：《辽史》卷八二《耶律隆运传》，中华书局 2017 年版，第 1422 页。

⑥ 脱脱等：《辽史》卷八三《耶律学古传附乌不吕传》，中华书局 2017 年版，第 1437 页。

⑦ 《韩瑜墓志铭》，见刘凤翥等辑：《辽上京地区出土的辽代碑刻汇辑》，社会科学文献出版社 2009 年版，第 61 页。

直接以排行取名，刘慎行有子6人，分别名一德、二玄、三椴、四端、五常、六符，这是兄弟之间的排行。前文提及的河间张氏宗族，张正嵩之子韩七、韩八，在兄弟中应排第五、第六，但因有两个姐姐，故在小字中含有数字七、八，无疑是男女混排的结果。[①]马直温妻张馆为张嗣復长女，有弟4人，其中张峤在四兄弟中排行第三，故自称"峤乃夫人次三弟也"[②]。这种情况说明一般同辈的男女是分别排行的。临潢府的李文贞宗族，因系"五世同居，百口共食"，同辈成员自然会实行大排行，这在前引文献中已有清晰显现。李文贞的3个儿子崇仁、崇政和崇慈分别排在第六、第七和第十二。墓志中还提到"第四叔叔、婶婶""五叔叔、婶婶"[③]，只用了排行和亲属称谓，而未言名字。位于北京市房山区北郑村的辽塔，内有陀罗尼幢一座，上面所记的建幢者中，有"摄顺州司马都加进、母张氏、妻綦氏、男兴哥、霸哥、□哥、女九娘子、十娘子"。可以看出，都氏一家的男子以"哥"为字辈，女子则用排行相称，且是超越家庭的大排行。建幢者中还有"前摄顺州长史郑彦周、母王氏、妻李氏、男马五、马六、忙儿"，郑氏的排行则与字辈相连。另有"晋任七、周王三、小二"，似乎其称谓也与排行有关。还有"杜神如、奴许三"[④]，若许三为杜神如之奴隶，则说明奴隶有用排行取名的现象。

位于北京市门头沟区清水村的辽代经幢，其题记中涉及的人物应均是汉人，以排行为名或相称者众多。如"赵秀荣，男喜儿、瘢儿、三郎、四郎"，"齐在友，男大哥、二哥"，"冯延祚，男张五、张六、张七"，"女弟子刘氏，……孙女五姐、六姐、七姐、八姐、九姐"，"刘氏，女大姐、二姐"，"女弟子李氏，女三姐"等，均是明确亲属关系的称谓。其他男子如小哥、三哥、张五、张六、阳三、六哥、三儿、留四、吾三、谢七、龚三、谢六、安七、阳五、端七、阳六、阳七、王五、王六、王七、王八、郭六、郭七、八哥、陈六、马五、高六、大福、小福等，女子如六娘、三女、四女、苏七、杨八、四女、杨六、八姐、五娘、三

---

① 《张正嵩墓志》，见向南编：《辽代石刻文编》，河北教育出版社1995年版，第69页。

② 《马直温妻张馆墓志》，见向南编：《辽代石刻文编》，河北教育出版社1995年版，第633页。

③ 《李文贞墓志》，见向南等编：《辽代石刻文续编》，辽宁人民出版社2010年版，第163页。

④ 《北郑院邑人起建陀罗尼幢记》，见向南编：《辽代石刻文编》，河北教育出版社1995年版，第12页。

哥、吴八、五姐等①，应均是明显含有排行信息的称谓。同样的情况，也出现在辽代的东京道地区和上京道地区。出土于辽宁省沈阳市的舍利塔石函，其题记中涉及的人物有十五、杨八、五儿、三儿、十姐、冯六、三姐、八儿、小八、三八、马五、王四、陈四、刘七润、八姐、刘八、曹匡一、刘匡一、旦李一、吴三、刘文一、杨十、六姐、马六、二姐、陈十、王五、五姐、谢八、王十一、张六、马张十、韩十五、韩十七、八姐、三姐、吴十、八姐、韩三、谢五、三哥、十儿、张六、马五等②。这些人中，可能会有一些是渤海族人，但大部分应为汉人。出土于内蒙古自治区巴林左旗的王延福办佛会发愿碑，其碑文中涉及的人物有二姐、小二、三姐、五姐夫、小姐□、小大姐等③。王延福等人应是上京道地区的汉人，看来以排行相称也颇为流行。

在汉人的亲属称谓中，还有更清晰地使用排行的日常行为。现存于北京市大兴区礼贤镇清真寺的辽代经幢，其题记中称："大耶耶□新□□李氏。二耶耶讳卯□□王氏。三耶耶尚书讳信，娘娘李氏。五耶耶讳宁，娘娘刘氏。"④由这类排行称谓可以推出，事主的亲"耶耶"排行第四。位于河北省易县的僧思拱墓幢，记文中提及事主"俗眷""大伯伯得安，三伯伯得兴，已亡大伯娘阿贾，□伯娘阿任……大嫂□□，二嫂阿孙，四嫂任氏"⑤等等，也是以排行相称的亲属称谓。

值得注意的是，名字中带有数字也未必都是排行。上京松山州刘氏宗族成员中有同一代人"八哥""冯八""高八""高十"⑥，就未必是排行。因该宗族上一代人多有与契丹族女子通婚的现象，子女取名可能受契丹以数字命名习俗的影响。况且，同一代名字中出现多个"八"，似与排行不符。

---

① 《清水院陀罗尼幢题记》，见向南等编：《辽代石刻文续编》，辽宁人民出版社 2010 年版，第349—351 页。

② 《沈阳塔湾无垢净光舍利塔石函记》，见向南等编：《辽代石刻文续编》，辽宁人民出版社 2010 年版，第 352—358 页。

③ 《王延福办佛会发愿碑》，见向南等编：《辽代石刻文续编》，辽宁人民出版社 2010 年版，第121 页。

④ 《经幢记》，见向南等编：《辽代石刻文续编》，辽宁人民出版社 2010 年版，第 198 页。

⑤ 《僧思拱墓幢记》，见向南等编：《辽代石刻文续编》，辽宁人民出版社 2010 年版，第 211 页。

⑥ 参见李俊义、庞昊《辽上京松山州刘氏家族墓地经幢残文考释》，《北方文物》2010 年第 3 期。

二、契丹人的宗族字辈与排行

辽代契丹人一般以"奴""女""哥"等取名①。但随着对汉文化接受程度的加深和族际交流的频繁，契丹人取名已变得越来越复杂，社会上层成员除契丹名外，普遍又取汉名。而名字中的字辈，也逐渐流行起来。

先以皇族来看，以字辈取名已是比较明显的事实。皇族中最显贵的支系自辽圣宗辈以后，字辈已经比较严格。圣宗兄弟名隆绪、隆庆、隆祐②，子侄辈名宗训、宗愿、宗真、宗简、宗伟、宗元、宗政、宗德、宗允、宗教、宗海、宗业、宗范、宗熙、宗亮、宗弼、宗奕、宗显、宗肃等③，孙辈名弘用、洪基（弘基）、弘本、弘世、洪孝、弘辩、弘仁、弘义、弘礼、弘智、弘信等④，曾孙辈名濬、淳等⑤。很明显，皇族中的显贵支系以隆、宗、弘、水为字辈顺序。

皇族三父房之仲父房中，耶律休哥有子高八、道士奴、高九、高十，是既用字辈又用排行⑥，只是道士奴未排在其中；耶律思忠有子仁先、义先、礼先、智先、信先⑦，名连"先"字。与上述弘仁兄弟一样，仁先兄弟也以仁、义、礼、智、信取名，体现了崇尚儒家伦理的意识。

再以后族来看，各宗族汉名中的字辈亦比较明显。后族拔里氏宗族成员萧

① 宋德金、史金波：《中国风俗通史·辽金西夏卷》，上海文艺出版社2006年版，第120页。

② 脱脱等：《辽史》卷一〇《圣宗纪一》、卷六四《皇子表》，中华书局2017年版，第115、1088—1089页。都兴智认为契丹人取汉名时使用字辈首先出现在辽圣宗时期（《契丹族的姓氏和名称》，《辽宁师范大学学报［社会科学版］》1990年第5期）。

③ 脱脱等：《辽史》卷一六《圣宗纪七》，中华书局2017年版，第206、209页；《耶律宗允墓志》，见向南编：《辽代石刻文编》，河北教育出版社1995年版，第321页。

④ 脱脱等：《辽史》卷二一《道宗纪一》，中华书局2017年版，第285页；《耶律宗愿墓志》《耶律弘世墓志》《永清公主墓志》，见向南等编：《辽代石刻文续编》，辽宁人民出版社2010年版，第149、192、227页；《耶律宗允墓志》《耶律弘益妻萧氏墓志》，见向南编：《辽代石刻文编》，河北教育出版社1995年版，第321、590页；李焘：《续资治通鉴长编》卷一九九，嘉祐八年七月戊辰，中华书局2004年版，第4824页。

⑤ 脱脱等：《辽史》卷七二《宗室·顺宗濬传》、卷三〇《天祚皇帝纪四》，中华书局2017年版，第1339、398页。

⑥ 脱脱等：《辽史》卷八三《耶律休哥传》、卷一四《圣宗纪五》，中华书局2017年版，第1433、173页。

⑦ 脱脱等：《辽史》卷九六《耶律仁先传》，中华书局2017年版，第1537页；《耶律仁先墓志》，见向南编：《辽代石刻文编》，河北教育出版社1995年版，第354页。

和之 5 子，均有汉名，并且明确使用字辈："长曰讳孝穆，枢密使、兼政事令、吴国王；次讳孝先，兵马都总管、燕京留守晋王；次讳孝诚，大国舅、兰陵郡王；次讳孝友，西北路招讨使、兰陵郡王；次讳孝惠，北宰相、殿前都点检、楚王。"[①]以孝为字辈，反映出契丹族对汉文化核心价值观的歆慕。孝穆子侄辈名知足、知章、知□（只剌）、知微、知人、知行、知善、知玄等[②]，名连"知"字；孙辈名德温、德良、德恭、德俭、德让、德崇等[③]，名连"德"字。后族乙室己家族成员中有绍宗、绍矩兄弟[④]，其子辈中则有永、宁、安兄弟，孙辈中有闾、阐、闿兄弟[⑤]，曾孙辈中有奉先、保先、嗣先兄弟[⑥]，应是以绍、点、门、先为字辈的。另被尊为尚父的后族成员萧仲，其 4 子分别名琪、琳、琏、琼，显然以玉为字辈。[⑦]

尽管契丹人的汉名明显流行字辈习俗，但其契丹名是否也有字辈习俗，则尚不能完全肯定，需要契丹文字的进一步解读来加以证明。根据已释读的契丹小字，耶律宗教契丹名▦（驴粪[⑧]），其弟耶律宗海契丹名▦（猪粪）[⑨]，似包含字辈含义。如果仅从契丹字的读音来看，名字相连的现象也同样存在。刘浦江发现了 3 例契丹名的兄弟连名，但刘先生并不认为是字辈。他解释说："在实行父子连名制的契丹人社会中，按照常规，父亲理应与长子连名；但如果没有子女，或者尚未成婚而急于获得一个象征身份和地位的尊称（即第二名），亦可与其兄弟或从兄弟连名。这实际上是父子连名制的一种变例。"[⑩] 这 3 例的具体情

① 《晋国夫人萧氏墓志铭》，见刘凤翥等辑：《辽上京地区出土的辽代碑刻汇辑》，社会科学文献出版社 2009 年版，第 152 页。

② 《萧知行墓志》，见向南等编：《辽代石刻文续编》，辽宁人民出版社 2010 年版，第 124 页。

③ 《萧德温墓志铭》，见刘凤翥等辑：《辽上京地区出土的辽代碑刻汇辑》，社会科学文献出版社 2009 年版，第 155 页。

④ 《秦晋国大长公主墓志》《陈国公主墓志》，见向南编：《辽代石刻文编》，河北教育出版社 1995 年版，第 249、153 页。

⑤ 《萧闾墓志铭》，见刘凤翥等辑：《辽上京地区出土的辽代碑刻汇辑》，社会科学文献出版社 2009 年版，第 159—160 页。

⑥ 脱脱等：《辽史》卷一〇二《萧奉先传》，中华书局 2017 年版，第 1585 页；卷七一《后妃·天祚皇后萧氏传》，中华书局 2017 年版，1327 页。

⑦ 《萧琳墓志铭》，见刘凤翥等辑：《辽上京地区出土的辽代碑刻汇辑》，社会科学文献出版社 2009 年版，第 288 页。

⑧ 脱脱等：《辽史》卷一七《圣宗纪八》等多处又作"旅坟"（中华书局 2017 年版，第 229 页）。

⑨ 刘凤翥：《契丹小字〈耶律宗教墓志铭〉考释》，《文史》2010 年第 4 辑，收入氏著：《契丹文字研究类编》，中华书局 2014 年版。

⑩ 刘浦江：《再论契丹人的父子连名制——以近年出土的契丹大小字石刻为中心》，见《清华元史》创刊号，商务印书馆 2011 年版。

况是：1. 据《辽史》卷七五《耶律觌烈传》记载："耶律觌烈，字兀里轸。"后附其弟耶律羽之传云："羽之，小字兀里，字寅底哂。"刘先生指出，耶律觌烈的第二名"兀里轸"应是以其弟耶律羽之的小名"兀里"为词根，后续属格附加成分构成的。2. 据契丹小字《耶律慈特墓志铭》，墓主父亲的名字为 （涅邻·兀古匿），二伯父的名字为 （兀古邻·控骨里）。其伯父的第二名 （兀古邻）与其父亲的小名 （兀古匿）为同词根，前者不过是后续了一个属格后缀而已。3. 根据契丹小字《耶律纠里墓志铭》，墓主的孩子名（小名）为 （纠里），第二名为 （夷懒），其年龄最大的弟弟名 （逊宁·夷列）。哥哥的第二名 （夷懒）与弟弟的小名 （夷列）为同根词。上述兄弟连名的事例，虽尚不足以证明这些契丹文名字包含字辈，但也无法排除这种可能。

比照汉人字辈取名的情况，在契丹小字《许王墓志》中也有明显体现。根据当代学者对该墓志的解读，墓志主人"共有六个儿子，即二夫人所生的□格宁、三夫人所生的房寿、尚寿、福寿、德寿和四夫人所生的清寿"。他们名字的契丹小字分别为 、 、 、 、 、 。显然，除 外，其他兄弟五人名连" "字。同时，墓志主人"共有三个女儿，即大夫人所生的王家童、三夫人所生的福德、福盛"[1]。她们名字的契丹小字分别为 、 、 。可以看出，三夫人所生的两个女儿名连" "字。许王即《辽史》有传的耶律斡特剌，生活于辽朝后期。或许可以说，至迟至辽朝后期，契丹人以本民族文字的取名，也已深受汉人字辈的影响。

契丹族建立政权前已有排行，建立政权后则更为盛行。皇族中的孟父房、仲父房和季父房，是以阿保机的父辈进行的排行。辽代史料中多见兄弟排行，属于小排行。但辽兴宗"笃于亲亲，凡三父之后，皆序父兄行第"[2]，显然又属于大排行。或许正因为皇族成员排行的流行，所以《辽史》在《皇子表》中专列有"行第"一栏。后族中的拔里家族，分为大父房、少父房，乃是以辽初功臣萧室鲁、萧阿古只兄弟的排行而分。乙室己家族则分为大翁帐、小翁帐，也是同样的情况。出土于内蒙古自治区宁城县的办集胜事碑，刻文有"功德主

---

① 刘凤翥：《契丹小字〈许王墓志〉再考释》，刘凤翥：《契丹文字研究类编》，中华书局 2014 年版，第 239 页。
② 脱脱等：《辽史》卷八九《耶律和尚传》，中华书局 2017 年版，第 1490 页。

等,尚父大王、乙里免、北里宣徽相公、防御太尉、林牙太师、东哥娘子、腊夫人、胡都夫人、牵府将军、二郎君、三郎君"①。虽因年代不清,难以考证这些人具体是谁,但据称谓可知应为契丹人,其中的二郎君、三郎君应属以排行相称。

契丹人用数字取名的习俗包含内容丰富,未必一定是排行。皇族成员耶律万辛有子名马九、三部奴、杷八、陈六、散八②,就显然不是排行。因为不但兄弟名中带"八"者有二人,而且长子名中所带的数字最大,次子以下也无章可循。至于六院部皇族夷离堇房有成员名耶律韩八、耶律安十、耶律赵三,皇族孟父房的耶律马六等,是否与排行有关,则不得而知。

三、渤海人的宗族字辈与排行

渤海族因受汉文化影响较深,姓名中的宗族字辈有明显体现。渤海王族大氏后裔有名大公鼎者,其子昌龄、昌嗣、昌朝③,显然是以"昌"为字辈。右姓高氏高模翰后裔中,有名为裴者,其子泽、洵、渥,其孙永肩、永年,曾孙据、和哥、拱、抃、小和尚、乾孙④。可见,高氏宗族以水、永、手为字辈,只是墓志记载了若干幼儿小字而已。

以宗族字辈取名,不仅在渤海族上层社会成员中流行,在下层社会成员中也同样如此。清宁四年(1058年),"显州北赵太保寨白山院建千佛舍利杂宝藏经塔壹所",建塔人的姓名在"石函记"中较为完整地保存下来。这些人应大都是渤海族宫分人,身份低下。在他们的名字中,也明显地表现出字辈的流行。如赵氏人物中有赵德政、赵德从、赵德受、赵德乂、赵德荣,又有赵惟德、赵惟辛、赵惟山、赵惟清、赵惟知、赵惟玄、赵惟进、赵惟朦、赵惟足、赵惟臣、赵惟方、赵惟吉、赵惟嵩、赵惟平、赵惟成、赵惟正⑤。可以看出,这些

---

① 《办集胜事碑》,见向南等编:《辽代石刻文续编》,辽宁人民出版社2010年版,第317页。
② 《北大王墓志》,见向南编:《辽代石刻文编》,河北教育出版社1995年版,第223页。
③ 脱脱等:《辽史》卷一○五《能吏·大公鼎传》,中华书局2017年版,第1609页。
④ 《高为裴墓志》《高泽墓志》,见向南编:《辽代石刻文编》,河北教育出版社1995年版,第609、611—612页。
⑤ 《显州北赵太保寨白山院舍利塔石函记》,见向南编:《辽代石刻文编》,河北教育出版社1995年版,第288—289页。

人均应是赵太保寨赵氏宗族中的"德"字辈成员和"惟"字辈成员。

从渤海族接受汉文化的角度看,宗族成员的排行也应比较流行,可惜尚未发现直接的资料。前述辽宁省沈阳市出土的舍利塔石函记涉及的众多以排行取名的人物中,可能有一些是渤海人。在内蒙古自治区巴林右旗罕山南麓发现的《崇善碑》[①],内容主要为这一地区的地名和人名,反映了民族杂居的复杂状况,绝大部分人名为契丹人、汉人和渤海人。其中的"渤海店",应为渤海人相对聚居的地方。遗憾的是,其下的人名多漫漶不清。不过,在《崇善碑》所记载的清晰可辨的人名中,以排行取名却是十分盛行的。男子如遇六儿、李八儿、张小二哥、张七儿、杨三、韩九哥、刘三贤、田八合、杨大、苏九哥、戴六儿、刘七、杨第二、陆八儿、李五儿、李六儿、契丹十五、李十儿、王十哥、王五儿、张三孙、杨六儿、高十哥、王八儿、刘六儿、仇七十、马三儿、耿三哥、尚三部、李十哥等,女子如二姐、三姐、吴二姐、孙五姐、六姐、大姐、二姑、戴四姐等。虽然这些人名难以辨别有多少为渤海人,但在这样的社会氛围中,渤海人以排行相称也应是自然的事情。

四、奚人的宗族字辈与排行

奚族上层社会成员也有以字辈取名现象。奚人萧福延,有兄福善(即萧韩家奴)、弟福德[②],显然兄弟名连"福"字。其中福善、福延均曾任奚王。在《大王记结亲事碑》中涉及的奚王兄弟名为耨免、耨吃[③],应是名连"耨"字。奚王中有萧高六,又有萧高九,是否为字辈与排行,则限于史料,尚难以断定。

萧孝恭家族出自初鲁得(楮特)部族,有学者认为该部"由阻午可汗吞并了的一部分奚人所组成"[④]。据《萧孝恭墓志》记载,其祖"讳德顺",其父"讳惟信",其叔父"惟忠",其姐(妹)三人"长曰都哥,次曰庐佛女,次曰乌卢本",

---

① 《崇善碑》,见刘凤翥等辑:《辽上京地区出土的辽代碑刻汇辑》,社会科学文献出版社2009年版,第306—310页。

② 《萧福延墓志》,见向南等编:《辽代石刻文续编》,辽宁人民出版社2010年版,第132页。

③ 《大王记结亲事碑》,见刘凤翥等辑:《辽上京地区出土的辽代碑刻汇辑》,社会科学文献出版社2009年版,第297页。

④ 爱新觉罗·乌拉熙春、呼格吉勒图:《初鲁得族系考》,《内蒙古大学学报(人文社会科学版)》2007年第6期。

子三人"长曰消灾奴,次曰杨奴,小曰望孙",女二人"长曰召相,小曰了孙"①。其堂弟《萧孝资墓志》中又记其祖"讳顺德",其父"讳惟忠",弟二人"长曰孝思,……次曰孝宁"②。据考证,德顺、顺德名虽不同,实为一人。③可以看出,惟信、惟忠兄弟,名连"惟"字;其下一辈成员孝恭、孝资、孝思、孝宁,名连"孝"字。德、顺、信、忠、孝均属于儒教概念,庐佛女、消灾奴则是以佛教词汇与本族习俗相结合的名字,都哥、乌卢本、杨奴等是本族传统的名字。在家族取名的过程中,萧氏家族分别受到了儒教、佛教和传统习俗等多种文化因素的影响。

在现有资料中,似也有奚人以排行取名的现象。据奚《张哥墓志》记载,"青阳郡奚耶律太保张哥男高七,次男望哥,孙子韩九、七哥、王八、王九、十一,重孙豆咩哩"④。耶律张哥家族的名字,特别是其孙辈的成员,应包含以排行取名的因素。

五、结语

在人类发展历史上,绝大多数民族均曾出现过亲属间的连名现象。字辈和排行作为同辈成员间的连名或称谓方式,在汉族成员中有着较充分的体现,却未必就是汉族的专利。更何况辽代作为中国历史上的多民族区域政权,各民族在不断的交往和融合中,日常生活已发生了很大变化。契丹、奚、渤海等民族在辽政权建立之初保留了很多传统的民族特点,经过有辽一代的融合,其传统民族特点逐渐消失。汉族的民族特点也同样处在不断变化的过程中,由于不断与各少数民族交往和融合,在日常生活的众多方面均产生了变化,局部地区的汉人甚至还出现了一定程度的少数民族化倾向。历史发展的趋势表明,各民族日常生活已逐渐呈现出趋同性。辽人的取名明显地表现为各民族相互影响,而字辈和排行习俗一方面体现出各民族日常生活的趋同性,另一方面也体现出汉族文化对其他民族的深刻影响。

① 《萧孝恭墓志铭》,见刘凤翥等辑:《辽上京地区出土的辽代碑刻汇辑》,社会科学文献出版社2009年版,第293页。

② 《萧孝资墓志铭》,见刘凤翥等辑:《辽上京地区出土的辽代碑刻汇辑》,社会科学文献出版社2009年版,第295页。

③ 贾鸿恩、李俊义:《辽萧孝恭萧孝资墓志铭考释》,《北方文物》2006年第1期。

④ 《张哥墓志》,见向南编:《辽代石刻文编》,河北教育出版社1995年版,第200页。

宋代族谱序跋所涉家族的地域分布[*]

宋代处于中国古代宗族制度重要的变革、转型时期。通过对宋代族谱序跋的统计分析，可得知族谱序跋在全国的分布特点是：南多北少，南北差异巨大；在南方，东南地区占据主导地位，其他地区所占比重甚微。从家族所属州级和县级来看，其序跋所涉家族分布差异并不悬殊。这种南多北少、东南地区在南方占主导地位的宋代族谱序跋分布格局，无疑为元明清宗族的发展格局奠定了基础。

尽管现存于世的宋元族谱已属凤毛麟角，但在文集等传世文献中却仍保留有一定数量的族谱序跋。这些序跋，成为今天研究宗族史的宝贵资料。常建华《元人文集族谱序跋数量及反映的谱名与地区分布》^① 一文、宗韵《明代家族上行流动研究——以 1595 篇谱牒序跋所涉家族为案例》^② 一书，曾对元代和明代族谱序跋及其所涉家族的地域分布进行统计和分析。本篇受其启发，亦对《全宋文》和《四库全书》中宋人所撰写的族谱序跋进行搜集，得到 104 篇族谱序跋，并对其所涉家族地域分布进行量化与分析。

一、族谱序跋统计概况

两宋时期对全国疆域进行了行政划分，实行路、州（府、军、监）、县三级行政区划。路作为一级行政区，在北宋有"至道十五路""天圣十八路""元丰二十

---

* 原载《大连大学学报》2012 年第 1 期。

① 常建华：《元人文集族谱序跋数量及反映的谱名与地区分布》，《史学集刊》2008 年第 6 期。

② 宗韵：《明代家族上行流动研究——以 1595 篇谱牒序跋所涉家族为案例》，华东师范大学出版社 2009 年版。

三路"和崇宁以后的"二十四路"之变化。本文参照谭其骧先生主编的《中国历史地图集》，北宋时期以 23 路 1 京为基本行政地域区划；南宋以 17 路为基本行政地域区划。将搜集的族谱序跋，按照宋代行政区划进行地域分布统计。

本文搜集宋人撰写的 104 篇族谱序跋及其与族谱序跋相关的资料，但因《皇朝百族谱序》是对多家族谱的概述；《观李氏谱牒帖》虽是宋人所写，但写的只是唐代李氏谱牒的情况；《五宗图序》主要阐述了编修族谱的"五世谱图之法"原则；《谱例序》是苏洵关于修谱体例的论述；《皇宋玉牒序》因属皇族并非普通家族而不在本文讨论之中，故将这 5 篇除去。另外还有朱熹《黄氏谱序》《黄氏家谱序》，彭龟年的《谢氏家谱序》和程颐的《姬宗世谱序》4 篇为伪作和 5 篇族谱序跋无法判断其家族的所在政区也被置于讨论范围之外，所以本文所统计的族谱序跋数量为 90 篇。其具体政区分布见表 1 和表 2。

表 1　北宋族谱序跋所涉家族地域分布数量统计

家族所在路	家族所在州、府、军	序跋数（家族数）	家族所在县	序跋数（家族数）	序跋作者及名称
江南东路	宣州	3（2）	泾县	2（1）	王旦：吴氏族谱引 苏轼：吴氏族谱序
			宣城	1（1）	许元：许氏世次图序
	歙州	2（1）	歙县	2（1）	程承议：程氏世录序 程志忠：程氏世谱序
	饶州	2（1）	浮梁	2（1）	程祁：程氏世谱序、程氏世谱后序
两浙路	苏州	3（2）	吴县	3（2）	叶梦得：叶氏谱序 蒋堂：范氏家世叙 范仲淹：续家谱序
	杭州	1（1）	临安	1（1）	宋徽宗：题钱氏世谱
福建路	建州	1（1）	建阳	1（1）	游酢：家谱后序
	泉州	1（1）	惠安	1（1）	黄宗旦：黄氏族谱前记
	邵武军	1（1）	光泽县	1（1）	李吕：乌洲李氏世谱序
江南西路	吉州	2（1）	永丰	2（1）	欧阳修：欧阳氏谱图序 [①]
	洪州	1（1）	分宁	1（1）	范廖：乙酉家乘序

---

① 《欧阳氏谱图序》在《欧阳文忠公集》中有集本和石本两篇，《全宋文》亦作两篇收录，故本文亦统计为两篇。

续表

家族所在路	家族所在州、府、军	序跋数（家族数）	家族所在县	序跋数（家族数）	序跋作者及名称
成都府路	眉州	1（1）	眉山	1（1）	苏洵：苏氏族谱亭记
京东西路	兖州	1（1）	曲阜	1（1）	孔宗翰：孔氏家谱序
永兴军路	京兆府	1（1）	咸阳	1（1）	程颐：姬宗世谱序
淮南西路	无为军	1（1）	无为	1（1）	杨杰：杨氏世谱序
广南东路	韶州	1（1）	曲江	1（1）	余靖：下邳余氏世谱序
荆湖南路	衡州	1（1）	衡阳	1（1）	欧阳修：衡阳渔溪王氏谱序
合计			23（18）		

表2　南宋族谱序跋所涉家族地域分布数量统计

家族所在路	家族所在州、府、军	序跋数（家族数）	家族所在县	序跋数（家族数）	序跋作者及名称
江南东路	徽州	12（9）	绩溪	2（2）	胡舜申：乾道重修家谱序 文天祥：永和文氏宗谱序
			休宁	4（2）	程大昌：会里宗谱序 金朋说：汪溪金氏族谱序 金若洙：汪溪金氏族谱序 文天祥：汪溪金氏族谱序
			婺源	4（3）	朱熹：婺源茶院朱氏世谱后序 王炎：续九族图后序、世系录序 许月卿：跋许氏世谱后
			歙县	2（2）	罗睦臣：罗氏族谱序 罗潮：罗氏家谱自序
	宁国府①	3（2）	泾县	2（1）	吴德樫：吴氏族谱序 朱熹：吴氏族谱跋
			宁国	1（1）	吴潜：吾吴氏宗谱跋
	信州	4（1）	弋阳	4（1）	张浚：陈氏族谱序 陈康伯：族谱志 何澹：陈氏族谱序 谢深甫：陈氏族谱序
	池州	1（1）	青阳	1（1）	陈著：池州青阳县方氏义门序

---

① 宁国府，据《宋史》卷三三《孝宗纪一》，升宣州为宁国府（中华书局1985年版，第635页）。

家族所在路	家族所在州、府、军	序跋数（家族数）	家族所在县	序跋数（家族数）	序跋作者及名称
江南西路	吉州	11（11）	庐陵	3（3）	刘辰翁：王氏族谱序 文天祥：庐陵衡塘陈氏族谱序 欧阳守道：书欧阳氏族谱
			永丰	1（1）	曾丰：重修族谱序
			永新	1（1）	刘辰翁：吴氏族谱序
			泰和	3（3）	刘辰翁：泰和胡氏族谱序 文天祥：瑞山康氏族谱序 徐鹿卿：文谿曾氏五君图赞
			吉水	1（1）	文天祥：跋吴氏族谱
			龙泉	1（1）	文天祥：李氏族谱亭记
			*	1（1）	文天祥：燕氏族谱序
	临江军	1（1）	新淦	1（1）	黄榦：书新淦郭氏叙谱堂记
两浙东路	绍兴府	1（1）	诸暨	1（1）	朱熹：紫岩周氏谱序
	庆元府	3（3）	慈溪	1（1）	黄震：姜山族谱序
			鄞县	1（1）	陈著：王氏族谱序
			*	1（1）	王应麟：戴氏桃源世谱序
	婺州	2（2）	永康	2（2）	陈亮：书家谱石刻后、后杜应氏宗谱序
两浙西路	临安府	3（3）	於潜	1（1）	洪咨夔：於潜洪氏谱系图序
			（城内）	2（2）	宋理宗：御题吴越钱氏族谱序 牟巘：题西秦张氏世谱后
	婺州	1（1）	兰溪	1（1）	金履祥：玉华叶氏谱序
	严州	1（1）	淳安	1（1）	何梦桂：何氏祖谱序
潼川府	资州	2（1）	盘石	2（1）	李石：家谱后序、代家德麟作重修家谱序
	合州	1（1）	巴川	1（1）	阳枋：跋谱系图
福建路	兴化军	4（4）	莆田	2（2）	方大琮：方氏族谱序 郑樵：家谱后序
			仙游	2（2）	朱泳：蔡氏宗支图跋 朱熹：王氏族谱序
	邵武军	1（1）	邵武	1（1）	薛季宣：贾氏家谱序
	建宁府（建州）	4（4）	建阳	3（3）	熊禾：麻沙刘氏族谱序 蔡模：马伏刘氏谱系序 游九言：陈氏族谱序
			建安县	1（1）	熊禾：江氏族谱序

家族 所在路	家族所 在州、 府、军	序跋数 （家族数）	家族所 在县	序跋数 （家族数）	序跋作者及名称
荆湖南路	潭州	1（1）	醴陵	1（1）	欧阳守道：题醴陵李氏族谱
	衡州	1（1）	衡阳	1（1）	文天祥：衡阳颜氏族谱序
	道州	1（1）	营道	1（1）	汪澈：周氏族谱序
京东东路	齐州	2（1）	历城	2（1）	朱熹：济南辛氏宗图旧序、济南辛氏宗谱原序
河东路	汾州	1（1）	孝义	1（1）	黄震：跋孝义刘氏谱叙
河北东路	霸州	2（1）	文安	2（1）	朱熹：胡氏族谱叙 文天祥：胡氏族谱跋 ①
广南东路	潮州	1（1）	潮阳	1（1）	方大琮：题潮阳方氏族谱
广南西路	静江府	1（1）	临桂	1（1）	欧阳守道：黄师董族谱序
利州东路	阆州	1（1）	南部	1（1）	陆九渊：阆州陈氏族谱序
永兴军路	解州	1（1）	闻喜	1（1）	胡铨：跋裴氏家谱
总计			67（60）		

根据表1和表2所统计的族谱序跋，在数量上与家族数量并不是一一对应的关系，这主要是由于同一家族族谱序跋有重复出现的现象。同时，表1和表2的家族总和与上述家族数目不同，其主要原因是某些家族在北宋和南宋时期为同一家族，才造成此现象。由于重复的家族序跋数量有限，因此其族谱序跋的数量分布还是基本可以反映家族的地域分布状况。

二、族谱序跋所在路级政区分布情况

由于北宋和南宋的疆域范围和行政区划存在一定的差别，为进一步地探讨族谱序跋的分布状况，本文除了注释说明，也将北宋和南宋时期族谱序跋分开统计。

首先，北宋时期族谱序跋在一级政区——路的分布，其数量从多到少依次为：江南东路、两浙路、福建路、江南西路、成都府路、京东西路、永兴军路、淮南西路、广南东路、荆湖南路（见表3）。北宋时期共涉及有10个地区，其中江

---

① 关于胡氏族谱的序跋，未见有明确的地区信息，因文载《文安县志》，姑且以文安县统计。然该家族实际上应已迁往南方地区。

南东路、两浙路两个地区的族谱序跋分别占总量的 30.43%、17.39%，即约占全国总量的一半。其次是福建路、江南西路的族谱序跋都占总量的 13.04%，与江南东路、两浙路相比略显微弱。而成都府路、京东西路、永兴军路、淮南西路、广南东路、荆湖南路的族谱序跋各占总量的 4.35%。

在这 10 个地区中，江南东路、两浙路、福建路、江南西路、荆湖南路、成都府路、广南东路、淮南西路 8 个地区均为南方地区，占族谱序跋总量的 91.3%。然而传统意义上北方宗族组织的发展在历史上占主导的地位，但北方存留族谱序跋只有京东西路和永兴军路，仅占总量的 8.7%，显然在北宋时期族谱序跋南北分布差异甚大。在南方，东南地区的江南东路、两浙路、福建路、江南西路、淮南西路、荆湖南路占 82.6%，占据着数量上的优势，而南方其他地区相对来说比重较小。

表 3　北宋时期族谱序跋数目在路级政区的排名

排名	所在政区（路）	序跋数目	所占比例（%）
1	江南东路	7	30.43
2	两浙路	4	17.39
3	福建路	3	13.04
4	江南西路	3	13.04
5	成都府路	1	4.35
6	京东西路	1	4.35
7	永兴军路	1	4.35
8	淮南西路	1	4.35
9	广南东路	1	4.35
10	荆湖南路	1	4.35

南宋时期的族谱序跋在一级政区——路[①]的分布，其数量从多到少依次为：江南东路、江南西路、福建路、两浙东路、两浙西路、潼川府路、荆湖南路、京东东路、河北东路、广南东路、广南西路、利州东路、河东路、永兴军路（见表 4）。南宋时期共涉及 14 个地区，未被南宋政府控制的北方地区有 6 篇序跋及涉及 4 个家族的地区分别是京东东路、河东路、河北东路、永兴军路，共占总量的 19.4%，显然南方地区的族谱序跋数量占到了 91.04%。在南方地区中，其数

---

① 南宋时期基本延续了北宋时期地方行政区划，一级行政区划仍是路。

量排在前 5 名的分别是江南东路、江南西路、福建路、两浙东路、两浙西路，所占比例分别为 29.85%、17.91%、13.43%、8.96%、7.46%，遥遥领先于其他地区。其次是潼川府路、荆湖南路，所占比例都是 4.48%。最后是广南东路、广南西路、利州东路，均占 1.49%。同样，在南宋时期，东南地区的江南东路、江南西路、福建路、两浙东路、两浙西路、荆湖南路占总量的 82.09%，显而易见，在南宋时期东南地区的族谱序跋数量也占据明显的优势。

表 4　南宋时期族谱序跋数目在路级政区的排名

排名	所在政区（路）	序跋数目	所占比例（%）
1	江南东路	20	29.85
2	江南西路	12	17.91
3	福建路	9	13.43
4	两浙东路	6	8.96
5	两浙西路	5	7.46
6	潼川府路	3	4.48
7	荆湖南路	3	4.48
8	京东东路	2	2.99
9	河北东路	1	2.99
10	广南东路	1	1.49
11	广南西路	1	1.49
12	利州东路	1	1.49
13	河东路	1	1.49
14	永兴军路	1	1.49

三、族谱序跋所在州级政区分布情况

北宋时期搜集的族谱序跋所涉州、府、军仅为 16 个，综合族谱序跋及涉及家族排在前 5 名的是宣州、苏州、歙州、饶州、吉州（见表 5），均为南方地区，且集中于东南地区。笔者深知由于各种缘由，这里搜集的族谱序跋并不能完全地反映北宋时期家族的分布状况，就本文的统计而言，从州、府、军二级政区来看，其族谱序跋及其所涉家族数目分布不均衡，但差别并不十分悬殊。

南宋时期所涉州、府、军为 27 个，比北宋时期要多。其排名前 5 名的是徽

州、吉州、建宁府、信州、兴化军(见表6),占总量的52.24%。而徽州、吉州所占比例最多,分别为17.91%、16.42%,与其他州、府之间的差距较大。其次为建州、信州、兴化军、庆元府、宁国府,其数量已远逊于徽州、吉州,但相对较为均衡。从南宋族谱序跋数量及其所涉及的家族数量来看,比北宋时期有较大的发展。进一步来看,无论是北宋前5名还是南宋前5名,均分布于南方政区内,且以东南地区居多,分布不平衡。

即使在同一政区内,族谱序跋在各州、府、军中的分布也是不平衡的,以族谱序跋所涉家族数量较多的江南东路为例:北宋时期江南东路由江宁府、宣州、歙州、池州、江州、饶州、信州、太平州、广德军、南康军组成。而族谱序跋所涉家族只分布在宣州、歙州、饶州3个州,分别是3篇、2篇、2篇(参见表1)。南宋时期的江南东路由宁国府(宣州)、建康府(江宁府)、徽(歙)州、池州、饶州、信州、太平州、南康军、广德军组成,而族谱序跋所涉家族主要分布在徽州、宁国府、信州,分别是12篇、3篇、4篇,而涉及的南康军和池州,仅各为1篇(见表2)。

表5　北宋族谱序跋分布数量排名前5位的州、府、军

排名	所在州、府、军	所在路	数 量	所占比例（%）
1	宣州	江南东路	3	13.04
2	苏州	两浙路	3	13.04
3	歙州	江南东路	2	8.70
4	饶州	江南东路	2	8.70
5	吉州	江南西路	2	8.70

表6　南宋族谱序跋分布数量排名前5位的州、府、军

排名	所在州、府、军	所在路	数 量	所占比例（%）
1	徽州	江南东路	12	17.91
2	吉州	江南西路	11	16.42
3	建宁府	福建路	4	5.97
4	信州	江南东路	4	5.97
5	兴化军	福建路	4	5.97

四、族谱序跋所在县级政区分布情况

北宋时期共涉及 17 个县，平均每个县约有 1.35 篇，由表 1 可知所涉县中最高为 3 篇，最少为 1 篇，由此看来北宋时期所涉及的族谱序跋其县级的差距并不是很大。南宋时期，历城、孝义、文安、闻喜县均属未受南宋政府控制的原北宋行政区，另有 2 个无法确定所属县，在此不计入统计之中。因此，南宋共涉及 36 个县，平均每个县约有 1.86 个，由表 2 可知族谱序跋所涉县中最高为 4 篇，最少为 1 篇，其差距也不是很大，与北宋相比差别亦不大。再从南宋时期族谱序跋所涉家族数量较多的徽州来看，徽州所属有歙县、黟县、休宁、婺源、绩溪、祁门 6 县。族谱序跋所涉家族在黟县、祁门 2 县均未有分布，而休宁、婺源、绩溪、歙县这 4 县的数目分布分别是 4 篇、4 篇、2 篇、2 篇，就这 4 个县而言，族谱序跋数量差别不大。由此可见，宋代族谱序跋在县级分布较为均衡。

五、结语

通过对北宋时期和南宋时期族谱序跋所涉家族的地域统计和分析，可以得出宋代族谱序跋在全国的分布特点是：南多北少，南北差异甚大；在南方，东南地区占据主导地位，其他地区所占比重甚微。全国族谱序跋分布极不平衡，并打破了传统上北方宗族组织的发展占据主导地位的局面。除了东南地区的族谱序跋数量占绝对优势之外，值得注意的是四川地区。该地区北宋时期的成都府路，南宋时期的潼川府路、利州东路，均有数量不等的族谱序跋。其数目虽比不上东南地区，但相对于其他地区而言，其比例则略胜一筹。应该说四川地区在宋代的宗族组织发展地位仅次于东南地区。[①]

从家族所属州级和县级政区来看，其序跋所涉家族分布差异并不十分明显，即使是在南宋时期的族谱序跋所涉家族分布较为稠密的徽州，其所属县级政区家族分布差异并不悬殊。笔者深知，由于各种复杂的原因，宋代族谱序跋

---

① 王善军《宋代宗族发展的区域差异及其原因》（《安徽史学》2013 年第 1 期）将全国宗族的发展情况划分为 3 大区域，即北方地区、东南地区和四川地区，与族谱序跋所反映的情况基本相符。

流传下来的数量十分有限，因而得出这一结论并不十分确切。但这种族谱序跋南多北少、东南地区在南方占主导地位的分布格局，无疑为元明清宗族的发展格局奠定了基础。

北宋末年举人群体的二相公信仰初探[*]

　　唐宋之际，伴随社会关系的调整，儒教出现了世俗化的现象。至北宋末年，原型是儒家先贤子游、子夏的二相公，因受到举人群体的虔诚信仰而名噪一时。宋室南迁，二相公信仰受到各种条件的限制，迅速衰退。这一科举信仰的发展轨迹，反映了宋代民间信仰的多变性、功利性和竞争性。

　　近年来，随着学界对民间信仰研究领域的拓宽，民间信仰史的研究也得到深入，但研究时段多集中于材料相对丰富与集中的明清时期，而宋代民间信仰的研究则相对薄弱。宋代是我国古代民间信仰发展的重要时期，在继承唐、五代发展趋势的基础上，亦产生了众多反映宋人精神需求的神祇。从文献上看，纷繁复杂的民间神灵无时无刻不影响着宋代社会各阶层的日常生活，即使是深受儒家伦理熏陶的举人群体，为有朝一日能荣"登天子堂"也会向民间诸神求助。这一社会现象已受到学者们的关注，但未见对二相公信仰的专门研究。①二相公的原型是儒家先贤子游、子夏，后成为举子求取功名的保护神。二相公信仰宋初即已存在，但特别兴盛于宋徽宗时期，宋室南迁，随之衰落。其独特

---

　　* 原载《宋史研究论丛》第 16 辑，河北大学出版社 2015 年版。

　　① ［美］韩森（Valerie Hansen）在《变迁之神——南宋时期的民间信仰》中曾注意到举人为功名而向民间神灵求助的现象（浙江人民出版社 1999 年版，第 142—143 页）。祝尚书在前人基础上提出"科举前定"说法，并从心态史的角度研究宋代科举制度下的社会心态（《科举前定：宋代科举制度下的社会心态——兼论对宋人志怪小说创作的影响》，《文史哲》2004 年第 2 期）。在另一篇长文中他以梓潼神为个案，探讨梓潼神演变及其社会意义（《科举守护神"文昌梓潼帝君"及其社会意义》，《厦门大学学报［哲学社会科学版］》2009 年第 5 期）。廖咸惠以宋代科举考生与地方神祇的互动为探讨重心，考察宋代举子的神灵崇拜行为，其中对二相公庙有所涉及（《祈求神启——宋代科举考生的崇拜行为与民间信仰》，《新史学》2004 年第 4 期）。何忠礼先生则讨论了宋代举子的各种迷信活动（《略论宋代的科举迷信及其对士人的影响》，《浙江大学学报》2009 年第 1 期）。总体而言，由于文献中关于梓潼神的记载较集中，加之梓潼神后经四川士人的传播发展成在明清时有巨大影响的文昌神，因而论者在讨论时，多侧重于梓潼神信仰的发展与演变，而对影响相对较小、兴盛时间短的二相公信仰有所忽视。

的经历，对观察民间信仰与民间社会之关系，无疑是一个有益的个案。

一、从儒家先圣先贤到民间神祇

作为儒家先圣先贤，孔子及其弟子受到历代统治者祭祀。文献记载祭祀孔子及其弟子始于东汉永平十五年（72年），是时汉明帝"幸孔子宅，祠仲尼及七十二弟子"[①]。此后，孔子及其弟子的地位不断提高。大中祥符元年（1008年），宋政府将儒家先圣、先贤纳入国家祀典，追谥孔子为"玄圣文宣王"。翌年，"追封十哲为公，七十二弟子为侯"[②]宋朝规定，祭祀先圣先贤需用"释奠之仪"，目的是纪念先圣先贤对儒学的贡献，以期起到教化人心的作用。然而，唐宋之际，孔子及其弟子除儒家先圣先贤形象之外，还逐渐具有了另一种形象。

宋代诗人孔平仲在《止谒宣圣庙者》中记载了高密地区祭祀孔子的情形："高密古名城，其地近阙里。弦歌声相闻，往往重夫子。学宫虽荒凉，庙貌颇严伟。上元施灯烛，下俗奠醪醴。高焚百和香，竞爇黄金纸。所求乃福祥，此事最鄙俚。"灯烛、醪醴、百和香、黄金纸都是民间祭祀神灵的方式，作者斥为"鄙俚"[③]。

在这里，孔子显然是一个民间神祇。村民祭祀孔子的动机也不再是单纯纪念儒家先圣，而是为了个人的"福祥"；祭祀方式也发生变化，直接用民间祭祀神灵的方式与孔子沟通，不再使用烦琐的"释奠之仪"。无论是其祭祀方式、祭祀目的，还是沟通形式，都带有浓厚的民间色彩。

孔子形象从儒家先圣到民间神祇的变化其实是儒教世俗化的表征。唐宋之际，伴随门阀士族势力的瓦解，庶族势力得以崛起，平民阶层的经济实力不断壮大，社会地位也随之提高，剥削阶级与被剥削阶级间的人身依附关系渐趋松弛。这种"变革"在宗教领域也有所反映，主要表现在释、道二教的世俗化和平民化倾向，其部分神祇，如佛教观音、道教吕洞宾等成为民间大众普遍的信仰。民众祭祀观音、吕洞宾时，采取的不再是释、道教义所规定的仪式，而是越来越

---

① 范晔：《后汉书》卷二《明帝纪》，中华书局1965年版，第118页。
② 脱脱等：《宋史》卷一〇五《礼志八》，中华书局1985年版，第2547—2548页。
③ 孔平仲等：《清江三孔集》第16册卷二一《止谒宣圣庙者》，线装书局2004年版，第623页。

多地采纳民间宗教的崇拜形式。儒、释、道三教自中唐以来已明显地相互影响、相互吸引，受释、道二教的影响，儒教亦极易向民间信仰的方向发展。

儒教世俗化不仅表现在孔子身上，其弟子子游、子夏等也成为民间神祇。据委心子《新编分门古今类事》记载，太平兴国八年（983 年），南阳人荆伯珍赴省试，赋中误书"焚"为"喷"。"归而始觉，中夕不寐"，因听说二相公庙"举子乞之必应"，于是前去乞梦。在得到二相公的"帮助"之后，顺利及第。大约同一时期，举子王佖、李昭一、江俨等也曾前往二相公庙作筮问卜。[①] 由此可知，二相公庙在宋初即已存在。

南宋初年，费衮在《梁溪漫志》中说："京师二相公庙，世传子游、子夏也。灵异甚多，不胜载，于举子问得失，尤应答如响，盖至今人人能言之。"他还讲到大观年间，乃祖在太学，有同舍生将参加廷试，乞梦于二相庙，夜里梦见一童子说："二相公致意先辈，将来成名在二相公上。"该生醒后心想："子游、子夏，夫子高弟也，吾成名在其上，必居巍科无疑。"结果却仅得到州文学的官职，心里闷闷不乐。后来他突然醒悟："《论语》云'文学子游、子夏'，今果居其上乎！"把这些经历告诉同舍生，皆大笑说："神亦善谑如此哉！"[②] 在这则故事里，二相公子游、子夏显然是一个具有主宰科举成败的民间神祇。

由此看来，儒教神祇的世俗化至北宋时期已明显在民间存在，甚至非常流行。只是由于儒者选择性地记载，我们看到的例子并不多。现在能看到的例子，大都是作为反面教材才得以保存的。孔平仲对民间祭祀孔子的评论是："生也既无求，没岂享淫祀。"[③] 孔子生前"敬鬼神而远之"，并没有成为神灵的欲望，死后怎么会享受这类祭祀呢？民间对孔子的祭祀是对儒者先圣的严重亵渎，将其记载下来只是为警示世人而已。

二、二相公信仰的兴盛

"二相公庙"是供奉二相公的祠庙，又称"二相庙"，位于开封城西里城脚

---

① 委心子：《新编分门古今类事》卷四《伯珍注名》，中华书局 1987 年版，第 57 页；卷一二《王佖遇僧》，第 182 页。

② 费衮：《梁溪漫志》卷一〇《二相公庙乞梦》，中华书局 1985 年版，第 116 页。

③ 孔平仲等：《清江三孔集》卷二一《止谒宣圣庙者》，线装书局 2004 年版，第 623 页。

下。关于二相公的得名，宋人颇为不解，王栐说："子游为武城宰，子夏聘列国，不知何以得相之名也。"①事实上，在宋代民间信仰的语境中，为吸引民众的注意，信众在对神灵的称谓上往往使用尊称。如"五通"被尊称为"五圣"，"张渤"则被尊称为"张王"。因而，称子游、子夏为"相"，或许是为了扩大二相公的社会名声，以吸引更多的信众。

从现有的史料来看，二相庙兴建时间已难以考知，但不会晚于太平兴国八年（983年）。此后，二相公一直不甚引人注意，直到北宋徽宗时期，才因其预知科举的"神力"而声名大噪。据方勺《泊宅编》记载："士有未遇，上书乞灵，往往见梦，虽远必应。"②这种"应答如响"的神力必然吸引举人前往祈拜："京师试于礼部者，皆祷于二相庙"③；"举人入京者，必往谒祈梦"④。为便于观察，现将北宋末年二相公信仰事例列表（见表1）如下。

表1　北宋末年二相公信仰事例

序号	时间	信仰者	身份	方式	主要内容	资料来源
1	崇宁二年（1103年）	毗陵霍端友、桐庐胡献可、开封柴天因	举人	求梦	三人求梦，皆得诗两句。霍诗曰：已得新消息，胪传占独班。柴曰：一掷得花王，春风万里香。胡曰：黄伞亭亭天仗近，红绡隐隐凤鞘鸣。	《夷坚志》乙志卷一九《二相公庙》
2	崇宁五年（1106年）	鄱阳余国器	举人	作文	夜梦一童子，年可十三四，走马至所馆门外，告曰："送省榜来。"	《夷坚志》乙志卷一九《二相公庙》

① 王栐：《燕翼诒谋录》卷四，中华书局1981年版，第36页。
② 方勺：《泊宅编》卷九，中华书局1983年版，第50页。
③ 王栐：《燕翼诒谋录》卷四，中华书局1981年版，第36页。
④ 洪迈：《夷坚志》乙志卷一九《二相公庙》，中华书局2006年版，第349页。

序号	时间	信仰者	身份	方式	主要内容	资料来源
3	大观年间	同舍生	太学生	乞梦	二相公致意先辈，将来成名在二相公上	《梁溪漫志》卷一〇《二相公庙乞梦》
4	大观年间	崇仁王耕	举人	丏梦	是夜梦中做诗一首	《能改斋漫录》卷一八《贡士匄梦》
5	政和二年（1112年）	李纲	举人	求梦	帘中出三纸示之：一曰上舍登第，二曰监察御史孙宗鉴，三曰宋十相公	《泊宅编》卷六
6	政和八年	明州赵敦临	太学生	乞梦	梦云：状元今岁方生	《夷坚志》甲志卷一一《赵敦临梦》
7	政和年间	仙井何㮚	太学生	乞梦	梦人告：将来殿策问道	《夷坚志》乙志卷七《何丞相》
8		越人石公辙	举人		梦帘中出一纸，只"邻州"二字	《泊宅编》卷九
9		福州陈呆	举人	祈梦	夜梦神曰：子父死不葬，科名未可期也	《夷坚志》甲志卷七《不葬父落第》
10		弋阳吴公才	太学生	乞梦	梦童子告曰：君明年甚佳，自此泰矣	《夷坚志》丙志卷一二《吴德充》

从表中可以看出，二相公信仰在宋徽宗时期主要有3个特征：第一，其灵应对象既包括开封本地的士人，还有毗陵、鄱阳、崇仁、明州等千里之外地区的举人。这说明其预知科举的"神力"已在社会上广泛流布，《梁溪漫志》说二相公的神迹在南宋时还"人人能言之"①，当不是虚妄之词。第二，其信众大部分来自四川、两浙、福建等地区，这与宋代教育发展水平的地区差异相吻合。在宋代，四川、两浙、福建等地区无论是官学还是私学都较其他地区发达，读书应举之人众多，举人的数量普遍多于其他地区。第三，其神迹带有浓厚的儒教伦

---

① 费衮：《梁溪漫志》卷一〇《二相公庙乞梦》，中华书局1985年版，第116页。

理色彩。福州举人陈杲,于二相公庙祈梦,是夜梦神曰:"子父死不葬,科名未可期也。"他犹豫未信,第二年果黜于礼闱。于是,他"遂遣书告其家,呕疟襄事"。后再试,果然登第。① 在陈杲的事迹中,儒家所强调的"孝"成为他中举与否的关键。可见,在宋人的意识里,只有那些遵循儒教伦理的信众才会得到神灵的庇佑。

北宋末年,二相公信仰之所以在举人群体中迅速兴起,是因为当时社会中恰巧聚集了各种相关因素。

首先,崇宁元年(1102年),宋徽宗将向所有入舍士子提供食宿的三舍法推向全国,这一措施导致学生人数急剧膨胀。政和六年(1116年),学生人数已二十余万②,到宣和三年(1121年)竟达到了三十万。但是,录取人数并未大幅增加,这就必然导致科举竞争的激烈化。以宣和六年(1124年)的科举为例,参加省试的举子是15000人,仅录取805人,通过率是5.4%,还达不到宋哲宗元祐三年(1088年)11.3%的录取率的二分之一。③ 承受巨大科举压力的举人,急需一个缓解压力的通道。

其次,开封不仅是北宋的政治、经济中心,同时也是科举中心。宋代三级考试制度要求士子在通过地方"解试"之后,远赴京城参加由礼部主持的"省试"。同时,由于开封籍贯的考生在科举中占有明显优势,如咸平元年榜"五十人,自第一至十四人,惟第九名刘烨为河南人,余皆贯开封府,其下又二十五人亦然"。因而,外地考生往往"寄名托籍,以为进取之便"④。还有,开封不仅拥有良好的教育资源,而且有更多的机会与名臣交游,进而获得他们的"延誉"。如苏洵曾游学京城,为翰林学士欧阳修、宰相韩琦等名臣所知。⑤ 当时甚至流行着这样的说法:"非善为赋诗论策者不得及第;非游学京师者不善为诗赋论策。以此之故,四方学士皆弃背乡里,违去二亲,老于京师,不复更归。"⑥ 总之,开封是

---

① 洪迈:《夷坚志》甲志卷七《不葬父落第》,中华书局2006年版,第58页。
② 宋绶编:《宋大诏令集》卷一五七《学生怀挟代笔监司互察御笔手诏》,中华书局1962年版,第593页。
③ 参见[美]贾志扬(John W.Chaffee):《宋代科举》,东大图书股份有限公司1995年版,第54、286页。
④ 洪迈:《容斋随笔续笔》卷一三《金花帖子》,中华书局2005年版,第378页。
⑤ 叶梦得:《石林燕语》卷五,中华书局1984年版,第65页。
⑥ 司马光:《司马光集》卷三〇《贡院乞逐路取人状》,四川大学出版社2010年版,第728页。

举人集聚之地，这就为二相公信仰与科举考试发生密切联系提供了地利因素。

最后，二相公子游、子夏一直以文学闻名于世。孔子称赞道："文学：子游、子夏。"①宋代理学家对子游、子夏的文学之才也给予高度评价。程颐曾说："游、夏亦何尝秉笔学为词章也？且如'观乎天文以察时变，观乎人文以化成天下'，此岂词章之文也？"②朱熹补充道："三代圣贤文章，皆从此心写出，文便是道。"③在他们看来，为文应当像子游、子夏那样"观天时、察人文"，文从心出方能以文载道。而此时的科举考试也发生较大变动，特别是自景德四年（1007年）省试采用封弥制以来，取士标准不再参考家世履行，文章本身成为科举考试之关键，即司马光所说科举"一决之以文辞"④也。于是，举人很容易将子游、子夏的文学名声与科举相联系。他们前赴后继地拜访二相庙，希望获得"以文载道"的能力，以便在"抡才大典"中脱颖而出。

三、二相公信仰的衰落

靖康之乱，宋室播迁，二相庙随之淹没于历史洪流之中。时人王林回忆说："今行都试礼部者皆祷于皮场庙，皮场即皮剥所也。"由此可知，南宋时二相公地位被皮场王取代了。他接着说："建中靖国元年六月，传闻皮场土地主痬疾之不治者，诏封为灵贶侯。今庙在万寿观之晨华馆，馆与贡院为邻，不知士人之祷始于何时，馆因何而置庙也。"⑤吴自牧《梦粱录》记载："南渡时，有直庙人商立者，携其（皮场王）神像随朝至杭。遂于吴山至德观右立祖庙，又于万松岭、侍郎桥巷、元贞桥立行祠者三。"⑥可知，皮场王原本是开封地区的土地神，后因传闻能治痬疾而得到朝廷的赐额。南渡时，值庙人携带其神像随朝至杭，建立了祖庙和3个行祠。后来，临安的皮场庙因与贡院相邻，被认为可以保佑科举，而受到举人们的拜访。

在皮场王庙南迁过程中，值庙人起着关键性作用。正是因为值庙人商立携

① 杨伯峻：《论语译注》卷一一《先进》，中华书局1982年版，第110页。
② 程颢、程颐：《二程集》卷一八，中华书局1981年版，第239页。
③ 黎靖德：《朱子语类》卷一三九《论文》，中华书局1994年版，第3319页。
④ 司马光：《司马光集》卷六四《送胡完夫序》，四川大学出版社2010年版，第1139页。
⑤ 王林：《燕翼诒谋录》卷四，中华书局1981年版，第36页。
⑥ 吴自牧：《梦粱录》卷一四《东都随朝祠》，中国商业出版社1982年版，第119页。

其神像随朝至杭，皮场王庙才得以延续到南宋。由此推测，二相公信仰衰落的直接原因是其庙未能及时南迁，间接原因则与其信众的群体特点有关。上文提到二相公的信众大部分是来自外地的举人，这个群体最大特点就是具有较强的流动性。为获名士的"延誉"，他们往往四方游学。北宋名臣王禹偁未第前，就曾在济州、濮州、兖州一带游学十年。南宋士人刘宰用"聚于都城，散于四方"[①]来形容举人，可谓相当贴切。换言之，举人们科考虽在都城，但辍第之后，返乡待举；即便侥幸一第，也过着"宦游东西，奔走四海"[②]的生活。从赴举到离开都城不满一年，在短短几个月里，举人很难与二相公形成牢固的关系，这使得二相庙无法像皮场王庙那样，形成一个稳固的崇拜群体。

另外，在"唯灵是从"的宗教环境下，信众和神祇之间关系非常松散。四川举子何㮤的例子就很典型——在赴举途中他先拜谒位于梓潼县的张王庙，之后又造访位于桐柏的一个庙宇，到京城后，又到二相公庙祈梦。[③]与何㮤一样，后亦官至宰相的抗金名臣李纲，从家乡邵武军赴举，先拜访了当地的广祐王，之后又虔诚地祈拜二相庙，终于获得神灵的预示，于政和二年（1112 年）高中进士。[④]在这种松散的关系下，信众很容易被其他神灵所吸引。

四、结语

两宋之际二相公信仰的兴盛与衰落轨迹，反映了宋代民间信仰的多变性、功利性和竞争性。其兴盛实际上是举人科举登第需求在信仰领域的反映，一旦其不再具备满足这种需求的各种条件，就会马上被另一个被认为更灵验的神祇所取代。这说明民间神祇的信仰是处于竞争状态的。这种竞争既包括神祇之间的竞争，也包括信众之间的竞争。正是这种竞争性的存在，才导致民间信仰的不断发展与繁盛。

---

① 刘宰：《漫塘文集》卷一三《上钱丞相论罢漕试太学补试劄子》，线装书局 2004 年版，第 236 页。

② 苏轼：《苏轼文集》卷六三《祭伯父提刑文》，中华书局 1986 年版，第 1958 页。

③ 洪迈：《夷坚志》丁志卷七《何丞相》，中华书局 2006 年版，第 606 页；乙志卷七《何丞相》，中华书局 2006 年版，第 243 页。

④ 黄仲昭：《八闽通志》下册卷六〇《祠庙》，福建人民出版社 1991 年版，第 405 页；方勺：《泊宅编》卷六，中华书局 1983 年版，第 32 页。

宋代旌表制度述略 *

旌表作为中国古代政府对民间的奖励方式，一直为统治者用作美化社会习俗、维护地方秩序的有效手段。宋代旌表制度与前代相比更加完善，旌表范围更加广泛，皇帝屡次下诏并督促地方政府对不同阶层通过多种方式进行旌表。通过精神、物质以及政治身份等多方面的奖励，对于宋代社会习俗的养成、人们文化心理的形成，都有着重要的作用。但这项制度也存在着弊病，其在维护社会秩序中发挥作用的同时，也带来了一些负面影响。

旌表是中国古代的一种社会控制手段，指地方政府将一些符合伦理规范的特异行为上报朝廷，由中央政府按照特定的程序对其进行表彰、奖励，以引导习俗、维护统治。旌表制度早在先秦时期即已存在。《尚书·毕命》中曾说："旌别淑慝，表厥宅里。"《史记》卷三《殷本纪》中也提到，周武王灭商以后，"封比干之墓，表商容之闾"。早期旌表作为表彰的一种方式，其特点是树立某种标志加以表扬和彰显①。到了宋代，旌表范围已经扩展到社会的各个阶层，显示了官方统治手段的多样化。旌表一词的涵义，也有了进一步的扩大。如果分层来看，至少有 3 层涵义：一是专指旌表门闾；二是指有标识性的表彰，包括旌表门闾、封表坟墓等；三是泛指官府针对某些特异行为给予的表彰。鉴于目前学术

---

* 　原载《宋史研究论丛》第 14 辑，河北大学出版社 2013 年版。

① 　参见秦永洲、韩帅《中国旌表制度溯源》，《山东师范大学学报》2007 年第 6 期。

界对此问题进行的专题探讨尚显不足①，本篇从旌表广义涵义的角度出发，对其类型、内容及社会影响加以考述。

一、旌表的类型

宋王朝曾多次下诏，明确提出对"义夫、节妇、孝子、顺孙"的事迹进行旌表。如治平三年（1066年）诏书："应天下义夫、节妇、孝子、顺孙，事状灼然、为众所推者，委逐处长吏按验闻奏，当与旌表门闾。"②宣和七年（1125年），南郊制曰："如有曾被旌表门闾者，仍依式建立，以示激劝。应天下义夫、节妇、孝子、顺孙，委所在长史（应为吏）常加存恤，事状显著者具名奏闻。"③绍兴十年（1140年），"诏诸路州县长吏精加察举所部内有孝行殊异、卓然为众推朕（应为服）者，皆以名闻。士人擢用，民庶表其门闾，厚加赐予，以旌别之"④。由这些材料可以看出，宋政府侧重旌表的主要是忠孝节义等行为。在实际执行过程中，大体有如下一些被旌表的类型。

（一）义居

义居是指累世同居的大家庭。宋初承五代之弊，宗法关系松弛，纲常伦理对人们的约束力下降。在士大夫的倡导和努力下，逐渐建立起"敬宗收族"的宗族制度。作为宗族雍睦的极端表现形式，世代同居的大家庭在宋代虽然不是很广泛，但其社会影响却很大。这种家庭组织结构严密，在内部有一套行之有效的规范。大家庭往往能在地方上形成较大的势力，对地方社会产生重要影响。

---

① 在现有相关研究成果中，王美华《官方旌表与唐宋两代孝悌行为的变异》（《东北师大学报［哲学社会科学版］》2003年第2期）一文侧重论述孝悌行为的变异，对旌表制度涉及无多；杨建宏《论宋代的民间旌表与国家权力的基层运作》（《中州学刊》2006年第3期）一文，是较早论述宋代旌表程序和类型的成果，然该文比较简略，可发覆之处尚多；铁爱花《论宋代国家对女性的旌表》（《历史教学［高教版］》2008年第6期）一文对旌表的类型、程序、方式及社会影响有所论述，然仅限于对女性的旌表；潘荣华、杨芳《论宋代旌表政策对民间"割股"陋俗的影响——以〈名公书判清明集〉旌表文告为中心》（《南京中医药大学学报［哲学社会科学版］》2012年第3期）一文论述内容局限于旌表与"割股"陋俗的关系。

② 徐松辑：《宋会要辑稿》礼六一之三，上海古籍出版社2014年版，第2104页。

③ 徐松辑：《宋会要辑稿》礼六一之八，上海古籍出版社2014年版，第2107页。

④ 徐松辑：《宋会要辑稿》礼六一之一〇，上海古籍出版社2014年版，第2108页。

专制政府为了使大家族为己所用，采取各种措施加以拉拢，对有影响者往往加以旌表。据记载，奉新县民胡仲尧，"三世义居，置书堂聚游学之士，诏旌表门闾，常税外免其他役"[①]；"金乡县民李光袭十世同居，内无异爨，诏旌表门闾，常税外免其他役"[②]。旌表门闾的同居标准并不是很高，甚至三世同居即可。但是，宋政府却不是以同居世代为唯一标准来旌表的，更主要的是累世同居之家在地方有无影响。胡仲尧能"置书堂聚游学之士"，一方面说明有一定的经济实力；另一方面，私学作为官办教育的补充，既受到宋统治者欢迎，又在地方上赢得声誉。只有产生了较大的社会影响，才有可能获得政府的旌表。有代表性的还有抚州金谿陆九渊家族，"义居十世，阃门雍肃，著于江右"[③]，看来其家族势力很大。漕使江万里、曾颖茂先后上奏朝廷后，于淳祐六年（1246年）获赐旌表门闾。宋人王令曾说："今世谓久能相家者为义门，朝里交多之，往往加旌识、复租调以为表劝。"[④]笔者曾对宋代的同居共财大家庭进行统计，共得145家，其中被旌表者占58%，多达84家。[⑤]

（二）孝行

自西汉"罢黜百家、独尊儒术"以后，历代统治者极力提倡孝道，认为在家为孝子者，在朝必为忠臣。在家国同构的中国古代社会，孝子和忠臣的根本相同点是对家长和君主的服从，这应是统治者以"孝"治天下的原因所在。宋代"国家之于孝子，小则馈酒饩，大则旌门闾，奖之至矣"[⑥]。如陈州项城常氏三代有孝行，获两朝旌表。开宝七年（974年），"陈州项城民常真父母死，庐墓终丧，负土成坟，不茹荤血。诏旌表门闾。先是，周广顺中已赐旌表，至是再有是命。其后真妻病，子晏割股肉以食母。及死，次子守规徒跣，日一食，庐墓三年。太平兴国八年，又诏旌表之"[⑦]。文中提到后周广顺年间常家已获旌表，说明在前

---

① 钱若水修，范学辉校注：《宋太宗皇帝实录校注》卷三四，雍熙二年十二月癸亥，中华书局2012年版，第407页。

② 徐松辑：《宋会要辑稿》礼六一之一，上海古籍出版社2014年版，第2103页。

③ 陆九渊：《陆九渊集》卷三六《年谱》，中华书局1980年版，第528页。

④ 王令：《王令集》卷一四《烈妇倪氏传》，上海古籍出版社2011年版，第262页。

⑤ 王善军：《宋代宗族和宗族制度研究》，人民出版社2018年版，第133页。

⑥ 刘克庄著，辛更儒笺校：《刘克庄集笺校》卷九四《序·送高上人》，中华书局2011年版，第3972页。

⑦ 徐松辑：《宋会要辑稿》礼六一之一，上海古籍出版社2014年版，第2103页。

朝时就孝行显著，有一定的影响。到宋建立政权之初，常真父子又能守丧以礼、割股食母，无论从现状还是历史来考察，都很值得旌表。又如林孝泽八世祖攒，"有至性，居母孝，哀毁甚"，以至于"有白乌甘露之祥"，唐德宗"诏立阙旌其先世，大其门"，但是因为年久失修而毁坏。到了宋仁宗嘉祐年间，地方官钟离权出帑二十万，修葺一新。可见地方政府对于至孝之士的重视。当然此举的目的也是非常明确的，即为民众树立榜样，从而达到"要令四海皆参筹，孰非人子宜勉旃"①的政治目的，巩固地方秩序。

宋代旌表孝子的事例很多，这些孝子的孝行有一些共同的特点：一是父母在世时事父母至孝，父母年老生病不离左右，甚至割股疗亲。二是父母故去，庐墓守丧三年以上，守丧期间过着常人难及的清苦生活。三是有"祥瑞"出现在墓地或者家居之所，或者有奇异之事发生。如果说守丧三年还符合儒家礼仪的话，那么割股疗亲，从现代医学角度讲是没有根据的。割股疗亲之被称道，并在宋代大量出现，表明礼教的世俗化和极端化。"祥瑞"出现大多是统治阶级编造的谎言，一方面表明孝子孝行感动上天，另一方面意在表现专制统治的太平。因为按照儒家的解释，"祥瑞"只有在治世才会出现。

（三）节烈

宋代旌表节妇烈女的事迹主要分为三类：守节不嫁、不畏强暴以及不令儿孙仕于伪朝。

被旌表的节妇，一般是年轻守寡而立志不改嫁。由于上有公婆下有儿女需要供养，所以对家庭肩负着重任。最明显的例子是临海县妇人陈氏，丈夫去世后，"年少子幼，有媒议亲。陈氏扶膺恸哭，仆地，复欲自刃。父母许不复议嫁，方免"。陈氏一心守节，精心侍奉舅姑，二子朱希尹、朱希牧皆举进士。巧合的是，所居之邑发生火灾，在将要殃及陈氏所居之所时熄灭，时人将其归结为孝义感动上天。这是宋人在褒奖"忠孝节义"时常用的手法，即将种种行为归结为天意。宋孝宗认为"此当旌表，以厉风俗"②。

---

① 王十朋：《梅溪后集》卷二六《兴化军林氏重修旌表门闾记》，影印文渊阁四库全书本，第1151册，第589页。

② 徐松辑：《宋会要辑稿》礼八之二二，上海古籍出版社2014年版，第655页。

不畏强暴的烈女，也往往会成为被旌表者。宣和五年（1123年），越州女子汤氏因为"节操正洁，强暴不能侵陵"①，获得旌表并被封为孺人。在宋金对峙等特殊时期，宋廷还对死于国事的妇女、劝子不仕"伪朝"的妇人给予表彰，以笼络人心。杨珪母亲郭氏在伪齐，"独令男珪归正，不从伪命，拘留伪地，死于国事，忠义可嘉"②，因此被封为郡夫人。

宋朝廷对节妇的旌表是有限的，或者说是十分谨慎的。一方面，妇女守节不嫁，特别是留在婆家，悉心料理家事，对一个残破家庭的维持是至关重要的，对于良好社会风气的形成无疑也有促进作用。但另一方面，妇女年轻守寡，势必艰辛备尝，于人情说不过去，因此朝廷对在地方特别有影响的节妇进行旌表时，一般只是赐些米、帛等物质性奖励。

（四）忠义

两宋时期，民族矛盾错综复杂，涌现出不少效忠朝廷、不惜为国捐躯的忠义之士。宋廷对他们则适时加以旌表，以砥砺臣民政治品格，巩固统治。如绍兴九年（1139年），"诏盛修己特赠武翼郎、阁门宣赞舍人，令本州守臣封表其墓，仍送史馆。修己建炎三年十月以保义郎权通判宿州，据贼不屈，遇害。因州民请而有命"③。这是一个地方官"拒贼不屈"而受到旌表的具体事例。淳祐九年（1249年），都省言："沿边将士有殁于王事者，虽已褒赠，官其子孙，犹当旌表，以显忠节。"④这是朝廷官员对于忠义群体的普遍态度。

在南宋与金对峙时期，南宋偏安一隅，滞留北方的士大夫往往因种种原因而仕于"伪朝"，但也有少数不仕"伪朝"、一心向宋的官员。签书枢密院事楼炤提到，原州通判米璞"当刘豫僭窃、群伪争进之日，杜门谢病，终不受污，关陕之人见璞则知有朝廷"；前知陇州刘化源"建炎间守陇州，城既陷，虏使人守视之，不得死。驱入河北贩卖蔬果，隐民间十年，卒不屈辱以归"；"前博州签判刘长孺，当刘豫僭逆初萌之日，尝致书于豫，劝其转祸为福。豫毁除告命，囚之，

---

① 徐松辑：《宋会要辑稿》礼六一之八，上海古籍出版社2014年版，第2107页。
② 徐松辑：《宋会要辑稿》礼六一之九，上海古籍出版社2014年版，第2107页。
③ 徐松辑：《宋会要辑稿》礼六一之九，上海古籍出版社2014年版，第2108页。
④ 佚名：《宋史全文》卷三四《宋理宗四》，中华书局2016年版，第2798页。

而日后复起之以官，终不屈"①。很明显，这三人都是守节之人，这种不仕伪朝的行为对于当时的士人自然有激励作用。为了"激励风俗"，宋廷对他们进行了旌表。

在日常生活中，做出济民爱物义行的义士，也可能会受到旌表。真德秀有诗云："吾邦贤使君，爱民均幼稚。一闻平粜家，褒赏无不至。或与旌门闾（自注：浦城沈氏），或与赐金币。"②此处的旌表只是地方官的做法。尽管如此，因荒年平粜而受旌表，在史料中似仅见此一例。

（五）隐逸

学富德高的士人隐居不仕，自然会与浮薄奔竞之风形成映照。宋政府对有影响的隐逸之人，往往加以旌表。天禧四年（1020年），宋真宗在旌表已故隐士魏野的诏书中说："国家举旌赏之命，以辉丘园；申恤赠之恩，用慰泉壤，所以褒逸民而厚风俗也。"③南宋臣僚周紫芝也说，"举逸民，则天下归心焉"，官府应"表其门闾，赐以美号，付之史馆，使传万世"，以使"鄙夫闻其风者，莫不兴起"。他在绍兴年间撰写的《乞旌表苏庠劄子》云："臣窃见镇江府苏坚之子庠，人物文采，一时之冠，而抱泉石烟霞之念，至于终身，可谓贤矣。"④苏庠这一具体事例，说明被旌表的隐逸之士多具有很高的社会声望。

另外，与历代统治者一样，宋代统治者也认同"古之为政，先于尚老"⑤，因而崇遇高年老人。端拱元年（988年），宋太宗大赦："民年七十以上有德行为乡里所宗者，赐爵一级。"⑥大中祥符三年（1010年），宋真宗降德音："赤县父老令本府宴犒，年九十者授摄官，赐粟帛终身，八十者爵一级。"⑦淳熙三年（1176年），宋孝宗曾说："今次庆赦，年九十者自合与封号。"⑧可见，两宋仍遵守着崇

---

① 徐松辑：《宋会要辑稿》礼六一之九至一〇，上海古籍出版社2014年版，第2108页。

② 真德秀：《西山先生真文忠公文集》卷一《浦城劝粜》，四部丛刊初编本。

③ 脱脱等：《宋史》卷四五七《隐逸·魏野传》，中华书局1985年版，第13431页。

④ 周紫芝：《太仓稊米集》卷四九《乞旌表苏庠劄子》，影印文渊阁四库全书本，第1141册，第343页。

⑤ 《唐大诏令集》卷八〇《老人赐几杖鸠杖敕》，学林出版社1992年版，第416页。

⑥ 李焘：《续资治通鉴长编》卷二九，端拱元年正月乙亥，中华书局2004年版，第646页。

⑦ 李焘：《续资治通鉴长编》卷七三，大中祥符三年闰二月戊辰，中华书局2004年版，第1658页。

⑧ 徐松辑：《宋会要辑稿》礼八之二二，上海古籍出版社2014年版，第655页。

遇高年的成规。不过,宋代对高年虽给予优待,但似尚未达到旌表的程度。

二、旌表的内容

宋廷对"忠孝节义"等行为的旌表,其内容不局限于建立荣誉标帜,而往往是既有精神性的奖励,也有物质性的奖励以及政治身份的奖励。通过多种旌表方式的综合运用,使旌表制度日趋完善,不同的旌表对象,均有与之适合的奖励形式。

(一)精神方面的奖励

1. 旌表门闾

此种方式最为常见,尤其是用于对义居、孝行的旌表。其具体方法,是通过朝廷下诏,"于所居之前立绰楔门,夹之以台。台高十有二尺,饰以丹垩,艺以嘉木"[1]。

累世同居的家庭一般在地方上已经形成强大的势力,并因门户修睦以及在地方上多行善举如修建基础设施、办学校等,而得到民众的好评。在这种情况下,官方的旌表门闾只是对民众话语权的认可,意在使累世同居大家庭成员的行为符合伦理规范并引导他人。这方面的事例很多,宋太宗时期至少有:长沙县民翟景鸿因为"五世同居,内无异爨,诏旌表门闾"[2];襄阳县百姓刘昉,"五世同居,长幼百口,内无异爨,诏旌表门闾"[3];以及前文提及的奉新县民胡仲尧三世义居而旌表门闾的情况。

孝行、节烈等行为多发生在普通百姓身边,旌表门闾更能长久地彰显这些行为。雍熙三年(986年),南剑州民张虔"父死,庐墓,墓侧瑞草生,诏旌表门

---

① 杨万里撰,辛更儒笺校:《杨万里集笺校》卷七三《刘氏旌表门闾记》,中华书局2007年版,第3049页。宋代旌表门闾格式,主要是继承前代做法,见程大昌:《演繁露》卷一〇《旌表门闾》,《全宋笔记》第4编第9册,大象出版社2008年版,第64页。

② 钱若水修,范学辉校注:《宋太宗皇帝实录校注》卷二六,太平兴国八年六月己亥,中华书局2012年版,第13页。

③ 钱若水修,范学辉校注:《宋太宗皇帝实录校注》卷三一,雍熙元年十一月癸酉,中华书局2012年版,第247—248页。

间"①。墓侧长出祥瑞之草，这当然不可信，但不论是民间的以讹传讹，还是官员的刻意谎报，都说明孝行显著，已为人所知。淳祐十一年（1251年），"潭州民林符三世孝行，一门义居；福州陈氏，笄年守志，寿逾九袠，诏皆旌表其门"②。宝祐二年（1254年），"诏湘潭县民陈克良孝行，表其门"③。

2. 封表坟墓

对于历史上的或本朝已故的有影响的忠臣、孝子，宋政府往往采取封表坟墓的方式扩大其社会影响。如绍熙二年（1191年）赦文："应忠臣、孝子、义夫、节妇坟墓所在，仰州县检照图经验实，量加封护，不得侵损。"④似此类的诏书，在不同时期曾反复申明。

3. 宣付史馆

将被旌表人物的事迹由史官记载下来，使之名垂青史，自然是一种巨大的精神奖励。这种方式即使对已故的人，也同样适用。绍兴九年（1139年），宋高宗"诏盛修己特赠武翼郎、阁门宣赞舍人，令本州守臣封表其墓，仍送史馆"⑤。绍兴十三年，"湖州言：长兴县民华小九取肝以疗父疾，孝行显著，乞赐褒加。诏赐旌表门闾，宣付史馆"⑥。乾道五年（1169年），广州奏"近年本州刘氏二女刳肝割股以疗母疾"，宋孝宗"诏刘氏本家赐旌表门闾，仍宣付史馆"⑦。

4. 更易乡里名

以被旌表人的事迹，来更易其所在乡里的名称，既是一种长久的纪念，也是重要的精神奖励。绍兴十三年（1143年），宋高宗"诏信州铭（应为铅）山县民王小十刳腹取肝以愈母疾，可旌表门闾，易其乡名为旌孝，仍宣付史馆"⑧。该种表彰形式多见于孝义类的旌表对象。

5. 长吏致礼

在中国古代专制主义官僚体制下，地方长吏被称为"父母官"，长吏向普通

---

① 徐松辑：《宋会要辑稿》礼六一之一至二，上海古籍出版社2014年版，第2103页。
② 脱脱等：《宋史》卷四三《理宗纪三》，中华书局1985年版，第844页。
③ 脱脱等：《宋史》卷四四《理宗纪四》，中华书局1985年版，第851页。
④ 徐松辑：《宋会要辑稿》礼六一之一三，上海古籍出版社2014年版，第2110页。
⑤ 徐松辑：《宋会要辑稿》礼六一之九，上海古籍出版社2014年版，第2108页。
⑥ 徐松辑：《宋会要辑稿》礼六一之一一，上海古籍出版社2014年版，第2109页。
⑦ 徐松辑：《宋会要辑稿》礼六一之一二，上海古籍出版社2014年版，第2109页。
⑧ 徐松辑：《宋会要辑稿》礼六一之一一，上海古籍出版社2014年版，第2109页。

百姓致礼,自然被看成是一种荣誉。淳熙三年(1176年),宋孝宗"诏吉州安福县乡贡进士刘承弼旌表门闾,仍令长吏致礼"[1]。嘉定四年(1211年),宋宁宗"诏真州扬子县怀义乡里居吴汝明赐旌表门闾,令长吏致礼"[2]。

(二)物质方面的奖励

一般而言,伴随着精神奖励的还有物质性的奖赏。这类奖赏主要是免除徭役和赏赐米、帛等实物。除一次性奖赏外,朝廷还经常下诏要求地方官员对被旌表者"常加存恤"[3],也同样会带来救济或奖赏性的物质利益。

1.免除徭役

在各种物质性的奖励当中,免除徭役应该是最大的。宋代的徭役负担相当沉重,因此,免除徭役对人们来说是巨大的赏赐。大中祥符元年(1008年),"诏旌表门闾人,自今税外免其杂差役"[4]。天禧四年(1020年)的诏令提道:"诏诸州旌表门闾户,与免户下色役,自余合差丁夫科配,即准例施行。"[5]宋仁宗《天圣令》规定:"诸孝子、顺孙、义夫、节妇,志行闻于乡闾者,具状以闻,表其门闾,同籍悉免色役。"[6]宋神宗时也规定,诸旌表门闾有敕书者,"所出役钱依官户法"[7]。这些优惠,都是官府明文规定的。

与其他旌表类型相比,义门在免除徭役中获得的优惠最多。一方面,义门在获旌表时往往同时获得免除徭役。如太平兴国四年(979年),"徐州言彭城县民彭程四世同居,旌表门闾,常税外免其他役"[8]。另一方面,宋代为了征收赋税和征发徭役,根据各地的不同情况制定了户等制度,其基本特色是户等愈高,赋役愈重。义门累世同居,一般来说人口众多,经济实力比之一般门户要强,因此繁重的赋役对人口众多的大家庭也是不小的负担。政府对义门免除徭役,一定程度上解除了义门因不分家引起的赋役繁重问题。

---

① 徐松辑:《宋会要辑稿》礼六一之一四,上海古籍出版社2014年版,第2110页。
② 徐松辑:《宋会要辑稿》礼六一之一三,上海古籍出版社2014年版,第2110页。
③ 徐松辑:《宋会要辑稿》礼六一之八,上海古籍出版社2014年版,第2107页。
④ 徐松辑:《宋会要辑稿》礼六一之二,上海古籍出版社2014年版,第2104页。
⑤ 徐松辑:《宋会要辑稿》礼六一之二,上海古籍出版社2014年版,第2104页。
⑥ 佚名编,天一阁博物馆等校正:《天一阁藏明钞本天圣令校正》卷二二《赋役令》,中华书局2006年版,第50页。
⑦ 李焘:《续资治通鉴长编》卷二五六,熙宁七年九月壬子,中华书局2004年版,第6255页。
⑧ 徐松辑:《宋会要辑稿》礼六一之一,上海古籍出版社2014年版,第2103页。

2.赏赐米、帛

一食二衣,对获旌表者赏赐米、帛也是宋朝统治者比较常见的做法。下面的材料,就显示了这种情况:"永嘉县民陈侃五世同居,内无异爨,侃事亲至孝,为乡里所称。诏旌表门闾,赐其母粟帛。"[1]元祐七年(1092年),唐州言:王令妻吴氏夫死不嫁,节义出众,欲乞朝廷旌表。"诏赐绢一十匹,米一十石。"[2]同年,"岳州言:前通判潭州黄诰庐父墓三年,生芝草甚众,诏本州支赐绢五十匹"[3]。绍圣元年(1094年),"卫州王奎言:'本州节妇王氏,少为窦安时妻,期年而安时卒,妇方孕。后数月,生男曰岸……今十二年,奉养舅姑无失,教育训子有方,乡人称之。请申赏典,以励志节。'诏赐米十斛、绢十匹"[4]。

在古代,农业生产力不甚发达、丰歉无常的情况下,米、帛等基本生活资料还是比较匮乏的。能够获得一定的米、帛,对人们日常生活的作用自不待言。而对于官府来说,这种物质性的赏赐,对引导民众道德走向具有更为明显的作用。

(三)政治身份的奖励

1.授予官职、科名或者升迁官职

宋代官方对事迹显著的孝子、忠臣往往授予官职、科名或者升迁官职。太平兴国五年(980年),襄阳县民张巨源因五世同居而被旌表,"巨源尝习刑名书,特赐明法及第"[5]。元祐八年(1093年),翰林学士、兼修国史范祖禹提到,资阳县民支渐年八十发由白变黑,牙齿落而复生,希望授予支渐一长史助教名目,最终"诏支渐与资州助教"[6]。宝文阁待制、知广州林遹,因为苗傅、刘正彦发动叛乱时首先致仕,"除龙图阁直学士以宠其节"[7]。原州通判米璞、前知陇州刘化源、前博州签判刘长孺都不仕伪齐,签书枢密院事楼炤请求为此三人"并特

---

① 李焘:《续资治通鉴长编》卷四〇,至道二年六月庚辰,中华书局2004年版,第842页。
② 王令:《王令集》附录《吴夫人传》,上海古籍出版社2011年版,第405页。
③ 徐松辑:《宋会要辑稿》礼六一之四,上海古籍出版社2014年版,第2105页。
④ 徐松辑:《宋会要辑稿》礼六一之四,上海古籍出版社2014年版,第2105页。
⑤ 徐松辑:《宋会要辑稿》礼六一之一,上海古籍出版社2014年版,第2103页。
⑥ 徐松辑:《宋会要辑稿》礼六一之四,上海古籍出版社2014年版,第2105页。
⑦ 徐松辑:《宋会要辑稿》礼六一之八,上海古籍出版社2014年版,第2107页。

除宫观差遣","具奏乞差充凤翔府教授"①,获得政府批准。还有达州文学睦昇因不仕金朝、伪齐而被任命为修职郎,王宠因为托疾不仕于伪齐而被任命为承务郎。

官员因为孝行显著而获得差遣或升迁官职,这方面的事例亦有不少:新筠州临江军巡辖马递铺王忠直因为孝行显著,"特与升等差遣"②。另有武功大夫、英州刺史、特添差浙西副总管开赵因为取肝救父,"特转濮州团练使"③。

士大夫因为不仕金朝、伪齐或者不与起义军合作而获得的官职,大多为荣誉性的官职,并没有多少实权。对于孝行显著的普通民众,授予的官职多为教化官,而对于孝行显著的官员则委以重任。这同通过科考而授官截然不同,说明对于在伪朝待过的官员的不信任。

2.赐予封号

赐予封号多见于对守节妇女的旌表,所赐封号一般为安人、孺人。元祐元年(1086年),宋哲宗"诏故太常寺太祝包缯妻寿安县君崔氏,特封永嘉郡君,仍旌表门闾"④。政和六年(1116年),宋徽宗"诏赠吉州吉水县项氏为孺人,以强民胁迫不从,断指而死,故旌之"⑤。淳熙三年(1176年),临海县贡士朱伯履之妻陈氏,"有诏特封安人,旌表门闾,仍宣付史馆"⑥。对于"死于国事"⑦的妇女,则会赐予更高的封号。前文提到的杨珪母亲,令儿子"归正"而自己"拘留伪地,死于国事",被封为郡夫人。

三、旌表的社会影响

宋政府虽极力对忠孝节义等行为进行旌表,但并不是所有的忠孝节义都能获得旌表,而必须是事迹显著。换句话说,就是在地方上引起巨大反响,其实也就是获得地方民众的认同。如台州黄岩人郭琮,"幼丧父,事母极恭顺。……

---

① 徐松辑:《宋会要辑稿》礼六一之九至一○,上海古籍出版社2014年版,第2108页。
② 徐松辑:《宋会要辑稿》礼六一之一四,上海古籍出版社2014年版,第2111页。
③ 徐松辑:《宋会要辑稿》礼六一之一五,上海古籍出版社2014年版,第2111页。
④ 徐松辑:《宋会要辑稿》礼六一之三,上海古籍出版社2014年版,第2104页。
⑤ 徐松辑:《宋会要辑稿》礼六一之七,上海古籍出版社2014年版,第2106页。
⑥ 林表民:《赤城集》卷一四《节孝巷记》,影印文渊阁四库全书本,第1356册,第740页。
⑦ 徐松辑:《宋会要辑稿》礼六一之九,上海古籍出版社2014年版,第2107页。

至道三年，诏书存恤孝悌，乡老陈赞率同里四十人状琼事于转运使以闻，有诏旌表门间"①。如此看来，旌表的意图很明显了，那就是激励百姓日常行为符合伦理规范，巩固地方上的统治秩序。正如宋人施垌所说："尚取行实之尤异者，旌其门间，使乡里至愚者，皆知迁善远罪。"②

显而易见，"若将一家褒旌，天下纷纷指例"③，旌表对于民间社会风俗的导向具有重大的作用。被旌表之家门前所立之阙，自然会使此后"行人来往手加额，解说当年旌表时"④。宋代统治者正是通过对"忠孝节义"行为不断进行多方面的奖励，来促进社会风俗的粹美。"自京师至于郡县，郡县至于乡党，其间有德行节义可称者取而旌之，爵于朝廷，死（当为衍文）表其门间，如此风俗莫不勉励也。"⑤在这种情况下，广大民众将获得其认可的孝子、节妇等上报给政府，地方官员在朝廷的鼓励下也广泛找寻事迹显著的义居之家和个人，上报给朝廷之后，根据其在地方的影响而给予各种奖励。这无疑对孝道、贞节、忠义的弘扬有巨大作用，对个体小家庭的稳定、地方秩序的协调以及整个社会风气的好转有着潜移默化的作用，从而一定程度上巩固了专制统治。

也应看到，旌表作为一项制度，在实施过程中发挥的作用是多方面的，亦即在睦人伦、厚风俗的同时，也存在引诱官员百姓作弊、虚报谎报等情况。大观三年（1109年），权知兖州王诏提到，由于崇宁四年（1105年）的敕文中规定对于为祖父母、父母割肝治病者给予绢五匹、米面各一石、酒二斗的赏赐，民众"利于给赐，妄自伤残"⑥。朝廷意识到这一问题后，取消了崇宁四年的条例。绍兴十年（1140年），臣僚上言中提到，应仿效前朝的做法，使各路州县的地方官对于所辖之地内有孝行并且有显著名声的，进行旌表，但对于"或有其人而不举，或举非其人者，皆罚之"⑦。可以看出，地方官为了彰显政绩，多有上报不实者。

---

① 脱脱等：《宋史》卷四五六《孝义·郭琼传》，中华书局1985年版，第13394页。
② 黄以周等：《续资治通鉴长编拾补》卷三二，政和三年六月己亥，中华书局2004年版，第1058页。
③ 佚名：《元典章》卷三三礼部六《孝节》，中华书局、天津古籍出版社2011年版，第1144页。
④ 方信孺：《南海百咏·刘氏双阙》，清嘉庆宛委别藏本。
⑤ 范仲淹：《范仲淹全集》附录五《韩泽·淄州长山县建范文正公祠堂记》，四川大学出版社2002年版，第1103页。
⑥ 徐松辑：《宋会要辑稿》礼六一之六，上海古籍出版社2014年版，第2106页。
⑦ 徐松辑：《宋会要辑稿》礼六一之一〇，上海古籍出版社2014年版，第2108页。

宋代的旌表对士大夫的品格也有腐蚀作用。有些士大夫为获得旌表而行孝、义居，获得旌表后主动要求朝廷授官。如天圣七年（1029年），"试国子四门助教刘中正上言：家本襄州，以义居表门，昨授试秩，今遇放选，乞依鲜于播例注官"[1]。再如通仕郎缪潜上言："伏为臣营葬祖父母，有鹤飞茔上，河北西路提举常平司敷奏，蒙恩特循一资，及赐绢五十匹、米十石。念父谏素行著于乡里，训臣有方，遂至叨忝科第。臣禄养弗逮，欲将今来循资恩命、支赐米帛更不祗受，乞回授臣父一官。"[2]通过上面两个例子可以看出，获得旌表的两人一个是为了自己升官，一个是为父求官。宋代虽有高级官僚荫补子弟为官的特权，但基本是在制度范围内进行，特恩荫补较为困难。况且，低级官员一般无机会荫补子弟。因此，打着儒家极力倡导的孝道招牌，利用旌表制度以求仕，自不失为一条捷径。

要之，宋代政府通过对不同群体、不同阶层的旌表，引导了社会的价值导向，对于民众的日常行为有着很强的规范作用，一定程度上扭转了五代以来的社会风俗。但是，宋代旌表制度又有监督不够严密等不完善之处，并在各个阶层中带来了负面作用。旌表制度在中国历代王朝中的长期实行，在一定程度上影响了中华民族的文化心理。

---

① 徐松辑：《宋会要辑稿》礼六一之三，上海古籍出版社2014年版，第2104页。
② 徐松辑：《宋会要辑稿》礼六一之五，上海古籍出版社2014年版，第2105页。

宋徽宗行"八行科"及其影响探析[*]

北宋中后期，"乡举德行"的儒家理想成为科举改革的重要方向之一，宋徽宗君臣试图通过实行八行科，实现"稽古验今"的政治理想。八行科应试资格较宽，选拔程序以推举和三舍法逐级向学校贡士，录取规模先增长后缩减。八行之士待遇较丰厚，所授阶官也较优越，但差遣以学职为主。徽宗君臣还热衷于营建八行碑，以期扩大八行观念在民间的影响力。八行科在"正风俗"方面确实起到一些效果，但同时也造成了"天下相率而为伪"的局面。

八行科是宋徽宗时期施行的一种以"八行"为选拔标准，旨在教化士人、引导社会风俗的取士制度。所谓"八行"，是指儒家伦理中的八种美德。据《周礼》记载："六行：孝、友、睦、姻、任、恤。"^① 宋徽宗"稽《周礼》之书"，在"六行"基础上，增加"忠、和"，遂成"八行"。^② 近年来，宋徽宗时代成为海内外宋史学界研究的热点，三舍升贡制度更成为观察北宋末年政治社会不可回避的话题，相关研究成果极为丰富。^③ 相比之下，学界对同为徽宗朝重要科举制度的

---

* 原载《东岳论丛》2017 年第 5 期。

① 孙诒让：《周礼正义》卷一九，中华书局 1987 年版，第 756 页。

② 王应麟：《困学纪闻》卷一五《考史》，上海古籍出版社 2008 年版，第 1750 页。

③ 学界关于宋徽宗及其时代的研究主要有：[美]Patricia Ebrey and Maggie Bickford, *Emperor Huizong and Late Northern Song China: the Politics of Culture and the Culture of Politics*, Boston：Harvard University Asia Center, 2006；包伟民：《宋徽宗："昏庸之君"与他的时代》，《北京大学学报（哲学社会科学版）》2009 年第 2 期；杨小敏：《蔡京、蔡卞与北宋晚期政局研究》，中国社会科学出版社 2010 年版；方诚峰：《北宋晚期的政治体制与政治文化》，北京大学出版社 2015 年版。

"八行科"关注则相对薄弱。[①] 有鉴于此，笔者首先考察八行科产生的时代背景及其主要的制度设计，进而探讨八行碑在推广八行观念过程中的作用，最后对八行科产生的影响进行较为全面的评价。

一、八行科产生的社会背景

北宋中期，随着儒学复兴运动的兴起[②]，儒家经典所描绘的"三代之治"成为士人所追慕的理想社会。以基层举选为渠道，以个人品德为标准，是宋人对三代取士制度的普遍认识。蔡襄在谈论上古三代时说："三代之道，乡举里选，专取德业。"[③] 司马光也说："三代以前，其取士无不以德为本。"[④] 然而，宋代的社会现实，却与此有着巨大差异。由于实行严密的糊名誊录制度，使科举"一切以程文为去留"[⑤]，导致举人的德行无从考察。包拯曾对此作过如下评论："今之取士……乡曲不议其行，礼部不专其任，但糊名誊本，烦以绳检，复于轩陛，躬临程试，三题竞作，百篇来上，不逾三数日，升降天下士。其考较去留，可谓之精且详乎？"[⑥] 在时人看来，这种"专尚文辞"而忽略举人德行的科举制度与儒家唯德是举的"先王之政"相背离，不能选拔德才兼备之士。因而，自北宋中期以降，要求科举改革的声音便日益强烈。

宋仁宗庆历三年（1043 年），范仲淹在《答手诏条陈十事》中提出"精贡举"的改革设想。鉴于解试"不求履行，惟以词藻、墨义取之"的现实，他要求在发解试中增加考核举人德行的环节——"重定外郡发解条约，须是履行无恶、艺

---

① 王炳照、郭齐家主编的《中国教育史研究·宋元分卷》（华东师范大学出版社 2000 年版，第 295—298 页），从教育学角度对八行科的内容和影响进行了简要分析。张雪红在其博士论文中对八行科有所论及，认为八行科作为社会教化的一种手段，对徽宗朝社会风俗造成了种种负面影响。（《传播与转型：走向生活世界的宋代社会教化研究》，博士学位论文，华东师范大学，2010 年，第 119—126 页）此外，李弘祺的《宋代官学教育与科举》（联经出版公司 1994 年版，第 90、282 页）；乔卫平的《中国教育制度通史》（山东教育出版社 2000 年版，第 3 卷，第 312—315 页）等对此亦略有涉及。总体而言，由于关于八行科的直接史料较分散，加之研究八行科多以考察北宋亡国原因为鹄，因而论者在论述时多侧重于八行科的社会影响，对其制度运作则未遑深究。

② 参见刘复生《北宋中期儒学复兴运动》，文津出版社 1991 年版，第 189—207 页。

③ 蔡襄：《蔡襄集》卷二三《论改科场条制》，上海古籍出版社 1996 年版，第 402 页。

④ 司马光：《司马光集》卷三九《议学校贡举状》，四川大学出版社 2010 年版，第 887 页。

⑤ 陆游：《老学庵笔记》卷五，中华书局 1997 年版，第 69 页。

⑥ 包拯撰，杨国宜校注：《包拯集校注》卷一《论取士》，黄山书社 1999 年版，第 4 页。

业及等者,方得解荐,更不封弥试卷"。①翌年,宋祁等九位大臣联合上奏说:"今教不本于学校,士不察于乡里,则不能核名实。"他们建议在"设立学舍"的同时,实行"保明举送之法",通过学校和保举之法以保障举人德行。②庆历新政失败后,"精贡举"的诸种措施虽遭废罢,但"举德行"的科举改革思想得到后辈儒者的继承和发扬。

宋神宗熙宁元年(1068年),程颢也提出自己的科举改革方案。他同样强调"德行"的重要性:"选士之法,皆以性行端洁,居家孝悌,有廉耻礼逊,通明学业,晓达治道者。"③次年,臣僚们就学校贡举制度展开激烈讨论,苏轼对此曾有过一番描述:

> 今议者所欲变改,不过数端。或曰乡举德行而略文章;或曰专取策论而罢诗赋;或欲举唐室故事,兼采誉望,而罢封弥;或欲罢经生朴学,不用贴、墨,而考大义。④

可知,"乡举德行而略文章"是当时重要主张之一。就现有史料来看,持这种观点的大臣有孙觉、司马光、苏颂、吕公著、李定等,其中又以司马光的意见最具代表性。早在嘉祐六年(1061年),司马光就曾上书直言:"取士之道,当以德行为先,其次经术,其次政事,其次艺能。"⑤在熙宁二年的奏折中,他重申"取士当以德行为先"的主张,建议施行保举之法,由两制以上官员考察举人的德行,保举赴京参加科举考试。保举法强调对举人德行的重视——"曾犯真刑或私罪情理重、曾经罚赎,及不孝不友、盗窃淫乱、明有迹状者不得举"⑥。

宋哲宗元祐元年(1086年),司马光重新进入权力中枢,这就为实现"举德行"的科举方案提供了契机。他连上两道奏折,要求另设经明行修科,获苏颂、曾肇等诸臣的支持。不久,哲宗下诏:"令文官升朝以上无赃罪及无私罪重

---

① 范仲淹:《范文正公政府奏议》卷上《答手诏条陈十事》,见李勇先、王蓉贵点校:《范仲淹全集》,四川大学出版社2002年版,第530页。

② 李焘:《续资治通鉴长编》卷一四七,庆历四年三月甲戌,中华书局2004年版,第3563页。

③ 程颢、程颐:《河南程氏文集》卷一《请修学校尊师儒取士札子》,见《二程集》,中华书局1981年版,第449页。

④ 苏轼:《苏轼文集》卷二五《议学校贡举状》,中华书局1986年版,第724页。

⑤ 司马光:《司马光集》卷一九《论举选状》,四川大学出版社2010年版,第549页。

⑥ 司马光:《司马光集》卷三九《议学校贡举状》,四川大学出版社2010年版,第890页。

者……各奏举经明行修一名。"①经明行修科实质是以德行和经义取士,是"举德行"思想在科举制度中的首次施行。

可以看出,在仁宗、神宗、哲宗三朝的科举改革中,存在着一股"乡举德行"的复古思潮,其倡导者由于不乏名卿大儒,从而形成了广泛的社会影响。在他们看来,"乡举德行"是实现"一道德而奖进人才",进而恢复上古圣政的有效途径。这种构想对于极力追慕上古圣王之治的徽宗君臣来说②,无疑是极具吸引力的,八行科正是这种构想的具体实践。

崇宁元年(1102年),徽宗绍述乃父遗志,将三舍法推向全国。三年,宋廷下诏废除州郡解试和省试,以学校升贡代替科举取士。尽管学校取士包括对士人德行的考核,但在实际操作中仍以学业为主,士子只要不违背三舍法规矩即可。同时,学校升贡比科举更为复杂,考试次数更为频繁,竞争更加激烈。因而,三舍法的实施不仅没有达到"一道德同风俗"的目的,反而增加了社会奔竞之风,士人品行不升反降。徽宗就曾批评当时士风说:"去古绵邈,士非里选,习尚科举,不孝不悌,有时而容。故仕官临政,趋利犯义,诋讪贪污,无不为者。"③在这种情况下,徽宗君臣亟需"善俗明伦之制",以控制士人思想,引导社会风俗,维护专制统治。于是,被认为可以砥砺风俗的八行科便应运而生了。

二、八行科的内容与实施

作为宋代贡举科目之一的八行科④,早在崇宁年间即已施行,"崇宁中,诏天下以八行举士"⑤,但此时规模较小,制度尚未完备,应试者也以隐逸之士为主。

---

① 李焘:《续资治通鉴长编》卷三七六,元祐元年四月辛亥,中华书局2004年版,第9117页。

② 宋绶编:《宋大诏令集》卷一二二《崇宁三年南郊赦天下制》云:"朕骏膺宝命,重受庬禧。丕宣文武之光,尽缉熙丰之典。取士于学,稽古建官。亮采百工,庶几三代。凡厥盛王之式,率由昭考之行。"(中华书局1962年版,第417页)

③ 徐松辑:《宋会要辑稿》选举一二之三三,上海古籍出版社2014年版,第5510页。

④ 《宋会要》将八行科与宏词科、明经科、童子科并列于选举目下,王应麟《玉海》也将其置于选举目下,可见在宋人看来八行科属于贡举科目。邓广铭、程应镠主编《中国历史大辞典·宋史》(上海辞书出版社1984年版,第5页)将八行科归为贡举科目,甚是。只是由于八行科与三舍法联系紧密,因而学者往往将其视为一种入学途径进行研究,参见王建秋《宋代太学的应试资格》,《唐宋附五代史研究论集》,《大陆杂志史学丛书》第2辑第2册,《大陆杂志》1967年版,第74—83页。

⑤ 陈璀:《有宋八行先生徐公事略》,见林表民编:《赤城集》卷一六,影印文渊阁四库全书本,第1356册,第755页。

如陈易,"初游太学,后归隐县之蔡溪岩,不下山者三十年。崇宁初,下诏举遗逸八行。郡守郭重以易应诏,因具礼聘之"①。崇宁五年(1106年),徽宗在推行三舍法的诏书中规定:"如有孝弟、睦姻、任恤、忠和,若行能尤异为乡里所推,县上之州,免试入学。"②显然,这则诏令可视为八行取士大规模施行之嚆矢。大观元年(1107年)三月十八日③,徽宗颁布了翔实可行的《八行取士诏》④,标志着八行科在全国范围内的正式实施。考其内容与实施情况,可大致归纳如下。

(一)应试资格

《八行诏》规定:"诸士有善父母为孝,善兄弟为悌,善内亲为睦,善外亲为姻,信于朋友为任,仁于州里为恤,知君臣之义为忠,达义利之分为和。"这里提到的是应试者必须同时具备的两种条件——士人身份与八种品行。

先看士人身份。《八行诏》对士的范围未进行限定,但在实际操作中,仍有"在学不在学之限",即只有在学士子方能应举。大观元年十二月,徽宗从提举福建路学事陈汝锡奏请,诏:"凡八行、八刑之士所在,皆得以名闻,法无在学不在学之限。"⑤非在学士人也可应举,扩大了八行科应试者的范围。此后,除在学学生外,应举士人还有:

1.隐逸。北宋诸朝对"高蹈之士"历来采取优崇政策,以达到笼络人心之目的。徽宗不仅继承了这种政策,还将其上升到"道"的层面——"先王之道,具存方策。非得真醇驾学之士数绎于前,则道固隐没而不彰矣"⑥,积极推

---

① 李俊甫:《莆阳比事》卷六,江苏古籍出版社1988年版,第249页。

② 脱脱等:《宋史》卷一五七《选举志三》,中华书局1985年版,第3664页。

③ 徐松辑:《宋会要辑稿》选举一二之三三,上海古籍出版社2014年版,第5510页。王称《东都事略》卷一〇《徽宗纪一》记载诏书颁布时间在三月甲寅。(影印文渊阁四库全书本,第215册,第85页)《宋史》卷二〇《徽宗纪二》则记为三月甲辰(中华书局1985年版,第378页)。按:三月十八日为甲辰日,《东都事略》误。另外,是年正月蔡京再次为相,两者相隔仅两月。由此推测,蔡京对八行科的施行,可能起到推动的作用。

④ 史料中未见这则诏书的名称,为便于行文,今据其内容命名为《八行取士诏》(以下简称《八行诏》)。诏书内容见《宋会要辑稿》选举一二之三三至三四(上海古籍出版社2014年版,第5510页);杨仲良:《皇宋通鉴长编纪事本末》卷一二六《八行取士》(江苏古籍出版社1988年版,第3909—3913页);章如愚:《群书考索·后集》卷二八(影印文渊阁四库全书本,第937册,第380—381页),文字略有出入。

⑤ 徐松辑:《宋会要辑稿》选举一二之三五,上海古籍出版社2014年版,第5510页。

⑥ 《宋征聘八行太师敕命》,转引自史美露主编:《南宋四明史氏》,四川美术出版社2006年版,第112页。

行八行科"以驭天下操履敦笃不求闻达之士"①。具体事例,如"安贫乐道,澹然无求"的史诏,大观二年应八行科,获赠太师、越国公;②"以亲死庐墓侧,后筑草堂于东山隐焉"的林放,也于大观年间应八行科。③

2. 落第举人。相比于唐代而言,尽管宋代科举录取名额已有明显增加,但即使算上恩科,及第者始终是应试者中的极少数。大量落第举人厕迹京城与乡里之间,对赵宋王朝无疑是一大隐患④,八行科的实行则为他们进入仕途提供了一条捷径。例如方几仲"五至省闱,皆不捷",晚年应八行科,因受到"免廷试"的待遇,从而甲科及第。⑤

3. 有官人。政和三年(1113年)十一月,江南西路提举学事司推举吉州助教孙德臣、筠州上高县主簿曾缄应八行科,获得批准。⑥不久,朝廷对有官人应举全面放宽,诏:"有官人许举八行。"⑦

由此看来,八行科对士人身份的要求经历了一个逐步放宽的过程,从最初只许在学士子参加,到后来隐士、落第举人乃至有官人亦可应举。应试资格渐次放松带来的影响是双重的:一方面,它扩大了八行科的应试群体,更多的士人通过八行科进入仕途,从而扩大了统治基础,维护了赵宋王朝的专制统治;另一方面,相对强势的群体尤其是有官人获得应举资格后,能够利用已有的关系网络,弄虚作假,侵占名额,无疑为八行科走向废罢埋下伏笔。

再看"孝、悌、睦、姻、任、恤、忠、和"八种美德。作为儒家伦理的核心价值,孝、忠历来被统治者所重视。儒家认为在家孝父母,在朝必忠君主,即所

---

① 宋绶编:《宋大诏令集》卷一五七《臣僚上言八行预贡人与诸州贡士混试御笔手诏》,中华书局 1962 年版,第 593 页。

② 王应麟:《四明文献集》卷五《故观文殿学士正奉大夫史宇之墓志铭》,中华书局 2010 年版,第 237 页;黄宗羲:《宋元学案》卷六《越公史八行先生诏》,中华书局 1986 年版,第 269 页。

③ 陈耆卿:《嘉定赤城志》卷三四《人物》,见《宋元方志丛刊》,中华书局 1990 年版,第 7549 页。

④ 宋仁宗景祐年间,落第举人张元、吴昊叛宋附夏,引发宋夏战争。(洪迈:《容斋随笔三笔》卷一一《记张元事》,中华书局 2005 年版,第 555 页)宋神宗时,岭南进士徐百祥屡举不中,遂遗书交趾国王,建言"举兵入寇",于是"交趾大发兵入寇,陷钦、廉、邕三州"。(司马光:《涑水记闻》卷一三《交趾入寇》,中华书局 1989 年版,第 248 页)可见,落第举人作为一个不稳定群体,对赵宋王朝存在着潜在威胁。

⑤ 张邦基:《墨庄漫录》卷一《方几仲晚以八行举》,中华书局 2002 年版,第 41—42 页。

⑥ 徐松辑:《宋会要辑稿》选举一二之三六,上海古籍出版社 2014 年版,第 5511 页。

⑦ 脱脱等:《宋史》卷二一《徽宗纪三》,中华书局 1985 年版,第 392 页。

谓"君子之事亲孝,故忠可以移于君"①。就现有史料来看,以孝、忠应八行科的事例最多。睦、姻是对待宗族姻亲的行为准则,任、恤是对待朋友乡亲的行为准则,悌、和则是个人自身修养的基本准则,这些都是强调士人在各种社会群体中的影响力。唯有那些具有良好声誉的士人,才有应八行科的资格。河南士人赵仲祥由于善货殖而"赀益丰",平时乐于助人,"仓卒叩其门,虽未相识请辄诺,求必获,无不满意"。同时,还积极参与地方公共事务。熙宁初,献"粟千斛薪百万"治河;元祐年间,大雪连连,流殍遍路,"为粥以饿者,所活至不赀"。这些行为受到统治者和地方社会的欢迎,为其赢得了良好的社会声誉,史称"贫者依之,病者归之,四方之好事者,往必造其庐,下至闾巷小人,无不誉叹其所为"。这使他在应八行科时受到各种礼遇,"为虚太学馆之,不使与群贡士杂试于廷。既赐第,擢其姓名居甲科,拜从事郎兖州节度推官"②。

(二)选拔程序

依据《八行诏》,八行科选拔程序如下:

第一步,"耆邻保伍"向县申报士人德行,知县将其"延入县学"并进行审查,若属实保举申州。在宋代,"耆邻保伍"不仅具有督促赋役、维护治安的职责,同时还拥有向上推举贤士的权利与义务。由于他们对士人最为了解,因而他们的保举是八行科施行的第一步。若要获得他们的支持,士人及家族在乡里需具备相当的影响力。胡垫能"藏书万卷",说明具有一定的经济实力;讲学于长春谷,能教化乡里、造福地方,赢得声誉。这使他获得乡老的推荐,以八行登进士第。③

第二步,州再根据"孝悌忠和为上,睦姻为中,任恤为下"的标准,将士人分为六等,申报朝廷。八行及第者的出现往往被视为地方政绩,因而地方官员对士人应举是乐见其成,甚至积极参与其中。赵鼎臣任职开封府期间就曾代奏

---

① 李隆基注,邢昺疏:《孝经注疏》卷七《广扬名章》,见阮元校刻:《十三经注疏》(清嘉庆刊本),中华书局2009年版,第47页。

② 赵鼎臣:《竹隐畸士集》卷一九《赵八行墓志铭》,影印文渊阁四库全书本,第1124册,第257页。

③ 董天锡:《嘉靖赣州府志》卷一○《贤达》,见《天一阁藏明代方志选刊》,上海书店1962年版,第38册;黄宗羲:《宋元学案》卷三《教授胡环中先生垫》,中华书局1986年版,第117页。

札子,称境内举人贾高有孝、悌、和、睦、姻、恤六行,乞求褒奖。①

第三步,朝廷对士人德行进行审核,按等入学。其具体方案如下(见表1)。

表 1 八行士人分等及入学方案

等级	条件	进入州学	进入太学	授官条件
一	八行全备者		直接免试为太学上舍生	学校考验不虚后,即可授官
二	具上四行或上三行而兼中等二行者	为州学上舍上等生	贡入太学为上舍生	在学半年,无犯三等以上过错,即可授官
三	具上二行兼中一行或上一兼中二者	为州学上舍中等生	贡入太学为上舍生	待殿试授官
四	具上一行兼中一行或兼下一行者	为州学上舍下等生	贡入太学为内舍生	
五	有中二行或中等一行兼下一行者	为州学内舍生(在学半年,不犯第二等罚,升州学上舍)		
六	其余者	为州学外舍生(在学一年,不犯第三等罚,升州学内舍)		

表1反映了八行科依据三舍法向县学、州学以及太学逐级贡士的史实,表明八行科与三舍法关系之密切。自崇宁兴学以来,学校逐渐取代科举成为主要的取士途径。徽宗君臣将八行科纳入三舍升贡体系的做法,一方面可以保持八行科持续的吸引力和制度活力;另一方面,八行士人与一般士人同处于太学,他们的美德可以感染其他学子,提高其品行,激荡风俗。从这个角度而言,与三舍法的结合可谓是八行取士制度的一大特色。

任何制度在实施过程中都会根据实际情况做出调整,八行科也概莫能外。在《八行诏》规定的选拔程序中,并没有考试环节,八行之士皆"不试而贡",徽

---

① 赵鼎臣:《竹隐畸士集》卷九《代奏陈畿内有行义孝悌之民札子》,影印文渊阁四库全书本,第1124册,第180页。

宗称此"非常之举"可以"稽古验今,作人造士"①。然而,此举非但未达到预期效果,反而诱导学生伪造形迹,不务文辞。尽管徽宗于大观四年(1110年)听从吴执中的建议,令太学长贰和诸路学事官对士人的"道艺"进行会考,以期弥补八行科造成的缺欠,但作用仍非常有限。②政和三年(1113年),徽宗在查看太学生私试程文时,这样评价道:"词烦理寡,体格卑弱,言虽多而意不逮,一幅几二百言,用心字凡二十有六。"二百字中竟有26心字,"文之陋于此为甚"③。六年,臣僚拿出改革方案,"今后八行预贡之人,必与诸州贡士混试太学上舍"④,虽受到时任提举河北西路学事翁行简的质疑:"八行初非以文辞选也,今限以等第,有中程而不官者,与初立法异甚。"⑤但此方案仍得到贯彻和执行,表明仅以德取士在宋代已无法实现,八行科选拔程序增加考试环节已是大势所趋。

（三）录取规模

关于八行科录取规模,《八行诏》未有明确规定,但由于应试资格相对宽松,加之政府鼓励与提倡,应试人数应不在少数,录取名额也呈逐步增长态势。大观元年(1107年),每路岁举"以三人为率"⑥。次年,则增加到每州岁贡一人⑦。随着人数增加,士人品行势必无法保障。大观四年,朝廷接受御史中丞吴执中"有其人则必公举,无其人勿以妄贡"⑧的建议,优化士人质量。规模扩大带来的另一个后果是,八行之士侵占学校名额,妨碍正常士子入学。政和三

---

① 宋绶编:《宋大诏令集》卷一五七《罢提举河北东路学事叶常御笔手诏》,中华书局1962年版,第591页。

② 徐松辑:《宋会要辑稿》选举一二之三六,上海古籍出版社2014年版,第5511页。

③ 宋绶编:《宋大诏令集》卷一五七《考校程文官降官御笔手诏》,中华书局1962年版,第592页。

④ 杨仲良:《皇宋通鉴长编纪事本末》卷一二六《八行取士》,江苏古籍出版社1988年版,第3916页。

⑤ 杨时:《龟山集》卷三二《翁行简墓志铭》,影印文渊阁四库全书本,第1125册,第407页。

⑥ 祝穆:《方舆胜览》卷三七《南雄州》,引洪勋《修学记》,中华书局2003年版,第671页。

⑦ 陈耆卿:《嘉定赤城志》卷三四《人物》,见《宋元方志丛刊》,中华书局1990年版,第7549页。

⑧ 杨仲良:《皇宋通鉴长编纪事本末》卷一二六《八行取士》,江苏古籍出版社1988年版,第3915页。

年（1113年），朝廷下令"依条限贡发施行"①，对八行科的推行采取了紧缩政策。此后，八行科由岁贡之制变为"每三年令一州举一人"②，规模明显缩小。

（四）待遇及授官

宋代三舍法规定免费向所有系籍学生提供食宿，因此，八行士人在县学、州学、太学期间应当也享有食宿待遇。政和元年（1111年），朝廷依京畿提举学事林震的奏请，提高八行士人在县学期间的待遇，"依州学外舍生例给食"。③

除食宿外，八行士人还享有其他待遇。《八行诏》规定，一、二级士人"其家依官户法"，三、四级士人"免户下支移折变借倩身丁"，五级士人则可以"免支移身丁"④。宋代的官户不仅可以免除两税、和买、和籴、科配等赋税，享有免除夫役、职役、兵役等差役的特权，同时，家庭成员犯罪还可以减免刑罚。⑤支移、折变是徽宗时增加的两税之外的苛捐杂税，身丁则是宋代征收的人头税。可见，八行士人的待遇并不低，提高八行科待遇是为了吸引更多士人积极应举，扩大八行观念在民间的影响力，从而实现徽宗"稽古验今"的政治意图。

八行之士所授阶官也较优越。八行士人初授阶官虽多以将仕郎、从事郎、从政郎等低级选人阶官为主，但迁转较快。游觉民的例子就很典型，他因八行科而上舍及第，初授选人最低阶官将仕郎，最后以朝官朝奉郎致仕。⑥根据宋代官员铨选制度，选人官阶迁转极为缓慢，跳出选调升为京官须经多年磨勘举荐改官，因而"终老选调"者比比皆是。游觉民能从选人最低阶官将仕郎，升为京官，乃至成为朝官，表明八行及第者迁转还是较快的。为便于观察，今将八行登科人员授官情况制为下表（见表2）。

---

① 杨仲良：《皇宋通鉴长编纪事本末》卷一二六《八行取士》，江苏古籍出版社1988年版，第3916页。

② 黄淮、杨士奇：《历代名臣奏议》卷八三《经国》，上海古籍出版社1989年版，第1142页。

③ 杨仲良：《皇宋通鉴长编纪事本末》卷一二六《八行取士》，江苏古籍出版社1988年版，第3915页。

④ 徐松辑：《宋会要辑稿》选举一二之三四，上海古籍出版社2014年版，第5510页。

⑤ 参见王曾瑜《宋朝阶级结构》增订本，中国人民大学出版社2010年版，第210—216页。

⑥ 陈文蔚：《克斋集》卷一二《西轩居士志铭》，影印文渊阁四库全书本，第1171册，第90页；蒋继洙等：《同治广信府志》卷九之五《人物·孝行》，见《中国方志丛书》，成文出版社1970年版，第106册，第901页。

表2 八行科登科授官事例

姓名	时间	事迹	授官	资料来源
阳孝本	崇宁中	学博行高,隐于城西通天岩	解褐为国子录	《宋史》卷四五八《阳孝本传》
宋璙	大观初	以八行举	从政郎,凤州文学	《八闽通志》卷五三《选举》
李谔	大观二年	以孝悌行能赐上舍及第	授文林郎,国子录,终承议郎、淮南提举学事	《淳熙三山志》卷二七《人物》;《八闽通志》卷六三《人物》
史诏	大观二年	誓终身母子不相离;以八行举于乡	赠太师、越国公	《四明文献集》卷五《故观文殿学士正奉大夫史宇之墓志铭》;《宋元学案》卷六《越公史八行先生诏》
方亚夫	大观三年	五至省闱,皆不捷。晚以八行举,诏免廷试,唱名排入第一甲	授平江府教授,以通直郎终	《墨庄漫录》卷二;《八闽通志》卷五三《选举》
陈尹	大观三年	举八行,登进士甲科	终通直郎,越州教授	《淳熙三山志》卷四《地里》;卷二七《人物》
游觉民	大观三年	以八行举,上舍及第	初授将仕郎、新淦县主簿,仕至朝奉郎、通判	《克斋集》卷一二《西轩居士志铭》;《同治广信府志》卷九之五《人物·孝行》
张子充	政和元年	徘徊场屋,数上数否。八行设科,遂为举首	一命南昌,州学教授。再命辟雍,小学司纠	《浮沚集》卷七《祭张子充文》;卷七《赵彦昭墓志铭》
刘达夫	政和二年	举八行	终宣教郎,越州教授	《淳熙三山志》卷二七《人物》
洪子阳	政和四年	举八行	朝散郎致仕	《八闽通志》卷五三《选举》
崔贡	政和五年	端重有学识,履行饬备,党里咸敬事之	授密州文学	《钱塘先贤传赞·宋八行崔先生》
张弼	政和五年	以八行遗逸应聘,登进士第	终宣教郎	《鹤山全集》卷八二《故秘书丞兵部郎管潼川府路转运判官张公墓志铭》

姓名	时间	事迹	授官	资料来源
胡埜	政和八年	方雅好古，端凝介特，讲学于长春谷，藏书万卷	累官婺州教授	《舆地纪胜》卷三二《江南西路》；《宋元学案》卷三《高平学案·教授胡环中先生野》
周孝嗣	宣和三年	举八行	终兴化军知录	《淳熙三山志》卷二七《人物》
赵仲祥		乐施赒人之急，仓卒叩其门，虽未相识，请辄诺，求必获	拜从事郎，充州节度推官	《竹隐畸士集》卷一九《赵八行墓志铭》
王庠		累世同居，号"义门王氏"	赐号处士，寻改潼川府教授，赐出身及章服	《宋史》卷三七七《王庠传》

注：文献中还记载了士人应八行科，而未明确交代是否登科，如棣州人刘栋"初以八行举"（吴曾：《能改斋漫录》卷一二《谨正·神霄乐郁罗萧台》，上海古籍出版社1979年版，第356页）。另外，还有一些只记载士人登八行科但未交代授官情况，如蓬池人黄煮于大观初"以行高为乡里推重，首膺其选"（王象之：《舆地纪胜》卷一八八《利州路》，中华书局影印本1992年版，第4864页）。受篇幅所限，表中不再列举。

由表2可知，八行之士的差遣多是掌管地方教育的学职。自崇宁兴学以来，朝廷规定各州需配教授两名，全国共缺员五百余名[1]，同时八行士人充当教职被认为可以教化在学士人，于是八行及第者被大量安排到各州教授岗位上。政和三年（1113年），朝廷颁布"八行许添差诸州教授"[2]的诏令，将此法推广开来。在以后的迁转中，八行士人的差遣也多与教育相关，如以孝悌行能赐上舍及第的李谔，初授负责纠察国子监学生违规的国子录，最后以掌管淮东路教育的提举学事官致仕。[3]

由此看来，尽管八行及第者阶官较优越，但差遣却多是掌管地方教育而无

---

① 马端临：《文献通考》卷四六《学校考》，中华书局2011年版，第1346页。

② 杨仲良：《皇宋通鉴长编纪事本末》卷一二六《八行取士》，江苏古籍出版社1988年版，第3915页。

③ 梁克家：《淳熙三山志》卷二七《人物》，见《宋元方志丛刊》，中华书局1990年版，第8026页；黄仲昭：《八闽通志》下册卷六三《人物》，福建人民出版社1991年版，第470页。

实际权力的学职，在以后的仕途中很难有所作为。因而，在文献中经常可以看到这样的例子：邓柔中由于"生平操履尤为乡邦所推重"，而被乡老推荐应八行科，但他拒绝应举，不久参加了政和八年（1118年）的进士考试，终于及第。[①]在宋人观念里，"非进士及第不得美官"[②]，唯有进士及第，仕途方有通达之望。在徽宗朝，像邓柔中这样拒绝应八行科而参加进士考试的现象极为普遍。被举八行却推辞不应，主要是为了参加科举考试，以便取得更好的出身。

八行科另一项重要内容是举八刑。徽宗君臣效仿《周礼》中"教万民而宾兴以六德六行，否则威之以不孝不悌之刑"的做法，命诸州县在举八行之时，向朝廷举八刑之人。八刑与八行相反，即"不孝、不悌、不睦、不姻、不任、不恤、不忠、不和"。《八行诏》规定："诸士有犯不忠、不孝、不悌、不和，终身不齿，不得入学，不睦十年，不姻八年，不任五年，不恤三年，能改过自新，不犯罪而有二行之实，耆邻保伍申县，县令佐审，听入学，在学一年又不犯第三等罚，听齿于诸生之列。"[③]徽宗试图以举八刑的方式加强对士人德行的引导。上述八行士人被视为地方政绩，反之，八刑之士则被视为地方教化的污点。因而，从地方到中央对举八刑不甚热衷，徽宗对此也熟视无睹，举八刑仅仅停留在文书层面，很难实际施行。

三、"大观圣作碑"与八行观念的推广

在中国古代，历代帝王无不热衷于功德碑的营建，其中最著名的莫过于秦始皇的"泰山刻石"。以"度越前古"自居的宋徽宗更是汲汲于此，据伊佩霞（Patricia Ebrey）的统计，徽宗朝在全国范围内以御笔诏书为蓝本营建石碑的活

---

① 刘才邵：《檆溪居士集》卷一二《邓司理墓志铭》，影印文渊阁四库全书本，第1130册，第369—370页。

② 司马光：《司马光集》卷三〇《贡院乞逐路取人状》，四川大学出版社2010年版，第728页。

③ 杨仲良：《皇宋通鉴长编纪事本末》卷一二六《八行取士》，江苏古籍出版社1988年版，第3913页。

动共有七次之多①，"大观圣作碑"②便是其中之一。

八行科施行不久，提举河北东路学事的叶常上书"乞立杰然在人上之法"，显然与朝廷以八行取士的旨意相左，徽宗对此甚为震怒，立即下诏罢去叶常官职。在诏书中，徽宗阐述了其兴八行"稽古验今"的用意，并指责叶常身为提举学事官却不能体会朝廷的良苦用心。③经此事件，徽宗颇感兴八行力度之不够。大观元年（1107年）六月，江东转运副使家彬奏请，将《八行诏》镌刻竖碑于诸州学，获得朝廷赞许④。九月，资政殿学士郑居中奏乞将建碑范围延伸到学宫、太学、辟雍⑤，于是建碑运动在诸州县如火如荼地展开了。现将史料中记载八行碑分布情况，列表如下（见表3），以便观察。

表3　八行碑分布

地点		立碑时间	名称	资料来源
河北东路	开德府观城县	大观元年	御制八行八刑条制碑	《山左金石志》卷一七
	博州高唐县		大观八行碑	《嘉靖山东通志》卷一六《学校》
河北西路	赵州	大观元年	大观圣作碑	《隆庆赵州志》卷二《建置》
	磁州武安县		大观圣作碑	《嘉靖彰德府志》卷四《祠祀志四》

---

① ［美］Patricia Ebrey, "Huizong's Stone Inscriptions", in *Emperor Huizong and Late Northern Song China: the Politics of Culture and the Culture of Politics*, Patricia Ebrey and Maggie Bickford, Boston: Harvard University Asia Center, 2006, p.238.

② 史料中有"大观圣作碑"和"八行八刑碑"两种称谓，据方诚峰研究，两者的呈现方式虽大异其趣，但内容并无二致，为便于行文，以下统一简称为八行碑。参见氏著《北宋晚期的政治体制与政治文化》，北京大学出版社2015年版，第185页。关于八行碑，王建秋《宋八行八刑碑》（《大陆杂志》第17卷第7期，1958年）、李新辉《新乡市大观圣作之碑》（《中原文物》1994年第2期）、史清君《平乡大观圣作之碑》（《文物春秋》2008年第3期）、姚香勤《〈大观圣作之碑〉与宋代教育制度》（《燕山大学学报[社会科学版]》2001年第2期）等论文曾有所介绍，但多未对八行碑文的内容作深入分析。

③ 宋绶编：《宋大诏令集》卷一五七《罢提举河北东路学事叶常御笔手诏》，中华书局1962年版，第591页。

④ 杨仲良：《皇宋通鉴长编纪事本末》卷一二六《八行取士》，江苏古籍出版社1988年版，第3913页。

⑤ 毕沅：《山左金石志》卷一七《临朐县学大观圣作碑》，见《历代碑志丛书》，江苏古籍出版社1998年版，第15册，第153页。

续表

地点		立碑时间	名称	资料来源
京东东路	青州临朐县	大观元年	大观圣作碑	《山左金石志》卷一七
	密州诸城县	大观元年	大观圣作碑	《山左金石志》卷一七
	齐州历城县	大观二年	大观圣作碑	《续通志》卷一六八《金石略》
	兖州	大观元年	大观圣作碑	《山左金石志》卷一七
京东西路	郓州		大观八行碑	《遗山集》卷三二《东平府新学记》
京西北路	襄州	大观元年	学校八行八刑碑	《续通志》卷一六八《金石略》
	颍昌府	大观二年	御制学校八行八刑碑	《寰宇访碑录》卷八
河东路	隆德府襄垣县	大观二年	大观圣作之碑	《山右石刻丛编》卷三六
	代州繁峙县	大观二年	大观圣作之碑	《山右石刻丛编》卷三六
	太原府盂县	大观二年	大观圣作之碑	《山右石刻丛编》卷三六
永兴军路	京兆府		大观圣作碑	《类编长安志》卷一〇《石刻》
	京兆府兴平县	大观二年	大观圣作碑	《续通志》卷一六八《金石略》
	京兆府高陵县	大观二年	御制学校八行八刑	《寰宇访碑录》卷八；《金石萃编》卷一四六
	京兆府临潼县	大观二年	御制学校八行八刑	《寰宇访碑录》卷八；《金石萃编》卷一四六
	京兆府武功县		大观圣作之碑	《正德武功县志》卷一《祠祀志三》
	京兆府奉天县	大观二年	大观圣作之碑	《光绪乾州志稿》卷一〇《金石志》
	耀州淳化县	大观二年	御制学校八行八刑碑	《寰宇访碑录》卷八；《金石萃编》卷一四六
	虢州朱阳县	大观三年	八行八刑碑	《寰宇访碑录》卷八
江南东路	江宁府溧水县		大观圣作之碑	《景定建康志》卷四《留都录四》
	江宁府句容县		大观圣作之碑	《景定建康志》卷四《留都录四》

续表

地点		立碑时间	名称	资料来源
江南西路	兴国军	大观元年	御制学校八行八刑碑	《湖北金石志》卷一〇
两浙路	苏州昆山县	大观元年	学校八行八刑碑	《续通志》卷一六八《金石略》
	苏州昆山县	政和三年	钦颁八行八刑碑	《寰宇访碑录》卷八；《同治苏州府志》卷一四〇《金石》
	常州江阴县		八行八刑碑	《嘉靖江阴县志》卷七《学校记五》
	睦州		御书八刑八行诏	《景定严州续志》卷四《碑阴》
	衢州开化县		八行之碑	《北山小集》卷一九《衢州开化县新学记》
荆湖南路	潭州衡山县		御制八行八刑碑	《光绪湖南通志》卷二七《艺文志》
广南东路	广州南海县		八行八刑碑	《大德南海志》卷九

由表3可见，八行碑在地域上分布极为广泛，自东徂西，由南及北，从京畿之地到边关要塞，都有分布。八行碑分布密度，在有些地方是相当大的。如京兆府一地，就有六块之多。同时，八行碑还较多地出现在县一级行政单位。诏书所说"立之宫学，次及太学、辟雍、天下郡邑"①，当非虚妄之词。刻碑时间集中在大观元年（1107年）、二年，与上述建碑诏书颁布时间相契合。但直到政和三年（1113年），仍有建碑的记载，说明建碑活动持续时间较长。徽宗君臣之所以如此不遗余力地营建八行碑，是为了借此向全国臣民宣扬八行思想，促使八行观念成为人们日常生活中的常识和规则，从而达到风俗之统一，道德之更化。

各地八行碑极为壮观，仅以今存河北省平乡县八行碑为例，碑高514厘米、宽138厘米、厚38厘米，碑额两侧刻七龙蟠顶，碑文四周为卷龙图案。②题额"大观圣作之碑"是蔡京奉敕用正楷所书。蔡京的书法历来备受推崇，《宣和书谱》

---

① 徐松辑：《宋会要辑稿》崇儒六之一〇，上海古籍出版社2014年版，第2867页。
② 史清君：《平乡大观圣作之碑》，《文物春秋》2008年第3期。

称蔡京的"正书如冠剑大臣议于庙堂之上","大字冠绝古今,鲜有俦匹"①。碑文是由徽宗用瘦金体亲自撰写而成。众所周知,徽宗在书法上很有造诣,其自创的瘦金体更是受到后人赞赏。南宋著名书法家赵孟頫即赞其"天骨遒美,逸趣蔼然"②。高大的碑体、精美的龙纹、浑厚的题额、秀丽的碑文势必使八行碑成为民众观赏、膜拜的对象,在此过程中八行观念得到进一步传播与推广。

除石碑外,徽宗君臣推广八行观念的配套措施还有:(1)将八行之文编辑成书,印刷刊行。③书籍作为文字的载体具有流通便捷、传播迅速的特点,因而此项措施利于八行观念在社会上的流布。同时,对熟练背诵八行之文的士子进行奖赏,鼓励"多士"学习八行。④(2)将八行及第士人的事迹雕印"颁之郡县",彰显其名声德行,使全国臣民以此为表率,知善而迁。⑤(3)对八行士人中行实尤异者进行旌表,通过官方象征性的表彰"使乡里至愚者,皆知迁善远罪"⑥。

四、八行科的影响

唯德是举还是唯才是取?历来都是一个争论不休的话题。众所周知,无论是汉代的察举制还是魏晋时期的九品中正制,都侧重于以德取士。隋唐以降,随着门阀士族制度的衰落,九品中正制退出历史舞台,科举取士渐成主流。宋代在继承唐代科举制度的基础上,不断进行完善与修补,使其成为最主要的取士途径。自北宋中期儒学复兴后,在儒家贤能政治理想的感召下,儒士们对科举制"一决之以文辞"⑦的弊端展开了激烈争论。八行科正是儒家以德取士理想在科举时代的一次尝试。这种尝试由于获得宋徽宗的支持,而在"正风俗"方

---

① 佚名:《宣和书谱》卷一二《集句诗笔》,中华书局1985年版,第272页。
② 汪砢玉:《珊瑚网》卷二七《宋徽庙摹唐人明皇训子图》引赵孟頫题跋,影印文渊阁四库全书本,第818册,第536页。
③ 宋代存有书目《八行八刑之文条》一卷。参见王应麟《玉海》卷一一六《大观八行》,江苏古籍出版社1987年版,第2155页;脱脱等:《宋史》卷二〇四《艺文志三》,中华书局1985年版,第5143页。
④ 慕容彦逢:《摘文堂集》卷三《赐修武郎赵子疅奖谕敕书》,影印文渊阁四库全书本,第1123册,第322页。
⑤ 徐松辑:《宋会要辑稿》选举一二之三七,上海古籍出版社2014年版,第5512页。
⑥ 杨仲良:《皇宋通鉴长编纪事本末》卷一二六《八行取士》,江苏古籍出版社1988年版,第3916页。
⑦ 司马光:《司马光集》卷六四《送胡完夫序》,四川大学出版社2010年版,第1139页。

面产生了一些立竿见影的效果。

首先，八行科将符合八行的士人延入学校，优加拔用，他们的懿德嘉行可以使其他学子"观感而化"，鼓励"多士"向八行靠拢，从而形成良好的士风。同时，八行之士及其家族在地方上具有相当影响力和良好声誉，他们的德行对地方社会起到表率作用，促进了地方士风的敦化。江南东路的饶州即因士人游觉民八行及第而"儒风文气，醖酿沉浸，薰泽不替"①。

其次，八行科虽是针对士人阶层设计的取士制度，但对下层民众也具有教化作用。在宋代，地名往往因当地士人应八行科而发生变更。如福州罗夹城乡习营，初以"骁勇"名坊，后因赵伯尚举八行改名高行坊②；又如福州举廉坊初名"黄兼仓"，后因陈尹举八行改今名③。以极具道德色彩的"高行""举廉"等词语命名街坊，无疑会对当地民众的德行形成一种潜移默化的作用。

最后，不仅中原之地，即便是偏陋的边远地区也因受到八行科的教化而移风易俗。大观三年（1109年），提举黔南路学事戴安仁奏称境内亦"有孝悌睦姻任恤忠和之性"。黔南路在宋代多为荒蛮之地，"习俗鄙夷，不知礼仪"，随着八行科的施行及八行碑的营建，黔南路的风俗也发生了更化。④

总之，八行科美化风俗的作用是较明显的，赵鼎臣在上述奏章中称八行科施行后"士民竞劝，风俗忠厚，效见明白，遐不作人"⑤，虽有阿谀奉迎、粉饰太平之嫌，但也在一定程度上反映了八行科美化风俗的事实。

然而，八行科在以科名诱化风俗之时，亦产生了诸多弊端。一方面，八行之士最初不经考试，"专以八行全偏为三舍高下"⑥，而儒家八行本是一种很难衡量、界定的标准，这就为营私舞弊、弄虚作假提供了可能。大观四年（1110年），御史中丞吴执中奏道：

> 切闻迩来诸路以八行贡者，多或违诏旨，失法意，而有司不以为非，臣

---

① 陈文蔚：《克斋集》卷一二《西轩居士志铭》，影印文渊阁四库全书本，第1171册，第90页。
② 梁克家：《淳熙三山志》卷四《地理》，见《宋元方志丛刊》，中华书局1990年版，第7822页。
③ 黄仲昭：《八闽通志》上册卷一三《坊市》，福建人民出版社1991年版，第255页。
④ 徐松辑：《宋会要辑稿》选举一二之三五，上海古籍出版社2014年版，第5511页。
⑤ 赵鼎臣：《竹隐畸士集》卷九《代奏陈畿内有行义孝悌之民札子》，影印文渊阁四库全书本，第1124册，第180页。
⑥ 马端临：《文献通考》卷三一《选举考》，中华书局2011年版，第916页。

恐由此浸以成弊。今略取其一二事状著明者论之。如亲病割股，或对佛燃顶，或刺臂出血写青词以祷，或不茹荤，常诵佛书，以此谓之孝；或尝救其兄之溺，或与其弟同居十余年，以此谓之悌；其女适人，贫不能自给，取而养之于家，为善内亲；又以婿穷窭，收而教之，为善外亲。此则人之常情，仍以一事分为睦、婣二行。尝一遇歉岁，率豪民以粥食饥者，而谓之恤。夫粥食饥者乃豪民共为之而已，独谓之恤可乎？又有尝收养一遗弃小儿者，尝救一跛者之溺，皆以为恤。如此之类，不可遽陈。①

由此可见，八行科的实施不仅没有达到稽古验今、敦化风俗的初衷，反而致使八行之士"夤缘请托，观望权贵，渐以滥贡"，社会风气急转直下，"吏不奉法，士失所守，冒妄侥幸"②。另外，八行及第者被大量安排在学校担任教职，其中不乏华而不实、鱼目混珠之辈，他们的劣行势必影响到其他师生。因而，八行士人阳奉阴违、请托冒滥之风迅速蔓延至学校，马端临指出八行科实施后："（三舍）不间内外，皆不试而补，则往往设为形迹，以求入于八行，固已可厌，至于请托徇私，尤难防禁。"③可谓一语中的。正是这些弊端，才导致八行科最终走向废罢。政和六年（1116 年）选拔，程序增加考试环节，此后八行科即已名存实亡。到重和元年（1118 年），朝廷为进一步缩小八行科的影响，诏诸州八行教授"不预执事"④，标志着八行科的彻底失败。

尽管八行科最终以失败告终，但对后世却产生了广泛影响。朱熹在其著名的《学校贡举私议》中认为"德行之于人大矣"，因而竭力主张立德行科："明立所举德行之目（原注：如八行之类），专委逐县令佐从实搜访，于省试后保明津遣赴州，守倅审实保明申部。"⑤可见，八行观念在南宋还是很有影响的，甚至在孝宗时期还曾短暂实行过。王柏在《跋金八行家传》中记载："乾、淳之间习尚忠厚，公论坦明，士修于家，声闻于外，有好德之心者莫不起敬爱慕，乃合邑庄

① 徐松辑：《宋会要辑稿》选举一二之三六，上海古籍出版社 2014 年版，第 5511 页。
② 宋绶编：《宋大诏令集》卷一五七《臣僚上言八行预贡人与诸州贡士混试御笔手诏》，中华书局 1962 年版，第 593 页。
③ 马端临：《文献通考》卷三一《选举考》，中华书局 2011 年版，第 916 页。
④ 杨仲良：《皇宋通鉴长编纪事本末》卷一二六《八行取士》，江苏古籍出版社 1988 年版，第 3916 页。
⑤ 朱熹著：《晦庵先生朱文公文集》卷六九《学校贡举私议》，见朱杰人等编：《朱子全书》，上海古籍出版社 2002 年版，第 23 册，第 3357、3358 页。

人雅士，联辞闻于郡，郡上于朝，隐然有乡举里选之遗风。""金八行"乃是宋人对八行及第者的尊称，金某显然是孝宗年间八行及第之士。[1] 此外，据《八闽通志》记载，卢瞻也曾于乾道间举八行。[2] 不仅在南宋，即便是在女真人统治的金朝也曾为是否实行八行科进行过一番争论。大定二十九年（1189 年），臣僚上奏"乡以八行贡春官"，金章宗令尚书省集百官议，遭到户部尚书邓俨等人的批驳，最后不了了之。[3] 宋金两朝，或施行八行科，或议论八行科，表明八行取士思想对后世影响之深远。

五、结语

在儒学复兴运动的影响下，三代"乡举德行"的儒家理想成为北宋中后期科举改革的重要方向之一，以儒家八行为取士标准的八行科正是这种理想的具体实践。然而，历经中唐以来的社会变革，宋代社会已呈现出诸多新面貌：政治上，门阀士族退出历史舞台，士大夫阶层得以崛起；经济上，"不抑兼并"[4] 土地政策的确立和商品经济的发展，使土地流转空前频繁；文化上，印刷术的成熟与推广，使知识在社会各阶层中迅速传播，尤其是科举制度的实行，导致社会流动加速，"朝为田舍郎，暮登天子堂"[5] 成为一种常见现象。凡此种种，无不表明宋代社会已与等级森严的贵族时代不可同日而语。在相对开放的宋代，以难以界定的德行作为国家取士标准，极易造成"暗箱操作"，引发一系列社会问题。诚如苏轼所预言的那样："夫欲兴德行，在于君人者修身以格物，审好恶以

---

① 王柏：《鲁斋集》卷一三《跋金八行家传》，影印文渊阁四库全书本，第 1186 册，第 206 页。关于金某具体及第时间，金履祥《仁山文集》卷四《县学立纯孝公祠子孙奉安祝文》记载："敢昭告于显曾祖考纯孝先生八行金公，曰：九府君惟公诚孝纯笃，感通神明，德行昭著，声闻朝廷。帝用嘉之，存恤有旨，贤牧对扬，表厥宅里。名之纯孝，以华其德。今九十年，流风日长。"（影印文渊阁四库全书本，第 1189 册，第 821 页）作者系金某的曾孙，其言必有所据。文章作于度宗咸淳四年（1268 年），因而推测金某以八行及第的具体时间在孝宗淳熙五年（1178 年），与王柏记载相吻合。

② 黄仲昭：《八闽通志》上册卷七《山川》，福建人民出版社 1991 年版，第 138 页；下册卷五〇《选举》，福建人民出版社 1991 年版，第 168 页。

③ 脱脱等：《金史》卷五一《选举志一》，中华书局 2020 年版，第 1212 页。

④ 王明清：《挥麈录》余话卷一《〈祖宗兵制〉名〈枢廷备检〉》，上海书店出版社 2001 年版，第 221 页。

⑤ 王学奇主编：《元曲选校注》第 3 册下卷《尉迟恭单鞭夺槊杂剧》，河北教育出版社 1994 年版，第 2973 页。

表俗。若欲设科立名以取之，则是教天下相率而为伪也。"① 这也是宋以后历代王朝尽管亦存在恢复"乡举德行"的呼声，但以德取士的选举制度始终未大规模施行的原因所在。

---

① 马端临:《文献通考》卷三一《选举考》，中华书局 2011 年版，第 907 页。

积弱与奢靡并存的南宋社会[*]

南宋社会表现出积弱与奢靡并存的特点。尽管时常出现武力不振、国库空虚、民不聊生的虚弱国势，但统治阶级的豪华奢靡之风却日益盛行。统治阶级对内残酷压榨，穷奢极欲；对外始终处于弱势，不能收复失地。面对种种社会问题，统治阶级中的某些人物也曾力图加以解决，最终却收效甚微。有些改革措施，甚至转变成敛财工具，反而加速了赵宋王朝的灭亡。

诗曰："山外青山楼外楼，西湖歌舞几时休。暖风熏得游人醉，直把杭州作汴州。"

这首诗描写了在闻名于世的西湖之畔，不但风景如画，自然风光令人陶醉，而且歌舞升平，在人文景观方面也是一片繁荣昌盛的景象。仓皇从金人铁蹄下逃到这里的赵宋统治者们，沉醉于苟且偷安的现状之中，简直就把这里当作他们的家乡了。诗人仅是针对他所处时期的情况所发的一番感慨，而不幸的是，在整个南宋一百余年的时间里，统治者一味苟且偷安，始终未能重振国威。将杭州作为临安，本具有临时安定的含义，这一临时，临时了一百多年，直到赵宋王朝彻底灭亡。

南宋统治者尽管对外不能收复失地，对内不能富国安民，但却培养出了统治阶级的豪华奢靡之风。一方面是广大劳动人民处于水深火热之中，无以为生；另一方面却是一小撮统治者和豪富阶层穷奢极欲，醉生梦死。社会在畸形发展，国势在日趋衰微。虽有有识之士也力图振作，但终因大地主及其代表羽翼已丰，势力难以动摇，而使革新政治的种种努力收效甚微。在这样的社会环境下，面临异族政权的不断压迫和打击，赵宋王朝怎能不走向败亡？

---

* 原载《资政通鉴》，北京出版社 2001 年版。

一

绍兴十五年（1145年）的初春，料峭的寒风尚没有完全退却，临安府的知府张澄，却日日早出晚归。他要亲自督役，将一座"穷土木之丽"①的大第尽早完工。

为了修盖这座大第，从各地征调了能工巧匠，搜罗了奇草异石，不知耗费了多少民脂民膏。因为这是奉皇帝宋高宗之命，为当朝宰相秦桧修筑的新府第。所有的耗费，自然也都是从国库中列支。眼看着这座大第即将完工，张澄终于缓缓地舒了一口气，会心地露出了微笑。知府大人心里明白，随着新府第的交付使用，升官发财的机会又会临到自己的头上。

其实秦桧的所谓旧第并不寒碜，其富丽程度不要说普通百姓见了瞠目结舌，就是一般的朝廷命官，领略一番也会大开眼界。为何要在旧第之外，重起更为富丽堂皇的新居呢？只因为秦桧有"大功"于社稷，宋高宗要对他重重地行赏。在迁入新第的这一天，宋高宗又特意赐给秦桧"银、绢、缗钱各一万，彩千匹，金银器皿、锦绮帐褥六百八事，花千四百枝"②，并特命宦官王晋锡督押着教坊乐队，吹吹打打地为秦氏乔迁新第开路，场面的确壮观。至秦桧迁第的这一场面出现为止，南宋最高统治集团偏安于杭州虽然仅有短短的十几年时间，但君臣修筑的豪华建筑岂止一处两处？最豪华的自然要数皇宫。被金人扣留十五年之久的使臣洪皓，归宋后曾在钱塘暂居，看到皇宫外的景灵宫和太庙"极土木之工"，不禁发出了岂非"示无中原意耶"③的感慨。

宋高宗、秦桧集团虽然对外只知屈辱求和，对内却极尽奢侈之能事。除大兴土木之外，在个人生活方面更是骄奢淫逸。"好色如父"的宋高宗在被金人穷追而狼狈逃窜之时也不忘寻欢作乐，以致因惊吓而得了"痿腐"之症。尽

① 徐梦莘：《三朝北盟会编》卷二二○，绍兴二十五年十月二十二日，上海古籍出版社2008年版，第1584页。

② 李心传：《建炎以来系年要录》卷一五三，绍兴十五年四月戊寅，中华书局2013年版，第2894页。

③ 徐梦莘：《三朝北盟会编》卷二二一，绍兴二十五年十一月，上海古籍出版社2008年版，第1591页。

管如此，宫中供其淫乐的宫女仍有千人左右。^① 作为宰相的秦桧"喜赃吏，恶廉士"，因而各级官员竞献奇宝，使秦府的财富竟比国家左藏库的财富还要多出几倍。宋高宗、秦桧还一唱一和，通过恩赐和进贡的形式将民脂民膏互换挥霍，一个是"赐珍玩、酒食无虚日"，另一个是"日进珍宝、珠玉、书画、奇玩、羡余钱，专徇帝嗜好"^②。

上有所好，下必甚焉。在宋高宗、秦桧集团的带动下，各级官员、富室大族无不追求奢靡生活。

张俊本是一员庸将，然其聚财之多及其家族生活之奢靡，却是出了名的。宋高宗在举行内宴时，曾有伶人打诨，从一文钱的方孔中看参加宴会的君臣们，说是看到了"帝星"和"相星"，唯独看张俊时，却说："中不见星，只有张郡王在钱眼内坐耳。"^③ 张家曾将银铤每千两铸为一球，名曰"没奈何"，意思是盗贼也没有办法偷走。张俊之曾孙张镃，虽官仅至司农少卿，然所居之南湖园却远近闻名，丽甲天下。这所园林占地甚广，全园堂亭轩厅竟达百余处。其中的驾宵亭，四周有古松四株，参天挺立。张镃以巨链系其间，"每当风月清夜，与客梯登之，飘摇云表，真有挟飞仙溯紫清之意"。南湖园繁花似锦，四季不断。张镃著有一文《张约斋赏心乐事》，专记他一年十二个月中的燕游活动。由此可见南宋豪绅富户生活之一斑：

正月孟春：岁节家宴、立春日迎春春盘、人日煎饼会、玉照堂赏梅、天街观灯、诸馆赏灯、丛奎阁赏山茶、湖山寻梅、揽月桥看新柳、安闲堂扫雪。

二月仲春：现乐堂赏瑞香、社日社饭、玉照堂西赏缃梅、南湖挑菜、玉照堂东赏红梅、餐霞轩看樱桃花、杏花庄赏杏花、群仙绘幅楼前打球、南湖泛舟、绮互亭赏千叶茶花、马塍看花。

三月季春：生朝家宴、曲水修禊、花院观月季、花院观桃柳、寒食祭先扫松、清明踏青郊行、苍寒堂西赏绯碧桃、满霜亭北观棠棠、碧宇观

---

① 参见王曾瑜《荒淫无道宋高宗》，河北人民出版社 1999 年版，第 334 页。
② 徐梦莘：《三朝北盟会编》卷二二〇，绍兴二十五年十月二十二日，上海古籍出版社 2008 年版，第 1584 页。
③ 罗点：《闻见录》，《说郛》卷九，中国书店 1986 年版，第 12 页。

笋、斗春堂赏牡丹芍药、芳草亭观草、宜雨亭赏千叶海棠、花苑蹴秋千、宜雨亭北观黄蔷薇、花院赏紫牡丹、艳香馆观林檎花、现乐堂观大花、花院尝煮酒、瀛峦胜处赏山茶、经察斗新茶、群仙绘幅楼下赏芍药。

四月孟夏：初八日亦庵早斋随诣南湖放生食糕糜、芳草亭斗草、芙蓉池赏新荷、芯珠洞赏荼蘼、满霜亭观橘花、玉照堂尝青梅、艳香馆赏长春花、安闲堂观紫笑、群仙绘幅楼前观玫瑰、诗禅堂观盘子山丹、餐霞轩赏樱桃、南湖观杂花、鸥渚亭观五色莺粟花。

五月仲夏：清夏堂观鱼、听莺亭摘瓜、安闲堂解粽、重午节泛蒲家宴、烟波观碧芦、夏至日鹅脔、绮互亭观大笑花、南湖观萱草、鸥渚亭观五色蜀葵、水北书院采蘋、清夏堂赏杨梅、丛奎阁前赏榴花、艳香馆赏蜜林檎、摘星轩赏枇杷。

六月季夏：西湖泛舟、现乐堂尝花白酒、楼下避暑、苍寒堂后碧莲、碧宇竹林避暑、南湖湖心亭纳凉、芙蓉池赏荷花、约斋赏夏菊、霞川食桃、清夏堂赏新荔枝。

七月孟秋：丛奎阁上乞巧家宴、餐霞轩观五色凤儿、立秋日秋叶宴、玉照堂赏玉簪、西湖荷花泛舟、南湖观稼、应铉斋东赏葡萄、霞川观云、珍林剥枣。

八月仲秋：湖山寻桂、现乐堂赏秋菊、社日糕会、众妙峰赏木樨、中秋摘星楼赏月家宴、霞川观野菊、绮互亭赏千叶木樨、浙江亭观潮、群仙绘幅楼观月、桂隐攀桂、杏花庄观鸡冠黄葵。

九月季秋：重九家宴、九日登高把萸、把菊亭采菊、苏堤上玩芙蓉、珍林尝时果、景全轩尝金橘、满霜亭尝巨螯香橙、杏花庄篘新酒、芙蓉池赏五色拒霜。

十月孟冬：旦日开炉家宴、立冬日家宴、现乐堂暖炉、满霜亭赏蚤霜、烟波观买市、赏小春花、杏花庄挑荠、诗禅堂试香、绘幅楼庆暖阁。

十一月仲冬：摘星轩观枇杷花、冬至节家宴、绘幅楼食馄饨、味空亭赏蜡梅、孤山探梅、苍寒堂赏南天竺、花院赏水仙、绘幅楼前赏雪、绘幅楼削雪煎茶。

十二月季冬：绮互亭赏檀香蜡梅、天街阅市、南湖赏雪、家宴试灯、湖山探梅、花院观兰花、瀛峦胜处赏雪、二十四夜饧果食、玉照堂赏梅、除夜守岁家宴、起建新岁集福功德。①

此外，张镃还在南湖园广蓄姬妓，侍郎王简卿一次赴其牡丹会，歌妓依次歌舞，有一百几十人之多。到了晚上，诸妓列行送客，烛光香雾，歌吹杂作，客人皆恍然如在仙境中游玩，奢靡之状可想而知。

南宋官僚阶层竞奢赛侈，流风所及，甚至中等之家亦起而仿效。而且，这种情况迄南宋灭亡有过之而无不及。宋宁宗时期曾有人指出：

> 今天下之风俗侈矣。宫室高华，僭侈无度，昔尝禁矣，今僭拟之习，连甍而相望也；销金翠羽，蠹耗不赀，昔又尝戢之矣，今销毁之家，列肆而争利也。士夫一饮之费，至糜十金之产，不惟素官为之，而初仕亦效其尤矣；妇女饰簪之微，至当十万之直，不惟巨室为之，而中产亦强仿之矣。后宫朝有服饰，夕行之于民间矣；上方昨有制造，明布之于京师矣！②

南宋还是权臣迭出的一个时代，各代权臣无论政治观点如何，在生活上却均效仿秦桧。韩侂胄"侵盗货财，遍满私室"③，所获珍奇异宝，不计其数。史弥远长期专权，擅行废立，贪贿的财富数世享用不尽。而末代权臣贾似道，其奢侈生活更具有代表性。

贾似道，这个少时就游博无行的浪荡公子，靠裙带关系成为宠臣，并一步步攫取大权，在南宋政权生死存亡的时刻控制朝政达十数年之久。尽管形势十分严峻，但以贾似道为首的官僚集团却不忘享受，极尽奢靡之能事。贾似道本人为自己建造了豪华的府第，在葛岭依湖山之胜，建楼台亭榭，作"半闲亭"，造"养乐圃"，耗费了不知多少民脂民膏。这里本是绍兴时的御园，宋高宗借古松、奇石、名花、假山等景物题有"蟠翠""雪香""翠岩""倚绣""挹露""玉蕊""清胜"等亭额。园中"古木寿藤多南宋前所植者，积翠回抱，仰不见日，架廊叠蹬，幽渺逶迤，极其营度之巧"。贾似道又在此基础上大兴土木，"隧地通道，抗以石梁，前据孤山，旁透湖渚，凉亭燠馆，各随地势增筑"。

---

① 周密：《武林旧事》卷一〇《张约斋赏心乐事》，中华书局 2007 年版，第 251—254 页。
② 王迈：《臞轩集》卷一《丁丑廷对策》，影印文渊阁四库全书本，第 1178 册，第 450 页。
③ 叶绍翁：《四朝闻见录》戊集《臣寮上言》，中华书局 1989 年版，第 173 页。

在山顶有"无边风月""见天地心",在水滨有"琳琅步""归舟",在石崖之畔有"熙然亭",在初阳台旁则有精舍。园东又有半春园、小隐园、琼华园,本为故相、权臣史弥远的别墅,贾似道也仗势圈入,纳为己有。贾似道好色,竟然不管是宫人、娼妓还是尼姑,只要有美色,一概娶而为妾。贾似道好赌博斗蟋蟀,镇日与赌友、姬妾纵情豪赌。贾似道好聚宝玩,专门建立了"多宝阁",闻人有珍宝,必巧取豪夺之。四川守臣余玠有玉带已殉葬,竟被贾似道派人发冢而取。贾似道为了满足他无度的贪欲,必然是广受货贿,于是一时之间,"吏争纳赂求美职,其求为帅阃、监司、郡守者,贡献不可胜计","一时贪风大肆"[1]。不贪污受贿的官员,几乎没有。

二

在南宋统治者竞相追逐奢华生活的同时,国势和民生又是怎样的呢?伴随鳞次栉比的高楼大厦的,不是强盛的国势和统治阶层上下齐心、收复中原的雄心,而是战和不定、几次北伐均不能成功、最后总是以妥协求和为结果的现实;伴随巧夺天工的豪华园林的,不是国富民足、百姓安居乐业的小康局面,而是国库空虚、连年赤字、饿殍遍野、民不聊生的残破景象。南宋历史就是这样由不和谐的音符碰撞出的交响曲,似乎在同人们开着玩笑。

(一)

面对故国遭蹂躏、家园被毁弃的突如其来的变故,怀着国破家亡的深仇大恨,两宋之交的军民也曾对金军的入侵进行了顽强的抵抗。岳飞、吴玠、韩世忠、刘锜等一批优秀的将领应运而生,他们所率领的军队成为打击金军、伸张国势的主要力量。然而,宋高宗、秦桧一伙所担心的,不是国家的生死存亡问题,而是他们自身的统治宝座能否坐稳的问题。为了坐稳江山,被金人俘虏去的两个皇帝——宋徽宗和宋钦宗——就不能重新出现,而领兵抗金的大将们,兵权也不能过大而不易控制。因此,实现他们"南自南,北自北"的投降政策、削夺大将的兵权便成了他们治国的头等大事。即使在战争节节胜利

---

① 脱脱等:《宋史》卷四七四《奸臣·贾似道传》,中华书局1985年版,第13783页。

的情况下，他们也会横加阻挠，而不愿使战争的胜利果实扩大。更有甚者，他们还在实现了宋朝历史上第二次释兵权之后，将抗金最坚决的将领岳飞残酷杀害。他们不惜接受金朝提出的各种苛刻的条件，与金签订屈辱的协议，从此定下了南宋立国的基调。

绍兴八年（1138年）十二月末的一天，在临安府的金人使馆门前，南宋宰执大臣秦桧等人率文武百官跪在那里。其实这些所谓的"文武百官"，许多都是吏胥假扮的。因为他们并非在执行什么光彩的使命，而是在代替赵构跪受金熙宗的诏书，接受屈辱的议和。由于很多官员不同意宋高宗、秦桧一伙的屈膝投降，拒绝去履行这一耻辱"使命"。所以秦桧不得不特命三省的吏胥穿上绯色或绿色朝服，枢密院的吏胥穿上紫色的朝服，以冒充百官。趾高气扬的金使，直呼着赵构的名字，宣读了诏书。随着仪式的结束，宋高宗、秦桧一伙和金朝的和议也就宣告基本成功。但随后金军又继续侵宋，宋高宗、秦桧一伙却一面压制抗战派，一面继续频频对金乞和。至绍兴十一年（1141年），宋金终于最后达成和约。和约规定的主要内容有：

（1）宋向金称臣，"世世子孙，谨守臣节"，金册宋康王赵构为皇帝。

（2）划定疆界，东以淮河中流为界，西以大散关为界，以南属宋，以北属金。

（3）宋每年向金纳贡银、绢各二十五万两、匹。

南宋统治阶级不惜处在这种耻辱状态下苟且偷生。

绍兴和议后南宋偃兵二十年，然而南宋统治者并没有利用这段时期卧薪尝胆、发奋图强，因而在绍兴三十一年（1161年）金朝皇帝完颜亮率大军再度入侵时，南宋却无力组织有效的抗击。所幸中书舍人虞允文及时督率宋军，利用长江天险，成功地阻止了金军渡江。随后，金军由于发生内讧，完颜亮被杀，而主动北撤。此时正应是南宋王朝伸张国势、收复失地的大好时机，但一贯以投降为立国之策的宋高宗却坐失良机。至绍兴三十二年（1162年）宋高宗传位于宋孝宗之时，形势又发生了逆转，金朝内部趋于稳定。因此，尽管宋孝宗坚决抗战，派兵北伐，但却不能取得预期的效果。隆兴二年（1164年），在用兵失利的情况下，南宋王朝又不得不同金朝签订了新的和约。新和约规定的主要内容有：

（1）南宋对金不再称臣，改为叔侄关系。

（2）宋、金之间仍维持绍兴和议后的旧疆。

（3）宋每年给金的"岁贡"改为"岁币"，银、绢从各二十五万两、匹，减为各二十万两、匹。

（4）宋割商（今陕西商洛）、秦（今甘肃天水）两州给金。

隆兴和议虽然使宋、金间旧的不平等关系有所改变，但对南宋而言仍是一个屈辱的和议。

宋宁宗开禧二年（1206年），南宋在权臣韩侂胄的主持下，在没有充分准备的情况下贸然发动了北伐战争，但却很快失败。南宋朝中以史弥远为首的主和派乘机发动政变，将韩侂胄杀死，控制了朝政。嘉定元年（1208年），主和派完全遵照金朝的要求，与金重订和约，改金宋叔侄之国为伯侄之国，岁币由银、绢各二十万两、匹，增至各三十万两、匹，宋朝另付犒军银三百万两。这一和议又进一步加重了南宋的屈辱地位。

金朝灭亡后，南宋又遭到强大的蒙元军队的攻击，终因无力抗击而亡国。

（二）

南宋在对外处于屈辱地位的同时，内部财政和人民生活也在大多数时期内处于贫弱状态，民贫国弱成为南宋立国一百余年的总体特征。除了供养一支庞大的军队外，南宋政府的主要负担是官员和宗室费用的支出，另外，每年还必须交付金朝数量可观的岁贡或岁币，再加上统治阶级的肆意挥霍，所以国家财政时常入不敷出。为了增加收入，南宋政府想尽各种办法来加重对人民的剥削，结果就必然造成民贫。反过来，民贫又造成了财源的进一步枯竭，必然国弱。因而，尽管南宋占有的半壁江山包含了当时经济最为发达的东南地区，却最终也不免在民贫国弱状态下亡国。

南宋前期以宋高宗、秦桧为首的投降派，在实现了其投降求和的目的以后，一方面粉饰太平，争相营造富丽堂皇的宫殿和大宅，一方面明增和"暗增"民税，竭力搜刮民脂民膏，埋下了贫弱的种子。宋孝宗可说是南宋历史上最有作为的帝王，为了实现收复中原的宏伟志愿，他十分注重内政建设。宋孝宗朝在整顿吏治，开源节流，减轻人民负担等方面均采取了一些措施。再加上在较长一段时期内战争较少，因而人民生活安定，国家财政也趋于好转。乾道年间的国家财政状况大体为："一岁内外支用之数，大概五千五百万缗有奇。又以一岁所入计之，若使诸路供亿以时，别无蠲减拖欠，场务入纳无亏，则足以支一岁之用不阙。"[1]而至淳熙年间，宋廷还得以蓄积了数量较为可观的钱粮。然而，好景不长。宋孝宗君臣的努力并没有解决造成南宋民贫国弱的根本性问题，吏治的整顿和人民负担的减轻都极为有限，甚至连宋高宗朝增加的各种名目的苛捐杂税也未能加以去除。因而，在国家综合实力经历了短暂的略有起色之后，很快又陷入了"民力日竭，国计日匮，郡县日窘"[2]的境地。而统治者的唯一能耐，就是加重对人民的剥削。杨万里曾描述当时的赋税情况说：

> 今之财赋，有地基著课之征，有商贾关市之征，有鼓铸榷酤之入，有鬻爵度僧之入，犹曰非取于农民也。而取于农民者，其目亦不少矣。民之输粟于官者谓之苗，旧以一斛输一斛也，今则以二斛输一斛矣。民之输帛于官者谓之税，旧以正绢为税绢也，今则正绢之外又有和买矣。民之鬻帛于官者谓之和买，旧之所谓和买者，官给其直，或以钱，或以盐，今则无钱与盐矣。无钱尚可也，无盐尚可乎？今又以县估直，倍某直而折输其钱矣。民之不役于官而输其僦直者谓之免役，旧以税为钱也，税亩一钱者输免役一钱也，今则岁增其额而不知所止矣。民之以军兴而暂佐师旅征行之费者，因其除军帅谓之经制使也，于是有经制之钱，既而经制使之军已罢，而经制钱之名遂为常赋矣。因其除军帅谓之总制使也，于是有总制之钱，既而总制之军已罢，而总制之钱又为常赋矣。彼其初也，吾民之赋止于粟之若干斛，帛之若干匹而已，今既一倍其粟，数倍其帛矣。粟帛之外，又数倍其钱之名矣。而又有月桩之钱，又有板帐之钱。

统治阶级这样无止境地肆意增税，实为历史上所少见，以致区区半壁江山，其赋税总额竟然"不知几倍于祖宗之旧，又几倍于汉唐之制乎"[3]！

至南宋后期，在各种"苛剥之法"已无再增加余地的情况下，统治阶级竟

---

① 佚名撰，孔学辑校：《皇宋中兴两朝圣政辑校》卷四七，乾道四年六月辛亥，中华书局2019年版，第1046页。

② 陆九渊：《陆九渊集》卷八《书·与宋漕》，中华书局1980年版，第107页。

③ 杨万里撰，辛更儒笺校：《杨万里集笺校》卷六九《轮对札子》，中华书局2007年版，第2945—2946页。

不得不靠滥发楮币以维持生计。大臣吴潜曾这样描述当时的情况：

> 今日国用殚屈，和籴以楮，饷师以楮，一切用度皆以楮。万一有水旱盗贼、师旅征行之费，又未免以楮。则楮者，诚国家之命脉也。[①]

楮币本是靠国家信用或以相应的金属货币为准备金而发行的纸币，这种货币的发行量是受到严格限制的。自从北宋时期四川地区出现了世界上最早的纸币——交子，宋政权为适应经济形势的发展而逐步发行了一些政府法定的纸币，实现了由民办向官办的转换，从而在货币使用方面走在了世界的最前列。但南宋政府通过滥发楮币的手段掠夺人民财富，不但给广大人民带来灾难，而且也破坏了这种先进的货币制度。

南宋楮币的发行量在开禧北伐时就已达 2.2 亿贯以上，当时由于急于筹集军费，而将东南会子和四川钱引分别多发行了一界，形成三界并行的局面。因为准备金并没有增加，楮币的币值很快就出现了猛跌的情况。但南宋政府不但没有能力挽救这种局面，反而将增加楮币的发行量当成了扩大收入的经常性的手段。至绍定、端平之交，东南会子的发行量已达约 2.5 亿贯，四川钱引则约为 1.7 亿贯，两者相加已经超过了 4 亿贯。淳祐六年（1246 年），仅东南会子一种楮币，发行量就达 6.4 亿贯。而宝祐初年，四川钱引发行量也增至 2.6 亿贯。[②] 楮币发行量增加到此种程度，在老百姓看来，已经是粪土不如了。而景定五年（1264 年），贾似道又发行了银关，规定"以一准十八界会之三，……十七界废不用"，即用一贯银关当十八界会子三贯。由此而"物价益踊，楮益贱"[③]，以至于十八界楮币 200 贯连一双草鞋都买不到。货币体系至此，南宋政权可以说已为自己掘好了坟墓。

（三）

在南宋统治阶级的残酷压榨下，广大劳动人民的生活已是饥寒交迫，再加上土地兼并的发展以及社会秩序的紊乱，就更是如处水深火热之中。

---

① 吴潜：《许国公奏议》卷一《应诏上封事条陈国家大体治道要务凡九事》，丛书集成初编本，中华书局 1985 年版，第 24 页。
② 参见汪圣铎《两宋财政史》上册，中华书局 1995 年版，第 175—176 页。
③ 脱脱等：《宋史》卷四七四《奸臣·贾似道传》，中华书局 1985 年版，第 13782 页。

土地兼并是南宋一百余年历史上始终存在的尖锐问题。南宋初年土地兼并势力的发展就极为明显，官僚地主起了带头作用。高级将领大多是兼并能手，仅张俊一家的年收租量，有的史书记载达到六十多万石，也有的史书记载达到了一百万石，其拥有土地数量之多令人咋舌。文官自然也不甘示弱，秦桧拥有的土地数量与任何武官相比，有过之而无不及，仅受赐的膏腴之田永丰圩一处，即达九百五十多顷。中期以后，土地兼并没有任何的缓解，而是在持续发展。韩侂胄被杀后，政府没收了他的土地，结果每年可收租粮七十二万二千七百斛，钱一百三十一万五千多贯。在这种风气的影响下，民庶地主、商人也拼命兼并土地。淮东地主张拐腿，其家每年收租亦达七十万石。寺院也是土地兼并的一大势力。有人指出："夫天下所谓占田最多者，近属、勋戚之外，寺观而已。"①各种土地兼并势力占有的巨额土地，实为历史上之空前现象。刘克庄曾对此描述说：

> 至于吞噬千家之膏腴，连亘数路之阡陌，岁入号百万斛，则自开辟以来未之有也。亚乎此者，又数家焉。②

谢方叔也说：

> 豪强兼并之患，至今日而极，……今百姓膏腴，皆归贵势之家，租米有及百万石者。③

土地集中到如此的程度，广大劳动人民必然处在无地少地的状态下。为了生存，他们不得不租种地主的土地，接受地主的沉重剥削。他们供养了地主阶级和整个封建国家机器。恰如时人王柏所说："农夫输于巨室，巨室输于州县，州县输于朝廷，以之禄士，以之饷军。经费万端，其尽出于农也。"④然而，尽管广大农民终年辛勤劳作，但交纳完各种公私赋租之后，却所剩无几，他们自己仍然难以温饱，生活状况是十分悲惨的。如果不幸遇上灾荒年景，

---

① 徐松辑：《宋会要辑稿》食货七〇之一〇四，上海古籍出版社 2014 年版，第 8160 页。

② 刘克庄著，辛更儒笺校：《刘克庄集笺校》卷五一《备对劄子》，中华书局 2011 年版，第 2541 页。

③ 脱脱等：《宋史》卷一七三《食货志上一》，中华书局 1985 年版，第 4179—4180 页。

④ 王柏：《鲁斋集》卷七《赈济利害书》，影印文渊阁四库全书本，第 1186 册，第 115 页。

就会有大批灾民流离失所,转死沟壑。而不论是官府的赋税,还是地主私家的租课,他们如果稍有拖欠,又难免被逮捕、关押,遭受种种非人的折磨。早在绍兴六年(1136年),监察御史刘长源就曾上疏指出过这种情况:"公家赋敛,私门租课,一有不足,或械之囹圄,或监之邸肆,累累然如以长绳联狗彘,狱吏执垂而随之。路人洒涕,为之不忍。"①南宋后期,在残破的经济形势下,人民生活更加悲惨。以致"耕夫无一勺之食,织妇无一缕之丝,生民熬熬,海内汹汹"②。而至贾似道行公田之后,更是"大家破碎,小民无依,米价大翔,饥死相望"③,甚至连糟糠都难以吃到。

南宋时期战争特别频繁,同样给广大人民带来了深重的灾难。在金人入侵所到之处,无不遭大肆烧杀抢劫。南宋的官兵和军贼也趁火打劫,他们所到之处,百姓无不遭殃。监察御史韩璜曾指出:"自江西至湖南,无问郡县与村落,极目灰烬,所至破残,十室九空。询其所以,皆缘金人未到,而溃散之兵先之,金人既去,而袭逐之师继至。官兵、盗贼,劫掠一同;城市、乡村,搜索殆遍。"④战争涉及的地区,更是白骨成丘,疮痍满目。四川地区由于其特殊的战略地位,从宋金战争到宋蒙战争,均是主要战场之一。宋孝宗淳熙年间这一地区有户口为264万余户,751万余口,而至南宋灭亡之后,仅剩下12万户左右。

在死亡线上挣扎的劳动人民,同他们的先辈一样,有时也不得不揭竿而起,在斗争中求生存。南宋初年,两湖地区首先爆发了钟相、杨幺领导的农民起义。此后,农民起义此起彼伏,终宋之世不绝。其中规模较大的主要有:范汝为起义、李金起义、赖文政起义、陈峒起义、李接起义、晏梦彪起义、陈三枪起义等。起义农民明确提出了"等贵贱,均贫富"的口号,将斗争矛头指向了罪恶的封建制度,冲击了南宋政权的反动统治。

---

① 李心传:《建炎以来系年要录》卷一○三,绍兴六年七月乙未,中华书局2013年版,第1951页。

② 吴潜:《许国公奏议》卷一《奏论都城火灾乞修省以消变异》,丛书集成初编本,中华书局1985年版,第2页。

③ 高斯得:《耻堂存稿》卷一《彗星应诏封事》,丛书集成初编本,中华书局1985年版,第21页。

④ 李心传:《建炎以来系年要录》卷四一,绍兴元年正月癸亥,中华书局2013年版,第896页。

三

面对种种社会问题,统治阶级中的某些人物也曾力图加以解决,以加强他们的统治或挽救风雨飘摇中的小朝廷。

宋高宗时期,针对由战乱及土地兼并所造成的经界不正、赋税不均问题,两浙转运副使李椿年上言十害,建议行经界法。随后设立经界所,由李椿年主持,对土地进行经界。采取了如下具体办法。

(1)打量步亩。召集保正、保长、田主及佃客,逐丘打量,计算亩步面积,辨识土色高低,均定苗税。

(2)画鱼鳞图。以都保为单位画图,大则山川道路,小则人户田宅,顷亩阔狭,皆一一描画,使之东西相连,南北相照,各得其实。然后合十保为一都之图,合诸都为一县之图。

(3)造砧基簿。官民户各将本户所有田产置簿上报,须逐一标明田产的田形地段、亩步四至以及得产缘由等。

(4)差官核实。差官将鱼鳞图与砧基簿相对照,以防欺隐。

李椿年经界土地的目的并不是要限制土地兼并,而是恰恰相反,是要在确定现有土地所有权的前提下"均平赋税",以此来保证官府的赋税收入。尽管如此,仍然遭到那些偷漏赋税的大地主们的强烈反对。因此,经界法虽取得了一定的效果,但真正的均平赋税不可能实现。绍兴经界数十年后,旧籍之在官者半已不存,甚至漫不可考,偷漏赋税现象日趋严重。嘉定以后虽曾再行经界,但遭到的反对更趋强烈,因而效果更差。

宋孝宗即位之后,怀着恢复中原的宏伟大志,黜落秦桧党羽,起用抗战派,迅速出兵北伐。但由于有利战机早已被宋高宗为首的投降派贻误殆尽,也由于国势的限制,北伐很快失败。其后,宋孝宗便将主要精力转移到改革内政、增强国势上面。对于人浮于事的官僚机构以及官僚队伍中的腐败奢华之风,进行了适当裁损和厘正。任官时为官择人,而不为人择官,提倡勤政务实的作风,禁止浮夸和奔竞之风。对于日益增加的赋外之赋、税外之税,也尽量予以裁减,以纾缓民力。但裁减是极为有限的,宋孝宗自己曾叹息说:"朕意欲使天下尽蠲无名之赋，悉还祖宗之旧，以养兵之费，未能如朕志。"① 对于长期入不敷出的财政状况，从制度上加以整顿，开源节流，以增加财政收入。宋孝宗对财政的整顿虽当时出现了收支平衡或节余，但由于采取了增印楮币的办法，却埋下了不少的后患。

与宋孝宗一样，宋理宗也是一位来自宗室疏属的皇帝。而且理宗曾生长于民间，对于百姓疾苦有着直接的了解。因此，亲政之后，慨然怀有大志，力图变革由史弥远掌权而遗留的种种积弊。在用人和吏治方面、财政方面以及对外政策方面等进行了革新。罢黜了一批史弥远的鹰犬，将一些享有社会声誉的忠贤之士召回朝中，加以重用。通过奖廉惩贪、抑冗去滥等办法以整顿长期腐败不堪的吏治。通过回收旧楮以提高信誉、节省开支以戒挥霍浪费来整顿日益严峻的财政。面对北方日益强大的蒙古，加强防务，积极整军备战。宋理宗的改革，虽然具有一定的成效，但由于积弊太深以及改革的不彻底，终难扭转形势的急转直下。吏治方面对普遍存在的冗滥贪赃局面和风气并没有多大改变；"救楮"力度不大，收效甚微；节省开支被奢华挥霍所代替；在灭金后盲目出师入洛，结果惨败。而且，宋理宗亲政初期的锐气也愈来愈减，渐渐地便怠于政事，嗜欲享乐，终使形势愈来愈糟。

除以上的几次革新运动外，南宋时期还有两次权臣的"革新"，这两个权臣就是宁宗时期的韩侂胄和南宋末期的贾似道。韩侂胄当政后，所做的变革现状的两件大事是庆元党禁和开禧北伐。所谓庆元党禁，就是将道学称为"伪学"，将支持赵汝愚的文武官员都列为道学家，称之为"逆党"，予以贬黜，凡与党人有牵连的，不得任官职，不得应科举。同时，还禁毁理学家的"语录"一类书籍，科举考试稍涉义理之学，一律不予录取。而开禧北伐，则是韩侂胄为"立盖世功名以自固"而对金发动的战争。正式宣战以前，部分正规军和地方民兵，曾在淮南等地取得一些进展。但正式宣战以后，各路军却节节败退，西线主将吴曦还叛宋投金，北伐失败。韩侂胄非但未能以此"自固"，反倒被主和派史弥远等人所谋杀，其首级被函送金朝，落得了十分悲惨的下场。

---

① 佚名撰，孔学辑校：《皇宋中兴两朝圣政辑校》卷四七，乾道四年二月甲午，中华书局 2019 年版，第 1044 页。

　　在宋理宗后期,南宋政权已是内外交困的形势下,权臣贾似道逐渐爬上权势的巅峰,专政时间近 17 年之久。为了摆脱财政困境,他所做的两件大事就是买公田和滥发楮币。买公田就是将官、民户逾限的田产,抽三分之一回买以充公田。表面看有摧抑兼并的积极作用,但在实际执行过程中,有权有势者可以设法诡免,而无权无势的民庶之家,虽田少亦成为被买的对象。而买公田所支付的会子、官告、度牒等,实际上是没有多少价值的废纸。因此,买公田逐渐变成了对百姓财产的公开掠夺,结果百姓由此而破产失业者甚众。滥发纸币的情况已如前述。这些措施,适足以加速赵宋王朝的灭亡。

薄命才女——萧观音传 *

名门闺秀出身的萧观音,工诗善书,嫁给先为太子、后为皇帝的耶律洪基。她在为妃为后的大部分时间内,得洪基的百般爱幸,常常形影相随,应酬唱和,有专房宠。萧观音生有一子,被封为皇太子。重元之乱后,道宗对忠臣甚至自己的至亲多有怀疑,而对佞臣则大加重用,最终导致了杀妻灭子的惨剧。萧观音一生创作了大量诗词,具有自己独特的艺术风格。而其被定罪的依据,正是几首真假诗词。萧观音案可谓是辽朝历史上的一桩文字狱。

辽朝时期,山清水秀的辽西阜新地区,曾是契丹贵族头下军州最为集中的区域。后族中的拔里家族,即已逐渐在此定居。其家族墓地,也已在阜新蒙古族自治县的关山被发现。辽道宗懿德皇后萧观音,就出生并生长在这片土地上。

一、名门闺秀

萧观音为南院枢密使萧孝惠之女①,其母则是辽圣宗之女槊古公主。辽朝开国功臣萧阿古只是萧观音的先祖,作为辽太祖淳钦皇后之弟,官高位尊。在辽朝中期,萧氏家族"一门生于三后,四世出于十王"②,是有辽一代屈指可数的尊贵家族。萧观音的祖父是萧谐里(又名萧陶瑰),官拜国舅详稳。萧观音共有4位伯父,世父是萧孝穆,曾先后官北府宰相,北院枢密使,封为吴国王。仲父

---

* 原载《辽海历史名人传》,辽宁教育出版社 2012 年版,原题名《萧观音》。
① 阎万章:《辽道宗宣懿皇后父为萧孝惠考》,《社会科学辑刊》1979 年第 2 期。
② 陈述:《全辽文》卷九《萧德温墓志铭》,中华书局 1982 年版,第 215 页。

为萧孝先,任兵马都总管,燕京留守,封为晋王。叔父为萧孝诚,封为大国舅、兰陵郡王。季父为萧孝友,累迁西北路招讨使,南院枢密使,进封丰国王。此外,萧观音还有三位姑母,由于辽代后族与皇族世代为婚,她们皆嫁入皇族。

萧观音的父辈当中,最杰出的当数世父萧孝穆。他对内讨平了大延琳的叛乱,使辽朝暂时渡过了危机;对外积极与宋保持友好关系,谏阻兴宗南伐,力主信守澶渊之盟。萧孝穆努力为大辽国营造一个良好的内部和外部环境,可谓有远见卓识的政治家。

萧观音的姑母中,尤以二姑母萧耨斤最为显贵。此人即辽圣宗钦哀皇后。辽圣宗死后,钦哀皇后摄政,追封萧观音的高祖父为兰陵郡王,祖父为齐国王,其他伯父皆王之。"虽汉五侯无以过"①。

萧观音的姊妹、从姊妹当中,除了她本人成为道宗皇后外,其堂姐、萧孝穆的长女萧挞里成为兴宗仁懿皇后。正所谓"一门生于三后"。萧观音家族的显赫地位由此可见一斑。

萧观音自幼姿容端丽,在萧氏诸女中首屈一指,大家都将她视作观音,因而就取"观音"作了小字。出身名门,自然受到良好的教育。由于萧氏家族汉化程度很深,受儒风汉雨的熏陶,再加上平日遍览群书,中原文明已逐渐在萧观音心灵深处占有一席之地。天生丽质的萧观音,十三四岁已经出落成楚楚动人的大家闺秀。

二、椒房受宠

随着年龄的增长,萧观音的文学艺术修养也在迅速增长,她不仅通经博史,工诗善书,而且度曲知音,抚琴弹筝。萧观音以贤淑独特的气质和魅力,深深地获得了时为太子的耶律洪基的爱慕,因而被聘纳为妃。婚后,萧观音更加温婉柔顺,善于迎合先为太子、后为皇帝的耶律洪基的心意。她不仅是佳人,而且是才女。又因为能歌善诗,而弹筝、琵琶尤为当时第一,由此得到洪基的百般爱幸,后宫中无人可比。

耶律洪基作为辽兴宗的长子,6岁就被封为梁王,21岁执掌天下兵马大元

---

① 脱脱等:《辽史》卷七一《后妃·圣宗钦哀皇后萧氏传》,中华书局2017年版,第1325页。

帅之权,直至登基,是为辽道宗。他虽然在治国之道上远比不上祖父辽圣宗,但却颇有文学造诣,工诗善文,而且博通佛理。青年男女往往都有着自己的理想和追求,尽管已身为帝王,但耶律洪基也不例外。他求直言,访治道,劝农兴学,救灾恤患,为将辽国建成一个富强的帝国而不懈地努力着。萧观音同样也是一个志向高远的女子,为契丹民族的进一步深入汉化和汲取中原文明的营养做出了自己的贡献。正因如此,对于年龄相差不大的青年男女来说,共同的志趣和爱好构成了两个人相互恩爱进而结合的重要基础。一个是帝王,另一个是名门之秀。他们之间这种以稳固爱情为基础的结合令人赞叹。

耶律洪基做了皇帝以后,萧观音顺理成章地于清宁元年(1055年)被封为皇后,封号懿德,史称宣懿皇后,又称懿德皇后。作为皇后的萧观音,以其才气和美貌征服了后宫中所有的人,而她自己此后更加注意自己的形象。豪华考究的穿戴,才貌双全的气质,完美地统一在皇后身上。

由于道宗和萧观音二人文学造诣颇深,所以经常在一起应酬唱和。无论是外出游猎还是在宫中,常常形影相随,更加促进了双方的情感交流。清宁二年秋,道宗如同往年一样带领皇后和妃嫔前往秋山(位于今内蒙古自治区赤峰市北部大兴安岭余脉一带)举行秋捺钵。当行至伏虎林时,皇上有意命皇后赋诗,皇后应声答道:"威风万里压南邦,东去能翻鸭绿江。灵怪大千都破胆,那教猛虎不投降。"道宗听后大喜,并向群臣展示,称赞皇后为女中才子。又有一日,皇上亲自外出打猎。恰逢一只猛虎从丛林中窜出,皇上指着老虎说道:"朕射得此虎,可谓不愧后诗。"[1]果然,道宗一箭将猛虎射死,群臣皆呼"万岁"庆贺。此事表现了道宗夫妇的伉俪相谐,一时传为佳话。

道宗和萧观音无论从思想上还是从情感上,均相得益彰。清宁三年八月,道宗作了一首《君臣同志华夷同风》诗,皇后和曰:"虞廷开盛轨,王会合奇琛。到处承天意,皆同捧日心。文章通谷蠡,声教薄鸡林。大宇看交泰,应知无古今。"[2]诗中盛赞辽王朝的承天永业,并表现出指点江山、经纶天地的宏伟气略。"谷蠡"是匈奴藩王的封号,"鸡林"指朝鲜半岛的新罗国,诗中还透露出辽王朝的远大抱负。

---

① 王鼎:《焚椒录》,丛书集成初编本,中华书局1985年版,第1页。
② 王鼎:《焚椒录》,丛书集成初编本,中华书局1985年版,第1—2页。

清宁四年（1058年），宣懿皇后生下皇子濬，后封为昭怀太子。道宗之于宣懿皇后更是恩爱周备，有专房宠。从萧观音被封为皇后始，一直到咸雍末年，她同道宗的20年的婚姻生活，大部分时期是称得上恩爱和美的。

三、渐受猜忌

辽道宗虽然对萧观音十分宠爱，但是这种宠爱是脆弱的，萧观音随时都有失宠的可能。

道宗本人虽然外在的表现是性格懦弱，喜欢佛教，但实际上却是固执而任性，冲动而易怒。随着年龄的增长，性格上的缺陷使得他在处理事情上往往失当。皇太叔耶律重元的叛乱是辽末统治集团内部矛盾斗争激化的结果，它对道宗的打击和影响是巨大的。

事情还得从道宗之父兴宗说起。虽然凭借皇太子的身份于太平十一年（1031年）顺利登基，但由于兴宗与其生母钦哀皇太后在感情上一直不甚融洽，以致摄政的钦哀皇太后一直想废掉兴宗，而另立少子重元。而重元却将此秘密情报透露给了兴宗，兴宗先下手为强，从母亲手中夺回了军国大权。兴宗为此对重元感激不尽，封重元为皇太弟，甚至对重元表达了自己死后传位于他的意思。但是，随着契丹贵族汉化程度的日趋加深，汉族皇位世袭制度对契丹民族原有的世选制度造成了巨大的冲击。这使得辽兴宗在心中更偏向于将皇位传给自己的儿子，因而留下一份命其长子耶律洪基继位的遗诏。

耶律洪基虽然顺利继承了皇位，但他知道自己的皇位是不稳固的。主要原因在于叔父耶律重元的存在。这种思想上的包袱始终压在道宗心上。对于自己顺利继位而叔父没有从中作梗当然是感恩不尽的。所以，道宗如其父一样，为了稳住身边的这颗定时炸弹，对重元进行了一连串的封赏，就差直接将皇位给予重元了。这些笼络措施使得叔侄之间平安度过了数年。

但是，重元及其家人受压抑的情感迟早会爆发出来的。清宁四年（1058年），懿德皇后生下皇子濬以后，皇太叔重元之妃前往祝贺。她妆扮妖艳，顾影自矜，流目送媚。皇后对她说："为贵家妇，何必如此？"[1]重元妃由此怀恨在心，

---

[1] 脱脱等：《辽史》卷七一《后妃·道宗宣懿皇后萧氏传》，中华书局2017年版，第1326页。

回家后对重元破口大骂："汝是圣宗儿，岂虎斯不若。使教坊奴得以可敦加吾。汝若有志，当除此帐，笞挞此婢。"[①] 重元妃将辽道宗称为"虎斯"，意即鲁莽小子；将懿德皇后称为"教坊奴"，意即宫中的乐舞奴婢。可以看出，萧观音的话语严重刺痛了重元妃早已觊觎皇位的野心。萧观音的话成了导火索，点燃了重元起兵反叛的火把。于是，重元父子合定叛谋，于清宁九年（1063年）七月，趁道宗驾幸泺水，聚兵作乱。但却是须臾军溃，重元之子涅鲁古被杀，重元也被迫自杀。重元叛乱平定以后，道宗如能正确总结经验教训，安反侧，结人心，辽朝统治尚有可为。因为许多地方官还是比较清廉的，对于稳定辽朝的统治起到一定的作用。令人遗憾的是，道宗却越来越不辨别是非，对忠于自己的大臣采取怀疑的态度，甚至包括自己的至亲，而对佞臣则大加重用。最终亲自导演了一幕杀妻灭子的历史惨剧，辽朝的灭亡也为时不远了。

在这次严重的叛乱危机中，耶律乙辛因讨乱有功，官升南院枢密使，封魏王，赐匡时翊圣竭忠平乱功臣之号。咸雍五年（1069年），道宗加封乙辛为守太师，赐诏书给乙辛，将兵权交给了乙辛。于是他威权震灼，倾动一时。乙辛对凡是阿谀奉承他的人一律提拔，而对忠厚正直反对他的人则一律贬往外地。窃权肆恶，不可名状。皇后及其家人看不惯乙辛的为人处世之道，反对他的所作所为。及咸雍初，皇子濬被册为皇太子，兼领北南枢密院事，开始参与朝政，对乙辛的胡作非为进行了有效遏制。大康元年（1075年）六月，道宗诏太子总领朝政。这样，皇太子、懿德后及其追随者所形成的政治势力就与耶律乙辛集团发生了尖锐的矛盾。这使得乙辛快快不乐，怀恨在心，常常在道宗面前进谗言，蓄谋陷害皇后和太子，必欲置之死地而后快。道宗则对乙辛言听计从，对萧观音逐渐疏远起来。

萧观音作为一位知书达理，在政治上不甘寂寞的女性，常常羡慕唐太宗贤妃徐惠善于进谏和敢于进谏的行为，并以其为榜样，多次趁道宗皇帝临幸之时进谏。其中最著名的一次，是对游猎的劝谏。契丹作为游牧民族，从皇帝到平民百姓都尚游猎。据记载，辽兴宗一次曾射杀36只熊。道宗继承了父亲的衣钵，也非常喜欢游猎。所乘之马号称"飞电"，速度极快，动辄驰奔数十里，扈从求之不得。萧皇后对此深感忧虑，便向道宗进谏说："妾闻穆王远驾，周德用

---

① 王鼎：《焚椒录》，丛书集成初编本，中华书局1985年版，第2页。

衰。太康佚豫，夏社几危。此游佃之往戒，帝王之龟鉴也。顷见驾幸秋山，不闲六御，特以单骑从禽，深入不测。此虽威神所届，万灵自为拥护，倘有绝群之兽，果如东方所言，则沟中之豕，必败简子之驾矣。妾虽愚暗，窃为社稷忧之。惟陛下尊老氏驰骋之戒，用汉文吉行之旨，不以其言为牝鸡之晨而纳之。"[1]字里行间，流露着一个妻子对丈夫的特殊关切。

面对皇后的忠言，道宗虽然表面上"嘉纳"，但内心里却认为宣懿皇后饶舌多事，殊觉反感。及至咸雍末年，竟然很少再临幸皇后。他们之间感情上的裂痕，在乙辛的挑唆下越来越深了，甚至到了不愿见面的地步。

四、诗词招祸

面对道宗皇帝对自己的逐渐冷遇，萧观音决定采取措施来尽可能弥补夫妻感情上的裂痕。为了打动皇帝的心，她从自己最擅长的诗词入手，作了一首词，名曰《回心院》，并将其谱上曲子，希望道宗皇帝在听完这首曲子之后，能够回心转意。其词如下：

> 埽深殿，闭久金铺暗。游丝络网尘作堆，积岁青苔厚阶面。埽深殿，待君宴。
>
> 拂象床，凭梦借高唐。敲坏半边知妾卧，恰当天处少辉光。拂象床，待君王。
>
> 换香枕，一半无云锦。为是秋来转展多，更有双双泪痕渗。换香枕，待君寝。
>
> 铺翠被，羞杀鸳鸯对。犹忆当时叫合欢，而今独覆相思魂。铺翠被，待君睡。
>
> 装绣帐，金钩未敢上。解却四角夜光珠，不教照见愁模样。装绣帐，待君贶。
>
> 叠锦茵，重重空自陈。只愿身当白玉体，不愿伊当薄命人。叠锦茵，待君临。

---

① 王鼎：《焚椒录》，丛书集成初编本，中华书局1985年版，第2页。

展瑶席，花笑三韩碧。笑妾新铺玉一床，从来妇欢不终夕。展瑶席，待君息。

剔银灯，须知一样明。偏是君来生彩晕，对妾故作青荧荧。剔银灯，待君行。

爇熏炉，能将孤闷苏。若道妾身多秽贱，自沾御香香彻肤。爇熏炉，待君娱。

张鸣筝，恰恰语娇莺。一从弹作房中曲，常和窗前风雨声。张鸣筝，待君听。①

这首词可谓怨而不怒，充满了萧观音对道宗的思念和期盼，直率地表达了盼望皇帝重新临幸的急切心情。当时宫廷乐队中许多伶人不会演奏此曲，只有汉人伶官赵惟一能够演奏。单登原本是重元的奴婢，重元反叛自杀以后，单登因罪被没入宫中，成为皇后身边的一名宫女。单登也擅长演奏琵琶、筝等乐器，因此她对赵惟一很不服气，常常与之一争高下。单登对于皇后召赵惟一进宫演奏《回心院》，对皇后不知自己也善于演奏，颇为不满。

皇后知道单登的心思后，便召其入宫，与单登对弹了4日，一共28调曲子。结果单登由于技逊一筹，表面上对皇后佩服得五体投地，心中却充满了怨恨，时刻想着报复皇后。

辽朝朝廷不存在中原王朝严格的后宫制度，伶人出入宫禁，陪皇后消遣本不足为怪。可是单登存心报复皇后，便将赵惟一被召入宫演奏一事视作把柄。道宗皇帝有时也召单登入宫弹奏。皇后知道此事后，向道宗进谏道："此叛家婢。女中独无豫让乎？安得轻近御前！"②豫让是战国时期晋国正卿智伯瑶的家臣，因智伯瑶在晋阳之战中兵败身亡，多次刺杀赵襄子，试图为主人报仇。单登作为叛臣重元的奴婢，怎么知道她就不会是女豫让呢？道宗听后觉得颇有道理，便将单登调往宫外别院当差。单登知道此事是皇后所为，因而对皇后更加怨恨了。

单登想尽一切办法对皇后进行诬陷，为此经常向妹妹清子倾诉，以发泄她对皇后和赵惟一的不满和嫉妒。清子嫁给了教坊伶人朱顶鹤，而耶律乙辛为清

---

① 王鼎：《焚椒录》，丛书集成初编本，中华书局1985年版，第2—3页。
② 王鼎：《焚椒录》，丛书集成初编本，中华书局1985年版，第3页。

子的美貌所吸引，经常与她在一起鬼混。久而久之，便从清子口中得知了单登欲陷害皇后所编的谎言。乙辛欲加害皇后，苦于找不到陷害皇后的把柄。当从清子口中听到单登"诬后与惟一淫通"的谎言后，如获至宝。

但是，老奸巨猾的耶律乙辛仍然觉得将此作为置皇后于死地的证据依然不够，于是他又命人作了粗俗淫秽的《十香词》，准备嫁祸于皇后。该词云：

青丝七尺长，挽出内家装。不知眠枕上，倍觉绿云香。

红销一幅强，轻阑白玉光。试开胸探取，尤比颤酥香。

芙蓉失新艳，莲花落故妆。两般总堪比，可似粉腮香。

蜻蛉那足并，长须学凤凰。昨宵欢臂上，应惹领边香。

和羹好滋味，送语出宫商。定知郎口内，含有煖甘香。

非关兼酒气，不是口脂芳。却疑花解语，风送过来香。

既摘上林蕊，还亲御苑桑。归来便携手，纤纤春笋香。

凤靴抛合缝，罗袜卸轻霜。谁将煖白玉，雕出软钩香。

解带色已战，触手心愈忙。那识罗裙内，消魂别有香。

咳唾千花酿，肌肤百和装。元非啖沉水，生得满身香。①

虽然单登在外直当差，但经常能够出入后宫，接近皇后。乙辛让清子把此淫词通过单登交到皇后手中，并让其亲手书写一份。单登带着《十香词》进宫面见皇后，并欺骗皇后说："此宋国忒里蹇所作，更得御书，便称二绝。""宋国忒里蹇"意即宋朝的皇后，"御书"则意为懿德皇后书写。懿德皇后原本就善于书法，再加上单登诱惑性的鼓动，就不假思索地将《十香词》书写了一遍。写完后仍觉意犹未尽，因有感于宋国皇后的淫逸误君，就自作了一首《怀古诗》题于其后："宫中只数赵家妆，败雨残云误汉王。惟有知情一片月，曾窥飞鸟入昭阳。"②写毕，把它交与单登。万万没有想到，这一交就等于把自己的生命交了出去。皇后年轻的生命，便在如此龌龊险恶的政治斗争中被绞杀了。

单登得到皇后的手书，抑制不住内心的激动。她知道陷害皇后的大功已完成了一大半，剩下来的就是乙辛具体实施置皇后于死地的阴谋了。因此，当她

---

① 王鼎：《焚椒录》，丛书集成初编本，中华书局1985年版，第3页。

② 王鼎：《焚椒录》，丛书集成初编本，中华书局1985年版，第3页。

把此手书交给清子时，得意地说："老婢淫案已得，况可汗性忌，早晚见其白练挂粉胫也。"[1]

耶律乙辛从清子手中得到了皇后的手书后，着手进行阴谋策划。他不仅准备了物证，还准备了人证。即命单登与朱顶鹤拿着词去北枢密院自首，指证赵惟一与懿德皇后通奸，以达到彻底将皇后置于死地的目的。

五、含恨九泉

大康元年（1075年）十月，耶律乙辛在完成了陷害皇后的准备工作之后，向道宗上了一道密奏。在奏文中，乙辛详细述说了外直别院宫婢单登和教坊朱顶鹤所陈首的关于萧观音与赵惟一私通的细节。尽管所谓的奸情是五年前发生的事情，但乙辛还是特别强调"其有关治化，良非渺小"[2]。道宗看完了乙辛的密奏以后，勃然大怒，并立即召见皇后进行责问。皇后听完，痛哭辩白道："妾托体国家，已造妇人之极。况诞育储贰，近且生孙，儿女满前，何忍更作淫奔失行之人乎？"道宗拿出《十香词》说："此非汝作手书，更复何辞？"皇后说："此宋国忒里蹇所作，妾即从单登得而书赐之耳。且国家无亲蚕事，妾作那得有亲桑语？"道宗说："诗，正不妨以无为有。如词中合缝靴，亦非汝所着为宋国服邪？"[3]道宗越说越气愤，再加上皇后极力为自己辩解，道宗便拿起铁骨朵无所顾忌地向皇后打去，几乎当场将皇后打死。随后，昏庸的道宗将此案交与他最信任的两位大臣——耶律乙辛和张孝杰去"穷治"。这等于让原告来审讯被告。

案子到了乙辛等人的手上，皇后哪里还会有什么好的结果？乙辛命人用各种酷刑对赵惟一及协助其入宫的教坊入内承直高长命等人进行刑讯逼供，并将酷刑之下的屈打成招写成奏章，予以草草结案，其目的就是尽快将皇后置于死地而后快。

当乙辛将结案材料上奏给道宗时，还没有昏聩到不可救药地步的道宗对此案仍存疑义。他指着《十香词》后面附的《怀古》诗，说道："此是皇后骂飞燕

---

① 王鼎：《焚椒录》，丛书集成初编本，中华书局1985年版，第3—4页。
② 王鼎：《焚椒录》，丛书集成初编本，中华书局1985年版，第4页。
③ 王鼎：《焚椒录》，丛书集成初编本，中华书局1985年版，第4—5页。

也，如何更作十词？"张孝杰又进谗言，说诗中包含"赵惟一"三字，这正是皇后怀念赵惟一的铁证。[①] 至此，道宗便深信不疑。大康元年（1075年）十一月，道宗下令族诛赵惟一，将高长命斩首，籍没其家属，敕令皇后自尽。皇后乞求临死面见皇上，说上几句话，皇上却不答应。皇后于是向着皇上的居所下拜，并作了一首《绝命词》以自辩。词曰：

> 嗟薄祐兮多幸，羌作俪兮皇家。
> 承昊穹兮下覆，近日月兮分华。
> 托后钩兮凝位，忽前星兮启耀。
> 虽蚍蜉兮黄床，庶无罪兮宗庙。
> 欲贯鱼兮上进，乘阳德兮天飞。
> 岂祸生兮无朕，蒙秽恶兮宫闱。
> 将剖心兮自陈，冀回照兮白日。
> 宁庶女兮多惭，遏飞霜兮下击。
> 顾子女兮哀顿，对左右兮摧伤。
> 共西曜兮将坠，忽吾去兮椒房。
> 呼天地兮惨悴，恨今古兮安极。
> 知吾生兮必死，又焉爱兮旦夕。[②]

作完词后，皇后关上宫门，用白练自缢，时年36岁。与其说文字狱害死了皇后，不如说是不辨是非的道宗是杀人的罪魁祸首。

懿德皇后冤案的发生，原因是多方面的。首先，辽朝以罪犯家属和"著帐户"在宫中服役，甚至担任禁卫。他们的存在对于宫廷斗争的激化起到了催化剂的作用。正是由于叛家之婢单登得以在萧观音左右侍奉，而萧观音本人又疏于提防，这样她便时刻处于被人暗算的危险境地。其次，辽后宫宫禁制度松弛，伶官得以随意出入。这便给欲陷害皇后的人留下了口实。再次，耶律乙辛集团已形成一股不容忽视的政治势力，并非单个的凶残狡诈奸臣而已。乙辛同党张孝杰是辽末的状元，以儒业起家，本可以做一个堂堂正正、深明大义的好官。

---

① 王鼎：《焚椒录》，丛书集成初编本，中华书局1985年版，第5页。
② 王鼎：《焚椒录》，丛书集成初编本，中华书局1985年版，第5页。

他在处理懿德皇后一案上，如若能听从萧惟信的直言劝告，而不是党附乙辛，故意搞文字游戏陷害懿德皇后，那么懿德皇后也许不会如此冤死。最后，道宗在平息重元叛乱以后，严重存在着疑心至亲、时刻担心帝位被夺的病态心理。而乙辛恰好充分利用了这一点，轻而易举地除掉了不利于自己专权固宠的主要障碍——皇后和太子。正是道宗本人亲自导演了一幕杀妻灭子的历史惨剧，值得后人深思。

六、文学地位

在辽代的契丹族作家中，萧观音是存世作品最多的一位。她的作品不仅数量较多，而且体裁多样，艺术水平更是当时契丹族作家的代表。她撰写的诗词，既有端庄秀雅、缠绵悱恻者，更有雄放壮阔、简约隽爽者。她把中原地区农耕民族传统文学中抒情含蓄、用词静谧的特点，同北方草原地区游牧民族刚健奔放、感情率真的特点，完美地结合在一起，从而形成自己独特的艺术风格。近人吴梅曾评论萧观音的诗词："辞意并茂，有宋人所不及者。谓非山川灵秀之气独钟于后，不可也。"[①]此评诚非过誉。

---

① 吴梅：《辽金元文学史》，商务印书馆 1934 年版，第 4 页。

辽代《故贵妃萧氏玄堂志铭》考释[*]

近年出土的《故贵妃萧氏玄堂志铭》涉及辽王朝中期的一些重要史实，具有很高的史料价值。《玄堂志铭》撰者张幹曾在辽圣宗朝政坛担当着重要角色，其笔下志主萧氏曾居皇后之位，后被废黜，又复起为贵妃，终因染疾遽逝。以骈偶构篇的《玄堂志铭》善用典故，虽辞藻富逸，但文意隐晦。周、汉两代后妃典故及传统儒家经典，为模写贵妃萧氏懿德美行的重要取材来源。这种书写取向反映了契丹王朝于族源上的比附心理，同时亦蕴含着国家教化之义。

2015 年，在内蒙古自治区多伦县的一处古墓地，出土墓志一盒，上盖下志。志盖阴刻篆书"故贵妃萧氏玄堂志铭"九字，志石刻写有志主生平、家世等重要内容。盖之庸等执笔的考古报告《内蒙古多伦县小王力沟辽代墓葬》^①（以下简称盖文）一文，对契丹国贵妃萧氏墓葬形制、出土遗物等作了介绍，公布了墓志拓本（以下简称《玄堂志铭》），并论及志主家世。康鹏又撰《辽圣宗贵妃玄堂志铭献疑》^② 一文，探讨了贵妃生母、圣宗长女、墓志题名等问题。研读已有研究成果，受益良多。但前述两文未就墓志撰者、志主生平及墓志撰写特色等加以分析，相关问题仍有探讨之必要。故笔者不揣浅陋，尝试结合传世文献，对《玄堂志铭》进行考释，以求教于方家。

---

* 原载《中国边疆史地研究》2021 年第 1 期。
① 参见内蒙古文物考古研究所等《内蒙古多伦县小王力沟辽代墓葬》，《考古》2016 年第 10 期。
② 参见康鹏《辽圣宗贵妃玄堂志铭献疑》，见《隋唐辽宋金元史论丛》第 8 辑，上海古籍出版社2018 年版，第 306—311 页。

一、志文辨识证补

《玄堂志铭》全文共四十二行，满行四十字，以楷书刻写。笔者据《玄堂志铭》拓本整理录文，并依文意标点，附录于文末。目前所见拓本，字迹尚属清晰，但其中若干残损之处，文字辨识颇为不易。故先对其进行初步考辨。

第 19 行，"栉縰笄总"，"栉" 字字迹磨漶。考索文献，《礼记·内则》载："子事父母，鸡初鸣，咸盥漱，栉縰笄总。"拓本 "栉" 字所接 "縰笄总" 与文献内容完全相符，拓本 "栉" 字左边残存竖笔亦与 "栉" 字的木字旁竖笔契合。从文意来看，"栉" 为梳发，"縰" 是用缯束发髻，"笄" 指束发，"总" 谓插笄，四字连用指成年。后又以 "栉縰" 泛指侍奉父母起居。而志文中，"栉縰笄总" 所对应 "哕噫嚏咳"，亦出自《礼记·内则》："在父母舅姑之所，有命之，应唯敬对。进退周旋慎齐，升降出入揖游，不敢哕噫、嚏咳、欠伸、跛倚、睇视，不敢唾洟。"① 此是论说孝事父母、舅姑等尊者的畏敬之法，这与前述 "侍奉父母起居" 的文意相承。故细检拓本字形、比对楷书 "栉" 字写法，并参酌上下文意，此字应作 "栉"。

第 21 行，"金环屡契□休祯宝册遂申于异数"，根据骈体文行文特点，应断句为 "金环屡契□休祯，宝册遂申于异数"。"休祯" 二字中，"祯" 字尚可辨认，"休" 字则仅残留左边偏旁 "亻"。而 "屡契" 所接之字则完全模糊不清。稽诸史籍，《后汉书·陈蕃传》所载 "如是天和于上，地洽于下，休祯符瑞，岂远乎哉"② 之句中，即有 "休祯" 一词使用，意为吉祥之征兆。相同的词语运用亦出现于《宋大诏令集·典礼》："稼穑继闻于丰稔，邦家屡集于休祯。"③ 根据字形、词语运用等考察，"祯" 之前应为 "休" 字。而在句式和词语选用上，前述 "邦家屡集于休祯" 与拓本 "金环屡契□休祯" 亦较为相似。再据骈文词性相对，以及《玄堂志铭》刻写用字习惯，可推断 "屡契" 之后所接应为 "于" 字。

---

① 郑玄注，孔颖达疏：《礼记正义》卷二七《内则》，见阮元校刻：《十三经注疏》（清嘉庆刊本），中华书局 2009 年版，第 3165、3168 页。

② 范晔：《后汉书》卷六六《陈蕃传》，中华书局 1965 年版，第 2165 页。

③ 宋绶编：《宋大诏令集》卷一一八《典礼三·南郊一·建隆四年有事南郊诏》，中华书局 1962 年版，第 400 页。

二、《玄堂志铭》撰者

《玄堂志铭》题署"朝议郎、守政事舍人、赐紫金鱼袋臣张幹奉勒撰"。张幹，《辽史》无传，但于传世文献中仍可窥知其行迹之雪泥鸿爪。

《辽史·圣宗纪》载：统和九年（991年）闰二月壬申，朝廷"遣翰林承旨邢抱朴、三司使李嗣、给事中刘京、政事舍人张幹、南京副留守吴浩分决诸道滞狱"[①]。这是张幹以政事舍人身份赴地方处理案件。而由贵妃萧氏病逝和安葬时间可知，在统和十一年，张幹以政事舍人身份又撰写了《玄堂志铭》。故在统和九年至十一年间，张幹一直带有政事舍人的官衔。

《辽史·室昉传》载：统和九年，圣宗以室昉"病剧，遣翰林学士张幹就第授中京留守，加尚父"[②]。又《高丽史》载：成宗"十五年春三月，契丹遣翰林学士张幹、忠正军节度萧熟葛来册王"[③]。据此二则史料可知，在统和九年至十四年（即《高丽史》所记成宗十五年）间，张幹又以翰林学士身份行使慰劳和出使之职责。

综上可知，在统和九年至十一年间，张幹应同时兼任翰林学士和政事舍人。由此，张幹撰作《玄堂志铭》时较为完整的结衔应为"翰林学士、朝议郎、守政事舍人、赐紫金鱼袋"[④]。其实，翰林学士和政事舍人（中书舍人）并存于同一结衔，不乏其例。如重熙七年（1038年）《萧绍宗墓志铭》，撰者刘六符的结衔为"翰林学士、中大夫、行政事舍人、柱国、赐紫金鱼袋"[⑤]；清宁八年（1062年）《耶律宗政墓志》，撰者王寔的结衔为"翰林学士、中散大夫、中书舍人、史馆修

---

① 脱脱等：《辽史》卷一三《圣宗纪四》，中华书局 2017 年版，第 153 页。
② 脱脱等：《辽史》卷七九《室昉传》，中华书局 2017 年版，第 1402 页。
③ ［朝鲜］郑麟趾等纂：《高丽史》卷三《世家三·成宗》，文史哲出版社 2012 年版，第 46 页。
④ 关于《玄堂志铭》撰者张幹的结衔，朝议郎为"阶"，是一种虚衔；紫金鱼袋为皇帝赐的官服，即紫袍、金鱼袋。刻于保宁元年（969年）的《王守谦墓志》载："朝散大夫、紫金鱼袋，其阶也，其赐也"，与之相类，可为例证。参见向南等编《辽代石刻文续编》，辽宁人民出版社 2010 年版，第 10 页。翰林学士为"职"，辽代翰林学士是南面官系统中翰林院的主要官职，为实职。参见杨果《辽代的翰林院与翰林学士》，见《宋辽金史论稿》，商务印书馆 2010 年版，第 105—116 页。政事舍人为"官"，是虚衔。王曾瑜先生曾撰文指出，原为唐代三省职事官，如尚书左、右丞，左、右司郎中，给事中、左散骑常侍、谏议大夫、起居郎、中书舍人、右散骑常侍等，辽朝对此类官称大多予以继承，而作为虚衔。参见王曾瑜《辽朝官员的实职和虚衔初探》，《文史》1992 年第 34 辑。
⑤ 郭宝存、祁彦春：《辽代〈萧绍宗墓志铭〉和〈耶律燕哥墓志铭〉考释》，《文史》2015年第 3 辑。

撰、上骑都尉、太原县开国子、食邑五百户、赐紫金鱼袋"[1];咸雍五年(1069年)《秦晋国妃墓志》,撰者陈觉的结衔为"翰林学士、中散大夫、行中书舍人、签诸行宫都部署司事、轻车都尉、赐紫金鱼袋"[2]等。至于撰者张幹所带翰林学士职衔缘何未被刻入《玄堂志铭》,其中原因,已不得而知。

通过对《辽史》《高丽史》,以及出土文献中相关内容分析,我们得以窥见撰者张幹在统和九年(991年)至十四年间的些许行迹。而从决断滞狱、慰问重臣、撰作墓志、出使高丽等具体事迹来看,张幹曾在辽圣宗朝政坛担当着重要角色。

三、志主生平及其子女

关于志主姓名与身份,仅知其为贵妃萧氏。据《辽史·公主表》载:"圣宗十四女:贵妃生一女:燕哥,第一。"[3]盖文指出,《辽史·公主表》"记载的贵妃即应为M2墓主人"[4]。

据《玄堂志铭》载:"统和十一年夏六月二十七日,薨于行在,享年二十有四。"可知,贵妃萧氏逝于辽圣宗统和十一年六月二十七日,时年二十四岁。逆推其生年,应为辽景宗保宁元年(969年)。

志主入宫时间,《玄堂志铭》记载也较为详细:"皇上方资淑媛,协赞内朝。闻四德以备修,陈六仪而选纳。年甫十七,礼归百两。暨荣升紫禁,孝事皇姑。"可知,志主在十七岁时,即辽圣宗统和四年,被选纳入宫。这与史书记载完全吻合。据《辽史》记载:统和四年"九月丙寅朔,皇太妃以上纳后,进衣物、驼马,以助会亲颁赐。……戊寅,内外命妇进会亲礼物。辛巳,纳皇后萧氏"[5]。不过,在萧氏被纳为皇后以后,又不知为何被废。撰者讳言此事,说得相当隐晦。《玄堂志铭》仅云:"永巷陈脱簪之谏,不废忠规。"永巷为汉朝皇宫中的长

---

① 《耶律宗政墓志铭》,见刘凤翥等辑:《辽上京地区出土的辽代碑刻汇辑》,社会科学文献出版社2009年版,第202页。

② 《秦晋国妃墓志铭》,见刘凤翥等辑:《辽上京地区出土的辽代碑刻汇辑》,社会科学文献出版社2009年版,第205页。

③ 脱脱等:《辽史》卷六五《公主表》,中华书局2017年版,第1109页。

④ 内蒙古文物考古研究所:《内蒙古多伦县小王力沟辽代墓葬》,《考古》2016年第10期。

⑤ 脱脱等:《辽史》卷一一《圣宗纪二》,中华书局2017年版,第132—133页。

巷，往往是幽禁失势或失宠妃嫔的地方。《史记·吕太后本纪》载："吕后最怨戚夫人及其子赵王，乃令永巷囚戚夫人，而召赵王。"[1] 裴骃集解："如淳曰：'《列女传》云周宣姜后脱簪珥待罪永巷'，后改为掖庭。"[2] 张守节正义："永巷，宫中狱也。"[3] 刘向《古列女传·周宣姜后》载："宣王尝早卧晏起，后夫人不出房。姜后脱簪珥，待罪于永巷，使其傅母通言于王曰：'妾之不才，妾之淫心见矣，至使君王失礼而晏朝，以见君王乐色而忘德也。夫苟乐色，必好奢穷欲，乱之所兴也。原乱之兴，从婢子起。敢请婢子之罪。'王曰：'寡人不德，寔自生过，非夫人之罪也。'遂复姜后而勤于政事。早朝晏退，卒成中兴之名。"[4]《玄堂志铭》正是使用了姜后的典故，表明萧氏被废的事实。此后，随着形势的变化，萧氏得以复起。《玄堂志铭》继云："统和辛卯岁夏六月，择日修礼，册命为贵妃，旌懿范也。"统和辛卯为辽圣宗统和九年。由于萧氏在复起之后为贵妃，因而身份只能"亚于长秋"了。

据《辽史·圣宗纪》载：统和十九年（1001 年）三月"壬辰，皇后萧氏以罪降为贵妃"；五月"丙戌，册萧氏为齐天皇后"[5]。此二萧氏既非一人，亦非志主。而此时的废立皇后，已是志主身后之事。值得说明的是，前者正是志主被废时上位的皇后。志主复起时因已有皇后，因而只能册为贵妃。[6]

关于贵妃萧氏之子女，《玄堂志铭》载："妃有皇子一人，早夭。"《辽史·圣宗纪》载：统和七年（989 年）二月"丁丑，皇子佛宝奴生"[7]。皇子佛宝奴即贵妃萧氏早夭之皇子。

《玄堂志铭》又载：贵妃萧氏有"皇女二人，盛以妙龄，未疏汤邑"。据《辽史·公主表》载："圣宗十四女：贵妃生一女：燕哥，第一。封隋国公主，进封秦国。兴宗封宋国长公主。下嫁萧匹里。"[8] 而萧绍宗之妻《秦国长公主墓志铭》载："公主实景宗孝成皇帝之孙，圣宗文武孝宣皇帝之长女。母曰故贵妃萧

① 司马迁：《史记》卷九《吕太后本纪》，中华书局 2014 年版，第 505 页。
② 司马迁：《史记》卷九《吕太后本纪》，中华书局 2014 年版，第 506 页。
③ 司马迁：《史记》卷七九《范雎蔡泽列传》，中华书局 2014 年版，第 2920 页。
④ 刘向编撰，顾恺之图画：《古列女传》卷二《贤明传·周宣姜后》，四部丛刊初编本。
⑤ 脱脱等：《辽史》卷一四《圣宗纪五》，中华书局 2017 年版，第 170 页。
⑥ 《玄堂志铭》刚出土时，媒体曾报道志主系辽圣宗废后，但因后来发现与史书记载的时间不合，便放弃了这一观点。
⑦ 脱脱等：《辽史》卷一二《圣宗纪三》，中华书局 2017 年版，第 144 页。
⑧ 脱脱等：《辽史》卷六五《公主表》，中华书局 2017 年版，第 1109 页。

氏。"①因萧匹里与萧绍宗为同一人②，故可推知，萧绍宗之妻秦国长公主即为辽圣宗与贵妃所生之女——耶律燕哥。这亦表明，《辽史·公主表》中耶律燕哥之母（圣宗贵妃）与《秦国长公主墓志铭》中的贵妃萧氏为同一人。

又《秦国长公主墓志铭》载：公主于重熙六年（1037年）"越十二月一日，薨于行宫之别帐，享年四十有八"。据此可推知秦国长公主生于统和八年（990年）。而《玄堂志铭》载志主贵妃萧氏薨于统和十一年，此时秦国长公主为四岁。这正与《秦国长公主墓志铭》所载"恭惟公主，始四五岁，失贵妃慈育"③情况相符。这表明，《玄堂志铭》中的贵妃萧氏与《秦国长公主墓志铭》中的贵妃萧氏亦为同一人，故秦国长公主（耶律燕哥）即为《玄堂志铭》中贵妃萧氏所生皇女之一。至于贵妃萧氏所生另一皇女，目前限于资料，暂不可考。

四、志主先祖及同辈成员

关于贵妃萧氏家世，盖文根据《辽史》《资治通鉴》《秦晋国妃墓志》《萧仅墓志》等史料，考证了《玄堂志铭》所载贵妃萧氏父、祖、曾祖的相关情况，得出"墓主辽圣宗贵妃萧氏出自阿古只一系"的结论④。据其考证，可知贵妃萧氏家族世系为：阿古只（撒剌）——迷骨德（迷骨里、演乌卢、眉古得、安团、海真）——信宁（割烈）——宁（排押［字韩隐］、曷宁）——贵妃萧氏。这一世系无疑是准确的，但相关人物仍有进一步说明的必要。

阿古只，在《辽史》本传、《萧仅墓志》《萧莹墓志》及契丹小字《萧太山和永清公主墓志铭》和《梁国王墓志》所记的契丹名，有撒本、撒剌、萨懒里、萨

---

① 郭宝存、祁彦春：《辽代〈萧绍宗墓志铭〉和〈耶律燕哥墓志铭〉考释》，《文史》2015年第3辑。
② 关于萧匹里与萧绍宗的关系，《辽史·后妃传》载："兴宗贵妃萧氏，小字三嬺，驸马都尉匹里之女，选入东宫。帝即位，立为皇后。重熙初，以罪降贵妃。"（中华书局2017年版，第1326页）又《萧绍宗墓志铭》载：萧绍宗"女六人：长，今昭孝皇帝故妃。淑哲流范，雍睦驰声。兰速累于香焚，蘂赋期于日及。竟数月而薨"。萧绍宗妻《秦国长公主墓志铭》载："女六人：长为皇妃，位亚中壶，德映层闱。其辅佐之功，风化之道，黎诸彤管，此不备书。"参见郭宝存、祁彦春《辽代〈萧绍宗墓志铭〉和〈耶律燕哥墓志铭〉考释》，《文史》2015年第3辑。据此二志则萧绍宗与秦国长公主之长女应即《辽史·后妃传》中辽兴宗贵妃萧三嬺，故萧匹里与萧绍宗为同一人。此外，可参见郑绍宗《契丹秦晋国大长公主墓志铭》，《考古》1962年第8期；李宇峰《辽代萧继远家族墓地研究》，见《辽金历史与考古》第8辑，科学出版社2017年版。
③ 郭宝存、祁彦春：《辽代〈萧绍宗墓志铭〉和〈耶律燕哥墓志铭〉考释》，《文史》2015年第3辑。
④ 内蒙古文物考古研究所等：《内蒙古多伦县小王力沟辽代墓葬》，《考古》2016年第10期。

懒等，均为同音异译。①

迷骨德，《萧仅墓志》中的"迷骨里"、《秦晋国妃墓志》中的"演乌卢"、《辽史·穆宗纪》中的"萧眉古得"、《旧五代史》中的"萧海贞"及《契丹国志》和《资治通鉴》中的"萧海真"，应均指此人②，即阿古只之子安团③。

信宁，与《秦晋国妃墓志》所载"割烈""应为同一人，一为汉名，一为契丹名"④。《辽史》记载，统和七年（989年）四月乙卯，"国舅太师萧阆览为子排亚请尚皇女延寿公主"⑤。若阆览与排亚为父子关系，则信宁应即是阆览。然学术界已论证"萧阆览与排押的关系很复杂，勉强可以说是族伯侄或族叔侄"⑥，故信宁并非阆览。

宁，《辽史·地理志》所记即为"萧宁"。《辽史·萧排押传》等处则称为排押、排亚。排押字韩宁，又作韩隐，《秦晋国妃墓志》中称"曷宁"，《契丹国志》称为"悖野"。⑦

在贵妃萧氏的同辈家庭成员中，可知者仅有两位姊妹。其一为秦晋国妃。《秦晋国妃墓志铭》载："故枢密使、北宰相、驸马都尉讳曷宁，魏国公主小字长

---

① 参见爱新觉罗·乌拉熙春《契丹国舅帐考》，见《辽金史与契丹、女真文》，（京都）东亚历史文化研究会2004年版，第11—24页；韩世明、都兴智：《辽〈驸马萧公平原公主墓志〉再考释》，《文史》2013年第3辑；都兴智：《辽〈萧莹墓志〉略考》，见《辽金历史与考古国际学术研讨会论文集》，辽宁教育出版社2012年版，第516页。

② 参见都兴智《辽代国舅拔里氏阿古只家族的几个问题》，《黑龙江民族丛刊》2009年第5期；"迷骨里""演乌卢"，都文记为"迷古里""演乌鲁"，今据《萧仅墓志铭》《秦晋国妃墓志铭》拓本改正。参见刘凤翥等辑《辽上京地区出土的辽代碑刻汇辑》，社会科学文献出版社2009年版，第26、60页。

③ 参见内蒙古文物考古研究所等《内蒙古多伦县小王力沟辽代墓葬》，《考古》2016年第10期。文中将贵妃曾祖记为"迷古德"，笔者核对文章所附贵妃墓志拓本，"迷古德"应为"迷骨德"，今据之以改。

④ 内蒙古文物考古研究所等：《内蒙古多伦县小王力沟辽代墓葬》，《考古》2016年第10期。康鹏推测"信宁或为契丹语第二名"。参见康鹏《辽圣宗贵妃玄堂志铭献疑》，见《隋唐辽宋金元史论丛》第8辑，第307页。

⑤ 脱脱等：《辽史》卷一二《圣宗纪三》，中华书局2017年版，第144页。

⑥ 爱新觉罗·乌拉熙春：《萧挞凛与国舅夷离毕帐》，见《辽金历史与考古国际学术研讨会论文集》，辽宁教育出版社2012年版，第160页。此外，可参见康鹏《萧挞凛家族世系考》，见韩国高等教育财团编：《新亚洲论坛》第4辑，（韩国）首尔出版社2011年版，第373—383页；康鹏：《契丹小字〈萧敌鲁副使墓志铭〉考释》，见《辽金历史与考古》第4辑，辽宁教育出版社2013年版，第281页。

⑦ 参见爱新觉罗·乌拉熙春《萧挞凛与国舅夷离毕帐》，见《辽金历史与考古国际学术研讨会论文集》，辽宁教育出版社2012年版，第159页。

寿奴，考妣也。公主即景宗皇帝之幼女。圣宗皇帝之爱妹也。"①秦晋国妃之父为曷宁。由上文已知曷宁即《玄堂志铭》中的萧宁，则秦晋国妃与贵妃萧氏为同父之姊妹。又秦晋国妃之母魏国公主长寿奴生于保宁七年（975年）②，而前文已知贵妃萧氏生于保宁元年，贵妃萧氏生年早于魏国公主长寿奴，则秦晋国妃非贵妃萧氏同母之妹。故可推知秦晋国妃为贵妃萧氏同父异母之妹。

其二为齐国妃。《耶律宗政墓志铭》载："景宗皇帝生三子，立其长为天辅皇帝。次讳隆庆，初封秦晋国王，赐以铁券，俾示子孙。后赠孝贞皇太叔，烈考也。齐国妃兰陵萧氏，故豳国夫人之女，皇妣也。王即孝贞皇太叔之元子。"③《耶律宗允墓志铭》载："故尚书令、秦晋国王、赠孝贞皇太弟讳隆庆、故齐国妃萧氏，考妣也。王即孝贞皇太弟之第三子。"④由上述二则史料可知，耶律宗政、耶律宗允的生母齐国妃兰陵萧氏，为豳国夫人之女。关于豳国夫人，因《辽史》封豳王之萧姓成员唯见萧排押一人⑤，故豳国夫人应为萧排押之妻。⑥进而可知，齐国妃应为贵妃萧氏姊妹。

史籍中虽未见贵妃有亲兄弟，但有两位堂兄弟。《辽史·萧匹敌传》载：萧恒德子"匹敌，字苏隐，一名昌裔。生未月，父母俱死，育于禁掖。既长，尚秦晋王公主，拜驸马都尉，为殿前副点检"⑦。匹敌为恒德之子，恒德则为贵妃萧氏之叔父。萧匹敌生于统和十五年（997年）⑧，而贵妃萧氏已于"统和十一年夏六月二十七日薨于行在"，故可推知萧匹敌为贵妃萧氏之堂弟。

又《辽史·萧柳传》载："萧柳，字徒门，淳钦皇后弟阿古只五世孙，幼养于伯父排押之家。多知，能文，膂力绝人。统和中，叔父恒德临终，荐其才，诏入

---

① 《秦晋国妃墓志铭》，见刘凤翥等辑：《辽上京地区出土的辽代碑刻汇辑》，社会科学文献出版社 2009 年版，第 205 页。

② 参见史风春《关于长寿公主和延寿公主的几个问题》，《中国边疆史地研究》2014 年第 1 期。

③ 《耶律宗政墓志铭》，见刘凤翥等辑：《辽上京地区出土的辽代碑刻汇辑》，社会科学文献出版社 2009 年版，第 202 页。

④ 《耶律宗允墓志铭》，见刘凤翥等辑：《辽上京地区出土的辽代碑刻汇辑》，社会科学文献出版社 2009 年版，第 208 页。

⑤ 脱脱等：《辽史》卷一六《圣宗纪七》，中华书局 2017 年版，第 213 页；卷八八《萧排押传》，中华书局 2017 年版，第 1476 页。

⑥ 《耶律宗政墓志》，见向南编：《辽代石刻文编》，河北教育出版社 1995 年版，第 309 页。

⑦ 脱脱等：《辽史》卷八八《萧匹敌传》，中华书局 2017 年版，第 1477 页。

⑧ 参见阎万章《辽代成州考》，见辽宁省博物馆编：《辽宁省博物馆学术论文集（1949—1984）》第 1 辑，辽宁省博物馆 1985 年版，第 435 页。

侍卫。"① 故萧柳亦为贵妃萧氏堂兄弟。

五、《玄堂志铭》撰写特色

《玄堂志铭》撰者极尽文辞之能事,在以骈俪行文的过程中,融入大量的典故,来刻画贵妃萧氏生平,以抒发称颂、哀念之情。

(一)骈辞俪句

《玄堂志铭》中,骈辞俪句,几乎无处不有,而骈偶讲求句法结构对称,故志文中既有"地望素高,才谋甚远""肇成风教之端,克助皇王之化"之类的单句相对,又有"将有五材,俱为己任;图开八阵,玄得兵机""系尊耶律,汉室之宗刘氏也;世娶兰陵,周王之重姜姓也"之类的复句相对。骈偶又要求词性相对,以"外视三公,法天星而妃位定;内严九御,佐瑶斋而阴事修"一句为例,"三公"与"九御","天星"与"瑶斋","妃位"与"阴事"为名词相对;"视"与"严","法"与"佐","定"与"修"为动词相对;"外"与"内"为副词相对,前列名词、动词、副词皆为异字相对。又上下联中"而"作连词,为同字相对。此外,"三公"与"九御"两词中,"三"与"九"又构成数目对。而"外"与"内",又为反义词相对。此种"体植必两,辞动有配"②的严谨结构,造就了《玄堂志铭》的形式美感。

《玄堂志铭》骈偶以四六言为主,如"禀秀云汉,叶咏河洲""闻四德以备修,陈六仪而选纳""名崇一品,既冠椒庭;首谓九花,遂衣褕翟""宫人感德,方举酒以祝延;梦竖缠灾,俄在旨而成疾"等。其骈偶又杂以三言、五言、七言、九言等,如"慈惠积中,善德也;秾华发外,婉容也""珩璜无不节之声,蘋藻有惟馨之德""以备功训众,众妇之心勤于工作矣;以和言睦亲,亲族之情生于孝敬矣""圣聪达则进能之路开,皇胤昌则维城之基广"等。如此种种,无须尽举。而"名崇一品,既冠椒庭;首谓九花,遂衣褕翟。礼命斯重,宪度弥虔。奉清尘于属车,累从行幸;问慈英于长乐,愈戒凤宵。位虽亚于长秋,功实多于

① 脱脱等:《辽史》卷八五《萧柳传》,中华书局 2017 年版,第 1448—1449 页。
② 刘勰著,范文澜注:《文心雕龙注》卷七《丽辞》,人民文学出版社 1958 年版,第 590 页。

内助"一段，则为连续不同骈偶句式运用，这更使志文富有气势而别具神韵。

（二）工于用典

"文章用典，于骈体为尤要"①。以骈偶构篇的《玄堂志铭》，用典之繁，可谓"无一字无来处"。志主萧氏生前曾居后、妃之位，身份尊贵，故撰者更多地拣择前代贤能后妃典故，比拟贵妃萧氏懿德佳行。除前已述及周宣姜后的典故外，《玄堂志铭》还以娥皇与女英、西汉孝武李夫人、钩弋赵倢伃、孝元傅昭仪、孝成班倢伃、东汉明德马皇后、和熹邓皇后、三国魏文昭甄皇后、南朝宋孝武宣贵妃之典实来形塑贵妃萧氏。简述如下。

"妫汭嫔虞"，典出《尚书·尧典》："帝曰：'我其试哉！女于时，观厥刑于二女。'厘降二女于妫汭，嫔于虞。"②"妫汭"，借指娥皇与女英。此以娥皇与女英同嫁帝舜之故事，喻指贵妃萧氏被选纳入宫，以助国君之政。

"宫人感德，方举酒以祝延"，典出《汉书·孝元傅昭仪传》："（傅昭仪）为人有材略，善事人，下至宫人左右，饮酒酹地，皆祝延之。"颜师古注："酹，以酒沃地也。祝延，祝之使长年也。"③用此典故借指贵妃萧氏待下宽仁，受人爱戴。

"增城谐就馆之期，虽隆宠幸"，典出《汉书·孝成班倢伃传》："孝成班倢伃，帝初即位选入后宫。始为少使，蛾而大幸，为倢伃，居增成舍，再就馆，有男，数月失之。……自鸿嘉后，上稍隆于内宠。……其后赵飞燕姊弟亦从自微贱兴，踰越礼制，寖盛于前。班倢伃及许皇后皆失宠，稀复进见。鸿嘉三年，赵飞燕谮告许皇后、班倢伃挟媚道，祝诅后宫，詈及主上。许皇后坐废。考问班倢伃，……上善其对，怜悯之，赐黄金百斤。赵氏姊弟骄妒，倢伃恐久见危，求共养太后长信宫，上许焉。"④《玄堂志铭》所引班倢伃"有男，数月失之"及其遭妒失宠典故，不仅与贵妃萧氏"有皇子一人，早夭"情况相对应，又从侧面印证了前述其皇后身份被废的事实。

① 孙德谦：《六朝丽指》三五《运典之法》，见王水照编：《历代文话》第9册，复旦大学出版社2007年版，第8451页。
② （旧题）孔安国传，孔颖达疏：《尚书正义》卷二《尧典》，见阮元校刻：《十三经注疏》（清嘉庆刊本），中华书局2009年版，第258页。
③ 班固：《汉书》卷九七下《孝元傅昭仪传》，中华书局1962年版，第4000页。
④ 班固：《汉书》卷九七下《孝成班倢伃传》，中华书局1962年版，第3983—3985页。

"位虽亚于长秋"中"长秋",语出《后汉书·明德马皇后纪》:"永平三年春,有司奏立长秋宫,帝未有所言。皇太后曰:'马贵人德冠后宫,即其人也。'遂立为皇后。""长秋宫",李贤等注:"皇后所居宫也。长者久也,秋者万物成孰之初也,故以名焉。请立皇后,不敢指言,故以宫称之。"①

"处室则不观立骑",典出《三国志·文昭甄皇后传》:"后自少至长,不好戏弄。年八岁,外有立骑马戏者,家人诸姊皆上阁观之,后独不行。诸姊怪问之,后答言:'此岂女人之所观邪?'"②引此典故喻指贵妃萧氏在室时品行之美。

"钩拳未启,先符望气之占;蒯额曾伤,众许不言之异"一句之中,更是包含两则后妃典故。"钩拳未启,先符望气之占",典出《汉书·钩弋赵婕伃传》:"孝武钩弋赵婕伃,昭帝母也,家在河间。武帝巡狩过河间,望气者言此有奇女,天子亟使使召之。既至,女两手皆拳,上自披之,手即时伸。由是得幸,号曰拳夫人。"③"拳夫人"即钩弋夫人,因奇异而得幸于汉武帝。"蒯额曾伤,众许不言之异",则典出《后汉书·和熹邓皇后纪》:"后年五岁,太傅夫人爱之,自为剪发。夫人年高目冥,误伤后额,忍痛不言。左右见者怪而问之,后曰:'非不痛也,太夫人哀怜为断发,难伤老人意,故忍之耳。'……后尝梦扪天,荡荡正青,若有钟乳状,乃仰嗽饮之。以讯诸占梦,言尧梦攀天而上,汤梦及天而咶之,斯皆圣王之前占,吉不可言。又相者见后惊曰:'此成汤之法也。'家人窃喜而不敢宣。"④邓皇后少时已显露出过人之处,至其稍长,又因扪天之梦,而被占者预言为临朝策立之兆。后终得入宫,称制终身。撰者通过对钩弋夫人、邓皇后诸种异迹、吉兆的叙述,目的在于渲染贵妃萧氏贵不可言,天命使然。

"虽于悒成嗟,不逮汉皇之赋;而旐旒撰德,聊书宋帝之妃"亦为一句两典之运用。"虽于悒成嗟,不逮汉皇之赋"中"汉皇之赋",典出《汉书·孝武李夫人传》:"上思念李夫人不已,……自为作赋,以伤悼夫人"。⑤汉武帝所作《李夫人赋》是我国文学史上第一篇悼亡赋,为传世名篇,故撰者自谦其所作志铭不能与之媲美。引此典也是借以说明辽圣宗对贵妃萧氏的生前宠幸及逝后怀念

---

① 范晔:《后汉书》卷一〇上《明德马皇后纪》,中华书局1965年版,第409页。
② 陈寿:《三国志》卷五《魏书·文昭甄皇后传》,中华书局1959年版,第159页。
③ 班固:《汉书》卷九七上《钩弋赵婕伃传》,中华书局1962年版,第3956页。
④ 范晔:《后汉书》卷一〇上《和熹邓皇后纪》,中华书局1965年版,第418—419页。
⑤ 班固:《汉书》卷九七上《孝武李夫人传》,中华书局1962年版,第3952页。

之情。"而旐旒撰德,聊书宋帝之妃",典出《文选·宋孝武宣贵妃诔一首并序》,其序载:"沈约《宋书》曰:'孝武殷淑仪薨,追为贵妃,班亚皇后,谥曰宣,谢庄为诔。'"其诔文有语曰:"敢撰德于旐旒,庶图芳于钟万。"① "旐旒",指铭旌,为古代丧俗中标识逝者生前身份信息的旗幡。"撰德",出自《周易·系辞下》:"若夫杂物撰德,辨是与非,则非其中爻不备。"孔颖达疏:"言杂聚天下之物,撰数众人之德。"② 此是用宋孝武宣贵妃诔文类比贵妃萧氏志铭,以撰述贵妃萧氏之德行,寄托哀思。

"千秋万岁兮云陵高"之句再次引用钩弋夫人典故,句中"云陵"语出《汉书·钩弋赵倢伃传》:武帝后元二年(前87年),"钩弋倢伃从幸甘泉宫,有过见谴,以忧死,因葬云阳。……昭帝即位,追尊钩弋倢伃为皇太后,发卒二万人起云陵,邑三千户"③。此以云陵代指贵妃萧氏归葬之地庆云山,又是借以表达贵妃萧氏德行能流芳千古的愿景。

值得注意的是:前述用以称美贵妃萧氏的后妃典实多集中于周、汉时期,且撰者直言"系尊耶律,汉室之宗刘氏也;世娶兰陵,周王之重姜姓也"。此种书写取向可以说是契丹王朝比附周、汉的反映④,这也使得《汉书》《后汉书》等史书中的后妃传记,成为《玄堂志铭》中典故的重要取材来源。

《玄堂志铭》中的典故也有不少是源自儒家经籍之中,如前所举列"栉纚笄总"和"妫汭嫔虞",前者语出《礼记·内则》,后者典出《尚书·尧典》。

又如"叶咏河洲"中"河洲",语出《诗经·关雎》:"关关雎鸠,在河之洲。"毛亨传:"兴也,关关和声也。鸠,王雎也。鸟挚而有别,水中可居者曰洲。后妃说乐君子之德,无不和谐,又不淫其色,慎固幽深,若关雎之有别焉,然后可

---

① 萧统编,李善注:《文选》卷五七《宋孝武宣贵妃诔》,上海古籍出版社1986年版,第2477—2478页。

② 王弼、韩康伯注,孔颖达疏:《周易正义》卷八《系辞下》,见阮元校刻:《十三经注疏》(清嘉庆刊本),中华书局2009年版,第187页。

③ 班固:《汉书》卷九七上《钩弋赵倢伃传》,中华书局1962年版,第3957页。

④ 都兴智先生曾撰文指出:"从耶律氏封爵多以漆水为郡望、萧氏封爵多以兰陵为郡望及辽朝契丹人自称是黄帝后裔这一史实进行考察,改汉姓为'刘''萧'是辽朝绍周、汉继统思想的反映,证明《辽史·后妃传》序的记载是可信的。"参见都兴智《辽代契丹人姓氏及其相关问题考探》,《社会科学辑刊》2000年第5期。

以风化天下。"①孔子叙《诗》，首推《关雎》，著后妃之德，来说明女德乃王化之本。此是以"河洲"称美贵妃萧氏之"女德"。

"能言而克奉鞶丝"中"鞶丝"，语出《仪礼·士昏礼》："庶母及门内施鞶，申之以父母之命，命之曰：敬恭听宗尔父母之言，夙夜无愆，视之衿鞶。"郑玄注："鞶，鞶囊也。男鞶革，女鞶丝，所以盛帨巾之属，为谨敬。"②"鞶丝"犹"衿鞶"，在此用以称赞贵妃萧氏孝事皇姑的懿行。

"世济其美"，语出《左传·文公十八年》："世济其美，不陨其名。"孔颖达疏："世济其美，后世承前世之美。不陨其名，不队前世之美名。言其世有贤人，积善而至其身也。"③引此典故是为称扬贵妃萧氏先祖之美。

"鲁郊筑馆"，典出《左传·庄公元年》："元年，春，王正月。三月，夫人孙于齐。夏，单伯送王姬。秋，筑王姬之馆于外。"④周平王之孙女嫁于齐，鲁侯主婚，周天子之卿送女来鲁，鲁建馆舍以居之，以备出嫁。后因以"鲁郊筑馆"为公主下嫁之典。引此典故喻指贵妃萧氏之父萧宁迎娶魏国公主之事，以此彰显萧宁的才德及其家世荣显。

《玄堂志铭》所引典故又不乏源自神话小说。如"煎玉釜以无灵"，典出《海内十洲记》：聚窟洲，"山多大树，与枫木相类，而花叶香闻数万里，名为返魂树。……伐其木根心，于玉釜中煮其汁，更微火煎如黑饧状，令可丸之……斯灵物也，香气闻数百里，死者在地，闻香气乃却活，不复亡也"⑤。借以玉釜煎煮返魂树根制药，欲使贵妃起死回生，但亦无济于事。用此典故表达对贵妃逝去无奈、悲痛之情。

《玄堂志铭》中内容多样、来源广泛之典故，不胜枚举。撰者"据事以类义，援古以证"⑥，极力铺写贵妃萧氏的操守、德行及其家族的功业、勋绩，以此表达

---

① 毛亨传，郑玄笺，孔颖达疏：《毛诗正义》卷一《国风·周南·关雎》，见阮元校刻：《十三经注疏》（清嘉庆刊本），中华书局2009年版，第570页。

② 郑玄注，贾公彦疏：《仪礼注疏》卷六《士昏礼》，见阮元校刻：《十三经注疏》（清嘉庆刊本），中华书局2009年版，第2099页。

③ 左丘明传，杜预注，孔颖达疏：《春秋左传正义》卷二〇《文公十八年》，见阮元校刻：《十三经注疏》（清嘉庆刊本），中华书局2009年版，第4042页。

④ 左丘明传，杜预注，孔颖达疏：《春秋左传正义》卷八《庄公元年》，见阮元校刻：《十三经注疏》（清嘉庆刊本），中华书局2009年版，第3825页。

⑤ 东方朔述：《海内十洲记》，丛书集成新编本，新文丰出版公司1986年版，第117页。

⑥ 刘勰著，范文澜注：《文心雕龙注》卷八《事类》，人民文学出版社1958年版，第614页。

生者对逝者称颂、感怀之情。

（三）溢美藻饰

"大凡为文为志，纪述淑美，莫不盛扬平昔之事，以虞陵谷之变，俾后人睹之而瞻敬。其有不臻夫德称者，亦必模写前规，以图远大。"①墓志文大抵述德述哀之作，故其中不乏溢美藻饰之辞。通览《玄堂志铭》，"涂山""妫汭""云汉""河洲""珩璜""蘋藻""婺女""兰英"等藻饰之辞，触目皆是，撰者欲"穷天地之大德，尽生民之能事"②以称美贵妃萧氏之人德。

但翻检其他辽代女性墓志文，诸多相同或相近夸饰之辞亦存在其中。例如，《玄堂志铭》所载"珩璜""蘋藻"二词，亦出现于下列辽代女性墓志文中：统和十一年（993 年）《韩匡嗣妻秦国太夫人萧氏墓志铭》："珮珩璜，中规矩，所以约己也；采蘋蘩，严蒸衬，所以尊祖也。"③重熙十三年（1044 年）《李继成暨妻马氏墓志》："自适吾门，蘋藻颇勤于妇道。"④重熙十四年《萧和妻秦国太妃耶律氏墓志铭》："映闺房而挺秀，节珩珮以凝视。精意咸裡，方采蘋于南涧。"⑤咸雍五年（1069 年）《萧阌妻耶律骨欲迷已娘子墓志铭》："洁蘋藻之祭，时以躬亲。"⑥乾统元年（1101 年）《汉字宣懿皇后哀册》："静修蘋藻，动节珩璜。"⑦乾统七年《梁援妻张氏墓志》："居常鉴于国史，动固节于珩璜。"⑧天庆三年（1113 年）《马直温妻张馆墓志》："蘋蘩可以荐宗庙。"⑨无论贤妃、哲妇，抑或高士、贞女，其

---

① 《唐范阳卢夫人墓志铭》，见周绍良主编：《唐代墓志汇编》咸通〇一四，上海古籍出版社 1992 年版，第 2388 页。
② 杨衒之撰，杨勇校笺：《洛阳伽蓝记校笺》卷二《城东·建阳里》，中华书局 2006 年版，第 83 页。
③ 《韩匡嗣妻秦国太夫人萧氏墓志铭》，见刘凤翥等辑：《辽上京地区出土的辽代碑刻汇辑》，社会科学文献出版社 2009 年版，第 4 页。
④ 《李继成暨妻马氏墓志》，见向南等编：《辽代石刻文续编》，辽宁人民出版社 2010 年版，第 88 页。
⑤ 《萧和妻秦国太妃耶律氏墓志铭》，见刘凤翥等辑：《辽上京地区出土的辽代碑刻汇辑》，社会科学文献出版社 2009 年版，第 149 页。
⑥ 《萧阌妻耶律骨欲迷已娘子墓志铭》，见刘凤翥等辑：《辽上京地区出土的辽代碑刻汇辑》，社会科学文献出版社 2009 年版，第 163 页。
⑦ 《汉字宣懿皇后哀册》，见刘凤翥等辑：《辽上京地区出土的辽代碑刻汇辑》，社会科学文献出版社 2009 年版，第 245 页。
⑧ 《梁援妻张氏墓志》，见向南编：《辽代石刻文编》，河北教育出版社 1995 年版，第 567 页。
⑨ 《马直温妻张馆墓志》，见向南编：《辽代石刻文编》，河北教育出版社 1995 年版，第 634 页。

守礼、敬祖之举，皆用"珩璜""蘋藻"等理想意象加以描摹。诸如此类千篇一律的撰写手法，于墓志中已是屡见不鲜。

然而，"妄言伤正，华辞损实"①，大量类同的溢美藻饰之辞，易使墓志对志主形象的刻画流于概念化。唐人苗延嗣撰作《大唐故泗州司马叔苗善物墓志铭并序》时曾叹曰："夫碑志者，纪其德行，旌乎功业，俗多以文词藻饰，遂使道失其真。"②在墓志文类特质影响下，《玄堂志铭》的撰写自然亦难脱窠臼。

六、《玄堂志铭》价值取向

诚然，谀墓之辞会使读者产生矜而不实之感，但墓志的此种书写特质映照出的却是当时社会的价值取向及世人的普遍理想。正如宋人曾巩在《寄欧阳舍人书》中所论："其辞之作，所以使死者无有所憾，生者得致其严。而善人喜于见传，则勇于自立；恶人无有所纪，则以愧而惧。至于通材达识，义烈节士，嘉言善状，皆见于篇，则足为后法警劝之道。"③故而，墓志撰刻的目的是为寄思，为流芳，亦是为标榜，为教化。④

作为奉敕而撰的《玄堂志铭》，自然有较为浓厚的官方色彩，故儒家经典理念成为撰者书写的重要依据。志文开篇即言"治亲之要，必由乎内"，此即化用《周易》"女正位乎内，男正位乎外。男女正，天地之大义也"⑤之论。儒家学者认为"家道主于内，故女正乎内，则一家正矣"⑥。即"正家"必先"正女位"。正位于内，是儒家礼制秩序中的重要一环，也成为传统中国定位女性角色地位的

---

① 杨衒之撰，杨勇校笺：《洛阳伽蓝记校笺》卷二《城东·建阳里》，中华书局2006年版，第83页。

② 《大唐故泗州司马叔苗善物墓志铭并序》，见周绍良主编：《唐代墓志汇编》开元三五五，第1401页。

③ 曾巩撰，陈杏珍、晁继周点校：《曾巩集》卷一六《寄欧阳舍人书》，中华书局1984年版，第253页。

④ 参见杨果《宋人墓志中的女性形象解读》，见氏著：《宋辽金史论稿》，商务印书馆2010年版，第314页。

⑤ 王弼、韩康伯注，孔颖达疏：《周易正义》卷四《家人》，见阮元校刻：《十三经注疏》（清嘉庆刊本），中华书局2009年版，第102页。

⑥ 欧阳修撰，李逸安点校：《欧阳修全集》卷七六《易童子问》，中华书局2001年版，第1112页。

基本理念。^①而作为帝王之家,讲求治家之道是要以其理治天下。故志文又引《诗经》"刑于寡妻,御于家邦"之语,论说"自家而刑国"之理。

注重调整内外家国关系,以保证有效的社会控制,不仅是帝王治术的应有之义,也是追求"内圣外王"的古代士大夫之共识。^②如唐人李翱所言:"古之善治其国者,先齐其家,言自家之刑于国也。"^③宋人范仲淹亦论:"圣人将成其国,必正其家。一人之家正,然后天下之家正;天下之家正,然后孝悌大兴焉。何不定之有。故曰:'刑于寡妻,以御于家邦。'"^④而"正位于内"的集体意识在此正是经由秉持儒家教义的撰者笔端,被复刻于《玄堂志铭》之上,以传之久远。

在志文结尾,撰者又总论:"妃幼尊姆训,动本礼经。慈惠积中,善德也;秾华发外,婉容也;敬习纮綖,备功也;顺成辞令,和言也。"这正是以《周礼》所载"妇德、妇言、妇容、妇功"^⑤模写贵妃萧氏之懿德美行。而标榜四德,称美贵妃萧氏的种种努力,最终又是为达成"引而伸之,由中及外,则化四方之民,臻咸于大顺"的目的,这亦正呼应志文开篇"肇成风教之端,克助皇王之化"之愿景。

志主萧氏身为贵妃之尊,可视之为当时契丹社会中的女性典范。撰者据传统儒家伦常框架,从敬祭先人、孝事皇姑、贞顺君王、待下宽仁等诸多方面,冀图营构世人理想中的贵妃形象。《玄堂志铭》的书写与铭刻不再局限于生者对逝者称颂、哀念之情,而亦具备了国家教化之义。

附录:

大契丹故贵妃兰陵萧氏玄堂志铭并序

朝议郎、守政事舍人、赐紫金鱼袋臣张幹奉勅撰

夫为嵩则因丘陵,为下则因川泽,为政则因先王。先王之制,南面而听天

① 参见刘静贞《女无外事?——墓志碑铭中所见之北宋士大夫社会秩序理念》,见宋史座谈会编:《宋史研究集》第25辑,"国立"编译馆1995年版,第97页。

② 参见邓小南《"内外"之际与"秩序"格局:兼谈宋代士大夫对于〈周易·家人〉的阐发》,见邓小南主编:《唐宋女性与社会》,上海辞书出版社2003年版,第106页。

③ 李翱著,郝润华、杜学林校注:《李翱文集校注》卷四《正位》,中华书局2021年版,第56页。

④ 范仲淹:《范文正公文集》卷七《易义》,见李勇先、王蓉贵点校:《范仲淹全集》,四川大学出版社2002年版,第144页。

⑤ 郑玄注,贾公彦疏:《周礼注疏》卷七《九嫔》,见阮元校刻:《十三经注疏》(清嘉庆刊本),中华书局2009年版,第1479页。

下，所且先者五，一曰治亲。治亲之要，必由乎内。《诗》云："刑于寡妻，御于家邦。"斯言自家而刑国者也。故王者，外视三公，法天星而妃位定；内严九御，佐瑶斋而阴事修。肇成风教之端，克助皇王之化。涂山翼夏，文命之业勃兴；妫汭嫔虞，重华之道允塞。语诸来者，代有人焉，今得之于故贵妃兰陵萧氏矣。

惟国家千龄启运，二姓辨族。系尊耶律，汉室之宗刘氏也；世娶兰陵，周王之重姜姓也。妃固出于后族矣。曾祖讳迷骨德，大国舅、皮室大将军。地望素高，才谋甚远。语乎外戚，皇朝推伯舅之尊；重以国官，禁旅禀将军之令。汗马屡彰于勋业，濯龙善戒于骄矜。祖讳信宁，燕京衙内都指挥使，位未充量，不幸短命。世济其美，必有余庆。父宁，武毅忠力功臣、归德军节度管内观察处置等使、特进、检校太师、同政事门下平章事、使持节宋州诸军事、行宋州刺史、兼御史大夫、上柱国、兰陵郡开国侯、食邑一千户、食实封一百户，尚魏国公主。将有五材，俱为己任；图开八阵，玄得兵机。临民则善政风行，料敌则英谋雷发。钱世仪之满腹，别有精神；冯野王之居朝，不无器业。虽鲁郊筑馆，配彼美于王姬；而羲易披文，益谦尊于君子。妃即太师相国之长女也。

禀秀云汉，叶咏河洲。能言而克奉馨丝，处室则不观立骑。钩拳未启，先符望气之占；翦额曾伤，众许不言之异。皇上方资淑媛，协赞内朝。闻四德以备修，陈六仪而选纳。年甫十七，礼归百两。暨荣升紫禁，孝事皇姑。栉纚笄总以尽恭，哕噫嚏咳而慎礼。得芭兰而必献，服澣濯以靡辞。珩璜无不节之声，蘋藻有惟馨之德。至于申严六列，敬奉一人。增城谐就馆之期，虽隆宠幸；永巷陈脱簪之谏，不废忠规。金环屡契于休祯，宝册遂申于异数。统和辛卯，岁夏六月，择日修礼，册命为贵妃，旌懿范也。名崇一品，既冠椒庭；首谓九花，遂衣褕翟。礼命斯重，宪度弥虔。奉清尘于属车，累从行幸；问慈英于长乐，愈戒凤宵。位虽亚于长秋，功实多于内助。然犹含垢藏疾，覆护中外，防微慎独，整肃嫔嫱，上下成和，小大蒙祉。宫人感德，方举酒以祝延；梦竖缠灾，俄在旨而成疾。圣上念兹贞顺，日用抚存；太后畅彼孝慈，躬视饮膳。弥留之际，言不及私。所恨者，不得尽供养之心、展辅佐之功而已。十洲采药，煎玉釜以无灵；二女簪花，怆云軿而不返。以统和十一年夏六月二十七日，薨于行在，享年二十有四。皇情恻怛，母后悲伤，素服临丧，举哀尽礼。乃诏内臣藏事，博士相仪，载命冢人，占茔吉地。即以其年闰十月十六日庚子，安神于庆云山之阳，礼也。

妃有皇子一人，早夭。皇女二人，盛以妙龄，未疏汤邑。

呜呼！妃幼尊母训，动本礼经。慈惠积中，善德也；秾华发外，婉容也；敬习纮綖，备功也；顺成辞令，和言也。夫以善德抚下，下之勤劳可达于圣聪矣；以婉容奉上，上之恩御克昌于皇胤矣；以备功训众，众妇之心勤于工作矣；以和言睦亲，亲族之情生于孝敬矣。圣聪达则进能之路开，皇胤昌则维城之基广，工作勤则黼黻之用充，孝敬生则雍穆之风著。总是众美，遭乎上圣。若使得其寿、尽其能，引而伸之，由中及外，则化四方之民，咸臻于大顺可也，况于壶政乎？夫然则又何止统内官、佐王后，坐论妇礼而已哉？

噫！象服有章，方增辉于轩景；聪衡灭彩，忽散魄于天浔。英而不实，其命矣。夫臣素乏奇才，滥居清禁，恭承严诏，俾演芳声。虽于恺成嗟，不逮汉皇之赋；而旂旐撰德，聊书宋帝之妃。谨为铭曰：

辰象斯广，娑女异于群星；萌殖且众，兰英以之独馨。娑与姿兮兰与德，出后族兮来掖庭。孝慈备兮君王慕，典册荣兮知异数。九华门短独惊飙，仪范存兮音容去。音容去兮太渺茫，凶仗排兮阡陌长。笳箫鸣咽声何切，松有风兮草有霜。穗帐空兮人寂寥，皇情恸兮宫女号。唯彼苍兮杳难问，千秋万岁兮云陵高。

翰林天文考 *

有关翰林天文的最早记载，见于《资治通鉴》清泰二年六月记事"翰林天文赵延乂等更直于中兴殿庭"。然对于清泰年间赵延乂所任之职，史籍记载多有歧义。《旧五代史》等误载为"司天监"，《册府元龟》中则简写为"天文"。依后唐末帝年间政局的变动来看，"翰林天文"出现当不晚于清泰二年六月。据传世的《景祐乾象新书残本》等史籍的记载，"翰林天文"实为宋代翰林院中天文官的一种专职称谓。

"翰林天文"一职始见于后唐清泰年间，为五代、两宋翰林院中天文官的一种官称。由于现存史籍中相关记载较为混乱，甚至有抵牾之处，因而今人解读多有歧见。

就现有史籍来看，"翰林天文"最早出现于清泰二年（935年）。据《资治通鉴》记载，清泰二年六月，后唐末帝李从珂"好咨访外事，常命端明殿学士李专美、翰林学士李崧、知制诰吕琦、薛文遇、翰林天文赵延乂等更直于中兴殿庭，与语或至夜分"[①]。对此，《册府元龟》亦有类似记载："废帝在位，尤好咨询，乃诏宣徽使李专美，端明殿学士李崧、吕琦，枢密直学士薛文遇、天文赵延乂等，更直于中兴殿。庭设穹庐，每至宵分，与之评议。"[②] 这两则史料所记，为后唐末帝李从珂与大臣在内廷中议事，所载官员的姓名乃至表述顺序皆相同，很可能出自同一史源。然诸官员所带官称皆异，其中赵延乂之官称，前者为"翰林天文"，后者则记为"天文"。

---

* 原载《中国史研究》2019年第1期。
① 司马光等：《资治通鉴》卷二七九，清泰二年六月，中华书局2011年版，第9257—9258页。
② 王钦若等编纂，周勋初等校订：《册府元龟》卷一〇四《访问》，凤凰出版社2006年版，第1141页。

　　"天文"本是与天象、星占等有关的名词，并不能作为官员所任职官的正式称谓。所以，按常理看，《册府元龟》中赵延义之官称"天文"颇为蹊跷。而类似的称谓差异，两书中竟可找出另一事例。据《册府元龟》记载，乾祐二年（949年）十一月，因"契丹入寇"，朝廷派郭威出征，"天文赵修己、医官顾师琪等从行"[1]。此处赵修己所任之职，亦只有"天文"二字。关于赵修己的官职和行事，《资治通鉴》有比较详尽的记载：乾祐二年七月，郭威剿灭李守贞之叛后，征赵修己为"翰林天文"[2]。不久，修己作为随军天文人员从郭威出征契丹。乾祐三年十一月，后汉隐帝杀史弘肇等人，"翰林天文赵修己"劝郭威"拥兵而南"[3]。《宋史》本传亦载，乾祐中，郭威平李守贞之叛后，"朝廷知其（修己）能，召为翰林天文"[4]。另据《宋史·苗训传》，显德末，苗训随赵匡胤北征，因借异象言天命所在，"既受禅，擢为翰林天文"[5]。可见，后汉至宋初确已设"翰林天文"一职，而赵修己在乾祐二年出任翰林天文的记载亦很明确，且在乾祐三年仍任此职。由此推断，《册府元龟》中赵修己的官称"天文"自当为"翰林天文"。

　　同样的情况，《册府元龟》载赵延义为"天文"，而《资治通鉴》则载为"翰林天文"。那么，《册府元龟》此处所载"天文"是否亦为"翰林天文"呢？这可从赵延义的仕历中窥见一斑。据《旧五代史·赵延义传》，延义在前蜀补为翰林待诏，"蜀亡入洛，时年三十。天成中，得蜀旧职"，清泰中兼卫尉少卿。天福中，代马重绩为司天监。[6]可知，赵延义初任翰林待诏，至后晋才升为司天监。然《旧五代史·唐书·末帝纪下》则载后唐清泰年间，末帝"欲移石敬瑭于郓州，房暠等坚言不可，司天监赵延义亦言星辰失度，尤宜安静"[7]。此事在《册府元龟》《新五代史》等书中均为如是记载。据此，似后唐清泰年间赵延义已任司天监。然《资治通鉴》记载该事时则删"司天监赵延义"及其建言，于他处记清泰二年六月赵延义所任之职为"翰林天文"。

　　① 王钦若等编纂，周勋初等校订：《册府元龟》卷九八七《征讨第六》，凤凰出版社2006年版，第11429页。

　　② 司马光等：《资治通鉴》卷二八八，乾祐二年七月壬戌，中华书局2011年版，第9540页。

　　③ 司马光等：《资治通鉴》卷二八九，乾祐三年十一月丁丑，中华书局2011年版，第9563页。

　　④ 脱脱等：《宋史》卷四六一《方技·赵修己传》，中华书局1985年，第13496页。

　　⑤ 脱脱等：《宋史》卷四六一《方技·苗训传》，中华书局1985年，第13499页。

　　⑥ 薛居正等：《旧五代史》卷一三一《赵延义传》，中华书局2016年版，第2011页。其原文载赵延义于前蜀为"奉礼部翰林待诏"，此处"部"似当为"郎"之误，故其标点应为"奉礼郎、翰林待诏"。

　　⑦ 薛居正等：《旧五代史》卷四八《末帝纪下》，中华书局2016年版，第759页。

后唐时期，“司天监”为外朝天文机构的长官，而“翰林天文”仅为中低级的内廷天文官，二者颇有差距。据《旧五代史·赵延乂传》记载，延乂在前蜀为翰林待诏，于后唐天成年间“得蜀旧职”，故此“旧职”很可能仍为“翰林待诏”。再考《册府元龟》，后唐长兴三年（932年），赵延乂又任“翰林参谋”①，至“清泰末，胡杲通为司天监，延乂专待诏内廷”②。即赵延乂于清泰末年仍待诏于内廷。清泰为末帝的年号，仅三年，而赵延乂直至清泰末年，无论其任职的名称为“翰林待诏”“翰林参谋”“翰林天文”，皆为中低级的待诏类天文官，与“司天监”一职差距颇大。

换个角度来看，后唐时期，司天监一职实另有其人。后唐同光二年（924年）二月，“以随驾参谋耿瑗为司天监”③，至清泰二年四月，“以司天监耿瑗为太府卿；以伪蜀右卫上将军胡杲通为司天监”④。可知，耿瑗从同光二年二月至清泰二年四月一直为司天监，之后由胡杲通继之，且一直任职至天福元年（石敬瑭于清泰三年十一月改元天福）十二月。⑤由此可见，整个后唐时期赵延乂是没有机会出任司天监的。

综上所述，赵延乂在清泰年间一直为翰林院中的天文官，未曾出任司天监。可能因赵延乂从后晋至后周长期任司天监，故史籍有此追称。《资治通鉴》所载“翰林天文赵延乂”当有所本，胡三省还曾就此作注：“翰林天文，居翰林院以候天文者也。”⑥所以，《册府元龟》中赵延乂之称亦当为“翰林天文”。如此，赵延乂与赵修己二人，《册府元龟》连续载为“天文”，《资治通鉴》则皆明确记为“翰林天文”，故或可将“天文”视为五代时期对“翰林天文”的简称。

史籍中对“翰林天文”的记载歧见，尚未引起当代学者的充分注意，因而对其解读亦未能展开。龚延明先生认为宋代的“翰林天文”为“翰林院（局）天

① 王钦若等编纂，周勋初等校订：《册府元龟》卷一四五《弭灾第三》，凤凰出版社2006年版，第1624页。此处任“翰林参谋”者原文记为“赵延文”，然五代时期，以知天文而待诏于翰林院者仅赵延乂一人，且“乂”与“文”形近，故此处当为“翰林参谋赵延乂”。

② 王钦若等编纂，周勋初等校订：《册府元龟》卷八六〇《相术》，凤凰出版社2006年版，第10028页。

③ 薛居正等：《旧五代史》卷三一《庄宗纪第五》，中华书局2016年版，第489页。

④ 薛居正等：《旧五代史》卷四七《末帝纪中》，中华书局2016年版，第743页。

⑤ 王钦若等编纂，周勋初等校订：《册府元龟》卷一五四《明罚第三》，凤凰出版社2006年版，第1724页。

⑥ 司马光：《资治通鉴》卷二七九，清泰二年六月条胡三省注，中华书局2011年版，第9258页。

文官"的简称。① 然考诸史籍，"翰林天文"实为两宋时期翰林院天文官的一种专称。

宋代翰林院之下设有翰林天文院，翰林天文院中"有翰林天文，以司天监官充"②。成书于宋仁宗朝，重修于宋神宗朝的《景祐乾象新书》一书，其残本仍存于世。该书载有参与重修的三位翰林天文，其完整官衔为："校定将仕郎守司天监主簿充翰林天文同测验浑仪臣赵靖""校定将仕郎守司天灵台郎充翰林天文同测验浑仪赐绯臣董惟正""校定文林郎守司天监主簿充翰林天文同测验浑仪臣王应"③。朝廷官员向御前进奏新书，参与者自当署其正式官称。此外，就现有统计成果所见的宋代 20 位翰林院天文官中，有 17 位在史籍中明确被称为翰林天文。④ 所以，"翰林天文"实为宋代翰林院中天文官的专称。而宋人所称的"翰林天文官""翰林天文局天文官"等则是对翰林天文等官员的一种泛称。

---

① 龚延明：《宋代官制辞典》，中华书局 1997 年版，第 69—70 页。
② 徐松辑：《宋会要辑稿》职官三六之一一〇，上海古籍出版社 2014 年版，第 3953 页。
③ 潘宗周编：《宝礼堂宋本书录》，上海古籍出版社 2007 年版，第 237 页。
④ 参见郭应彪《唐宋翰林院天文官演变考》，《广西民族大学学报（自然科学版）》2017 年第 4 期。

五代北宋时期折家将作战对象考 *

作为出自府州折氏家族的将领群体，折家将在五代及北宋时期扼守西北地区的府州一带，成为为中原王朝镇守边关的一支重要军事力量。折家将的作战对象，来自辽、金、西夏、北汉、交趾国等政权，包括了率兵亲征的帝王和太后、统率国家军队的将领、朝廷任命的地方军队将领以及地方部族酋长等。五代宋初，折家将主要是助后周、北宋平北汉；北宋统一后，主要是为保卫宋朝边疆而与周边诸政权作战。

五代北宋时期，出自府州折氏家族的将领群体，是军事舞台上颇为活跃的一支力量，被后人称为折家将。孙子云："知彼知己，百战不殆。"[1] 对于统兵将领而言，对作战对象的了解程度在很大程度上能够决定战场上的胜败。而我们今天要想深入认识折家将的历史和业绩，对其作战对象进行具体的考察，也同样是十分必要的。鉴于学术界对此问题尚无系统的研究成果[2]，本文拟按作战对象所属政权范围，分以下几个部分略加考述。

一、辽军中的作战对象

在五代尤其是北宋政权与契丹的频繁交战中，折家将是一支不容忽视的力

---

　* 原载《周秦汉唐文化研究》第九辑，三秦出版社 2016 年版。
　① 李零译注：《孙子译注·谋攻第三》，中华书局 2009 年版，第 33 页。
　② 在有关府州折氏家族的研究成果中，偶有论及折家将战斗事迹的研究成果会对其作战对象略有提及，如日本学者畑地正宪《五代、北宋的府州折氏》(《史渊》第 110 辑，日本九州大学文学部 1973 年版；郑樑生译，《食货》复刊1975 年第 5 卷第 5 期)、中国学者周群华《"折家将"与辽、金和"杨家将"的关系述论》(《社会科学研究》1990 年第 6 期)、韩荫晟《麟府州折氏述论》(《首届西夏学国际学术会议论文集》，宁夏人民出版社 1998 年版)等文，而从作战对象角度进行的论述，则迄今未见。

量。折家将不仅抵御了辽朝军队的骚扰和入侵，而且有时主动进入辽境，有力地配合了中原王朝中央军队的对辽作战。

（一）辽圣宗耶律隆绪和承天太后萧绰

辽圣宗耶律隆绪即位于乾亨四年（985年），时年12岁，其母承天太后萧绰摄政，至统和二十七年（1009年）承天太后死后始主政。承天太后摄政后，以"明达治道，……习知军政"①的才能稳定了辽政权内部统治，更亲领辽军对外作战。景德元年（1004年）闰九月，辽圣宗及其母承天太后率军进攻宋朝，直逼黄河北岸的重镇澶州。宋政府命麟、府、保州军入辽境击其后方，以分其势。知府州折惟昌"奉诏率所部兵，自火山军入契丹朔州界，前锋破大狼水寨"②，杀敌甚众，生擒四百余人，缴获马、牛、羊、铠甲数以万计。时辽军正围岢岚军，得知后方失败，便解围而去。

（二）韩德威

韩德威出自玉田韩氏家族，该家族是辽代著名的世家大族，曾世代担任西南面招讨使，负责辽王朝的西南地区防务。至道元年（995年）正月，韩德威诱胁党项自振武军入侵府州，府州折氏与之交锋。"折御卿击败之于子河汊"③，勒浪、嵬族等部族乘乱反戈，辽军全军覆没，其将突厥太尉、司徒、舍利等被杀，"德威仅以身免"④。韩德威的战败，亦使"夏人丧气，不敢深入为寇"。同年十一月，折御卿罹重疾，为辽军侦知。韩德威再攻府州，御卿"舆疾而行，德威闻其至，顿兵不敢进"⑤。御卿卒于军中。

（三）后族萧继远

萧继远乃承天太后萧绰之弟，其妻为辽景宗与萧绰所生长女秦晋国大长公主耶律观音女，因而他是集国舅、驸马身份于一身的高级将领。咸平二年（999

---

① 脱脱等：《辽史》卷七一《后妃·景宗睿智皇后萧氏传》，中华书局2017年版，第1323页。
② 李焘：《续资治通鉴长编》卷五八，景德元年十月甲申，中华书局2004年版，第1274页。
③ 李埴撰，燕永成校正：《皇宋十朝纲要校正》卷二《太宗》，中华书局2013年版，第83页；李焘：《续资治通鉴长编》卷三七，至道元年正月戊申，中华书局2004年版，第807页。
④ 脱脱等：《宋史》卷五《太宗纪二》，中华书局1985年版，第97页。
⑤ 李焘：《续资治通鉴长编》卷三八，至道元年十二月丙申，中华书局2004年版，第825页。

年）九月，辽军大举攻宋，十二月折惟昌与宋思恭、刘文质率兵攻入契丹五合川，拔黄太尉寨，获战马、牛、羊万计，有力地牵制了辽军。[①]此次战役，辽军相关主力由萧继远领兵。

（四）铁林军骑兵统帅铁林相公

咸平四年（1001年）七月，辽兵南下，攻略宋地。当时宋"以王显为镇、定、高阳关三路都部署……十一月壬申……王显奏破契丹，戮二万人"[②]。战争伊始，统军铁林相公率领辽军精锐铁林军骑兵前来薄阵，为宋军擒获[③]。又据《折惟正墓志铭》载，是年，折惟正"任郑州兵马大督监……会高阳路告猃狁犯境，在择能者御之。□诏公曰，郑之彼□□□登赴敌，甚致肃宁"[④]。由此可知，折氏家族亦参加了此次战役，并取得一定战绩。

（五）不明将领

开运元年（944年），后晋出帝令府州刺史折从远攻契丹，"从远引兵深入，拔十余寨"[⑤]。次年，折从阮又奏"攻围契丹胜州，降之"[⑥]。

太平兴国七年（982年）五月，折御卿败契丹兵万余众于新泽砦，斩首七百级，俘虏酋长一百余人。[⑦]

辽宋自澶渊之盟订立后和平相处一百余年，但边境摩擦仍偶有发生。元祐四年（1089年），被差为代州土登寨主的折克禧修葺工事，契丹以违约为由遣人阻止，克禧据理力争说："屋庐皆旧址，特圭其陋，而非违约也，汝且遂忘谒希之役乎？"折克禧以"谒希之役"相威胁，使得"虏不知对止"[⑧]。折克禧生于嘉祐

① 徐松辑：《宋会要辑稿》蕃夷一之二四，上海古籍出版社2014年版，第9725页；李焘：《续资治通鉴长编》卷四五，咸平二年十二月丁卯，中华书局2004年版，第971页。

② 脱脱等：《宋史》卷六《真宗纪一》，中华书局1985年版，第115—116页。

③ 脱脱等：《宋史》卷二七九《魏能传》，中华书局1985年版，第9482页。

④ 智周：《折惟正墓志铭》，见高建国：《宋代麟府路碑石整理与研究》，中国社会科学出版社2021年版，第133页。作者考证猃狁指契丹（第57页），甚是。

⑤ 司马光：《资治通鉴》卷二八四，开运元年六月乙巳，中华书局2011年版，第9401页。

⑥ 薛居正等：《旧五代史》卷八三《晋书·少帝纪三》，中华书局2016年版，第1279页。

⑦ 徐松辑：《宋会要辑稿》蕃夷一之八至九，上海古籍出版社2014年版，第9716页。

⑧ 朱�：《折克禧墓志铭》，见高建国：《宋代麟府路碑石整理与研究》，中国社会科学出版社2021年版，第191页。

二年（1057年），卒于政和三年（1113年），元丰四年（1081年）随兄进讨西夏，正式出仕。若"谒希之役"为其经历之战事，则当发生于1081年至1089年之间，或许双方当时结成了相关的约定。

二、西夏军中的作战对象

折家将的业绩，首推对西夏的抗击。终北宋一代，折氏在与西夏的战争中立下了赫赫战功。其战绩在北宋对西夏作战败多胜少的记录中，尤为瞩目。

（一）李继迁

李继迁，党项人，宋朝赐名赵保吉。太平兴国七年（982年），其兄李继捧封图归宋，继迁不服，留在故地，抄掠宋朝边境。其孙元昊建立西夏国后，追尊为夏太祖。至道元年（995年）至至道中，折惟正"所居里时，与迁贼（李继迁部）接境，临阵交锋，□□□□月，朝廷嘉其劳劾"[①]。

咸平二年（999年）秋，河西黄女族首领蒙异保及府州属部啜讹等，引李继迁之众犯麟、府境。折惟昌、折惟信兄弟及其从叔折海超率子弟兵迎战，夏兵众多，宋军势孤，"惟昌臂中流矢坠马，摄弓起，得裨将马突围出"[②]，折惟信与折海超阵亡。

（二）夏国主嵬名元昊

嵬名元昊为西夏开国君主，骁勇好战，经常亲率军队与宋朝作战。元昊祖姓拓跋，唐代赐姓李氏，宋真宗时又赐姓赵氏。宝元元年（1038年），元昊自立，改姓嵬名。康定元年（1040年），嵬名元昊率兵攻击宋朝边境，折继闵率所部出塞，掩其不备，俘斩甚众。庆历元年（1041年），元昊亲率军攻麟州不克，转而集结"数十万众"围府州。折继闵指挥士卒守城，坚持月余。"元昊躬督战"，无

---

① 智周：《折惟正墓志铭》，见高建国：《宋代麟府路碑石整理与研究》，中国社会科学出版社2021年版，第133页。

② 脱脱等：《宋史》卷二五三《折德扆传附御卿传》，中华书局1985年版，第8863页。

奈损失惨重，只得退兵。继闵乘势出击，俘敌数千人。[①]

（三）皇族嵬名察哥

嵬名察哥为夏崇宗乾顺之庶弟，"雄毅多权略"[②]，在西夏重用皇族的国策下，成为西夏统率主力部队的高级将领。宣和元年（1119 年），统领六路边军的童贯迫使熙河经略使刘法出兵伐夏，察哥率三路兵迎战。当时宋廷命麟、府二州随军出战。宋夏双方战于统安城，宋军大败，死伤甚众。[③]不过，折可存却因杀敌有功，升任阁门宣赞舍人。

（四）梁太后

西夏梁太后为惠宗李秉常生母。秉常年 7 岁嗣位，梁太后摄政，直至病死时仍掌实权。元祐六年（1091 年）二月，折克行会诸将出折水川与夏兵鏖战，斩获千级有奇。[④]时西夏寇境，折可适斩杀其守烽人，使得烽火不传，故突袭而大破尾丁砲，斩获万计。回军途中，遇西夏军追击，亦败之。其后，西夏军大举来攻，自后楼铺逢游骑，转战至马岭。又设伏于洪德川，伏发，夏军大乱，梁太后逾山而遁。[⑤]

绍圣四年（1097 年），西夏梁氏频繁内侵，三月"庚午，夏人大至葭卢城下……辛巳，西上阁门使折克行"入羌地应援，"破夏人于长波川，斩首二千余级，获牛马倍之"[⑥]。折克俭亦随行此战。

（五）万保移埋没

咸平二年（999 年），李继迁之党万保移埋没来攻府州，折惟昌与宋将宋思

---

① 张叔夜：《折继闵神道碑》，见高建国：《宋代麟府路碑石整理与研究》，中国社会科学出版社 2021 年版，第 143 页。

② 吴广成撰，龚世俊等校证：《西夏书事校证》卷三一，甘肃文化出版社 1995 年版，第 361 页。

③ 脱脱等：《宋史》卷四八六《外国·夏国传下》，中华书局 1985 年版，第 14020—14021 页。

④ 毛友：《折克行神道碑》，见高建国：《宋代麟府路碑石整理与研究》，中国社会科学出版社 2021 年版，第 169 页。

⑤ 李之仪：《姑溪居士后集》卷二〇《折渭州墓志铭》，丛书集成初编本，中华书局 1985 年版，第 130—131 页。

⑥ 脱脱等：《宋史》卷一八《哲宗纪二》，中华书局 1985 年，第 347 页。《折克俭墓志铭》亦有相关记载。

恭、刘文质败之于埋井峰，斩杀擒获甚众，夺其牛马、橐驼、弓矢^①。

（六）钤辖吴埋堡等

元丰四年（1081年），宋出五路大军讨西夏，次年，双方战于三角岭，鄜延路统将种谔收复米脂城，其间欲从安定堡运粮草于军前，西夏军诱使宋军抵达蒲桃山，折可适独自出战，将其击败^②；折克禧等三千折氏部落子弟又"从麟府路军马张世矩败西贼于浪王新堡"^③。同年四月，折克行破夏军于青冈岭，九月又破于斯罗川。六年二月，克行率军攻击夏军三角川，斩钤辖吴埋堡等。^④

（七）大将咩保吴良

元丰四年，折克行将3000子弟兵从征西夏。退军途中，西夏大将咩保吴良率万余骑兵来追。克行殿后，大破之，斩咩保吴良^⑤。折克行后数次出征西夏，"与西人战，大小百七十遇，未尝丧败，卤获巨万"^⑥。

（八）统军嵬名阿埋

绍圣二年（1095年），西夏军出没葭芦川，折可适出劲兵挠之，数十日后西夏军遁去。元符元年（1098年），宋廷密诏折可适，欲使其拉拢夏统军嵬名阿埋及其监军妹勒都逋，此二人"皆西界用事桀黠首领"^⑦，"勇悍善战"^⑧。折可适等人轻骑夜袭其驻地，围其营帐。二人大惊失色，乞求保全性命，折可适以宋恩慰

① 李焘：《续资治通鉴长编》卷四五，咸平二年九月，中华书局2004年版，第965页。
② 李之仪：《姑溪居士后集》卷二〇《折渭州墓志铭》，丛书集成初编本，中华书局1985年版，第130页。
③ 毛友：《折克行神道碑》；朱昞：《折克禧墓志铭》，见高建国：《宋代麟府路碑石整理与研究》，中国社会科学出版社2021年版，第168、191页。
④ 毛友：《折克行神道碑》，见高建国：《宋代麟府路碑石整理与研究》，中国社会科学出版社2021年版，第169页。
⑤ 脱脱等：《宋史》卷二五三《折德扆传附克行传》，中华书局1985年，第8865—8866页。
⑥ 毛友：《折克行神道碑》，见高建国：《宋代麟府路碑石整理与研究》，中国社会科学出版社2021年版，第168页。
⑦ 李之仪：《姑溪居士后集》卷二〇《折渭州墓志铭》，丛书集成初编本，中华书局1985年版，第132页。
⑧ 脱脱等：《宋史》卷三二八《章楶传》，中华书局1985年版，第10590页。

谕,俘获"其家属族部,凡三千余人,皆许以不死"①。这一事件也使西夏国主为之"震骇"②。

(九)左厢铃辖令玉儿没崖等

绍圣五年(1098年),折克行掩袭夏军于乌浪娘部,生擒西夏左厢铃辖令玉儿没崖及副铃辖兀勒香等多名部族首领。③

元符二年(1099年)正月,折克行与折可大大破西夏兵于藏才山④,生擒西夏铃辖哩旺扎布;同年,主持进筑河东八城二寨,打通了麟州路与鄜延路的交通要道。

(十)西夏属部酋长

咸平二年(999年),折惟昌等在击败李继迁之党后,"又破言泥族拔黄砦,焚其器甲、车帐,俘斩甚众"⑤。

庆历元年(1041年),折继闵领兵行至汴黄、吴拔尼(即浪黄、兀泥两个部族),偶遇西夏军,遂战于横阳川。折家军除斩获兵卒、财物外,还"擒羌酋十余人"⑥。

元丰六年(1083年),折克禧败西夏军于真卿流部⑦。同年春,有西夏属部进犯麟州,折克俭以矢石克之,"诛获百余级。招降耆倪数百户,夺畜产千计"⑧。

元符二年,西夏部族以数千骑围困婴城,"诸将失色",唯折克禧单枪匹马,

---

① 李之仪:《姑溪居士后集》卷二〇《折渭州墓志铭》,丛书集成初编本,中华书局1985年版,第132页。

② 脱脱等:《宋史》卷三二八《章楶传》,中华书局1985年版,第10590页。

③ 毛友:《折克行神道碑》,见高建国:《宋代麟府路碑石整理与研究》,中国社会科学出版社2021年版,第169页。

④ 李焘:《续资治通鉴长编》卷五〇五,元符二年正月庚申,中华书局2004年版,第12037页。

⑤ 脱脱等:《宋史》卷二五三《折德扆传附御卿传》,中华书局1985年,第8863页。

⑥ 张叔夜:《折继闵神道碑》,见高建国:《宋代麟府路碑石整理与研究》,中国社会科学出版社2021年版,第142页。

⑦ 朱昕:《折克禧墓志铭》,见高建国:《宋代麟府路碑石整理与研究》,中国社会科学出版社2021年版,第191页。真卿流,西夏部族之一。此役在《宋史》卷一六《神宗纪三》、《续资治通鉴长编》卷三三四中亦有记载。

⑧ 张惠夫:《折克俭墓志铭》,见高建国:《宋代麟府路碑石整理与研究》,中国社会科学出版社2021年版,第182页。

"免胄而出",再现先辈折可适独战西夏军之雄风。他以宋开国初"下宽大之诏,将所削地"复还其部落一事说服部酋,力使"虏气丧惕",败兴西归。[①]

大观(1107—1110 年)、政和(1111—1118 年)十余年间,西夏"酋之桀黠者"[②]女崖频繁率众侵扰宋西北边境,致使边地动荡、民不聊生。最终折可存设奇谋,以不足百人的伏兵,生擒女崖,边境遂宁。

(十一)不明将领

庆历三年(1043 年),西夏数万兵众在从清塞、金城等堡撤退之时,折继闵追及于杜胡川,大破其众,斩首 400 级,获其甲马。[③]

熙宁三年(1070 年)至四年,"西夏叛盟,朝廷命将出师"[④]。西夏军寇庆州,宋廷诏种谔合鄜延、河东路大军,城罗兀以牵制之。折继祖以所部为先锋,遇西夏兵于开光川、尚堡岭,再战皆利。折可柔、折可俭等折家子弟兵深入敌帐,降 800 部落户。种谔担心夏军抄袭粮道,即以 3000 人属折克行,战葭芦川。折克行奋勇先登,诸老将赞叹:"真折太尉子也。"[⑤]

绍圣三年(1096 年),折克行击西夏军于遮没浪,大败之。九月,于青冈岭又破之。是月,夏军犯鄜延,折克行统兵牵制。时"孙览帅太原,议城葭芦,以复故地"。折克行出界遇西夏军于没击浪,随后于津庆川大败夏兵,斩两千八百余人。[⑥]

从绍圣四年到五年,折克俭等人两次随军出征西夏,所获甚多。其中绍圣五年,折克行则于青冈岭等地 4 次击破夏军。

崇宁三年(1104 年),西夏军围攻镇戎,折可适先声夺人,攻占险要之地。

---

① 朱昤:《折克禧墓志铭》,见高建国:《宋代麟府路碑石整理与研究》,中国社会科学出版社 2021 年版,第 191—192 页。

② 范圭书:《折克存墓志铭》,见高建国:《宋代麟府路碑石整理与研究》,中国社会科学出版社 2021 年版,第 201 页。

③ 张叔夜:《折继闵神道碑》,见高建国:《宋代麟府路碑石整理与研究》,中国社会科学出版社 2021 年版,第 143 页。

④ 郭长卿:《折克柔墓志铭》,见高建国:《宋代麟府路碑石整理与研究》,中国社会科学出版社 2021 年版,第 162 页。

⑤ 脱脱等:《宋史》卷二五三《折德扆传附克行传》,中华书局 1985 年,第 8865 页;毛友:《折克行神道碑》,见高建国:《宋代麟府路碑石整理与研究》,中国社会科学出版社 2021 年版,第 168 页。

⑥ 毛友:《折克行神道碑》,见高建国:《宋代麟府路碑石整理与研究》,中国社会科学出版社 2021 年版,第 169 页。

夏军一路回避，欲绕开折家军进兵，转至银冶关，正遇折家军顿兵瓦亭寨，遂一日而遁。翌年，宋军欲乘西夏军无功而归、气沮疲乏之际追击之，朝廷命折可适所属的泾原之师与环庆之师会于灵州川，环庆兵失约。折可适当机立断，命分兵迎战，以出其不意之谋迫使西夏军仅能依山自保，俘斩数千人，而首领居三分之一。

建炎二年（1128年），在赵宋王朝已然南渡的情况下，折可求降金，依旧驻守府州故地。但在绍兴九年（1139年）八月之前，折可求仍存世之际，西夏军攻城略地，占领了府州。从此，折氏失去了世袭的领地。①

折家将数代与西夏作战，前后达百余年，西夏骑兵始终未能东逾黄河。正因如此，西夏对折氏恨之入骨。西夏军在袭取府州后，把多年的积怨倾泻于折氏祖坟，夷坟茔，戮尸骨，无所不为。

三、金军中的作战对象

至金军南下之时，折氏家族已相对衰弱，与金军的作战次数也为数寥寥。就现有资料来看，主要有以下几次交锋。

（一）完颜粘罕

完颜粘罕，即"宗翰，本名粘没喝，汉语讹为粘罕，国相撒改之长子也"②，乃金朝宗室大臣、重要军事将领，以勇猛有谋见长。宣和七年（1125年）十二月，时任金左副元帅的粘罕南下包围太原，折可求率兵2万援救，经峃岚州，至天门关，遇金兵据守，转而取道松子岭，至交城，被以逸待劳的金兵打败，退屯汾州。③与此同时，折可存及其伯兄折可与守嶂县，城破，可与遇害。

靖康元年（1126年），粘罕兵继续围攻太原，六月三日，宋以李纲"为河东宣抚使"，率军解救太原。因作为"儒者"的李纲"不知军旅"④，又以"折彦质除

①　此据周立志《金宋冲突下的折可求及折氏家族研究》（未刊稿）一文说法。按宋官方记载，折可求在仕金期间被毒杀，西夏军趁其出殡之时夺取了府州，学界多沿袭此说。

②　脱脱等：《金史》卷七四《宗翰传》，中华书局2020年版，第1799页。

③　徐梦莘：《三朝北盟会编》卷二五，宣和七年十二月十八日，上海古籍出版社2008年版，第185—186页。

④　徐梦莘：《三朝北盟会编》卷四八，靖康元年六月三日，上海古籍出版社2008年版，第359页。

河东宣抚司干当公事,与解潜治兵于隆德府"①。七月二十七日,折彦质、折可求等率军奔太原解围,但行至文水县即被金兵击败。八月,双方再次交战,"都统制折可求师溃于子夏山"②。九月三日,金军攻破太原,折可求退守府州,一定程度上保存了军事实力。十月五日,折彦质升任为河北河东路宣抚副使。③ 十一月十二日,金兵行抵黄河,折彦质率领 12 万大军与之对战,次日兵败。④ 三日后,折彦质被贬,责授海州团练副使,永州安置。⑤ 金兵渡过黄河后,"折彦质兵尽溃",不久北宋京城开封沦陷。⑥

(二)完颜斡离不

完颜斡离不,即宗望,是金太祖完颜阿骨打第二子,"每从太祖征伐,常在左右"⑦,后成为独立领兵之重要将领。靖康元年(1126年)正月,完颜斡离不率兵逼围开封,河东路的折可求、折彦质叔侄同其他各路军队入京勤王,未果。

(三)完颜娄室

完颜娄室,字斡里衍,完颜部人。他统率金军驰骋于中国北方的广袤土地上,为金开疆拓土,成为一代名将。建炎二年(1128年)十一月,娄室攻占延安,府州处于粮尽援绝的处境。娄室派人胁持折可求父子等,族人劝其降金,金许折氏以关中之地,可求无奈,遂以麟、府、丰三州降金。⑧ 又为娄室胁迫,去说服晋宁军投降,事未成。⑨

---

① 徐梦莘:《三朝北盟会编》卷四八,靖康元年六月六日,上海古籍出版社 2008 年版,第 362 页。
② 脱脱等:《宋史》卷二三《钦宗纪》,中华书局 1985 年版,第 430 页。
③ 徐梦莘:《三朝北盟会编》卷五七,靖康元年十月五日,上海古籍出版社 2008 年版,第 423 页。
④ 脱脱等:《宋史》卷二三《钦宗纪》,中华书局 1985 年版,第 432 页。
⑤ 徐松辑:《宋会要辑稿》职官六九之二九,上海古籍出版社 2014 年版,第 4913 页。
⑥ 脱脱等:《宋史》卷二三《钦宗纪》,中华书局 1985 年版,第 432 页。
⑦ 脱脱等:《金史》卷七四《宗望传》,中华书局 2020 年版,第 1807 页。
⑧ 折可求降金的时间史书记载各不相同,《三朝北盟会编》卷一二〇于建炎三年正月二十一日记降事,《金史》卷三《太宗纪》于天会七年二月戊辰记降事,《宋史》卷二五《高宗纪二》于建炎二年十一月记降事,待考。
⑨ 李心传:《建炎以来系年要录》卷一八,建炎二年冬十一月壬辰,中华书局 2013 年版,第 427 页。

四、其他作战对象

在错综复杂的各种政治势力交织中，折家将的作战对象甚广，除上述与中原王朝对峙的主要政权外，至少还有以下几方面的政权或政治势力曾与折家将交手。

（一）北汉

1. 乔赞

广顺三年（953年）十一月，"府州防御使折德扆奏北汉将乔赞入寇，击走之"[①]。

2. 郝章、张钊

显德四年（957年），折德扆东渡黄河攻下河市镇，其弟德愿又占领沙谷砦，斩守将郝章、张钊。[②]

3. 杨璘

乾德元年（963年），永安节度使折德扆在府州城下击败北汉军数千人，并擒获北汉卫州刺史杨璘。[③]

4. 折令图、霍翊、马延忠

宋朝建立，折氏转而附宋，并配合宋军，多次对北汉作战。太平兴国四年（979年）四月初，宋太宗亲征北汉，折御卿率兵越黄河，"破北汉千余众"于岚州一带，有力地牵制了北汉势力。六日后，先击破岢岚军，擒获北汉军使折令图，且"杀戮甚众"；又折返攻陷岚州，杀北汉"宪州刺史霍翊，擒夔州节度使马延忠等七人"。随后折御卿乘胜率兵南下，顺势攻下隆州，与宋太宗会师于太原汾水之泮。[④] 未几，北汉主刘继元素服降宋。[⑤]

---

① 司马光：《资治通鉴》卷二九一，广顺三年十一月戊辰，中华书局2011年版，第9629页。
② 脱脱等：《宋史》卷二五三《折德扆传》，中华书局1985年版，第8861页。参见戴应新：《折氏家族史略》，三秦出版社1989年版，第67页。
③ 李焘：《续资治通鉴长编》卷四，乾德元年十二月乙亥，中华书局2004年版，第113页。
④ 李焘：《续资治通鉴长编》卷二〇，太平兴国四年四月己酉、乙卯、丙寅，中华书局2004年版，第448、449页。
⑤ 李焘：《续资治通鉴长编》卷二〇，太平兴国四年五月甲申，中华书局2004年版，第451页。

5. 不明将领

广顺二年（952 年），北汉遣兵来攻府州，为折德扆击败，被杀 2000 余人。折德扆乘胜追击，拔北汉岢岚军，"以兵戍之"①。

（二）交趾国李常杰

熙宁九年（1076 年），交趾国辅国太尉李常杰侵入广西，制造了南宁大屠杀事件。宋派郭逵率鄜延与河东旧部南下征讨，双方决战富良江。折克适"辟安南安抚司舟兵队将，勒所部过黪洞"②，以旧部身份随军南下。

（三）周边其他少数民族酋长

广顺二年（952 年），时任庆州刺史的郭彦钦擅自加收钱财，民夷流怨。在庆州"北十五里寡妇山，有蕃部曰野鸡族……蕃情犷悍，好为不法"。郭彦钦频繁侵扰周边诸部，唯独"野鸡族疆不可近，乃诬其犯边"，后周太祖遂任命静难节度使折从阮、宁州刺史张建武等讨伐野鸡族。张建武急于立功，击野鸡族杀数百人，却遭附近的喜玉、折思、杀牛三族劫掠，并被诱入险地，为三族所共击。建武军投崖谷死伤甚众。③翌年正月，后周诏折从阮："野鸡族能改过者，拜官赐金帛，不则进兵讨之。"随后从阮上奏："酋长李万全等受诏立誓外，自余犹不服，方讨之"，"降野鸡二十一族"④。可见，除野鸡族外，在与喜玉、折思、杀牛等族的战斗中，折从阮均应参与其中。

（四）宋朝农民起义军首领方腊、宋江

宣和二年（1120 年）秋，方腊举行起义，北宋政府派童贯率军镇压，折可存"用第四将从军"，并且"兼率三将兵"。翌年，起义军最后一个据点青溪梓桐洞被宋军攻破，方腊等首领被擒。折可存因功迁武节大夫。随后，折可存"班师

---

① 司马光：《资治通鉴》卷二九〇，广顺二年正月壬申，中华书局 2011 年版，第 9605 页。

② 李之仪：《姑溪居士后集》卷二〇《折渭州墓志铭》，丛书集成初编本，中华书局 1985 年版，第 130 页。

③ 折从阮征讨野鸡族之战，在司马光《资治通鉴》卷二九一、欧阳修《新五代史》卷七四皆有记载。

④ 司马光等：《资治通鉴》卷二九一，广顺三年正月丙辰、戊申，中华书局 2011 年版，第 9619、9621 页。

过国门,奉御笔捕草寇宋江,不逾月,继获,迁武功大夫"①。可见,折可存在两年内先后与方腊、宋江统领的两支起义军作战。

五、折家将作战对象的类型

综合以上史料,从 10 世纪四五十年代至 12 世纪 30 年代,在不到二百年的时间里,府州折氏家族历经无数战斗,其作战对象的身份、地位和势力也不尽相同,具体可归为如下几类。

(一)亲征的帝王和太后

景德元年(1004 年),辽圣宗和承天太后萧绰率 20 万大军南下攻宋,府州折氏作为一支重要军事力量,参加了这场规模空前的宋辽战争。至道年间(995—997 年)和咸平二年(999 年),折氏与西夏王朝奠基人李继迁两度交战;后又抵御了庆历元年(1041 年)夏国主元昊和元祐六年(1091 年)、绍圣四年(1097 年)梁太后的数万大军进攻,在守卫宋朝西北边陲方面发挥着举足轻重的作用。

(二)统率国家军队的将领

府州与西夏相毗邻,也是西夏进军宋地的战略要冲。因此,折氏与西夏的作战次数最多。其交战对手不仅有夏崇宗乾顺之庶弟察哥郎君,亦有中央军大将咩保吴良等人。

在与金朝的交战中,主要涉及 3 位将领——完颜宗翰、完颜宗望和完颜娄室,皆为金朝开国名将,前 2 人还为金朝皇室贵族,所领军队为金军之主力或精锐。

熙宁九年(1076 年)"南宁大屠杀"事件后,折克适随主将郭逵南下,与交趾国辅国太尉李常杰决战富良江,有效地遏制了交趾国的入侵之势。

---

① 范圭:《折可存墓志铭》,见高建国:《宋代麟府路碑石整理与研究》,中国社会科学出版社 2021 年版,第 201 页。

（三）朝廷任命的地方军队将领

该类将领是折家将作战的主要对象，但史料中相关的记载只是冰山一角。

在与北汉的交锋中，折家将一直保持着优势地位，先后俘获北汉刺史杨璘、军使折令图、刺史霍翊、大将马延忠等人。府州与辽西南地区接壤，至道元年（995年），辽西南五押招讨大将军韩德威在与折家将交锋中几乎全军覆没。与折家将交手，且有具体记载的辽朝将领，尚有统军铁林相公。西夏统军崐名阿埋及其监军妹勒都逋等人，则是由西夏政府任命的军事将领。

（四）地方部族酋长

除与敌对政权正规军的对抗外，折氏家族还频繁应对来自诸多部族的侵扰，有时甚至出兵征讨相关部族。例如，广顺二年（952年），折从阮受命征讨庆州北部野鸡族，因遭到附近的喜玉、折思、杀牛三族劫掠，后周军队死伤者甚多。西夏属部如真卿流、兀流、□勒图等族，均是与折氏交战过的对手，被折家将俘获的亦不乏各族酋长，如女崖等骁勇善战者。

（五）起义军首领

在宋朝统治时期爆发的历次农民起义中，方腊起义规模最大，军事斗争最为激烈；宋江起义虽规模较小，然义军战斗力较强，影响广泛。在镇压北宋末年的这两次农民起义的过程中，折家将均为宋朝政府所依赖的重要军事力量。

由于史料记载疏略，除去有具体姓名的人物外，折氏还有与诸多不明将领的交手。依现有统计所得，其中与辽数次，与西夏则有十余次。

六、结语

纵观折家将的作战对象，五代宋初，主要是助后周、北宋平北汉；北宋统一后，主要是为保卫宋朝边疆而与周边诸政权作战。从地理位置来看，府州位于中原王朝（指后周、北宋等政权）的西北边陲，与政治中心相距甚远，很难得到中央的有效庇护；但又紧邻先后存在的北汉、辽、西夏、金等几个少数民族政权，处于多方势力的包围之中，易受夹攻。世守府州的折氏一族，身处这样险恶忧患的环境中，必然如履薄冰，无法安枕。他们要想求得生存，避免落入虎狼之口，只能充分利用当地的险峻地形，通过强化军事训练，提高自身战斗力。因此，在与各种大小势力的对战中，不论是对方的悍将领兵，还是帝后亲征；不论是抵御外敌，还是镇抚边蕃，折氏多能游刃应对，欢庆凯旋，可谓"生于忧患"。

显而易见，府州地区"控御边陲，钤辖蕃汉"①，折家将"功在朝廷，名在四夷"②。他们凭借自身实力以及世忠的家风，得到对武将势力严加防范的宋廷的信任与优待，其家族以武将世袭知州的特权得到加强和巩固，成为中原王朝抵御北方诸少数民族政权的一颗强有力的棋子。显赫的战绩，源于折氏自身的实力，更与其背后的力量——中央政府的支持息息相关。北宋末期，随着政治腐败、财力衰弱、社会动荡等一系列问题愈演愈烈，宋王朝在新兴政权金朝的攻击下已是不堪一击。在政治形势巨变的过程中，折氏家族也出现了分化。驻守世袭之地的折可求一支被迫降金；而以折彦质为首的一支则离开河东路，随宋王室南迁，自此家族势力急速削弱。可见，一旦失去中央政府的有力支持，再英勇善战的边将世家也只能或降或亡，湮没在历史的长河中。

---

① 毕沅：《关中金石记》卷六《折武恭公神道碑之阴》，丛书集成新编本，新文丰出版公司1986年版，第49册，第270页。

② 李之仪：《姑溪居士文集》卷三五《折渭州文集序》，丛书集成初编本，中华书局1985年版，第266页。

比较视野下唐宋官宦世家的
个案与群体研究 *

　　唐宋两朝具有较为明显的时代差异，学术界对唐代和宋代的官宦世家进行个案与群体的研究，应在相互比较中阐明其个性与共性。个案研究不仅要进行个案与个案的比较，也应对同一个个案在不同发展阶段进行比较。群体研究应关注官宦世家在不同层次上的分类，避免以偏概全，将小群体的共性误视作大群体的共性。只有将群体研究的进行建立在个案研究的基础之上，而个案研究以群体研究为指归，才能不断加深对问题的认识。

　　近年，唐宋宗族史的研究，较为明显地围绕个案与群体展开，特别是对官宦世家的研究，更是如此。由于魏晋隋唐社会阶层划分的突出特点是士族与庶族的区别，而宋代社会阶层划分的突出特点则是官户与民户的区别。因此，唐代的官宦世家，既包括传统的门阀士族，也包括成功跻身于高级官僚阶层从而能够世代仕宦的所谓新贵宗族，亦即旧士族与新士族。宋代官宦世家，则是能够利用各种社会条件而累代仕宦的宗族。学术界以往对官宦世家的个案与群体研究，尽管多是在相互比较中阐明其个性与时代特征，但近年来随着研究成果的不断积累和对问题认识的深入，比较视野有了更广泛的基础，也更为突出地体现在研究成果中。有鉴于此，对比较视野下唐宋官宦世家的个案与群体研究方法不断加强认识，无疑有助于推动官宦世家研究的深入。

---

　　*　原载《史学月刊》2018 年第 3 期。

一、个案的选取与比较

作为宗族史研究的重要方法，个案研究不但可以深入认识宗族内部的各种关系，而且也可以深入认识宗族与社会的关系。学术界从个案角度对唐宋时期的官宦世家进行登堂入室的观察与分析，已走过了相当长的一段历程，积累了一定数量的相关研究成果。由于个案研究容易"见树木"而不易"见森林"，如果在选取个案时不能充分进行比较，或在对个案进行分析时疏于各种比较，则必定为人诟病。

个案研究首先要做的就是个案选取，也就是要在众多的个案中进行比较，选取最有学术研究价值的对象。一些社会影响比较突出的官宦世家，当今学者会在比较中发现其价值，其实古人也早已作了比较、概述甚至排序。北宋人欧阳修、宋祁所撰《新唐书》，在正史中独创《宰相世系表》，收入唐代宰相98姓之世系。著名的官宦世家，几乎全部在录。其中不少官宦世家，"或父子相继居相位，或累数世而屡显，或终唐之世不绝"[1]。迄今关于唐代官宦世家的个案研究，多在此范围之内。南宋王明清也曾列举了宋代著名官宦世家的字辈关系，包括真定韩氏、相州韩氏、东莱吕氏、河内向氏、两浙钱氏、真定曹氏、亳州高氏、澶州晁氏、濮州李家、看楼李家、念佛桥李氏、金水门陈氏、三槐王氏、青州王氏、太子巷王氏、九院王氏、侍中家张氏、厢后坊贾氏、宣明坊宋氏、安州宋氏、泉州曾氏、南丰曾氏、赣州曾氏、盐泉苏氏、同安苏氏、眉山苏氏、华阳范氏、苏州范氏以及莆田之蔡、白沙之萧、毗陵之胡、会稽之石、番阳之陈、新安之汪、吴兴之沈、龙泉州之鲍等[2]。这些个案，在当代宋史学者的研究成果中，几乎全可找到专门的论文或专著。

个案的选取应以在某些方面具有代表性为标准，但要想在各个方面均有代表性，则难度极大。因此，不能认为每个个案均能全面代表相关群体。如果个案的选取过于随意，不惧"碎片化"，发现一个个案就视作研究对象，无疑会降低个案研究的学术价值，造成事倍功半。有鉴于此，选取个案，不但应在比较

---

① 欧阳修、宋祁等：《新唐书》卷七一《宰相世系表》，中华书局1997年版，第2179页。

② 王明清：《挥麈录》前录卷二《本朝族望之盛》，上海书店出版社2001年版，第15—16页。

中确定,而且应主要以在某些方面具有代表性为标准。在具体的研究过程中,一方面应适当地进行超越个案的概括,即概括个案官宦世家所体现的同类群体的普遍性;另一方面也应尽量在个案中进行概括,即概括个案官宦世家所体现的本身独有的特殊性。若做系列个案探索,作为研究对象的不同个案,还需要具有一定程度的多样性。

有些个案比较相似,或同一个案已有较多研究成果,研究价值会不断递减,甚至题无剩义。研究者选取的个案如果与前人研究对象相近,即使是不同的个案,但其研究价值也已被削弱。在近年日益增多的研究成果中,我们还时常见到一些研究个案完全相同,内容、观点亦无重大突破的论著发表。一些著名的官宦世家,尤其受到学者的关注,甚至出现多部相关著作。如隋唐时期的博陵与清河崔氏、京兆韦氏、河东裴氏,两宋时期的澶州晁氏、东莱吕氏、吴越钱氏等个案,相关论著连篇累牍,有的个案甚至仅学术专著就达多部。这类现象,的确值得我们认真反思。

比较视野下的个案研究,不仅是指个案与个案的比较,也包括对同一个个案在不同发展阶段的比较。就学术界的研究成果来看,官宦世家的个案研究多是就断代论断代,或论唐代的某个宗族,或论宋代的某个宗族,即使跨代,也多就魏晋隋唐立论,这实际上仅是与学者的断代研究习惯相一致。而唐宋时期官宦世家的跨代发展,即从唐代到五代再到宋代的发展,对于认识中国古代的社会变迁,无疑具有重要意义。遗憾的是,学术界现有研究成果还较少论及由唐及宋的官宦世家。仅见的个案成果,主要是姜士彬《世家大族的没落——唐末宋初的赵郡李氏》①探讨李氏宗族的跨代演变;游彪《由唐入宋:从钜鹿到婺源的魏氏家族》②对魏氏的迁徙和跨代发展进行了分析;周扬波《从士族到绅族——唐以后吴兴沈氏宗族的变迁》③考述吴兴沈氏宗族历经唐代、五代、宋元直至明清的发展演变。这类研究,在具体的考察过程中,多能结合唐宋社会的发展变迁情况,来揭示官宦世家的时代递嬗,无疑今后应继续加强。

---

① 姜士彬:《世家大族的没落——唐末宋初的赵郡李氏》,见[美]芮沃寿(Authur F. Wright)等著,陶晋生等译:《唐史论文选集》,幼狮文化事业公司1990年版,第231—339页。
② 游彪:《由唐入宋:从钜鹿到婺源的魏氏家族》,见北京大学中国古代史研究中心编:《邓广铭教授百年诞辰纪念论文集》,中华书局2008年版,第620—630页。
③ 周扬波:《从士族到绅族——唐以后吴兴沈氏宗族的变迁》,浙江大学出版社2009年版。

历史研究中的个案研究，尽管有可能出现一定程度的偏颇，但共性存在于个性之中，其学术价值是无可替代的。只要充分注意个案研究的方式和方法，在选取和分析个案时充分进行比较，自然会有利于深入认识官宦世家的各种面相与社会变迁。

二、群体的分类与比较

官宦世家是宗族群体中的一种类型，但在官宦世家群体中，又有若干不同的类型。这是因为，社会群体可以划分出若干层次，每一层次又可进行若干分类。处在不同层次上的群体类型，是不能同等看待的；只有处在同一层次上的群体类型，才可以对其异同性进行比较。不过，由于宗族所具有的综合性社会特点，要想按单一标准进行层次和类型划分，绝非易事。因此，人们对宗族各层次、各类型群体的称谓，往往相互交叉或包含，很难做到泾渭分明。在中国历史上，对于官宦世家的称呼，不但不同时期往往有别，即使是同一时期，也是多种多样的。毛汉光在研究魏晋隋唐门阀士族时，曾从文献中检索出与这一社会群体有关的称呼多达 27 个：高门、门户、门地、门第、门望、膏腴、膏粱、甲族、华侨、贵游、势族、势家、贵势、世家、世胄、门胄、金张世族、世族、著姓、右姓、门阀、阀阅、名族、高族、高门大族、士流、士族[1]。这说明，在门阀盛行甚至作为王朝法定制度的情况下，有关的称谓就是丰富多彩的。对于宋代社会中累世官宦的宗族，文献中的称谓同样繁多。宋人所使用的故家、故家大族、世家、望族、世家大族、大家世族、大家故族、故族大家、士族、仕族、世族、名族、显族、世臣、世臣大家、令族、大族、大家、大姓、显姓、冠姓、势家、巨室、巨族、势家巨室、豪家大姓、华宗茂族、名门华阀、衣冠家、衣冠大族、世禄之家、阀阅之家等概念，或者较为明确地是指官宦世家，或者与这一社会群体有着密切的联系。

尽管上述每一个概念的外延并非均有法律意义上的固定范围，使用者所指称的群体范围往往需要根据其所处语境来确定，但古人使用众多概念来指称官宦世家的情况，实际已蕴含了对社会群体的分类意识。不过，一方面因分类的

---

[1] 毛汉光：《中国中古社会史论》，上海书店出版社 2002 年版，第 141 页。

标准并不统一，故造成所指称群体的相互交叉，颇显复杂；另一方面也由于有些概念本来就是同义词，故秉笔者使用起来较为随意。还应注意的情况是，在语言变迁的过程中，同一词汇的含义也可能发生较大的变化。如"士族"一词，唐宋即有所不同。在唐代，士族无疑是有明确范围的概念。无论是旧士族还是新士族，他们皆必须符合明确的标准。而延及宋代，人们对这一词汇的含义就无法达成统一的认识。宋哲宗时曾在关于宗室婚姻问题的诏令中使用士族一词，当时人就对其具体含义发出了疑问："体问宗正司条制，虽言祖免亲不得与非士族之家为婚，然不知如何遂为士族？"① 当今学者对这一概念的使用，亦不无分歧。黄宽重《宋代的家族与社会》一书"有时将宋代家族的主角称为'名门望族'，简称'名族'，更多地将其称为'士人家族'，简称'士族'。陶晋生先生也这样简称，他在《北宋士族——家族·婚姻·生活》一书中说：'最常见关于士人家族的称呼是"士族"。'这一简称虽然在宋代的史料中可以找到某些依据，但容易引起误解，以致将质的规定性大不相同的魏晋士族和宋代士族混为一谈。"② 当然，如果用"士族"一词来指称宋代世代仕宦的宗族，也同样可在史料中找到根据。正因为历史文献中概念含义的复杂性特征，所以研究此类问题时，要确定一个像现代自然科学概念一样的学术概念，几无可能。不过，也有些称谓，在不同历史时期的变化并不是很大。相对而言，这类称谓为我们今天的跨代使用提供了方便。如"世家"一词，先秦时期已被广泛使用，意为"世世有禄秩家"③，后世一般理解为三世及其以上的仕宦之家。陈傅良所撰写的敕文曾说："有以文墨论议，绵及三叶，是谓世臣。"④ 陈傅良只涉及文臣之家，事实上各类"绵及三叶"的仕宦之家，皆可谓之世臣、世家。而仅延续两代的仕宦之家，也不乏被称为世家的事例。但就宗族势力的状况来看，两代仕宦尚难以充分发展。有鉴于此，研究者多以是否三世仕宦作为鉴别官宦世家与普通官户的主要标准，应是比较符合历史实际的。

官宦世家群体既然可以在不同层次上进行分类，研究者就应避免以偏概

① 赵汝愚编：《宋朝诸臣奏议》卷三三彭汝砺《上哲宗乞详定祖免亲婚姻条贯》，上海古籍出版社1999年版，第327页。
② 参见张邦炜《黄宽重〈宋代的家族与社会〉读后》，《历史研究》2007年第2期。
③ 司马迁：《史记》卷三〇《平准书》，中华书局2014年版，第1733页。
④ 陈傅良：《陈傅良先生文集》卷一二《右丞相葛郯初拜赠三代封妻》，浙江大学出版社1999年版，第162页。

全，将小群体的共性误视作大群体的共性。曾有学者研究宋代的官宦世家，认为科举是宋代官宦世家的共性。事实上，科举可说是诗书类官宦世家的共性，而军伍类、特权类官宦世家就未必有这一现象了。宋代"六世词科只一家"[①] 的华阳王氏和"尽有诸元"[②] 的浦城章氏，可以说是科举成功的典范，但从其事例来看，仍不能过分强调科举选官对宗族发展的作用。群体研究要注意大群体的共性，更要注意小群体的共性。宗族有宗族的共性，宗族中的官宦世家又有官宦世家的共性，官宦世家中有诗书类、军伍类，还有特权类，它们也同样有各自的共性。小群体存在于大群体之中，所包含的个体数量，自然比大群体要少，因而除具有大群体的共性外，还具有自己的共性。在宋代的官僚宗族中，官宦世家就只是其中的一小部分。宋人李新在谈及其家乡的科举情况时曾说："吾乡于蜀为小郡。衣冠而称士者，大率不过三百人，试笔砚，戏场屋。獐头鼠目，呫嗫儿女语，读书鱼鲁，阔视大言者，又居其半。至于以世家自名者，盖有二焉。"[③] 能够"以世家自名"，一个小郡甚至仅有两家而已。

与个案研究需进行不同发展阶段的比较一样，群体研究也需要进行不同发展阶段的区分与比较。而且，这种比较的价值更大。孙国栋《唐宋之际社会门第之消融——唐宋之际社会转变研究之一》分析了唐宋之际各类官宦世家群体的构成后指出："唐代以名族贵胄为政治、社会之中坚；五代以由军校出身之寒人为中坚；北宋则以由科举上进之寒人为中坚。"[④] 邹重华分析了唐代迁入四川地区的官僚宗族及其在宋代的发展状况，认为入蜀宗族对宋代区域宗族特点具有重要影响。[⑤] 笔者曾考察唐代崔、卢、李、郑等高门士族的入宋后裔，结论是某些适应宋代社会环境的士族支系，仍然可以不断培养出仕宦成员，成为两宋官宦世家的组成部分。[⑥]

群体研究除类型、发展阶段的比较外，不同区域间的比较也引起了学者的

---

① 庄绰：《鸡肋编》卷中，中华书局 1983 年版，第 77 页。

② 王明清：《挥麈录》前录卷二《浦城章氏登科题名》，上海书店出版社 2001 年版，第 17 页。

③ 李新：《跨鳌集》卷二二《答喻企先书》，影印文渊阁四库全书本，第 1124 册，第 583 页。

④ 孙国栋：《唐宋之际社会门第之消融——唐宋之际社会转变研究之一》，《新亚学报》第 4 卷 1959 年第 1 期，见《唐宋史论丛》，上海古籍出版社 2010 年版，第 337 页。

⑤ 邹重华：《士族与学术——宋代四川学术文化发达原因探讨》，博士学位论文，香港中文大学，1997 年，第 203—208 页。

⑥ 王善军：《唐代高门士族入宋后裔考略》，《社会科学》2015 年第 8 期。

关注。唐代的山东士族、关中士族、江南士族一向为研究者所看重，其各个侧面大多已有学术成果涉及。毛汉光《中古山东大族著房之研究——唐代禁婚家与姓族谱》①探讨了山东大族的房支状况。范兆飞《中古太原士族群体研究》②涉及太原士族的婚姻关系与门第消融。李浩《唐代三大地域文学士族研究》③《唐代关中士族与文学》④对三大地域士族的文学状况进行了比较和分析。宋代的江西、两浙以及四川等地区的官宦世家也受到学者较多的关注。黄宽重《宋代的家族与社会》、柳立言《科举、人际关系网络与家族兴衰：以宋代明州为例》⑤以及邹重华与粟品孝主编《宋代四川家族与学术论集》⑥所涉及的研究内容，事实上对区域差异进行了应有的关照。魏峰《宋代迁徙官僚家族研究》⑦对两浙地区的迁入和迁出官宦世家作了相当细致的分析，突显了其区域特点。

三、个案与群体的相互照应

个体与群体的关系是一种辩证关系，官宦世家的个案研究与群体研究理应有机结合。群体研究的进行应建立在个案研究的基础之上，而个案研究应以群体研究为指归。只有将两者统一起来，才能真正做到走出个案，走进群体。要想做到个案与群体的相互照应，就必须充分关注两者之间的密切关系，在研究过程中至少应注意以下两点。

首先，避免就个案论个案，不与群体或其他个案相互照应。个体与群体具有个性与共性的关系，是密不可分的，绝不能将个案研究与群体研究完全割裂。现有学术成果中，有不少的个案研究，视角仅是官宦世家的若干已为前人关注过的侧面，而很少对官宦世家中的各类群体进行总体把握，尤其是未能很好地

①　毛汉光：《中古山东大族著房之研究——唐代禁婚家与姓族谱》，《"中央研究院"历史语言研究所集刊》第54本第3分，1983年，见《中国中古社会史论》，上海书店出版社2002年版，第187—233页。

②　范兆飞：《中古太原士族群体研究》，中华书局2014年版。

③　李浩：《唐代三大地域文学士族研究》，中华书局2002年版。

④　李浩：《唐代关中士族与文学》，中国社会科学出版社2003年版。

⑤　柳立言：《科举、人际关系网络与家族兴衰：以宋代明州为例》，见《中国社会历史评论》第11卷，天津古籍出版社2010年版，第1—37页。

⑥　邹重华、粟品孝编：《宋代四川家族与学术论集》，四川大学出版社2005年版。

⑦　魏峰：《宋代迁徙官僚家族研究》，上海古籍出版社2009年版。

在整体下观察个案、在个案中发现整体特征。也有的个案研究，实际上成了宗族人物研究的汇合，研究者热衷于人物事迹描述，而未能揭示官宦世家嬗变的真实状况及其规律。

不过，个案虽在群体之中，但确定特定的个案要说明哪一类群体却并非易事。前文曾举述的史料中的各种相关名词，或者较为明确的是指累世官宦的宗族，或者与这一社会群体有着密切的联系，而并非均可作为同义语看待。正是由于这类复杂情况的普遍存在，所以在个案研究中呼应群体时就要充分注意到概念的内涵与外延。

其次，结合一定数量的个案研究，总结群体的特征。群体研究的进行，主要建立在个案研究的基础之上。在一定数量个案研究的基础上，对群体特征加以总结，就会比较全面。在具体研究过程中，研究者往往对所选个案的突出特点加以深入探讨，其他方面则可能较少论述，一般难以对每个个案均进行面面俱到的分析。这对循序渐进地认识官宦世家的各个侧面，是切实可行的。又由于历史上官宦世家的数量众多，仅靠研究者个人的个案研究基础显然又是远远不够的。因此，研究者应对前人的所有个案研究进行全面了解并充分消化。同时，也应尽力搜集现存各种类型的史料，尤其是正史列传、出土墓志、方志、族谱、文集中的碑传资料以及笔记小说中的有关记载，鉴别官宦世家与普通官户的差异。某些较为知名或较有代表性的个案，学界已有较多研究成果，理应充分吸收。在此基础上再从个案研究出发，结合对相关资料的全面了解，进行比较分析，才可能对群体有进一步的认识。笔者研究首创义庄的苏州范氏，侧重分析族产对宗族成员仕宦的作用[1]；研究饶阳李氏，侧重分析宗族共财对家法和家风建设的影响[2]；研究成纪张氏，侧重分析经济势力的形成与维持对宗族发展的影响[3]。这些看似都属于官宦世家的经济问题，但侧重点是不同的。各种经济问题综合起来，对我们认识官宦世家的发展就会有明显的作用了。

要之，比较视野下唐宋官宦世家的个案与群体研究，不但应充分进行个案

---

[1] 王善军：《范氏义庄与宋代范氏家族的发展》，《中国农史》2004年第2期。

[2] 王善军：《共财与家法——宋代饶阳李氏家族探析》，见《中国社会历史评论》第9卷，天津古籍出版社2008年版，第89—102页。

[3] 王善军：《骤贵者必暴富：南宋武将家族的经济势力——成纪张氏个案考察》，《南国学术》2018年第4期。

与个案的比较，也应注重个案发展不同阶段的比较；不但应充分进行群体中各级层次、各种类型的比较，也应注重群体发展不同阶段及其区域特征的比较；不但应充分考量个案研究与群体研究之间的关系，更应注重个案、群体与社会变迁之间的关系。在研究过程中，需要立足群体分析个案，通过个案反观群体，使个案研究和群体研究能够有机结合和互动。通过个案与个案之间、个案与群体之间的结合和互动，跳出个案研究的狭小天地，避免群体研究的空洞浮泛，从群体视野下看待具体的个案，从具体个案中反观群体状况及其变迁，才能不断加深对问题的认识。

辽宋西夏金元日常生活史研究概述 [*]

辽宋西夏金元日常生活史的研究大体经历了 4 个阶段。20 世纪前半期，有关日常生活史的若干问题，陆续进入研究者的视野，被开辟为社会史研究的课题；后半期的前半段，大陆学者对日常生活史的研究基本处于停顿状态，港台学者基本延续前期的研究理路，对生活史的研究给予了一定的关照，国外学者的成果中则产生了代表性的著作；后半期的后半段，生活史的研究日益受到学术界的重视，国外学术界则因"汉学"的日益被重视而不断涌现生活史论著；21 世纪的生活史研究，问题不断细化，传统的研究领域也不断与日常生活史视角相结合，取得的学术成果也日益丰富多彩，呈现方兴未艾之势。

20 世纪以来，随着新史学的产生和社会史研究的开展，学术界有关辽宋西夏金元日常生活史的研究不断累积。尽管明确以日常生活为题的成果并不多见，但内容涉及生活史的某一方面，或主要以社会生活为研究对象的成果，百余年来已积累了相当数量。本篇将这一学术历程划分为若干时段，并按论著所涉及的主要研究内容，分方面略加介绍，以期通过对该专题研究简史的梳理，昭示日常生活史研究的走向。

一

20 世纪初期，随着新史学对群体历史的重视，社会史研究由此而起步。在 20 世纪前半期，伴随辽宋西夏金元社会史研究的开拓与发展，有关日常生活史的若干问题，陆续进入研究者的视野，被开辟为社会史研究的课题。

---

* 原载《中国社会历史评论》第 17 卷，天津古籍出版社 2016 年版。

　　城市生活受到学者的较多关注，而且多侧重于都市生活。全汉昇《宋代都市的夜生活》①比较全面地介绍了作为新生事物的夜生活，反映出经济发展和社会变革过程中日常生活的新动向。具体探讨北宋首都开封日常生活不同侧面的是徐嘉瑞的《北宋汴京的民众生活及其艺术》②和丛治湘的《北宋汴京集市庙会概况》③等。相对而言，南宋首都杭州的日常生活更受学者关注。相关成果有全汉昇《南宋杭州的外来食料与食法》④、岑家梧《南宋之都市生活》⑤、张家驹《宋室南渡后的南方都市》⑥、孙正容《南宋时代临安都市生活考》⑦等。

　　与中国学者一样，不少日本学者也对都市生活给予了特别关注。那波利贞《宋都汴京的繁华》⑧、曾我部静雄《开封与杭州》⑨介绍了开封和杭州的城市风貌、传统节日等情况。⑩加藤繁《宋代都市的发达》⑪进一步涉及了宋代城市的商业布局和生活。

　　乡村生活方面也出现了一定数量的成果。畜邻室主《南宋诗人眼中的农民痛苦》⑫利用诗歌作品，对官租私债压迫下农民的痛苦状况和程度，进行了初步描绘。黄毓甲《宋元农村经济与农民生活》⑬也主要从经济角度论述农民生活。乡村生活中的灾荒救济问题，受到较多关注。如华文煜《宋代之荒政》⑭、高迈《宋代的救济事业》⑮、徐益棠《宋代平时的社会救济行政》⑯、吴云瑞《宋代农荒豫

---

① 　全汉昇：《宋代都市的夜生活》，《食货》1934年第1卷第1期。
② 　徐嘉瑞：《北宋汴京的民众生活及其艺术》，《语言文学专刊》1936年第1卷第1期。
③ 　丛治湘：《北宋汴京集市庙会概况》，《工商半月刊》1945年第2期。
④ 　全汉昇：《南宋杭州的外来食料与食法》，《食货》1935年第2卷第2期。
⑤ 　岑家梧：《南宋之都市生活》，《现代史学》1934年第2卷第1—2期。
⑥ 　张家驹：《宋室南渡后的南方都市》，《食货》1935年第1卷第10期。
⑦ 　孙正容：《南宋时代临安都市生活考》，《文澜学报》1935年第1卷第1期。
⑧ 　[日]那波利贞：《宋都汴京的繁华》，《历史与地理》第10卷第5号，1922年。
⑨ 　[日]曾我部静雄：《开封与杭州》，见《中国历史地理丛书》第7辑，富山书房1940年版。
⑩ 　参见梁建国：《日本学者关于宋代东京研究概况》，《中国史研究动态》2007年第4期。
⑪ 　[日]加藤繁：《宋代都市的发达》，见《桑原博士还历纪念东洋史论丛》，弘文堂书房1931年版。
⑫ 　畜邻室主：《南宋诗人眼中的农民痛苦》，《国闻周报》1931年第8卷第24期。
⑬ 　黄毓甲：《宋元农村经济与农民生活》，《金陵学报》1939年第9卷第1—2期。
⑭ 　华文煜：《宋代之荒政》，《经济统计季刊》1932年第1卷第4期。
⑮ 　高迈：《宋代的救济事业》，《文化建设》1936年第2卷第12期。
⑯ 　徐益棠：《宋代平时的社会救济行政》，《中国文化研究汇刊》1945年第5卷上。

防策——仓制》① 等。

物质生活的研究除了在城市和乡村日常生活研究中较多涉及外，也有专门论述不同社会群体的成果出现。日本松井等《契丹人的衣食住》②、田村实造《论契丹族的服饰》③、鸟山喜一《金初女真人的生活状态》④ 以及程溯洛《女真辫发考》⑤ 等，从族群角度论及契丹族和女真族的生活。全汉昇《宋代女子职业与生计》⑥、钱华《宋代妇女服饰考》⑦ 等，则从性别角度论述妇女的生活。

精神生活的研究，主要是关于辽代和宋代的成果，也涉及了若干个方面。辽代主要有日本松井等《契丹人的信仰》⑧、冯家昇《契丹祀天之俗与其宗教神话风俗之关系》⑨ 以及日本鸟居龙藏《契丹之角抵》⑩ 等。宋代方面则有王遵海《宋代士风》⑪ 论述士大夫与风俗；林达祖《唐宋时代元宵看灯的盛况》⑫、子振《〈水浒传〉和宋代风习》⑬ 涉及节日风俗；烟桥《宋代的游艺》⑭、泽甫《两宋游艺述考》⑮ 涉及游艺。张亮采《中国风俗史》⑯ 将宋和辽金元列入由浮靡而趋敦朴的时代的变化。

婚姻家庭生活的研究，美国魏特夫（Karl August Wittfogel）和冯家昇合著的《中国社会史：辽》⑰ 一书，对辽代社会组织、经济生活、婚姻家庭等诸多方面

---

① 吴云瑞：《宋代农荒豫防策——仓制（上下）》，《中央日报》1946 年 12 月 28 日、1947 年 1 月 11 日。

② ［日］松井等：《契丹人的衣食住》，《满鲜地理历史研究报告》1922 年第九。

③ ［日］田村实造：《论契丹族的服饰》，《考古学杂志》第 33 卷第 12 号，1943 年第 34 卷第 7 号，1944 年。

④ ［日］鸟山喜一：《金初女真人的生活状态》，见《小田先生颂寿记念朝鲜论集》，京城大坂屋号书店 1934 年版。

⑤ 程溯洛：《女真辫发考》，《史学集刊》第 5 集，1947 年。

⑥ 全汉昇：《宋代女子职业与生计》，《食货》1935 年第 1 卷第 9 期。

⑦ 钱华：《宋代妇女服饰考》，《中国文学会集刊》1936 年第 3 期。

⑧ ［日］松井等：《契丹人的信仰》，《满鲜地理历史研究报告》1918 年第五。

⑨ 冯家昇：《契丹祀天之俗与其宗教神话风俗之关系》，《史学年报》1932 年第 1 卷第 4 期。

⑩ ［日］鸟居龙藏：《契丹之角抵》，《燕京学报》1941 年第 29 期。

⑪ 王遵海：《宋代士风》，《励学》1936 年第 6 期。

⑫ 林达祖：《唐宋时代元宵看灯的盛况》，《论语》1937 年第 106 期。

⑬ 子振：《〈水浒传〉和宋代风习》，《文潮月刊》1947 年第 3 卷第 5 期。

⑭ 烟桥：《宋代的游艺》，《珊瑚》1934 年第 4 卷第 7 期。

⑮ 泽甫：《两宋游艺述考》，《东方文化》1942 年第 1 卷第 4—5 期。

⑯ 张亮采：《中国风俗史》，商务印书馆 1911 年版。

⑰ ［美］魏特夫、冯家昇：《中国社会史：辽》，美国哲学协会 1949 年版。

进行了系统的分析和详细的论述，并提供了大量原始资料的译文，其实是首部用西方语言写成的中国王朝断代史。陈东原《中国妇女生活史》①一书，在宋元时期也有较多的着墨。该书第六章为"宋代的妇女生活"，包括宋儒对于妇女的观念、社会对于离婚再嫁的态度、男性的处女嗜好之产生、第一个女性同情论者——袁采、冥婚、旷世女文人李清照；第七章为"元代的妇女生活"，包括元代的妇女生活、提倡贞节之极致、几个女教的圣人、"无才是德"一语之产生、罚良为娼与娼妓生活、"妻不如妾"与妾的情形、皇帝之蹂躏女子、处女的检查与"陈毯"。论文主要有初白《宋代婚俗零考》②、董家遵《唐宋时"七出"研究》③、陶希圣《十一至十四世纪的各种婚姻制度》④、日本岛田正郎《论辽代契丹人的婚姻状况》⑤等。

二

20世纪后半期的前半段，相当于1949—1977年，整体上看日常生活史的研究受到一定程度的忽视，但在中国大陆与海外学者之间具有明显的差异。中国大陆学者由于过于强调以马克思主义理论（特别是阶级斗争理论）指导历史研究，对日常生活史的研究基本处于停顿状态。中国港台学者则基本延续前期的研究理路，对日常生活史的研究给予了一定的关照。国外学者的成果中则产生了具有代表性的著作。

城市生活方面的突出研究成果是法国谢和耐（Jacques Gernet）的《蒙元入侵前夜的中国日常生活》⑥一书。该书从中西文明的比较视野出发，试图解释南宋剧烈的社会变迁，对于当时的社会各个阶层的影响如何，民众如何看待这些外来的压力，中国社会变迁的内在动力是什么？书中首先考察了杭州城市的状

① 陈东原：《中国妇女生活史》，商务印书馆1937年版。
② 初白：《宋代婚俗零考》，《燕大月刊》1929年第5卷第3期。
③ 董家遵：《唐宋时"七出"研究》，《文史汇刊》1935年第1卷第1期。
④ 陶希圣：《十一至十四世纪的各种婚姻制度》，《食货》1935年第1卷第12期；1936年第2卷第3期。
⑤ ［日］岛田正郎：《论辽代契丹人的婚姻状况》，《史学杂志》1942年第53编第9号。
⑥ ［法］谢和耐（Jacques Gernet）：《蒙元入侵前夜的中国日常生活》，刘东译，江苏人民出版社1995年版。

况，如人口、交通、火灾等，然后考察了各个阶层的民众，如官史、军官、贵族、皇帝、商人、普通百姓、农民、娼妓等。接着考察了各个阶层的衣、食、住及他们日常生活中的生命周期、四时节令、消闲时光等方面。在谢和耐揭示的杭州普通民众的生活图景中，可以看到南宋国家国库的空虚，农村当时的贫困和农民的不满，统治阶层内部的争斗。这些因素综合在一起，最终导致了中国社会内部的变迁，其表现就是南宋社会的各个阶层普遍道德松弛。对于一个以道德立国的政权来说，道德的松弛必然涉及政权。① 庞德新《从话本及拟话本所见之宋代两京市民生活》②、王拾遗《酒楼——从水浒看宋元风俗》③ 等成果，则从文学作品中发掘开封和杭州市民生活的若干面貌。费海玑《南宋临安生活简介》《元代上都人的生活》④ 则是专门介绍杭州和上都市民生活的论文。

乡村生活的研究，虽然专门性的成果并不多见，但有所涉及的成果却有若干。姚从吾《契丹人的捺钵生活与若干特殊习俗》⑤《辽朝契丹族的捺钵文化与军事组织、世选习惯、两元政治及游牧社会中的礼俗生活》⑥、林瑞翰《女真初起时期之寨居生活》⑦ 分别涉及了契丹族和女真族的乡村生活。劳延煊《金朝帝王季节性的游猎生活》⑧《元朝诸帝季节性的游猎生活》⑨《金元诸帝游猎生活的行帐》⑩ 考述了金元帝王游猎的实况、地点、行帐等问题。王德毅《宋代灾荒的救济政策》⑪、袁国藩《金元之际江北之人民生活》⑫ 则主要论及了汉族民众在不同社会条件下的生活。

---

① 董敬畏：《一种日常生活史的视野——读〈蒙元入侵前夜的中国日常生活〉》，《中国图书评论》2011 年第 2 期。

② 庞德新：《从话本及拟话本所见之宋代两京市民生活》，龙门书局 1974 年版。

③ 王拾遗：《酒楼——从水浒看宋元风俗》，《光明日报》1954 年 8 月 8 日。

④ 费海玑：《南宋临安生活简介》，《大陆杂志》1959 年第 19 卷第 1 期；费海玑：《元代上都人的生活》，《大陆杂志》1959 年第 19 卷第 11 期。

⑤ 姚从吾：《契丹人的捺钵生活与若干特殊习俗》，见《边疆文化论集》第 1 册，中华文化出版事业委员会 1954 年版。

⑥ 姚从吾：《辽朝契丹族的捺钵文化与军事组织、世选习惯、两元政治及游牧社会中的礼俗生活》，《中山学术文化集刊》1968 年第 1 期。

⑦ 林瑞翰：《女真初起时期之寨居生活》，《大陆杂志》1956 年第 12 卷第 11 期。

⑧ 劳延煊：《金朝帝王季节性的游猎生活（上下）》，《大陆杂志》1961 年第 23 卷第 11、12 期。

⑨ 劳延煊：《元朝诸帝季节性的游猎生活》，《大陆杂志》1963 年第 26 卷第 3 期。

⑩ 劳延煊：《金元诸帝游猎生活的行帐》，《大陆杂志》1963 年第 27 卷第 9 期。

⑪ 王德毅：《宋代灾荒的救济政策》，中国学术著作奖助委员会 1970 年版。

⑫ 袁国藩：《金元之际江北之人民生活》，《大陆杂志》1965 年第 30 卷第 5 期。

物质生活的研究也有一些值得珍视的成果。冯先铭《从文献看唐宋以来饮茶风尚及陶瓷茶具的演变》[①]从考古学角度涉及了饮茶问题。王德毅《宋代的养老与慈幼》[②]则对老年和幼年群体的物质生活有所讨论。德国傅海波《释金朝的酒》[③]论及金朝的饮酒。费海玑《元人生活管窥》《元人生活疏证》[④]主要利用法律史料探讨了元代的经济生活特别是家庭成员间的经济关系。

精神生活的研究，也是仅见若干篇论文积累。韩道诚对契丹礼俗进行了系列研究，发表《契丹礼俗考》[⑤]《契丹礼俗研究》[⑥]《契丹礼俗与汉化》[⑦]等论文。吴晗《宋元以来老百姓的称呼》[⑧]、徐苹芳《宋元时代的火葬》[⑨]，则是大陆学者颇为难得的成果。徐玉虎《女真建都上京时期的风俗》[⑩]、韩国黄钟东《女真风俗考》[⑪]均对金代女真风俗有所考证。

婚姻家庭方面，日本岛田正郎《再谈契丹族的婚姻》[⑫]《三论契丹族的婚姻》[⑬]是在此前对契丹人婚姻初步探讨基础上的更为全面的论述。桑秀云《金室完颜氏婚制之试释》[⑭]侧重探讨了完颜氏一族的婚姻制度。袁国藩《十三世纪蒙人之婚姻制度及其有关问题》[⑮]侧重论述了蒙古婚姻习俗及与婚姻有关的重大事件。洪金富《元代汉人与非汉人通婚问题初探》[⑯]通过对数百例的统计，说明元

① 冯先铭：《从文献看唐宋以来饮茶风尚及陶瓷茶具的演变》，《文物》1963 年第 1 期。

② 王德毅：《宋代的养老与慈幼》，见《庆祝蒋慰堂先生七十荣庆论文集》，台湾学生书局 1968 年版。

③ ［德］傅海波：《释金朝的酒》，《中亚细亚研究》第 8 卷，1974 年。

④ 费海玑：《元人生活管窥》，《大陆杂志》第 22 卷 12 期，1961 年；费海玑：《元人生活疏证》，《大陆杂志》第 24 卷第 8 期，1962 年。

⑤ 韩道诚：《契丹礼俗考》，《幼狮学志》1958 年第 9 卷第 1 期。

⑥ 韩道诚：《契丹礼俗研究》，《反攻》1968 年第 310 期。

⑦ 韩道诚：《契丹礼俗与汉化》，《"国立"编译馆馆刊》1972 年第 1 卷第 2 期。

⑧ 吴晗：《宋元以来老百姓的称呼》，见《灯下集》，生活·读书·新知三联书店 1960 年版。

⑨ 徐苹芳：《宋元时代的火葬》，《文物参考资料》1956 年第 9 期。

⑩ 徐玉虎：《女真建都上京时期的风俗（上下）》，《大陆杂志》1954 年第 9 卷第 10、11 期。

⑪ ［韩］黄钟东：《女真风俗考》，《东西文化（启明大学）》1968 年第 2 期。

⑫ ［日］岛田正郎：《再谈契丹族的婚姻》，《法律论丛》1955 年第 29 卷第 2—3 号。

⑬ ［日］岛田正郎：《三论契丹族的婚姻》，《综合法学》1963 年第 55 号。

⑭ 桑秀云：《金室完颜氏婚制之试释》，《"中央研究院"历史语言研究所集刊》1969 年第 39 本上册。

⑮ 袁国藩：《十三世纪蒙人之婚姻制度及其有关问题》，《大陆杂志》1968 年第 41 卷第 10 期。

⑯ 洪金富：《元代汉人与非汉人通婚问题初探（一、二）》，《食货月刊》1977 年复刊第 6 卷第 12 期、第 7 卷第 1 期。

代汉人与非汉人通婚是极为普遍的现象。

三

20 世纪后半期的后半段，相当于 1978—2000 年，随着大陆地区的学术研究回归"百家争鸣，百花齐放"的正常轨道与对外交流的逐步加强，生活史的研究日益受到学术界的重视。同时，中国港台学术界也继续重视生活史的研究，国外学术界则因"汉学"的日益被重视而不断涌现生活史论著。

社会史研究领域的扩大是这一时期的显著特点，有关生活史的断代综合性著作随之不断涌现。宋德金《金代社会生活》①是较早的一部专门著作，概括叙述了金代社会生活的各个层面，包括各阶级、阶层的社会地位和生活、衣食住行、婚丧礼俗、宗教信仰、伦理道德、文娱体育、岁时杂俗等，还考察了金代汉族与女真文化的相互影响和民族融合的历史趋势。王可宾《女真国俗》②探讨辽金时期女真族的婚姻、家庭形态、社会习俗及一些具有民族特色的社会制度如氏族制、军事民主制、勃极烈制、猛安谋克制等。随后，人民出版社 1994 年出版了柯大课《中国宋辽金夏习俗史》、那木吉拉《中国元代习俗史》，叙述了岁时节令、物质生活、人生仪礼、社会组织、婚姻家庭、民间信仰、生产贸易、娱乐等方面。中国社会科学出版社出版了史卫民《元代社会生活史》、朱瑞熙等《辽宋西夏金社会生活史》③，比较系统地论述了该时期的社会生活，具体分为饮食、服饰、居室、交通、妇女、婚姻、生育、丧葬、社会交谊、宗教信仰、鬼神崇拜、巫卜、文体娱乐、医疗保健、称谓、排行、避讳、押字、刺字纹身、休假、语言文字、家族、节日、生态环境、民族分布等。林正秋《宋代生活风俗研究》④对生活领域的各种风俗也作了论述，诸如饮食文化、社会风俗、保健养生、官民服饰、园林建筑、交通旅游、商贸娱乐、宫廷礼仪等。

除这些总论性著作外，更多的则是具体论述社会生活某一方面问题的论著。

---

① 宋德金：《金代社会生活》，陕西人民出版社 1988 年版。
② 王可宾：《女真国俗》，吉林大学出版社 1988 年版。
③ 朱瑞熙等：《辽宋西夏金社会生活史》，中国社会科学出版社 1998 年版。
④ 林正秋：《宋代生活风俗研究》，中国商业出版社 1997 年版。

（一）置生活史于空间范围的研究

1. 城市生活

宋代城市生活的研究最为丰富。日本伊原弘《中国中世纪纪行——宋代都市和都市生活》①《中国开封的生活和岁时——描绘宋代都市生活》②等均是关于城市生活的专著。李春棠《坊墙倒塌以后——宋代城市生活长卷》③立足于从商品经济的角度出发审视宋代城市生活的发展，提出了对宋代商业市场的新观点，认为商业市场的分工已较为复杂，分工水平远远超出了唐代以前的商业市场。其他专著主要有周宝珠《宋代东京研究》④、伊永文《宋代城市风情》⑤和《宋代市民生活》⑥等，也都从各个侧面展现了城市生活的丰富多彩。梁庚尧连续发表《南宋官户与士人的城居》⑦《南宋城居官户与士人的经济来源》⑧等文，对官户和士人群体做了系列探讨；《南宋城市的公共卫生问题》⑨对南宋城市的公共污染、环境恶化的情况及政府的解决办法作了详细的论述。吴涛《北宋东京的饮食生活》⑩对东京的饮食生活作了概括：东京居民所食用的粮食有米、麦、粟、菽等；副食品有肉类、菜蔬、果类等；饮料主要有酒、茶、汤等。尤建国《宋代城市社会的享乐意识》⑪考述了城市社会的享乐意识。

金代主要有景爱《金上京女真贵族的社会生活》⑫一文，考察了上京城女真贵族的生活，他还著有《金上京》⑬一书。

系统考察元大都的宫廷生活、都市生活和社会风习的著作是陈高华《元

① ［日］伊原弘：《中国中世纪纪行——宋代都市和都市生活》，中央公论社 1988 年版。
② ［日］伊原弘：《中国开封的生活和岁时——描绘宋代都市生活》，山川出版社 1991 年版。
③ 李春棠：《坊墙倒塌以后——宋代城市生活长卷》，湖南出版社 1993 年版。
④ 周宝珠：《宋代东京研究》，河南大学出版社 1992 年版。
⑤ 伊永文：《宋代城市风情》，黑龙江人民出版社 1987 年版。
⑥ 伊永文：《宋代市民生活》，中国社会出版社 1999 年版。
⑦ 梁庚尧：《南宋官户与士人的城居》，《新史学》1990 年第 1 卷第 2 期。
⑧ 梁庚尧：《南宋城居官户与士人的经济来源》，见《中国近世社会文化史论文集》，"中央研究院"历史语言研究所出版编辑委员会 1992 年版。
⑨ 梁庚尧：《南宋城市的公共卫生问题》，见《"中央研究院"历史语言研究所集刊》1999 年第 70 本第 1 分。
⑩ 吴涛：《北宋东京的饮食生活》，《史学月刊》1994 年第 2 期。
⑪ 尤建国：《宋代城市社会的享乐意识》，《天府新论》1993 年第 1 期。
⑫ 景爱：《金上京女真贵族的社会生活》，《学习与探索》1986 年第 3 期。
⑬ 景爱：《金上京》，生活·读书·新知三联书店 1991 年版。

大都》①。此后他又陆续发表了《元大都的酒和社会生活探究》②《元大都的饮食生活》③等文，对元大都的主食、副食以及饮料等各类饮食品种进行了探析，指出空前规模的多民族国家的统一，国内各民族、各地区间的经济文化联系与中外经济文化交流，以及元大都的地理环境，都对饮食结构产生了巨大影响。陈高华还和史卫民合著了《元上都》④一书。

2. 乡村生活

对乡村日常生活史的研究相对薄弱，相关的一些论著也多为经济生活方面。王成国《从契丹族俗看辽代经济生活》⑤以习俗观察契丹的经济生活。佟柱臣《辽墓壁画所反映的契丹人生活》⑥以壁画内容来佐证辽代文献中的四时捺钵、游牧弋猎、毡庐宴饮、车马出行、衣冠服饰、散乐、骨朵、四神门神等，认为壁画反映了契丹人的生活实态。席岫峰《略论辽代契丹人"畜牧""畋渔"生活方式及社会功能》⑦指出，辽代契丹人"畜牧""畋渔"的生活方式，从形成的原初意义上说，是特定地理环境的产物；从文化的传承作用上看，是因袭了东胡族系的生活传统。刘素侠《从辽墓壁画看契丹人的社会生活》⑧也属于同类的作品。贾丛江《西辽时期中亚契丹人的经济生活》⑨《西辽契丹人生活方式考辨》⑩是仅有的关于西辽契丹人生活的论文。前文论述了契丹人的生产方式和衣食住行，认为西辽后期，大部分契丹人由畜牧经济转入定居农业，或半农半牧，或进入城市生活；但后文又考辨契丹人始终保持着游牧生活方式，并无部分契丹部民转入定居农业的情况发生，两文观点难免抵牾。傅宗文《宋代草市镇研究》⑪探讨了草市镇形成的环境条件、两宋草市镇的发展情况以及市容、市政、市民、市场等问题，分析了其社会影响和时代局限。梁庚尧《豪横与长者：南宋官户

① 陈高华：《元大都》，北京出版社 1982 年版。
② 陈高华：《元大都的酒和社会生活探究》，《中央民族学院学报》1990 年第 4 期。
③ 陈高华：《元大都的饮食生活》，《中国史研究》1991 年第 4 期。
④ 陈高华、史卫民：《元上都》，吉林教育出版社 1988 年版。
⑤ 王成国：《从契丹族俗看辽代经济生活》，《社会科学辑刊》1987 年第 3 期。
⑥ 佟柱臣：《辽墓壁画所反映的契丹人生活》，见《辽金史论集》第 5 辑，文津出版社 1991 年版。
⑦ 席岫峰：《略论辽代契丹人"畜牧""畋渔"生活方式及社会功能》，《东北师大学报（哲学社会科学版）》1993 年第 2 期。
⑧ 刘素侠：《从辽墓壁画看契丹人的社会生活》，《社会科学辑刊》1997 年第 3 期。
⑨ 贾丛江：《西辽时期中亚契丹人的经济生活》，《西域研究》1994 年第 4 期。
⑩ 贾丛江：《西辽契丹人生活方式考辨》，《西域研究》1997 年第 4 期。
⑪ 傅宗文：《宋代草市镇研究》，福建人民出版社 1989 年版。

与士人居乡的两种形象》①考察了官户与士人的乡居生活及其表现出来的社会形象。日本周藤吉之《宋代乡村店的分布与发展》②考察了宋代乡村店的基本情况。

（二）置生活史于具体侧面的研究

1. 物质生活

涉及该时期物质生活各方面的总论性论文主要有武玉环《略论辽代契丹人的衣食住行》③、邓浩《从〈突厥语词典〉看喀喇汗王朝的物质文化》④和宋德金《金代的衣食住行》⑤等文。但更多的成果是就物质生活的某一方面进行的研究。

服饰方面：周锡保《中国古代服饰史》⑥涉及该时期部分介绍较详，认为该时期商业发达，城市繁荣，人们对服饰的追求讲究多样化。李逸友《契丹的髡发习俗——从豪欠营辽墓契丹女尸的发式谈起》⑦谈及契丹人的髡发。朱筱新《契丹族的礼仪风俗与服饰》⑧涉及了辽代的服饰。刘复生《宋代"衣服变古"及其时代特征——兼论"服妖"现象的社会意义》⑨认为，由于宋代被统治者得到了较前代更多的人身"自由"，表现在服饰上就是"风俗狂慢，变节易度"的"服妖"现象大量出现。吴旭霞《宋代的服饰与社会风气》⑩论述了宋代服饰与社会风气的关系。赵评春、迟本毅《金代服饰》⑪比较全面地论述了金代的服饰。

饮食方面：伊永文《辽金饮食生活漫述》⑫、陈晓莉《辽、金、夏代饮食考

① 梁庚尧：《豪横与长者：南宋官户与士人居乡的两种形象》，《新史学》1993年第4卷第4期。
② ［日］周藤吉之：《宋代乡村店的分布与发展》，《中国历史地理论丛》1997年第1期。
③ 武玉环：《略论辽代契丹人的衣食住行》，《北方文物》1991年第3期。
④ 邓浩：《从〈突厥语词典〉看喀喇汗王朝的物质文化》，《西北史地》1996年第4期。
⑤ 宋德金：《金代的衣食住行》，见《辽金史论集》第3辑，书目文献出版社1987年版。
⑥ 周锡保：《中国古代服饰史》，中国戏剧出版社1984年版。
⑦ 李逸友：《契丹的髡发习俗——从豪欠营辽墓契丹女尸的发式谈起》，《文物》1983年第9期。
⑧ 朱筱新：《契丹族的礼仪风俗与服饰》，《文史知识》1991年第6期。
⑨ 刘复生：《宋代"衣服变古"及其时代特征——兼论"服妖"现象的社会意义》，《中国史研究》1998年第2期。
⑩ 吴旭霞：《宋代的服饰与社会风气》，《江汉论坛》1998年第3期。
⑪ 赵评春、迟本毅：《金代服饰》，文物出版社1998年版。
⑫ 伊永文：《辽金饮食生活漫述》，见《北方文化研究》第2集，黑龙江教育出版社1989年版。

述》①概述了辽金西夏的饮食。程妮娜《辽代契丹族饮食习俗述略》②认为契丹族传统的饮食是食肉饮酪，建立政权后随着生产水平的提高，饮食的系列与品类随之由简至繁，但始终保持着本民族的特点。辽初契丹人的主食以肉为主，粮食为辅；中期以后，粮食在主食中的比重增大，但其嗜肉酪的习俗并没因此而改变。酒、茶的饮用较多；果品种类亦不少。张国庆《辽代契丹人饮食考述》③《辽代契丹人的饮酒习俗》④也探讨了辽代契丹人的饮食特别是饮酒习俗。朱瑞熙《宋代的南食和北食》⑤论述了南食、北食各自的特点及其差别。伊永文《北宋"煎点汤茶药"》⑥对"点茶""煎点茶""汤药"作了解释，指出茶与汤药的提神作用。赵葆寓《宋代的汴京李和北宋的糖炒栗子》⑦、王春瑜《宋人嘲淡酒》⑧、朱瑞熙《宋代的"排档"》⑨则是对具体某一饮食习俗的探讨。陈伟明《唐宋饮食文化初探》⑩《唐宋饮食文化发展史》⑪主要涉及宋代饮食。戴建国《香料对宋代社会生活的影响》⑫论述了香料对宋代社会生活的影响。日本中村乔《宋代的菜肴和食品》⑬探讨了饮食生活中食的内容。苏冠文《西夏膳食述论》⑭从膳食原料、炊具和食品加工方法、食品种类和餐具、饮料和饮具等方面考察，认为西夏膳食兼有游牧民族和农耕民族的特点。吴正格《金代女真族食俗窥略》⑮简要探讨了女真族的食俗。李宾泓《金代上京地区女真人的饮食文化》⑯指出，上京地区女真人食制经历了由两餐制向三餐制的过渡；他们的主食原料有麦、稻、粟、黍等；菜肴原料有六大类：鱼肉类、油脂类、蔬菜类、蛋乳类、瓜果类、调味类。

---

① 陈晓莉：《辽、金、夏代饮食考述》，《民俗研究》1995 年第 2 期。
② 程妮娜：《辽代契丹族饮食习俗述略》，《博物馆研究》1991 年第 3 期。
③ 张国庆：《辽代契丹人饮食考述》，《中国社会经济史研究》1990 年第 1 期。
④ 张国庆：《辽代契丹人的饮酒习俗》，《黑龙江民族丛刊》1990 年第 1 期。
⑤ 朱瑞熙：《宋代的南食和北食》，《中国烹饪》1985 年第 11 期。
⑥ 伊永文：《北宋"煎点汤茶药"》，《农业考古》1991 年第 4 期。
⑦ 赵葆寓：《宋代的汴京李和北宋的糖炒栗子》，《北京财贸学院学报》1982 年第 2 期。
⑧ 王春瑜：《宋人嘲淡酒》，《中国史研究》1993 年第 2 期。
⑨ 朱瑞熙：《宋代的"排档"》，《中国烹饪》1998 年第 11 期。
⑩ 陈伟明：《唐宋饮食文化初探》，中国商业出版社 1993 年版。
⑪ 陈伟明：《唐宋饮食文化发展史》，学生书局 1995 年版。
⑫ 戴建国：《香料对宋代社会生活的影响》，《文史知识》2000 年第 4 期。
⑬ ［日］中村乔：《宋代的菜肴和食品》，朋友书店 2000 年版。
⑭ 苏冠文：《西夏膳食述论》，《宁夏社会科学》1999 年第 2 期。
⑮ 吴正格：《金代女真族食俗窥略》，《满族研究》1986 年第 3 期。
⑯ 李宾泓：《金代上京地区女真人的饮食文化》，《北方文物》1991 年第 1 期。

面食逐渐占主要地位，且种类繁多；菜肴以肉食为主；饮料主要是酒和茶。陈高华《舍儿别与舍儿别赤的再探讨》[①]考证了舍儿别的含义、词源，认为是解渴用的饮料，以水果、药物或各种加蜜（或糖）煎熬而成；《元代饮茶习俗》[②]专论饮茶。姚伟钧《〈饮膳正要〉与元代蒙古族饮食文化》[③]论及蒙古族的饮食。

　　住房方面：陈晓莉《辽夏金代居住风俗》[④]对北方各政权统治区的居住作了简要探讨。张国庆《辽代契丹人的"住所"论略》[⑤]论述了游牧民族的住所。田中初《南宋临安房屋租赁述略》[⑥]就临安房屋租赁的具体情况进行了论述。吴以宁《宋代消防制度述论》[⑦]、刘顺安《北宋东京旅馆的作用及特点》[⑧]分别探讨了消防制度和城市旅馆问题。朱瑞熙《宋代的生活用具》[⑨]指出，宋代家庭的用具出现显著变化，不仅表现在数量的增加，而且表现在质量的提高和品种的增多等方面。

　　交通方面：张国庆《辽代契丹人的交通工具考述》[⑩]论述了契丹人的交通工具。朱家源与何高济《从几幅宋画上的车谈宋代的陆路交通》[⑪]对车运及其在交通中的使用情况作了考述。程民生《略述宋代陆路交通》[⑫]也对陆路交通情况进行了论述。崔广彬《金代的交通及其管理》[⑬]论述金代的交通状况及其管理制度。

　　医疗保健方面：朱建平《两宋时期的卫生保健》[⑭]从清洁卫生、灭蚊除害、推广火葬、开办商业性浴室、饮食卫生、制定卫生法规等方面作了探讨，在饮食卫生方面尤其强调宋人饮用开水的习惯。

---

① 陈高华：《舍儿别与舍儿别赤的再探讨》，《历史研究》1989 年第 2 期。
② 陈高华：《元代饮茶习俗》，《历史研究》1994 年第 1 期。
③ 姚伟钧：《〈饮膳正要〉与元代蒙古族饮食文化》，《中国典籍与文化》1993 年第 2 期。
④ 陈晓莉：《辽夏金代居住风俗》，《民俗研究》1995 年第 4 期。
⑤ 张国庆：《辽代契丹人的"住所"论略》，《辽宁师范大学学报（社会科学版）》1990 年第 5 期。
⑥ 田中初：《南宋临安房屋租赁述略》，《史林》1994 年第 3 期。
⑦ 吴以宁：《宋代消防制度述论》，《学术月刊》1996 年第 1 期。
⑧ 刘顺安：《北宋东京旅馆的作用及特点》，《史学月刊》1996 年第 2 期。
⑨ 朱瑞熙：《宋代的生活用具》，《上海师范大学学报（哲学社会科学版）》1996 年第 3 期。
⑩ 张国庆：《辽代契丹人的交通工具考述》，《北方文物》1991 年第 1 期。
⑪ 朱家源、何高济：《从几幅宋画上的车谈宋代的陆路交通》，《故宫博物院院刊》1981 年第 3 期。
⑫ 程民生：《略述宋代陆路交通》，《暨南学报（哲学社会科学版）》1992 年第 3 期。
⑬ 崔广彬：《金代的交通及其管理》，《学术交流》1996 年第 6 期。
⑭ 朱建平：《两宋时期的卫生保健》，《上海中医药杂志》1994 年第 2 期。

2. 精神生活

社会风气与习俗文化方面：韩国金在满《契丹岁时风俗考》① 考述了契丹族的岁时风俗。田广林《契丹礼俗考论》② 考述了契丹祭祀、婚姻、丧葬、捺钵、舆仗、饮食、游艺等礼俗。程民生《论宋代北方习俗特点》③《论宋代南方习俗特点》④ 认为宋代北南方习俗存在明显差别，习俗特点奠定了北方和南方文化的基础。雷家宏《宋初社会风气建设浅识》⑤、唐兆梅《力求搏节，不事繁侈——评宋初的清廉俭约之风》⑥ 认为宋初的风气建设具有重要意义。黄时鉴《元代的礼俗》⑦ 认为元代的祭祀、仪制、婚姻、丧葬和岁时节序等礼俗，一方面基本上是中国传统礼俗的继承和发展，另一方面又含有浓厚、鲜明的蒙古民族礼俗的因素。论述宋代岁时节令的专文，主要有朱瑞熙《宋代的节日》⑧ 和刘春迎《北宋东京三大节日及其习俗》⑨ 等。有关丧葬祭祀礼俗的概述性文章有陈述《谈辽金元"烧饭"之俗》⑩、宋德金《烧饭琐议》⑪、朱瑞熙《宋代的丧葬习俗》⑫ 等。火葬仍是讨论的重点，徐吉军《论宋代火葬的盛行及其原因》⑬ 认为由于商品经济的发展给人们的意识观念和风俗习惯带来重大变化，传统的"入土为安"习俗发生动摇，从而使宋代成为中国历史上火葬最为盛行的时期。张邦炜、张敏《两宋火葬何以蔚然成风》⑭ 则认为是由于地少人多、火葬卫生节省等原因。美国韩森（Valerie Hansen）《传统中国日常生活中的协商：中

---

① ［韩］金在满：《契丹岁时风俗考》，《人文科学》九，成均馆大学人文科学研究所 1980 年版。

② 田广林：《契丹礼俗考论》，哈尔滨出版社 1995 年版。

③ 程民生：《论宋代北方习俗特点》，《中州学刊》1996 年第 4 期。

④ 程民生：《论宋代南方习俗特点》，《中国历史地理论丛》1996 年第 1 期。

⑤ 雷家宏：《宋初社会风气建设浅识》，《河南大学学报（哲学社会科学版）》1988 年第 1 期。

⑥ 唐兆梅：《力求搏节，不事繁侈——评宋初的清廉俭约之风》，《福建论坛（人文社会科学版）》1994 年第 2 期。

⑦ 黄时鉴：《元代的礼俗》，见《元史及北方民族史研究集刊》第 11 辑，南京大学历史系元史研究室 1987 年版。

⑧ 朱瑞熙：《宋代的节日》，《上海师范大学学报（哲学社会科学版）》1987 年第 3 期。

⑨ 刘春迎：《北宋东京三大节日及其习俗》，《史学月刊》1997 年第 1 期。

⑩ 陈述：《谈辽金元"烧饭"之俗》，《历史研究》1980 年第 5 期。

⑪ 宋德金：《烧饭琐议》，《中国史研究》1983 年第 2 期。

⑫ 朱瑞熙：《宋代的丧葬习俗》，《学术月刊》1997 年第 2 期。

⑬ 徐吉军：《论宋代火葬的盛行及其原因》，《中国史研究》1992 年第 3 期。

⑭ 张邦炜、张敏：《两宋火葬何以蔚然成风》，《四川师范大学学报（社会科学版）》1995 年第 3 期。

古契约研究》①论述从唐至元时期官府、百姓、鬼神三者之间错综复杂的契约关系，力图从相关侧面展现社会关系的变迁。有关人生杂仪方面，朱瑞熙《宋代的避讳习俗》和《宋代官民的称谓》②、王曾瑜《略谈宋代的避讳、称呼和排行》③、陈高华《论元代的称谓习俗》④概述了宋元人日常生活中的避讳、称谓和排行习俗。

文体娱乐方面：谷世权《试论辽金两代体育的民族文化特征》⑤认为辽金的体育内容存在着注重民族传统、军事武艺和向中原先进民族学习与借鉴三种文化特征。郭康松的《辽代娱乐文化之研究》⑥列举了棋艺、击鞠、角抵、百戏、双陆、叶格戏、渔猎等文体活动，认为辽代的文体是中原传统农业文化和草原游牧文化和谐发展的结果。王瑞明《宋儒风采》⑦从十几个方面进行了解剖，力图多层次、多角度地说明宋儒文化素养的高超、精神风貌的非凡和思想情趣的卓越。刘子健《南宋中叶马球衰落和文化的变迁》⑧认为，儒臣们阻止宋孝宗及其太子击球，逐渐使马球从风尚降于恶习，趋于衰落。蒙古时代，马球反倒消失。陈高华《宋元和明初的马球》⑨则提出不同看法，认为南宋打马球不仅存在于军营之中，而且也在民间流行，元代马球更没有消失。施惠康《宋代的球鞠之戏》⑩按照击球方式将宋代的球类运动分为用杖击球、以足踢球、用手拍球三类，并对其场地、比赛规则有所论述。张传玺《宋明时期的武术》⑪、王赛时《宋代的竞渡》⑫分别叙述了武术和竞渡项目。宋东侠《宋代士大夫的狎妓风》⑬论述了士

① ［美］韩森（Valerie Hansen）：《传统中国日常生活中的协商：中古契约研究》，江苏人民出版社2008年版。

② 朱瑞熙：《宋代的避讳习俗》，《上海师范大学学报（哲学社会科学版）》1988年第4期；朱瑞熙：《宋代官民的称谓》，《上海师范大学学报（哲学社会科学版）》1990年第3期。

③ 王曾瑜：《略谈宋代的避讳、称呼和排行》，《文史知识》1983年第3期。

④ 陈高华：《论元代的称谓习俗》，《浙江学刊》2000年第5期。

⑤ 谷世权：《试论辽金两代体育的民族文化特征》，《体育科学》1992年第5期。

⑥ 郭康松：《辽代娱乐文化之研究》，《北方文物》1995年第1期。

⑦ 王瑞明：《宋儒风采》，岳麓书社1997年版。

⑧ 刘子健：《南宋中叶马球衰落和文化的变迁》，《历史研究》1980年第2期。

⑨ 陈高华：《宋元和明初的马球》，《历史研究》1984年第4期。

⑩ 施惠康：《宋代的球鞠之戏》，《西安体育学院学报》1989年第4期。

⑪ 张传玺：《宋明时期的武术》，《中华武术》1990年第8期。

⑫ 王赛时：《宋代的竞渡》，《成都体育学院学报》1991年第4期。

⑬ 宋东侠：《宋代士大夫的狎妓风》，《史学月刊》1997年第4期。

大夫不健康的娱乐活动——狎妓。刘菊湘《西夏人的娱乐生活》[①]认为，西夏人的娱乐活动主要有音乐、歌舞、骑射、相扑、狩猎、戏曲、饮酒、下棋等，境内汉乐、戏曲的盛行表明西夏文化是中原文化与党项、回鹘、吐蕃等民族文化共同作用的结果。

宗教生活方面：汪圣铎的《宋朝礼与佛教》《宋朝礼与道教》[②]讨论了礼与佛道二教的相互关系，认为宋代礼法中有相当一部分内容带有佛道色彩或与佛道直接关联。关于佛道对民间习俗的影响，范荧《宋代民间信仰中的佛教因素》[③]认为，随着佛教的广泛传播，给传统的民间信仰注入了外来因素。这一方面表现在许多佛教神被"中国化"后纳入民间神谱；另一方面则是产生了许多佛教因素影响下的民间信仰习俗，如功德坟寺、火葬、佛教节日、放生、素食等。

有关民间信仰，日本今井秀周《金代女真人的信仰——以祭天为中心》[④]探讨了女真人的祭天习俗。程民生《神权与宋代社会——略论宋代祠庙》[⑤]探讨了宋代祠庙和祠神崇拜习俗。李玉昆《试论宋元时期的祈风与祭海》[⑥]探讨了宋元风神海神崇拜习俗。美国韩森《变迁之神——南宋时期的民间信仰》[⑦]认为，12世纪的中国人面对诸多神灵信仰，选择那些最为灵验有证的。佛、道、儒三教传统的信仰，并不能完全决定世俗信徒的神灵崇拜。大众宗教中的变化是伴随着11—12世纪的经济、社会及政治的变迁而出现的。沈宗宪《宋代民间的幽冥世界观》[⑧]则从信仰角度探讨基层社会的精神生活。

3. 婚姻家庭及宗族生活

婚姻方面：向南、杨若薇《论契丹族的婚姻制度》[⑨]认为契丹族是氏族外

---

① 刘菊湘：《西夏人的娱乐生活》，《宁夏社会科学》1999年第3期。

② 汪圣铎：《宋朝礼与道教》，见《国际宋代文化研讨会论文集》，四川大学出版社1991年版。

③ 范荧：《宋代民间信仰中的佛教因素》，《上海师范大学学报（哲学社会科学版）》1995年第1期。

④ ［日］今井秀周：《金代女真人的信仰——以祭天为中心》，见《森三树三郎博士颂寿记念东洋学论集》，朋友书店1979年版。

⑤ 程民生：《神权与宋代社会——略论宋代祠庙》，见《宋史研究论文集》，河北教育出版社1989年版。

⑥ 李玉昆：《试论宋元时期的祈风与祭海》，《海交史研究》1983年第5期。

⑦ ［美］韩森：《变迁之神——南宋时期的民间信仰》，包伟民译，浙江人民出版社1999年版。

⑧ 沈宗宪：《宋代民间的幽冥世界观》，商鼎文化出版社1993年版。

⑨ 向南、杨若薇：《论契丹族的婚姻制度》，《历史研究》1980年第5期。

婚制、部落内婚制。席岫峰《关于契丹婚姻制度的商榷》^①认为契丹族人实行的是两姓直接交换婚制。程妮娜《契丹婚制婚俗探析》^②对契丹族的婚俗作了较全面的论述。张邦炜《婚姻与社会（宋代）》^③采取与唐代相比较的方法，较全面地论述了唐宋之际婚姻制度、婚姻习俗和婚姻观念的变化及其原因。在婚姻观念方面，张邦炜《试论宋代"婚姻不问阀阅"》^④指出，不问阀阅是宋代婚姻制度的一大特色。方建新《宋代婚姻论财》^⑤认为，"不顾门户，直求资财"是宋代婚姻一种值得注意的社会倾向。在婚姻礼仪方面，方建新《宋代婚姻礼俗考述》^⑥认为，宋代婚姻的礼仪，基本上均通过朱熹《家礼》记载的纳采、纳币、亲迎三个阶段。彭利芸《宋代婚俗研究》^⑦从一般婚俗、皇族婚姻、民间婚俗等方面，探讨了婚俗问题。史金波《西夏党项人的亲属称谓和婚姻》^⑧涉及党项人的婚姻习俗。唐长孺《金代收继婚》^⑨、邓荣臻《金代女真族"妻后母"说考辨——兼论女真族宗族接续婚》^⑩对女真婚俗的收继婚作了考辨。都兴智《10—13世纪蒙古人的婚俗特点》^⑪对蒙古人的婚姻制度和习俗作了探讨。

家庭方面：孟古托力《契丹族家庭探讨》^⑫、韩世明《辽金时期女真家庭形态研究》^⑬分别探讨了辽金时期契丹族和女真族的家庭生活。宋代则主要集中在家庭财产继承及家庭经济生活方面。郭东旭《宋代财产继承法初探》^⑭、魏天安《宋代〈户绝条贯〉考》^⑮等，均是财产继承方面的探讨。龙登高《略论宋代士大夫家

---

① 席岫峰：《关于契丹婚姻制度的商榷》，《历史研究》1993年第2期。

② 程妮娜：《契丹婚制婚俗探析》，《社会科学战线》1992年第1期。

③ 张邦炜：《婚姻与社会（宋代）》，四川人民出版社1989年版。

④ 张邦炜：《试论宋代"婚姻不问阀阅"》，《历史研究》1985年第6期。

⑤ 方建新：《宋代婚姻论财》，《历史研究》1986年第3期。

⑥ 方建新：《宋代婚姻礼俗考述》，见《文史》第24辑，中华书局1985年版。

⑦ 彭利芸：《宋代婚俗研究》，新文丰出版公司1988年版。

⑧ 史金波：《西夏党项人的亲属称谓和婚姻》，《民族研究》1992年第1期。

⑨ 唐长孺：《金代收继婚》，见《山居存稿》，中华书局1989年版。

⑩ 邓荣臻：《金代女真族"妻后母"说考辨——兼论女真族宗族接续婚》，《北方文物》1990年第1期。

⑪ 都兴智：《10—13世纪蒙古人的婚俗特点》，《辽宁师范大学学报（社会科学版）》1989年第3期。

⑫ 孟古托力：《契丹族家庭探讨》，《学习与探索》1994年第4期。

⑬ 韩世明：《辽金时期女真家庭形态研究》，《史学集刊》1993年第2期。

⑭ 郭东旭：《宋代财产继承法初探》，《河北大学学报（哲学社会科学版）》1986年第3期。

⑮ 魏天安：《宋代〈户绝条贯〉考》，《中国经济史研究》1988年第3期。

庭的经济生活》①《宋代的小农家庭与农村市场》②考察了士大夫家庭和小农家庭的经济生活。

家庭中的妇女和儿童群体也受到较多的关注。张邦炜《辽宋西夏金时期少数民族妇女的生活》③专论少数民族妇女群体的生活。美国伊佩霞（Patricia Ebrey）《内闱：宋代的婚姻和妇女生活》④对相关问题作了相当细致的数据统计和分析。刘静贞《不举子——宋人的生育问题》⑤从损子坏胎的报应传说、妇产医学、不举子的经济理由、亲子关系等方面，探讨了生育问题。张伟然《唐宋时期峡江女性的形象及日常生活》⑥将女性形象与日常生活相结合。游惠远《宋代民妇的角色与地位》⑦也是关于妇女的专著。周愚文《宋代儿童的生活与教育》⑧则专论儿童群体。

宗族方面：都兴智《辽代契丹人姓氏及其相关问题考探》⑨从耶律氏封爵多以漆水为郡望、萧氏封爵多以兰陵为郡望及辽朝契丹人自称是黄帝后裔这一史实进行考察，改汉姓为"刘""萧"是辽朝绍周、汉继统思想的反映。席岫峰和宋志发《试析契丹族人的祖先崇拜活动》⑩认为在契丹人意识当中，天地、神、人（祖先）是互渗的，即他们祖先既是神，又与天地合而为一。王善军《宋代宗族和宗族制度研究》⑪既对宋代宗族制度的形成及时代特点、宗族谱牒、宗族公产、族规家法、宗族祭祀、族塾义学、宗祧继承等进行了较全面的论述，还对几种重要的宗族组织类型如同居共财大家庭、世家大族、强宗豪族、皇族等进行了具体的解剖。日本学者论文集《柳田节子先生古稀记念论集——中国的传统社会

---

① 龙登高：《略论宋代士大夫家庭的经济生活》，《史学月刊》1991年第4期。
② 龙登高：《宋代的小农家庭与农村市场》，《思想战线》1991年第6期。
③ 张邦炜：《辽宋西夏金时期少数民族妇女的生活》，《四川师范大学学报（社会科学版）》1999年第3期。
④ ［美］伊佩霞：《内闱：宋代的婚姻和妇女生活》，胡志宏译，江苏人民出版社2004年版。
⑤ 刘静贞：《不举子——宋人的生育问题》，稻乡出版社1998年版。
⑥ 张伟然：《唐宋时期峡江女性的形象及日常生活》，《中国文化研究》1998年第2期。
⑦ 游惠远：《宋代民妇的角色与地位》，新文丰出版公司1998年版。
⑧ 周愚文：《宋代儿童的生活与教育》，师大书苑有限公司1996年版。
⑨ 都兴智：《辽代契丹人姓氏及其相关问题考探》，《社会科学辑刊》2000年第5期。
⑩ 席岫峰、宋志发：《试析契丹族人的祖先崇拜活动》，《社会科学辑刊》1994年第3期。
⑪ 王善军：《宋代宗族和宗族制度研究》，河北教育出版社2000年版。

与家族》①《宋代的规范与习俗》②对此也多有涉及。韩世明《女真姓氏及姓氏集团研究》③对女真姓氏的演变作了探讨。冯继钦《金元时期契丹人姓名研究》④认为契丹人特定的姓氏和名字，反映了本民族特有的风俗习惯、时代风尚和伦理道德等，辽亡后契丹人的姓名发生了重要变化。常建华《宋元时期徽州祠庙祭祖的形式及其变化》⑤认为宋元时期徽州宗族祭祖从依附或与地缘性社祭、宗教性寺观祭祖结合而逐渐分离并走向衰败，而独立性祠堂祭祖渐兴。

四

21 世纪的生活史研究，在上世纪已取得成果的基础上，问题不断细化，传统的研究领域也不断与日常生活史视角相结合，取得的学术成果也日益丰富多彩。综合性著作如韩世明《辽金生活掠影》⑥，着重叙述契丹、女真族的社会生活状况，兼及其他的民族。韩国金渭显《契丹社会文化史论》⑦一书单列"生活习俗"为一篇，包括祭礼、仪礼等各种礼俗、狩猎习俗、服饰等。汪圣铎《宋代社会生活研究》⑧也涉及多个传统领域，如精神文化生活、官员等特殊群体生活、社会医疗卫生、教育、文化娱乐、经济生活等。

有关生活史的通史类编撰成果更为突出。如《中国风俗通史》辽金西夏卷（宋德金等著）、宋代卷（徐吉军等著）、元代卷（陈高华等著）⑨，内容涉及衣食住行、生育、婚姻、医疗保健、丧葬、生产、宗教信仰、岁时节日、游艺、交际、社会组织等。游彪等《中国民俗史·宋辽金元卷》⑩全面论述了物质生产民俗、物质生活民俗、社会组织民俗、人生礼仪、岁时节日民俗、信仰民俗等。

---

① 柳田节子先生古稀纪念论集编集委员会编：《柳田节子先生古稀记念论集——中国的传统社会与家族》，汲古书院 1993 年版。
② ［日］宋代史研究会：《宋代的规范与习俗》，汲古书院 1995 年版。
③ 韩世明：《女真姓氏及姓氏集团研究》，见《辽金史论集》第 8 辑，吉林文史出版社 1994 年版。
④ 冯继钦：《金元时期契丹人姓名研究》，《黑龙江民族丛刊》1992 年第 4 期。
⑤ 常建华：《宋元时期徽州祠庙祭祖的形式及其变化》，见《徽学》2000 年卷，安徽大学出版社 2001 年版。
⑥ 韩世明：《辽金生活掠影》，沈阳出版社 2002 年版。
⑦ ［韩］金渭显：《契丹社会文化史论》，景仁文化社 2004 年版。
⑧ 汪圣铎：《宋代社会生活研究》，人民出版社 2007 年版。
⑨ 陈高华等：《中国风俗通史》，上海文艺出版社 2001 年版。
⑩ 游彪等：《中国民俗史·宋辽金元卷》，人民出版社 2008 年版。

（一）置生活史于空间范围的研究

1. 城市生活

日本久保田和男《宋代开封研究》①一书的第三部为"都市空间构造与首都住民生活"，考察了宋代开封城市的夜禁制、城市东部与西部功能的形成、宋代时法与开封的早晨等问题，展示了开封城市构造与市民生活的多样性。徐吉军《南宋临安社会生活》②一书包含饮食、服饰、住居、交通行旅、婚姻与生育、生日寿诞、丧葬、节日、体育竞技及文化娱乐等内容，分类相当细致。作者对不同社会阶层日常生活的差异进行了论述，体现出宋代都市生活的丰富多彩和等级性特征。成荫《日常生活视野下的唐宋都城变革——以节日游乐社会环境为中心》③通过考察节日游乐社会环境主要因素的历史变迁、社会功能及历史意义，揭示出唐宋都城变革在日常生活领域中的某些表现及特征。王晓如《音乐与宋代城市生活》④指出，音乐的平民化转向，使宋代城市生活更加引人注目，城市音乐活动丰富了市民的精神文化生活。梁建国《北宋东京的士人拜谒——兼论门生关系的生成》⑤考察了北宋东京的士人拜谒现象，进而探讨了拜谒活动所生成的三种门生关系。

2. 乡村生活

张国庆《辽代社会基层聚落组织及其功能考探》⑥认为辽代社会基层聚落组织的形成与存在具有地域和民族的双重特征，各类社会基层聚落组织发挥着各自行政、生产、军事及宗教等不同方面的功能。刁培俊《宋代的富民与乡村治理》⑦则论述了乡村富民在参与乡间基层社会的管理，尤其是在乡村税收、治安管理等方面的作用；《官治、民治规范下村民的"自在生活"——宋朝村民的生

① ［日］久保田和男：《宋代开封研究》，郭万平、董科译，上海古籍出版社 2010 年版。
② 徐吉军：《南宋临安社会生活》，杭州出版社 2011 年版。
③ 成荫：《日常生活视野下的唐宋都城变革——以节日游乐社会环境为中心》，《中国经济史研究》2009 年第 3 期。
④ 王晓如：《音乐与宋代城市生活》，《西安文理学院学报（哲学社会科学版）》2012 年第 5 期。
⑤ 梁建国：《北宋东京的士人拜谒——兼论门生关系的生成》，《中国史研究》2008 年第 3 期。
⑥ 张国庆：《辽代社会基层聚落组织及其功能考探》，《中国史研究》2002 年第 2 期。
⑦ 刁培俊：《宋代的富民与乡村治理》，《河北学刊》2005 年第 2 期。

活世界初探》①通过对州县行政"官治"和乡役等体制下"民治"的考察，认为宋王朝权威以一种刚性形式向乡村渗透的趋势相当明显，来自王朝的柔性的教化理念也深入民心。村民们只能在这一网络控制下"自在生活"。谭景玉《宋代乡村组织研究》②比较全面地论述了乡村行政组织、乡村民间组织以及乡村组织与社会控制的关系。谷更有《宋代乡村户之生活水平析议》③认为，宋代经济取得了快速发展，但依然没有摆脱"普遍贫穷"的前现代社会的特征，其中乡村中户的生活水平一般能自给自足。《宋代乡村户意识形态研究》④指出：由于五代时期的纷争，土地私有制的盛行，已使人们头脑中充满了利欲的观念，就乡村户而言，突出地表现了"追末逐利，诚信孝悌朴素伦理逐渐势微""富求贵，贫求贵""重鬼神，轻法度"等三种意识形态。李瑾明《南宋时期福建地区的农村市场和农民生活》⑤对福建地区的农民生活进行了论述。张文《宋朝社会救济研究》《宋朝民间慈善活动研究》⑥、郭文佳《宋代社会保障研究》⑦等是探讨宋代社会保障的专著。张文《社区慈善：两宋民间慈善活动的空间结构》⑧指出两宋民间慈善活动的空间结构特征呈现出两种不同类型：主要面向"熟人"的乡村社区慈善与主要面向"陌生人"的城市社区慈善。前者有开放性特征，后者具有封闭性特征。范立舟《元代白莲教的乡村生存及其与吃菜事魔和弥勒信仰的糅合》⑨认为白莲教原本是一种平和的世俗化佛教，但在元代与当时乡村中广泛存在的吃菜事魔现象及弥勒信仰发生了深度的融汇，最终成为古代中国各种反叛势力的渊薮。

---

① 刁培俊：《官治、民治规范下村民的"自在生活"——宋朝村民的生活世界初探》，《宋史研究论文集》，河南大学出版社 2014 年版。

② 谭景玉：《宋代乡村组织研究》，山东大学出版社 2010 年版。

③ 谷更有：《宋代乡村户之生活水平析议》，见《经济史丛论（一）》，中国经济出版社 2005 年版。

④ 谷更有：《宋代乡村户意识形态研究》，《思想战线》2003 年第 2 期。

⑤ 李瑾明：《南宋时期福建地区的农村市场和农民生活》，见《宋史研究论丛》第 7 辑，河北大学出版社 2006 年版。

⑥ 张文：《宋朝社会救济研究》，西南师范大学出版社 2001 年；张文：《宋朝民间慈善活动研究》，西南师范大学出版社 2005 年版。

⑦ 郭文佳：《宋代社会保障研究》，新华出版社 2005 年版。

⑧ 张文：《社区慈善：两宋民间慈善活动的空间结构》，《中国社会经济史研究》2005 年第 4 期。

⑨ 范立舟：《元代白莲教的乡村生存及其与吃菜事魔和弥勒信仰的糅合》，《宗教学研究》2013 年第 4 期。

（二）置生活史于具体侧面的研究

1. 物质生活

程民生《宋代物价研究》①考证了宋代的土地、房屋、矿产、服饰、家畜、家禽、文房四宝以及日杂用品等的交换价格并作了剖析，显示了同一物品由于质量差别、地区差别、时代差别而显示不同价格的动态变化，说明宋代社会经济生活的复杂性。徐永斌《宋代文人的治生与商化》②认为成名文人治生的手段主要是卖文或撰写碑铭，具有一定的商业化特点；下层文人则治生手段更加多样。费君清《南宋江湖诗人的谋生方式》③指出江湖诗人的谋生方式和经济来源主要有干谒权贵、亲友周济、出卖诗文字画、教书授徒、代人撰述等。何辉《宋代消费史：消费与一个王朝的盛衰》④、叶烨《北宋文人的经济生活》⑤等专著，也均是在观照宋代社会的前提下研究经济生活和经济关系的。

服饰方面：王青煜《辽代服饰》⑥介绍了服装、佩饰、化妆品以及发式等。王雪莉《宋代服饰制度研究》⑦通过对宋代冕服、朝服、公服、胡服及奇装异服等方面的分析研究，提出宋代服饰文化四种创新模式，并据此说明宋代服饰保守论有失公正。孙昌盛《西夏服饰研究》⑧分析了唐、宋、辽、金和吐蕃服饰对西夏的影响，论述了西夏的服饰制度和男女服饰的特点。顾韵芬等《金代女真族服饰文化的整合性发展》⑨认为金代女真族服饰文化整合性发展具有不平衡性、跳跃性、渐进性和强势性等特性。

饮食方面：韩荣《有容乃大——辽宋金元时期饮食器具研究》⑩是关于饮食器具的专著。张景明、马利清《契丹民族的饮食文化在礼俗中的反映》⑪勾

---

① 程民生：《宋代物价研究》，人民出版社 2008 年版。
② 徐永斌：《宋代文人的治生与商化》，《社会科学辑刊》2005 年第 2 期。
③ 费君清：《南宋江湖诗人的谋生方式》，《文学遗产》2005 年第 6 期。
④ 何辉：《宋代消费史：消费与一个王朝的盛衰》，中华书局 2010 年版。
⑤ 叶烨：《北宋文人的经济生活》，百花洲文艺出版社 2008 年版。
⑥ 王青煜：《辽代服饰》，辽宁画报出版社 2002 年版。
⑦ 王雪莉：《宋代服饰制度研究》，杭州出版社 2007 年版。
⑧ 孙昌盛：《西夏服饰研究》，《民族研究》2001 年第 6 期。
⑨ 顾韵芬等：《金代女真族服饰文化的整合性发展》，《纺织学报》2008 年第 2 期。
⑩ 韩荣：《有容乃大——辽宋金元时期饮食器具研究》，江苏大学出版社 2011 年版。
⑪ 张景明、马利清：《契丹民族的饮食文化在礼俗中的反映》，《饮食文化研究》2004 年第 1 期。

勒出契丹饮食文化的丰富内涵，并详析其在婚姻、丧葬、祭祀等礼俗礼仪中的表现。刘朴兵《唐宋饮食文化比较研究》[①]对唐宋两代的食品、饮品、饮食业、饮食习俗、饮食文化交流、饮食思想等进行了系统的比较，认为唐宋饮食文化有着许多显著的差异。沈冬梅《茶与宋代社会生活》[②]论述茶与宋代社会生活诸层面的关系及特征，涉及宋代茶叶生产制造、茶饮技巧和茶具，日常生活中客来敬茶、婚礼用茶等茶习俗，以及茶与宋代宗教生活的相互关系。日本石田雅彦《"茶道"前史研究——宋代片茶文化完成到日本的茶道》[③]涉及宋代的饮茶。崔广彬《金代女真人饮食习俗考》[④]认为金代女真人据有中原后，其饮食发生了很大变化。夏宇旭的《金代女真人食用蔬菜瓜果刍议》[⑤]论述了金代女真人的野生蔬菜、种植蔬菜、储藏蔬菜以及秋白梨、桃李、石榴、樱桃、西瓜等各种水果。

住房方面：谭刚毅《两宋时期的中国民居与居住形态》[⑥]总结了两宋及辽、金、西夏的住居形制、材料选择、构造技术和审美意向，勾勒出宋代民居的营建过程和仪式，阐释了两宋时期居住生活的变化及其影响。邵晓峰《中国宋代家具：研究与图像集成》[⑦]通过对大量图像、文献史料与实物资料的总结、归纳，并以图、史、物互证，展现了丰富多彩的宋代家具世界。夏时华《宋代香药与平民生活》[⑧]《宋代上层社会生活中的香药消费》[⑨]《宋代平民社会生活中的香药消费述论》[⑩]对香药与日常生活的关系做了系统研究，认为宋代平民在医疗、饮食、佩香、化妆、建筑、婚育仪式、宗教活动、节日习俗等日常生活中广泛使用香药。在上层社会生活中，香药消费表现出广泛多样性、奢侈性、雅致性、部分市场化等特点。广大平民在日常社会生活中香药消费兴盛，并表现

① 刘朴兵：《唐宋饮食文化比较研究》，中国社会科学出版社 2010 年版。
② 沈冬梅：《茶与宋代社会生活》，中国社会科学出版社 2007 年版。
③ ［日］石田雅彦：《"茶道"前史研究——宋代片茶文化完成到日本的茶道》，雄山阁 2003 年版。
④ 崔广彬：《金代女真人饮食习俗考》，《学习与探索》2001 年第 2 期。
⑤ 夏宇旭：《金代女真人食用蔬菜瓜果刍议》，《满语研究》2013 年第 2 期。
⑥ 谭刚毅：《两宋时期的中国民居与居住形态》，东南大学出版社 2008 年版。
⑦ 邵晓峰：《中国宋代家具：研究与图像集成》，东南大学出版社 2010 年版。
⑧ 夏时华：《宋代香药与平民生活》，《淮北煤炭师范学院学报（哲学社会科学版）》2008 年第 5 期。
⑨ 夏时华：《宋代上层社会生活中的香药消费》，《云南社会科学》2010 年第 5 期。
⑩ 夏时华：《宋代平民社会生活中的香药消费述论》，《江西社会科学》2010 年第 12 期。

出其消费的广泛性和多样性、市场化、生存性与享受性并存等特点。

交通方面：曹家齐《宋代交通管理制度研究》①系统地论述了交通制度的各个方面。王福鑫《宋代旅游研究》②通过旅游的三个要素来探讨宋代的旅游文化，认为在宋代社会经济特别是商品经济发展的基础上，宋代的旅游也兴盛起来。

医疗保健方面：刘金柱《由黄庭坚〈宜州乙酉家乘〉对宋人沐浴观的考察》③通过考察黄庭坚的日记《宜州乙酉家乘》，发现黄庭坚在生命结束前夕，仍能按照当时士人约定俗成的频率洗浴，由此可见其生活的规律、严谨，也可想见其社会意识之自觉。袁冬梅《宋代江南地区疫疾成因分析》④将疫疾与日常生活方式如城市环境卫生、日常生活习惯、丧葬习俗等联系在一起，说明一些大的疫疾的发生往往与日常生活中的细节有着密切的联系。姚海英《从洪迈〈夷坚志〉看宋代的医疗活动与民间行医群体》⑤从医学的发展、巫医治病的存在、民间行医队伍的庞杂等方面展示了宋代医学的一些情况。朱德明《南宋时期浙江公共卫生治理及其卫生习俗》⑥主要从环境卫生、饮水卫生、个人卫生、传统节日中的医药卫生习俗等方面讲述这一时期浙江的一些情况。

2. 精神生活

人际关系方面：陈成国《中国礼制史·宋辽金夏卷》⑦从礼俗礼制角度透视宋辽金夏时期的人际关系。王曾瑜《辽宋西夏金的避讳、称谓和排行》⑧论述了辽宋西夏金时期的避讳、称谓和排行的基本情况及特点。程妮娜《辽金时期渤海族习俗研究》⑨认为渤海人长期与汉、契丹、女真诸族人杂居相处，

---

① 曹家齐：《宋代交通管理制度研究》，河南大学出版社2002年版。
② 王福鑫：《宋代旅游研究》，河北大学出版社2007年版。
③ 刘金柱：《由黄庭坚〈宜州乙酉家乘〉对宋人沐浴观的考察》，《河北大学学报（哲学社会科学版）》2006年第6期。
④ 袁冬梅：《宋代江南地区疫疾成因分析》，《重庆工商大学学报（哲学社会科学版）》2007年第4期。
⑤ 姚海英：《从洪迈〈夷坚志〉看宋代的医疗活动与民间行医群体》，《贵州文史丛刊》2011年第1期。
⑥ 朱德明：《南宋时期浙江公共卫生治理及其卫生习俗》，《医学与社会》2005年第5期。
⑦ 陈成国：《中国礼制史·宋辽金夏卷》，湖南教育出版社2001年版。
⑧ 王曾瑜：《辽宋西夏金的避讳、称谓和排行》，《安徽师范大学学报（人文社会科学版）》2005年第5期。
⑨ 程妮娜：《辽金时期渤海族习俗研究》，《学习与探索》2001年第2期。

社会风俗发生显著变异，形成了本族习俗与他族习俗杂糅共存的特征，一方面衣食住等物质习俗的变异十分活跃；另一方面恋爱婚嫁等习俗，却长期按照本族传统习俗发展变化，表现了独特的民俗风情。周扬波《宋代士绅结社研究》①和方健《北宋士人交游录》②等对士人群体的人际关系有所揭示。郭东旭《宋代民间法律生活研究》③对宋代民间社会中的各种法律现象进行了考察，包括宋代民众生活的社会环境和法律环境、民众法律地位和法定权利的变化、民间讼学之兴与好讼之风、民间财产分争的各种表现形态、官府诫争息讼措施及民众在司法活动中的实际境遇。方燕《巫术与人生礼俗——以宋代为例》④指出尽管巫术掺杂了许多有悖礼制、荒谬和非理性的成分，却作为习俗融进了日常生活。游彪《建构和谐：宋儒理想状态的家庭邻里关系》⑤认为，宋朝士大夫逐渐形成了一套系统的"齐家"理念和"居家礼仪"，而单个的家庭又与宗族、邻里之间逐渐形成了既存在矛盾又利害与共的某种共同体；《"礼""俗"之际——宋代丧葬礼俗及其特征》⑥提出宋代士大夫阶层提倡实施规范的丧葬礼节与民间丧葬之"俗"共生共存，是宋代丧葬民俗的总体特征。秦大树《宋代丧葬习俗的变革及其社会意义》⑦比较了唐宋时期的丧葬制度与习俗，指出了诸多变化与社会政治、经济和文化变革的密切关联。日本平田茂树、远藤隆俊、冈元司《宋代社会的空间与交流》⑧在理解与地域社会相关史料的过程中，着眼于日常空间，该空间是多样的现实与意识相互关联的具有流动性并带有复杂性质的"场"。萧启庆《元代多族士人网络中的师生关系》⑨指出，师生关系为元代"多族士人圈"中具有重要意义的一环。由元初的汉族士人为师，蒙古、色目人为生，发展至蒙古人、色目人为师，汉族士人为生的

---

① 周扬波：《宋代士绅结社研究》，中华书局2008年版。
② 方健：《北宋士人交游录》，上海书店出版社2013年版。
③ 郭东旭：《宋代民间法律生活研究》，人民出版社2012年版。
④ 方燕：《巫术与人生礼俗——以宋代为例》，《四川大学学报（哲学社会科学版）》2005年第3期。
⑤ 游彪：《建构和谐：宋儒理想状态的家庭邻里关系》，《上海大学学报（社会科学版）》2008年第1期。
⑥ 游彪：《"礼""俗"之际——宋代丧葬礼俗及其特征》，《云南社会科学》2005年第1期。
⑦ 秦大树：《宋代丧葬习俗的变革及其社会意义》，《唐研究》第11卷，2005年。
⑧ ［日］平田茂树、远藤隆俊、冈元司：《宋代社会的空间与交流》，河南大学出版社2008年版。
⑨ 萧启庆：《元代多族士人网络中的师生关系》，《历史研究》2005年第1期。

变化，反映出汉文化传播的进展。虽然元代各族始终未能高度统合而达致长治久安，但其症结在于政治，而不在于社会与文化。李玲珑《论元代爱情剧中的民俗生活相》①认为，元代爱情剧对民俗生活相的揭示和勾勒，是对民俗生活相的艺术概括和升华。

文体娱乐方面：王俊奇《宋代体育文化史》②从文化史视角对宋代体育的发展状况作了较详细的论述。郭学信《宋代士大夫生活世俗化探析》③指出，有宋一代，士大夫无论是在生活方式还是在行为习惯上，都表现出鲜明的世俗化文化性格，体现出注重世俗生活的体验和官能感受的追求与满足。潘立勇和陆庆祥《宋代士人的休闲之境——宋代士人日常生活哲学描述》④从日常生活哲学的角度分析士人群体，认为宋代士人日常生活哲学，突出表现在仕隐之间、政治出处的生存智慧和徜徉于林泉之乐、园林之境的休闲境趣。

宗教生活方面：张国庆《佛教文化与辽代社会》⑤较全面地考察了辽代佛教的发展状况，并论述了佛教对辽代政治、经济、文学、艺术、民俗等方面的影响。刘浦江《宋代宗教的世俗化与平民化》⑥认为，自唐末五代以后，佛、道二教均趋于世俗化和平民化。佛教的变化主要表现在唐代义学宗派的衰落和新禅宗的崛起，以及佛教前所未有的社会影响。道教的变化主要表现为神仙信仰的动摇、内丹术取代外丹术，以及南宋金元时期新道教的兴盛，道教从上层社会走向民间社会，民众道教成为主流。日本蜂屋邦夫《金代道教研究》⑦研究了全真教的开祖王重阳和他的弟子实际上的二祖马丹阳的生涯和教说，是一部研究全真教的著述。

关于民间信仰，贾二强《唐宋民间信仰》⑧以小说笔记为主要材料，对一些重要的民间信仰进行考证和复原，解释了日常生活中流行的若干重要观念。皮

① 李玲珑：《论元代爱情剧中的民俗生活相》，《青海师范大学学报（哲学社会科学版）》2012年第2期。

② 王俊奇：《宋代体育文化史》，北京体育大学出版社2009年版。

③ 郭学信：《宋代士大夫生活世俗化探析》，《历史教学（高校版）》2007年第1期。

④ 潘立勇、陆庆祥：《宋代士人的休闲之境——宋代士人日常生活哲学描述》，《哲学分析》2013年第1期。

⑤ 张国庆：《佛教文化与辽代社会》，辽宁民族出版社2011年版。

⑥ 刘浦江：《宋代宗教的世俗化与平民化》，《中国史研究》2003年第2期。

⑦ ［日］蜂屋邦夫，《金代道教研究》，钦伟刚译，中国社会科学出版社2007年版。

⑧ 贾二强：《唐宋民间信仰》，福建人民出版社2002年版。

庆生《宋代民众祠神信仰研究》①以张王、祠赛社会、祈雨、祠神信仰传播、正祀与淫祀5个个案为例，将宋代民众祠神信仰置于唐宋社会变革的背景下，考察了祠神活动存在、演变的状况及其复杂的社会、政治与文化背景。刘祥光《宋代日常生活中的卜算与鬼怪》②认为，宋朝卜算成了"全民运动"，上至皇帝任命官员，下至一心想发财的百姓与埋首晴书的读书人，都要借助算命。"风水"一词于宋代也应运而生，居所与墓地都要看风水，宋代出版了许多算命、风水书籍，让人可以自学卜算。鬼魂也常出现在宋人的日常生活中。美国韩明士（Robert Hymes）《道与庶道：宋代以来的道教、民间信仰和神灵模式》③提出了关于中国人的神祇象征和人神关系象征的两种模式：其一是官僚模式，神祇如同官员，神祇和信众都是一个更大的组织机构中的一部分；其二是个人模式，神祇是"异人"，神灵和信众之间的关系独立于外在权威，扎根于本地，并且围绕神祇的固有神力而非外在委托的力量建构其模式。其他还有王章伟《在国家与社会之间——宋代巫觋信仰研究》④《文明世界的魔法师——宋代的巫觋与巫术》⑤、李小红《宋代社会中的巫觋研究》⑥等专著。陈曦《宋代荆湖北路的水神信仰与生态环境》⑦分析了宋代荆湖北路水神崇拜的对象、水神庙址的分布特点与职能，探讨了水神信仰所体现出的本区人地关系尤其是人与水环境之间关系的基本特征。

3. 婚姻家庭及宗族生活

婚姻方面：邵方《西夏党项社会的族际婚》⑧、王晓清《元代社会婚姻形态》⑨讨论了西夏、元代的婚姻形态特别是不同民族间的通婚。林雅琴《西夏人的婚姻与丧葬》⑩认为党项族的婚姻形态早期流行群婚制。迁入西北以后，随着

① 皮庆生：《宋代民众祠神信仰研究》，上海古籍出版社2008年版。
② 刘祥光：《宋代日常生活中的卜算与鬼怪》，政大出版社2013年版。
③ ［美］韩明士（Robert Hymes）：《道与庶道：宋代以来的道教、民间信仰和神灵模式》，皮庆生译，江苏人民出版社2007年版。
④ 王章伟：《在国家与社会之间——宋代巫觋信仰研究》，香港中华书局2005年版。
⑤ 王章伟：《文明世界的魔法师——宋代的巫觋与巫术》，三民书局2006年版。
⑥ 李小红：《宋代社会中的巫觋研究》，光明日报出版社2012年版。
⑦ 陈曦：《宋代荆湖北路的水神信仰与生态环境》，《湖北社会科学》2009年第9期。
⑧ 邵方：《西夏党项社会的族际婚》，《西北民族研究》2004年第3期。
⑨ 王晓清：《元代社会婚姻形态》，武汉出版社2005年版。
⑩ 林雅琴：《西夏人的婚姻与丧葬》，《宁夏社会科学》2010年第6期。

社会生产的不断发展和汉族婚姻文化的日益侵染，发生了很大的变化。徐适端《元代平民妇女婚姻生活考》①认为，北方游牧民族论财购妻和收继婚俗使汉族平民妇女成了婚姻双方家庭的经济筹码。封建传统女性观、婚姻观的长期积淀强化了妇女自身的依附意识，使女性自觉不自觉地兼充着可悲的受害与施暴双重角色。

家庭方面：邢铁《中国家庭史·辽宋金元卷》②是全面探讨家庭史的首部通史类著作。邢铁还著有《宋代家庭研究》③一书。柳立言《宋代的家庭和法律》④涉及家庭与法律问题。张本顺《宋代家产争讼及解纷》⑤论述了宋代家庭、家族成员之间财产利益纷争的状况和法律生活。邵方《西夏家庭研究》⑥探讨了西夏的家庭。

妇女群体受到广泛关注，取得了丰硕的成果。《中国妇女通史》宋代卷（方建新、徐吉军著）和辽金西夏卷（张国庆、韩志远、史金波著）⑦是全面论述妇女群体的著作。其他专著有刘芳如《从绘本与文本的参照探索宋代几项女性议题》⑧、方燕《巫文化视域下的宋代女性——立足于女性生育、疾病的考察》⑨、铁爱花《宋代士人阶层女性研究》⑩等。另有邓小南主编《唐宋女性与社会》⑪论文集。日本柳田节子《宋代庶民的妇女们》⑫则专论社会中下层的妇女。美国费侠莉《繁盛之阴：中国医学史中的性（960—1665）》⑬有两章内容专论宋代妇科的发展和宋代医学中的怀孕和分娩。韩国崔碧茹《宋代女性的经济活动：以地产

---

① 徐适端：《元代平民妇女婚姻生活考》，《西南师范大学学报（人文社会科学版）》2003 年第 2 期。

② 邢铁：《中国家庭史·辽宋金元卷》，广东人民出版社 2007 年版。

③ 邢铁：《宋代家庭研究》，上海人民出版社 2005 年版。

④ 柳立言：《宋代的家庭和法律》，上海古籍出版社 2008 年版。

⑤ 张本顺：《宋代家产争讼及解纷》，商务印书馆 2013 年版。

⑥ 邵方：《西夏家庭研究》，《西北民族研究》2001 年第 4 期。

⑦ 方建新、徐吉军：《中国妇女通史》，杭州出版社 2011 年版。

⑧ 刘芳如：《从绘本与文本的参照探索宋代几项女性议题》，文史哲出版社 2005 年版。

⑨ 方燕：《巫文化视域下的宋代女性——立足于女性生育、疾病的考察》，中华书局 2008 年版。

⑩ 铁爱花：《宋代士人阶层女性研究》，人民出版社 2011 年版。

⑪ 邓小南主编：《唐宋女性与社会》，上海辞书出版社 2003 年版。

⑫ ［日］柳田节子：《宋代庶民的妇女们》，汲古书院 2003 年版。

⑬ ［美］费侠莉著，甄橙等译：《繁盛之阴：中国医学史中的性（960—1665）》，江苏人民出版社 2006 年版。

买卖与契约为中心》①指出，宋代私人土地买卖发展以及对契约的重视，给当时女性的地产买卖活动提供了良好的环境，并以寡妻和寡母为例，分析了宋代官方和社会对这两种不同身份女性在家庭财政处分权方面的不同要求。战秀梅《宋代妇女经济活动探析》②认为在实际生活中，宋代各个阶层的妇女都参加经济活动。陈高华《元代女性的文化生活》③以元代女性的文化生活为研究对象，主要探讨了元代女性的教育、诗词散曲和书画艺术、舞台表演艺术、游戏等方面内容。

宗族方面：总论性专著有陶晋生《北宋士族——家族·婚姻·生活》④、黄宽重《宋代的家族与社会》⑤等；区域性专著有朱开宇《科举社会、地域秩序与宗族发展——宋明间的徽州，1100—1644》⑥；论文集有张邦炜《宋代婚姻家族史论》⑦、邹重华和粟品孝主编《宋代四川家族与学术论集》⑧、日本井上彻和远藤隆俊编《宋—明宗族的研究》⑨等。远藤隆俊《宋元宗族的坟墓和祠堂》⑩以苏州范氏为中心，从宋代士大夫的社会问题，特别是家族、宗族的侧面，论述了坟墓的分布和迁居，坟墓的择地和风水、阶层、夫妇合葬，坟寺和祖先祭祀，以及祠堂的管理、运营等问题。王善军《宋代世家大族消费述论》⑪认为，宋代世家大族的消费大体可分为生存性消费、享乐性消费、发展性消费和公益性消费四种类型。陆敏珍《宋代家礼与儒家日常生活的重构》⑫通过家礼探讨宋代儒家日常生活问题。杜建录《论党项宗族》⑬认为宗族以血缘关系为纽带，派生出许多支系，

---

① ［韩］崔碧茹：《宋代女性的经济活动：以地产买卖与契约为中心》，《中国经济史研究》2010年第3期。

② 战秀梅：《宋代妇女经济活动探析》，《中国社会经济史研究》2010年第1期。

③ 陈高华：《元代女性的文化生活》，见《暨南史学》第5辑，暨南大学出版社2007年版。

④ 陶晋生：《北宋士族——家族·婚姻·生活》，"中央研究院"历史语言研究所2001年版。

⑤ 黄宽重：《宋代的家族与社会》，东大图书股份有限公司2006年版、国家图书馆出版社2009年版。

⑥ 朱开宇：《科举社会、地域秩序与宗族发展——宋明间的徽州，1100—1644》，台湾大学出版委员会2006年版。

⑦ 张邦炜：《宋代婚姻家族史论》，人民出版社2003年版。

⑧ 邹重华、粟品孝编：《宋代四川家族与学术论集》，四川大学出版社2005年版。

⑨ ［日］井上彻、远藤隆俊编：《宋—明宗族的研究》，汲古书院2005年版。

⑩ ［日］远藤隆俊：《宋元宗族的坟墓和祠堂》，《中国社会历史评论》2008年第9卷。

⑪ 王善军：《宋代世家大族消费述论》，《社会科学战线》2008年第7期。

⑫ 陆敏珍：《宋代家礼与儒家日常生活的重构》，《文史》2013年第4辑。

⑬ 杜建录：《论党项宗族》，《民族研究》2001年第4期。

一个强宗大族往往包括若干个乃至数十个中小家族。宗族首先是一个军事实体，同时还是一个经济实体。杨茂盛《试论女真人的宗族文化》①认为长期以宗族谋克为本位的女真社会，形成了浓厚的宗族文化，并渗透到女真社会的各个方面。陈瑞《元代徽州的宗族建设》②认为元代徽州的宗族建设主要体现在族谱编纂、祠堂建设、祖茔建设、族田设置、宗族内部管理等方面。

五

综合上述可以看出，以往有关辽宋西夏金元生活史的研究，已经取得相当丰富的成果，但也存在明显不足。以往成果要么在宏大框架下热衷于描述生活现象，要么过分专注于具体生活事项的考索和叙述，而对日常生活方式所昭示的社会结构及其变迁缺乏全面认识。传统框架下对生活现象的描述，呈现出社会生活的若干功能和历史发展的丰富性。但是，对日常生活中的各种关系特别是个人与个人的关系，个人与群体的关系，以及人与自然的关系，还未能给予充分的重视。有些以社会生活为研究内容的著作，在大量借用其他社会科学特别是社会学的理论和概念时，套用痕迹不时显露，史料运用具有例证的倾向，既难以得出规律性的认识，又未能彰显出日常生活史生动与深刻的特性。

对具体生活事项的考索和叙述，揭示出越来越多的历史事实，并能在这些事实基础上得出越来越深刻的认识。只是以下两点颇值得注意，一是社会史的研究绝不能像有人担心的那样走向琐碎和庸俗，而应当为历史学带来新的生机，要尽量避免完全新闻报道式的论文写作。二是如果过度使用以小见大的方法，正像近年有些论著所显示的那样，往往会拔高细微问题所具有的社会缩影意义，从而使史学研究出现失真现象。因而，在今后的辽宋西夏金元社会史研究实践中，多从日常生活史的角度，逐渐形成相对规范的范畴和方法，对相关问题进行深入研究，可说是十分必要的。

---

① 杨茂盛：《试论女真人的宗族文化》，《北方文物》2001 年第 1—2 期。
② 陈瑞：《元代徽州的宗族建设》，《安徽师范大学学报（人文社会科学版）》2009 年第 2 期。

辽西夏金宗族研究综述 *

近百年来，辽西夏金宗族史研究成果逐渐积累，在诸多方面已有涉及。涉及宗族姓氏的研究成果，侧重于对北方民族姓氏的研究。宗族群体的研究主要围绕皇族群体、后族群体及其他世家大族群体展开。宗族个案的研究也侧重于上层社会，主要围绕谱系、仕宦、民族融合及社会生活等方面展开。宗族后裔因涉及历史上消失民族的探讨，往往具体体现在一些个案上。从宏观层面对辽西夏金宗族组织进行整体性研究或比较研究以及相关的理论创新，仍有待进一步加强。

在近百年来的中国宗族史研究历程中，地域间和民族间的不均衡现象始终存在。相对而言，中原地区和中原王朝统治区域内的研究受到更多的重视，而周边地区或区域政权特别是少数民族所建区域政权统治范围内的研究则未能充分展开；人口数量众多的汉族受到更多的重视，而人口数量相对较少的各少数民族则未能充分展开。对于中国 10 —13 世纪并存的各政权来说，辽西夏金宗族的研究相比宋朝还较为薄弱，研究的广度与深度并没有达到一个相对应的层次。近年来，相关宗族研究在前人筚路蓝缕的基础上已有所开拓，研究成果也逐渐丰富。鉴于学术界对已有研究成果的评述尚不够全面[①]，本篇从宗族总论、姓氏、组织结构、群体、个案、后裔等方面对辽西夏金宗族研究进行综述，以期明晰研究的现状与走向。

---

* 原载《宋史研究论丛》第 22 辑，科学出版社 2018 年版。

① 相关评述文章仅见常建华《近十年宋辽金元宗族研究综述》（《安徽史学》2011 年第 1 期），然涉及辽西夏金的内容相当有限。

一、宗族总论

宗族作为社会发展过程中的重要血缘群体，在辽西夏金的社会结构中具有重要地位。因此，全面认识一个社会中的宗族问题，对认识该时代的社会发展具有重要意义。学界目前对辽西夏金宗族的整体性研究还相对缺乏。

将北方民族政权统治下的宗族问题，作为一种社会现象进行深入探讨的研究成果，主要是漆侠《辽夏金社会中的宗族问题》[①]一文。该文结合辽西夏金的社会特点，从经济的角度予以阐释，对宗族经济实体及其发展的社会方向进行了剖析。认为契丹、党项和女真宗族拥有各自的土地、族属、武装等，成为互不统属的独立经济实体，同时在作为经济实体的宗族中孕育着不同程度的奴隶制与封建制两种经济因素。

相比而言，更多的成果是就某一王朝或民族的宗族问题进行探讨。杨茂盛《中国北疆古代民族政权研究》[②]中的相关章节分别论述了契丹、党项、女真的宗族部族及其民族与国家的形成。陶玉坤《辽朝家族史研究》[③]论述了辽朝家族谱牒的编撰和墓志的撰写对辽史研究的重要价值，但将家族史仅仅理解为谱牒和墓志，在概念使用上似有所偏差。杜建录《论党项宗族》[④]认为宗族贯穿于党项西夏全过程，以血缘为纽带的中小家族为单位组成强宗大族，发挥着军事和经济双重作用。韩荫晟《党项氏族志》[⑤]仔细爬梳《宋史》《续资治通鉴长编》等汉文史籍，搜集整理了76个党项氏族及其基本情况。

二、宗族姓氏

宗族的维系与姓氏密切相关，北方民族在姓氏的形成过程中，一方面具有自己民族的特点，另一方面也容易受到其他民族的影响，因而是比较复杂的问

---

① 漆侠：《辽夏金社会中的宗族问题》，见《漆侠全集》第12卷，河北大学出版社2008年版。
② 杨茂盛：《中国北疆古代民族政权研究》，黑龙江教育出版社2014年版。
③ 陶玉坤：《辽朝家族史研究》，《史学史研究》2007年第4期。
④ 杜建录：《论党项宗族》，《民族研究》2001年第4期。
⑤ 韩荫晟：《党项氏族志（上）》，见《辽金史论集》第5辑，文津出版社1991年版。

题。职此之故，学术界对辽西夏金宗族姓氏的研究，多侧重于对北方民族姓氏的研究。

（一）契丹姓氏

在契丹族的姓氏研究中，耶律氏和萧氏的由来是学者讨论最多的题目。《辽史》卷一一六《国语解》云："本纪首书太祖姓耶律氏，继书皇后萧氏，则有国之初，已分二姓矣。有谓始兴之地曰世里，译者以世里为耶律，故国族皆以耶律为姓。有谓述律皇后兄子名萧翰者，为宣武军节度使，其妹复为皇后，故后族皆以萧为姓。其说与纪不合，故陈大任不取。又有言以汉字书者曰耶律、萧，以契丹字书者曰移剌、石抹，则亦无可考矣。"①卷六三《世表》又云："至耨里思之孙曰阿保机，功业勃兴，号世里氏，是为辽太祖。于是世里氏与大贺、遥辇号'三耶律'。"②可见契丹姓氏之扑朔迷离。都兴智《契丹族的姓氏和名称》③《辽代契丹人姓氏及其相关问题考探》④二文认为，关于耶律氏和萧氏的由来，与契丹始兴之地名和辽朝绍周汉继统思想有关。持类似观点的还有：王孝俊《辽代契丹族姓氏及其分布》⑤、史风春《辽朝后族萧姓由来述论》⑥、黄震云《契丹姓氏的产生和消失》⑦、即实《契丹耶律姓新探》⑧等。而蔡美彪《试说辽耶律氏萧氏之由来》⑨认为辽朝建立政权后确立的耶律氏和萧氏是在契丹氏族部落制解体后，遥辇和审密互通婚姻的两大集团分别采取的共姓。日本爱宕松男在《契丹古代史研究》⑩中从古今汉语音译上考证得出结论，耶律和移剌、萧和石抹是汉字同音异译。

姓氏一旦形成，就会比较固定，但也并非一成不变。陈述《契丹女真汉姓

① 脱脱等：《辽史》卷一一六《国语解》，中华书局 2017 年版，第 1690 页。
② 脱脱等：《辽史》卷六三《世表》，中华书局 2017 年版，第 1052 页。
③ 都兴智：《契丹族的姓氏和名称》，《辽宁师范大学学报（社会科学版）》1990 年第 5 期。
④ 都兴智：《辽代契丹人姓氏及其相关问题考探》，《社会科学辑刊》2000 年第 5 期。
⑤ 王孝俊：《辽代契丹族姓氏及其分布》，《中州学刊》2008 年第 1 期。
⑥ 史风春：《辽朝后族萧姓由来述论》，《内蒙古师范大学学报（哲学社会科学版）》2015 年第 4 期。
⑦ 黄震云：《契丹姓氏的产生和消失》，《江海学刊》1995 年第 3 期。
⑧ 即实：《契丹耶律姓新探》，《社会科学辑刊》1998 年第 4 期。
⑨ 蔡美彪：《试说辽耶律氏萧氏之由来》，《历史研究》1993 年第 5 期。
⑩ ［日］爱宕松男：《契丹古代史研究》，内蒙古人民出版社 1988 年版。

考》①考察了契丹人的汉姓问题。冯继钦《金元时期契丹人姓名研究》②认为金从民族主义的立场出发,改耶律和萧为移剌和石抹,具有民族歧视和政治侮辱的色彩。辽朝统治者有赐予其他民族臣僚契丹姓氏的做法,而契丹族成员至金朝则有被赐予女真姓氏的现象。王民信《辽汉人赐姓研究》③、陈述《辽史赐姓名考》④、夏宇旭《金代契丹人赐姓略议》⑤等分别对此类问题进行了探讨。

与姓氏研究密切相关的是名字研究,契丹人的命名特点也引起了学者的关注。刘浦江与康鹏《契丹名、字初释——文化人类学视野下的父子连名制》⑥、刘浦江《再论契丹人的父子连名制——以近年出土的契丹大小字石刻为中心》⑦两文还讨论了契丹的父子连名制问题。张国庆《略谈辽代契丹人的命名习俗》⑧认为契丹命名习俗具有鲜明的民族性、地域性和时代性。

（二）党项姓氏

由于大量西夏文文献的发现与公布,西夏姓氏的研究多是对用西夏文书写的党项姓氏的对译与解读,以及对夏汉资料中西夏人名的辑佚与订误。李范文《西夏姓氏新录》⑨、汤开建《张澍〈西夏姓氏录〉订误》⑩二文对清人张澍的《西夏姓氏录》一书多有补录修正。史金波《西夏官印姓氏考》⑪通过对56颗官印的考证,认为掌印者多数是党项族姓,皇族"嵬名"占比重最大,并且有党项族姓相连和汉姓与党项族姓相连的复姓现象存在。史金波《西夏名号杂考》⑫分别对"嵬名""兀卒""阏"等作了考论,认为"嵬名"为西夏皇族姓氏,"兀卒"译为汉

---

① 陈述:《契丹女真汉姓考》,《东北集刊》1941 年第 2 期。
② 冯继钦:《金元时期契丹人姓名研究》,《黑龙江民族丛刊》1992 年第 4 期。
③ 王民信:《辽汉人赐姓研究》,《政治大学边政研究所年报》1978 年第 9 期。
④ 陈述:《辽史赐姓名考》,见《邓之诚先生纪念集》,北京大学出版社 1991 年版。
⑤ 夏宇旭:《金代契丹人赐姓略议》,《东北史地》2010 年第 2 期。
⑥ 刘浦江、康鹏:《契丹名、字初释——文化人类学视野下的父子连名制》,《文史》2005 年第 3 辑。
⑦ 刘浦江:《再论契丹人的父子连名制——以近年出土的契丹大小字石刻为中心》,见《清华元史》第 1 辑,商务印书馆 2011 年版。
⑧ 张国庆:《略谈辽代契丹人的命名习俗》,《民俗研究》1990 年第 4 期。
⑨ 李范文:《西夏姓氏新录》,见《宁夏文史》第 7 辑,宁夏文史研究馆 1990 年版。
⑩ 汤开建:《张澍〈西夏姓氏录〉订误》,《兰州大学学报》1982 年第 4 期。
⑪ 史金波:《西夏官印姓氏考》,见《中国民族古文字研究》第 2 辑,天津古籍出版社 1993 年版。
⑫ 史金波:《西夏名号杂考》,《中央民族学院学报》1986 年第 4 期。

语的"皇帝","阔"是对汉族的称呼。孙伯君《西夏番姓译正》①一文利用夏汉文献和碑铭等资料梳理了近五十个西夏姓氏的译法。佟建荣《西夏姓氏辑考》②和《西夏姓名研究》③更进一步对汉文蕃姓氏和西夏文姓氏作了考证论述，由此探讨了西北民族融合、西夏民族构成、西夏民族关系等社会史方面的问题。佟建荣、张万静《西夏后妃姓氏异译考论》④搜罗西夏野利氏、卫慕氏、米母氏、咩羊氏等姓氏异译，澄清了因异译而导致的混淆，并对通行的史书及《西夏姓氏录》中出现的相关讹误进行了订正。彭向前《早期党项八大部西夏姓氏考》⑤把八个党项部落姓氏与西夏建立政权后的党项姓氏做了勘同，并对汉文史籍中关于这些部落名称的错误记载做了订正，通过考证这些姓氏各自家族的发展状况以窥见党项宗族部落发生的巨变。韩荫晟《"西夏人"及其姓氏——读史杂谈》⑥着重于党项族的改汉姓问题。在目前的相关研究中，尚未发现西夏有赐姓的现象。

（三）女真姓氏

最早考察女真人姓氏问题的是陈述《契丹女真汉姓考》⑦，但该文仅考察了女真人的汉姓问题。韩世明《女真姓氏及其相关问题》⑧论述了女真建立政权前继嗣关系的标述方法以及建立政权后姓氏关系的变化问题，并总结了女真人姓氏划分的特点；《女真姓氏及姓氏集团研究》⑨对辽代女真姓氏的起源和演化以及女真部族的迁徙情况进行了阐述。穆鸿利《金源女真姓氏谱及改汉姓之分类与特点》⑩从姓氏与谱牒探源、金源女真姓氏谱状况、女真改汉字姓的分类和特点、女真姓与后世满洲姓的关系等四个方面探讨了金源女真姓氏的发展。李学成《女真姓名风俗考》⑪则以时间为段限，考察了金初期、中期以及元明两朝女

① 孙伯君:《西夏番姓译正》,《民族研究》2009 年第 5 期。
② 佟建荣:《西夏姓氏辑考》,宁夏人民出版社 2013 年版。
③ 佟建荣:《西夏姓名研究》,社会科学文献出版社 2015 年版。
④ 佟建荣、张万静:《西夏后妃姓氏异译考论》,《宁夏社会科学》2009 年第 5 期。
⑤ 彭向前:《早期党项八大部西夏姓氏考》,《西夏研究》2014 年第 2 期。
⑥ 韩荫晟:《"西夏人"及其姓氏——读史杂谈》,《宁夏社会科学》1984 年第 4 期。
⑦ 陈述:《契丹女真汉姓考》,《东北集刊》1941 年第 2 期。
⑧ 韩世明:《女真姓氏及其相关问题》,见《东北亚历史与文化》,辽沈书社 1991 年版。
⑨ 韩世明:《女真姓氏及姓氏集团研究》,见《辽金史论集》第 8 辑,吉林文史出版社 1994 年版。
⑩ 穆鸿利:《金源女真姓氏谱及改汉姓之分类与特点》,见《赫图阿拉与满族姓氏家谱研究》,辽宁民族出版社 2005 年版。
⑪ 李学成:《女真姓名风俗考》,《黑龙江民族丛刊》2016 年第 3 期。

真人在姓氏和名字方面的变化过程。周峰《金朝赐姓考述》①认为金代统治者多对汉、契丹、渤海、奚族等赐予女真姓氏，以示宠渥，所赐之姓均为白号之姓，而无黑号之姓，很可能所赐姓氏应为较尊贵之姓。闫兴潘《金代赐姓问题研究》②认为金代赐姓皆女真姓氏，受赐者是非女真人，有具体的赐姓格法，赐姓的实质是赐予非女真人一种虚拟的族群身份以及这种族群身份所承载的特权。侯震《金宣宗朝武将赐姓略议》③认为金宣宗时期，为应对严峻的战争形势，更好地调动武将积极性，金宣宗以赐姓的方式来笼络、激励军功武将。

（四）其他姓氏

关于其他姓氏的研究，主要涉及渤海王族姓氏。金毓黻《东北通史》④曾提出因祚荣父乞乞仲象官至大舍利，故以官为氏。韩世明、都兴智《渤海王族姓氏新考》⑤赞同"大舍利说"，并指出其原来的靺鞨姓氏，据契丹字和汉字墓志资料对比，应为迷里吉，入辽后曾比附后族萧氏。罗继祖《以大为氏》⑥提出大氏殆源于胡人呼一部之长为部大。王成国《渤海王族大氏考》⑦在此基础上进一步认为，大祚荣之姓大源于靺鞨族酋长——大莫弗瞒咄，其缘起有溯本求宗之意。

三、宗族组织结构

宗族的组织结构既与各民族的社会发展阶段有关，又与各民族的生活方式有关，还与民族习俗密切相关，是宗族研究中不应回避的问题。学术界对这一问题的探索，尽管有不少涉及，但专题成果尚不多见。

（一）契丹

作为构成部落的基本单位，契丹宗族的组织结构与部落演变息息相关。李

---

① 周峰：《金朝赐姓考述》，见《金史研究论丛》，哈尔滨出版社 2000 年版。
② 闫兴潘：《金代赐姓问题研究》，《古代文明》2013 年第 4 期。
③ 侯震：《金宣宗朝武将赐姓略议》，《学术交流》2015 年第 2 期。
④ 金毓黻：《东北通史》，五十年代出版社 1943 年版。
⑤ 韩世明、都兴智：《渤海王族姓氏新考》，《中国边疆史地研究》2015 年第 2 期。
⑥ 罗继祖：《以大为氏》，《吉林大学社会科学学报》1982 年第 2 期。
⑦ 王成国：《渤海王族大氏考》，《黑龙江文物丛刊》1983 年第 3 期。

桂芝《关于契丹古八部之我见》①认为古八部联盟是一个松散的、临时的军事联盟，对各部没有绝对的约束力，各部仍保持着相当大的独立性。而田广林《契丹古八部质疑》②则认为在契丹早期发展史上，根本就不曾存在过所谓的古八部或奇首可汗八部。孙进己《契丹部落组织发展变化初探》③对北魏、隋唐初期以及唐后期契丹部落的数量变化作了一个动态论述。武玉环《契丹部落联盟与辽初政体》④认为部落联盟是辽建立政权前的社会组织形式。其《辽代部族制度初探》⑤认为辽代部族借用了建立政权前契丹部族组织的外壳，但内部已发生质的变化，部民从隶属于建立政权前的部落联盟组织，变为隶属于国家的属民，各部有固定的居住地。日本岛田正郎《辽代的部族制度》⑥对辽代部族进行分类梳理，将部族分为旧契丹氏族转变、以契丹人新编和被服民族新编的 3 种类别，论述了辽代部族的行政与统帅机关等问题，进而探讨辽代统治者对部族的掌控问题。王德忠《论辽朝部族组织的历史演变及其社会职能》⑦亦探讨辽代统治者对部族的改造与控制问题。杨军《"变家为国"：耶律阿保机对契丹部族结构的改造》⑧认为，契丹人的"家"指同一祖父的后裔，"族"指同高祖的后裔。在契丹建立政权前，两者都持续发生代际裂变。在耶律阿保机建立政权过程中，一方面人为中止了皇族的裂变，以加强皇族的力量，为维护皇权服务；另一方面又脱离季父房另立自己的"家"，以将皇位继承权限定在其"家"之内，取消其他皇族各房对皇位的继承权，以消除皇族内部对皇权的威胁。通过这种方式，阿保机最终冲破契丹人的部族结构，"变家为国"。杨茂盛《论契丹的宗族—家族斗争及其世选制》⑨指出，契丹民族是由宗族部族发展而来，与此相适应而形成权力继承上的宗族—家族世选制。随着宗族本位逐步让位于家族本位和家庭

---

① 李桂芝：《关于契丹古八部之我见》，《中央民族学院学报》1992 年第 1 期。

② 田广林：《契丹古八部质疑》，《社会科学战线》2008 年第 11 期。

③ 孙进己：《契丹部落组织发展变化初探》，《社会科学辑刊》1981 年第 4 期。

④ 武玉环：《契丹部落联盟与辽初政体》，《松辽学刊（社会科学版）》2000 年第 1 期。

⑤ 武玉环：《辽代部族制度初探》，《史学集刊》2000 年第 1 期。

⑥ ［日］岛田正郎：《辽代的部族制度》，《蒙古学信息》2000 年第 3—4 期；《蒙古学信息》2001 年第 1—3 期。

⑦ 王德忠：《论辽朝部族组织的历史演变及其社会职能》，《东北师大学报（哲学社会科学版）》2001 年第 6 期。

⑧ 杨军：《"变家为国"：耶律阿保机对契丹部族结构的改造》，《历史研究》2012 年第 3 期。

⑨ 杨茂盛：《论契丹的宗族—家族斗争及其世选制》，《北方文物》1996 年第 1 期。

本位，世选制的范围越来越小，而权力的作用则越来越大，因而对权力的争夺也越来越深入，从宗族之间到家族之间，再到兄弟、叔侄之间。任爱君《9世纪中后期契丹社会的组织结构与发展状态——以世里氏家族研究为中心》[1]也认为，契丹社会组织结构所形成的各级部落管理职务的"世选"方式，标志着原由大家族共享的权益转变成只由父子相继的独享的权力，形成部落贵族家庭享有政治特权的基本形态。夏宇旭《初探金代契丹人的部族及乣组织》[2]对金代契丹人的部族和乣组织的设立、分布、管理以及在这一组织下契丹人的生活状况作了简要论述。

（二）党项

党项宗族组织主要是由族帐为单位组成的联合体。乔幼梅《论党项的宗法封建制》[3]指出，党项氏族制末期的大量宗法关系和奴隶制的经济成分长期地与封建制经济纠结在一起，形成了党项独具的宗法封建制。侯爱梅《北宋时期西夏归明族帐考》[4]考察了北宋时期西夏归明族帐数量。顾吉辰《北宋前期党项羌族帐考》[5]对北宋前期秦、延、原、麟、庆、丰、银州等地的羌族族帐作了考证。杨茂盛、陈春霞《党项人的宗族部族及其民族与国家的形成》[6]认为党项民族的统一和国家的形成是在氏族部落及其联盟的基础上发展起来的。郑彦卿《党项宗族与封建化进程探析》[7]认为宗族构成了党项社会的基本组织单位，并在部落宗族的层面上论述了党项的封建化过程。

（三）女真

女真宗族组织的组成单位为"家"。日本学者松浦茂《金代女真氏族的构

---

① 任爱君：《9世纪中后期契丹社会的组织结构与发展状态——以世里氏家族研究为中心》，《内蒙古社会科学》2008年第6期。

② 夏宇旭：《初探金代契丹人的部族及乣组织》，《吉林师范大学学报（人文社会科学版）》2009年第3期。

③ 乔幼梅：《论党项的宗法封建制》，《烟台大学学报》1994年第2期。

④ 侯爱梅：《北宋时期西夏归明族帐考》，《宁夏大学学报（人文社会科学版）》2006年第4期。

⑤ 顾吉辰：《北宋前期党项羌族帐考》，《史学集刊》1985年第3期。

⑥ 杨茂盛、陈春霞：《党项人的宗族部族及其民族与国家的形成》，《黑龙江民族丛刊》2003年第2期。

⑦ 郑彦卿：《党项宗族与封建化进程探析》，《宁夏社会科学》2010年第3期。

成》① 以《金史·百官志》记载的女真封号规定为线索，在搜集整理实例的基础上对女真氏族的由来和形成作了初步探讨。韩世明《辽金时期女真家庭形态研究》② 认为女真族在历史上经历了不同的家庭形态，对女真家庭的发展变化、类型划分、组织结构及特点等问题进行探讨。孙昊《辽金女真的"家"与家庭形态》③ 认为"家"是指女真的同居单位，其内部存在各异的家庭形态。"家"承担基本的经济责任，由"家"构成的"族"则是社会与政治互助单位。另外，韩世明《辽金时期女真氏族制度新论》④ 对辽金时期女真氏族制度的演变进行研究，还对与此相关的某些"部"的性质、地缘关系及血缘集团类型、婚姻制度及继嗣集团的衍化等问题进行了新的探讨。刘肃勇《辽代女真族完颜部的氏族生活》⑤ 对女真完颜部在 9 世纪中叶以后的氏族生活作了探讨，主要集中于生产生活、婚姻形态、社会组织等方面。赵东晖《女真族的家长制家庭公社》⑥ 分析了女真家庭公社的三个特点，即若干个体家庭组成的父系血缘组织、父家长在家庭中有绝对权力和公社内土地的共同占有和耕种。张博泉《金代女真部落的村寨组织》⑦ 探讨了女真社会发展中的邑落公社和村寨公社两种组织形态，进一步分析了女真村寨公社的性质和特征，认为是社会政治、经济等多因素发展的结果。杨茂盛《试论生女真人的宗族文化》⑧ 认为辽代女真社会是以宗族为本位的部族社会，宗族文化是女真社会文化的核心，进而在宗族文化的指导下，对女真的国家起源和汉化问题作了探讨。

四、上层宗族群体

在辽西夏金政权中，一个显而易见的现象是，社会上层以世家大族为主体。

① ［日］松浦茂：《金代女真氏族的构成》，见《民族史译文集》第 10 辑，中国社会科学院民族研究所 1981 年版。

② 韩世明：《辽金时期女真家庭形态研究》，《史学集刊》1993 年第 2 期。

③ 孙昊：《辽金女真的"家"与家庭形态》，《贵州社会科学》2015 年第 11 期。

④ 韩世明：《辽金时期女真氏族制度新论》，《东北亚论坛》1994 年第 2 期。

⑤ 刘肃勇：《辽代女真族完颜部的氏族生活》，《黑龙江文物丛刊》1982 年第 2 期。

⑥ 赵东晖：《女真族的家长制家庭公社》，《黑龙江文物丛刊》1983 年第 1 期。

⑦ 张博泉：《金代女真部落的村寨组织》，《博物馆研究》1984 年第 1 期。

⑧ 杨茂盛：《试论生女真人的宗族文化》（上、中、下），《北方文物》2001 年第 1 期、《黑龙江民族丛刊》2000 年第 4 期、《北方文物》2001 年第 2 期。

因而，上层社会中的宗族在政治、经济、文化和社会生活中的作用受到学术界的持续关注，对上层宗族的群体研究和个案研究均积累了较多的成果。群体研究主要围绕皇族群体、后族群体及其他世家大族群体展开。

（一）辽

对辽代社会上层宗族群体进行系统探讨的专著，有王善军《世家大族与辽代社会》①一书。作者根据辽朝境内的主要民族构成情况，论述了辽朝契丹、奚、渤海、汉人等民族的主要世家大族的发展道路及其特点，并深入探讨了各民族世家大族在经济、政治、文化和社会生活等方面的状况、地位和影响。其《世选制度与契丹的家族势力》②认为世选制度为契丹皇族、后族以及新旧家族势力的维系提供了政治保障；《从石刻资料看辽代世家大族与佛教的关系》③则具体探讨了辽代世家大族崇奉佛教的表现及其原因；《辽代世家大族的军事势力》④和《辽代世家大族文化活动述论》⑤论述了辽代世家大族的军事和文化状况。陈伟庆与包国滔《辽代文学家族述论》⑥描述的文学家族也基本上属于上层宗族群体。

辽代的上层宗族群体主要由三部分组成，即皇族、后族和其他民族大姓。韩国学者崔益柱《关于辽朝的权力结构与帝位继承——以统治势力皇族帐与国舅帐为中心》⑦论述了皇族和后族的政治势力。美国学者詹尼弗·霍姆格伦《辽朝契丹统治下的婚姻、亲族和继承》⑧实际上也主要是讨论皇族和后族的政治势力、社会地位及其相关问题。辽代的皇族研究首先涉及的是"横帐"问题，目前来看，"横帐"主要有两解：一是陈述《契丹舍利横帐考释》⑨、刘浦江

---

① 王善军：《世家大族与辽代社会》，人民出版社 2008 年版。

② 王善军：《世选制度与契丹的家族势力》，《社会科学战线》2004 年第 1 期。

③ 王善军：《从石刻资料看辽代世家大族与佛教的关系》，《东亚文史论丛》2007 年号。

④ 王善军：《辽代世家大族的军事势力》，《安徽史学》2005 年第 4 期。

⑤ 王善军：《辽代世家大族文化活动述论》，《安徽史学》2006 年第 2 期。

⑥ 陈伟庆、包国滔：《辽代文学家族述论》，《惠州学院学报》2016 年第 5 期。

⑦ ［韩］崔益柱：《关于辽朝的权力结构与帝位继承——以统治势力皇族帐与国舅帐为中心》，见《东洋史学研究》第 5 辑，东洋史学会 1971 年版。

⑧ ［美］Jennifer Holmgen, Marreage, *Kinship and Power in Northern China*, Great Britain: Variorum Ashgagte Publishing Limited, 1995.

⑨ 陈述：《契丹舍利横帐考释》，见《燕京学报》新 8 期，北京大学出版社 2000 年版。

《辽朝"横帐"考——兼论契丹部族制度》①和葛华廷《辽代"横帐"浅考》②着重考察横帐的含义及其范围，认为"横帐"指具并列关系的三父房或六院部皇族。二是王善军《辽朝横帐新考》③和都兴智《也说"横帐"》④认为横帐所指皇族成员范围有一个发展演变的过程。作为对皇族整体性的研究，王善军《论辽代皇族》⑤分析了皇族的构成、管理及其与皇权之间的关系。

后族研究集中于萧氏族属和国舅帐问题，以及后族与辽朝政治的整体性关联。王民信《契丹外戚集团的形成》⑥、王善军《论辽代后族》⑦、日本的桥口兼夫《关于辽朝的国舅帐》⑧以及蔡美彪《辽代后族与辽季后妃三案》⑨等论述了后族以及外戚的相关问题。胡兴东《辽代后妃与辽代政治》⑩对辽代后妃在辽朝政治中的作用进行阐述。史风春《略论契丹后族族帐的演变》⑪、孙伟祥和高福顺《辽朝后族相关问题刍议》⑫认为辽朝后族与辽朝社会发展相辅相成，经历了确立、强盛、衰微的嬗变过程。万雄飞《辽萧和家族兴衰史》⑬梳理了萧和家族从辽圣宗到道宗三朝七十年的发展历程，对其家族兴衰的原因作了剖析，认为与皇室联姻并以此掌握政治权力是其兴盛的基础，而其参与"重元之乱"威胁皇权并失去皇帝信任是失败的根源。

其他民族世家大族的研究有：罗继祖《辽汉臣世系表》⑭采摭有关史书、文集，编成 39 个辽代汉族臣僚家族的世系表。萧启庆《汉人世家与边族政权——

① 刘浦江：《辽朝"横帐"考——兼论契丹部族制度》，见《北大史学》第 8 辑，北京大学出版社 2001 年版。
② 葛华廷：《辽代"横帐"浅考》，《北方文物》2000 年第 4 期。
③ 王善军：《辽朝横帐新考》，《历史研究》2003 年第 2 期。
④ 都兴智：《也说"横帐"》，《民族研究》2009 年第 6 期。
⑤ 王善军：《论辽代皇族》，《民族研究》2003 年第 5 期。
⑥ 王民信：《契丹外戚集团的形成》，见《契丹史论丛》，学海出版社 1973 年版。
⑦ 王善军：《论辽代后族》，《黑龙江民族丛刊》2007 年第 2 期。
⑧ ［日］桥口兼夫：《关于辽朝的国舅帐》（上、下），《史学杂志》第 50 编第 2、3 号，1939 年。
⑨ 蔡美彪：《辽代后族与辽季后妃三案》，《历史研究》1994 年第 2 期。
⑩ 胡兴东：《辽代后妃与辽代政治》，《北方文物》2003 年第 2 期。
⑪ 史风春：《略论契丹后族族帐的演变》，《黑龙江民族丛刊》2012 年第 5 期。
⑫ 孙伟祥、高福顺：《辽朝后族相关问题刍议》，见《辽金历史与考古》第 4 辑，辽宁教育出版社 2013 年版。
⑬ 万雄飞：《辽萧和家族兴衰史》，《辽文化·辽宁省调查报告书：京都大学大学院文学研究科 21 世纪 COE プログラム「グローバル时代の多元的人文学の拠点形成」》，京都大学大学院文学研究科 2006 年版。又见于《关山辽墓》，文物出版社 2011 年版。
⑭ 罗继祖：《辽汉臣世系表》，见《愿学斋丛刊》，墨缘堂 1937 年版。

以辽朝燕京五大家族为中心》[1]分析了汉人世家大族与辽朝政权之间的关系。齐伟《辽代汉官集团的婚姻与政治》[2]涉及若干汉族官僚家族的情况，特别是对其婚姻与仕宦作了分析。王善军《辽代渤海世家大族考述》[3]对渤海王族、右姓和新兴世家大族进行了论述。

（二）西夏

魏淑霞《西夏职官中的宗族首领》[4]认为西夏首领具有双重身份，既是部族首领，又是西夏职官，是西夏重要的政治力量，在西夏政权汉化的过程中将最初的主军权拓展至政治领域。陈玮《从〈天盛律令〉看西夏皇族》[5]对西夏皇族进行分类和整理，论述了西夏皇族的仪制、婚姻与经济生活、国政、法律特权等方面。佟建荣《西夏后妃宗族考》[6]认为西夏后妃梁姓是党项化的银夏大族，西夏王室通婚对象呈现多元化，而且出现银夏故地大族逐渐沉寂，河西大姓、汉姓抬头的变化气象。

（三）金

金代上层宗族群体的研究，比较全面的是陈述《金史氏族表初稿》[7]一文。该文对金朝宗室氏族、白号之姓与黑号之姓的所封氏族，进行了细致系统的考证与增补。刘浦江《渤海世家与女真皇室的联姻——兼论金代渤海人的政治地位》[8]通过对渤海右姓大氏、李氏、张氏与女真皇室通婚的考察，以昭示金代渤海上层宗族政治势力的兴衰。何志虎、贺晓燕《泾川完颜家族祖先遗像考释》[9]

---

① 萧启庆：《汉人世家与边族政权——以辽朝燕京五大家族为中心》，《"国家"科学委员会研究汇刊：人文及社会科学》第 3 卷第 1 期，1993 年。

② 齐伟：《辽代汉官集团的婚姻与政治》，科学出版社 2017 年版。

③ 王善军：《辽代渤海世家大族考述》，《民族研究》2006 年第 3 期。

④ 魏淑霞：《西夏职官中的宗族首领》，《宁夏社会科学》2015 年第 5 期。

⑤ 陈玮：《从〈天盛律令〉看西夏皇族》，《西夏研究》2010 年第 2 期。

⑥ 佟建荣：《西夏后妃宗族考》，《西夏研究》2010 年第 2 期。

⑦ 陈述：《金史氏族表初稿》（上、下），《"国立"中央研究院历史语言研究所集刊》第 5 本第 3、4 分，1935 年。该文后经修订补充，更名为《金史氏族表》，收入《金史拾补五种》（科学出版社 1960 年版）一书。

⑧ 刘浦江：《渤海世家与女真皇室的联姻——兼论金代渤海人的政治地位》，《北大史学》第 3 辑，北京大学出版社 1995 年版。

⑨ 何志虎、贺晓燕：《泾川完颜家族祖先遗像考释》，《甘肃社会科学》2005 年第 2 期

对图像中所绘的金朝11代帝王和27位辅臣辅将等作了详细的考证，并对泾川完颜氏的来历进行了交代。李玉君的系列研究集中于皇族群体，《金代宗室管理制度考论》①和《金朝大宗正府考论》②认为金朝十分重视对宗室的管理，设专门管理机构大宗正府，是对以前历代王朝宗室管理制度的继承和发展，同时对元朝的宗室管理产生了一定的影响；《论金代宗室的经济收入及经济犯罪》③和《金代皇族赃罪考述》④认为宗室成员享受诸多优厚的经济待遇的同时，常有经济犯罪行为发生，而对皇族的赃罪处罚往往呈现出矛盾的特点，既想体现公平公正，又以亲亲之故对皇族予以照顾；《论金朝中央集权对女真皇族的防范对策》⑤认为金朝统治者为了维护统治对皇族虚封爵位、限制任官，并以优越的经济待遇打消他们谋反的意念；《论金源皇族的文学创作》⑥等对金代皇室成员的文教贡献有深刻的原因探究，认为是自身努力和汉文化双重作用；《金代宗室的礼仪行为方式与民族融合趋势》⑦认为金朝宗室的礼仪行为方式、衣食住行受汉文化的影响，反映了当时民族大融合的历史趋势。在系列研究的基础上，形成专著《金代宗室研究》⑧。该书可说是全面研究金代宗室问题的集大成之作。

除上述外，其他学者的研究也涉及宗室等上层宗族群体的宗庙、汉化、教育、文学等诸多方面。徐洁与赵永春《金朝皇家宗庙制度考论》⑨在梳理金朝帝系的基础上认为金基本实行"七世之庙"制度，金朝太庙属"同堂异室"之制，但在特殊情况下，出现"八世十二室"等变易局面。王德忠《金朝宗室与汉文化》⑩，以金代宗室人物数人为例，论述了汉文化对宗室成员的文化影响。兰婷与王伟《金代皇室教育》⑪从金代太子师保傅教育，皇室教育方式、教育目的和

---

① 李玉君、赵永春：《金代宗室管理制度考论》，《河北学刊》2012年第3期。
② 李玉君：《金朝大宗正府考论》，《江汉大学学报（人文科学版）》2009年第5期。
③ 李玉君、王志民：《论金代宗室的经济收入及经济犯罪》，《河北科技大学学报（社会科学版）》2012年第2期。
④ 李玉君、杨柳：《金代皇族赃罪考述》，《北方文物》2010年第1期。
⑤ 李玉君：《论金朝中央集权对女真皇族的防范对策》，《满族研究》2009年第3期。
⑥ 李玉君、黄震云：《论金源皇族的文学创作》，《民族文学研究》2011年第5期。
⑦ 李玉君：《金代宗室的礼仪行为方式与民族融合趋势》，《求是学刊》2014年第2期。
⑧ 李玉君：《金代宗室研究》，科学出版社2016年版。
⑨ 徐洁、赵永春：《金朝皇家宗庙制度考论》，《社会科学战线》2012年第5期。
⑩ 王德忠：《金朝宗室与汉文化》，《北方民族文化（昭乌达蒙族师专学报［汉文哲学社会科学版］）》1992年增刊。
⑪ 兰婷、王伟：《金代皇室教育》，《吉林师范大学学报（人文社会科学版）》2010年第2期。

教育内容等方面对金代皇室教育进行较为全面的论述。杨忠谦《金代文学家族的空间流动与文学交流》^①认为金代士族因为战争、移民、迁都以及科举仕进、朝廷党争、士人贬官隐居等造成空间流动，增强了家族文化的影响，带动了多元地域文化的互动交流，也从整体上提高了金代文化、文学的发展水平。《科举文化视野下的金代家族与文学》^②认为，科举激发了金代家族学以为政的热情，增强了原宋地黄河以北地区的文学成就，扩展了原辽地的儒家文化。杨茂盛《完颜家族在生女真社会发展中的作用》^③，分析了处于军事民主制时期的函普系完颜家族的发展壮大，以及此家族在女真族强大、统一以及建立政权方面的重要作用。

五、宗族个案

与宗族群体的研究类似，宗族个案的研究也侧重于上层社会。在具体内容上，个案研究主要围绕谱系、仕宦、民族融合及社会生活等方面展开。

（一）谱系

辽代谱系研究集中于皇族、后族和其他世家大族。通过谱系的研究，厘清了相关世次并就主要人物事迹和族源等作出梳理，以便明确宗族在当时政治、军事等层面的重要价值。围绕皇族各支系研究的主要有：谭其骧《辽史订补三种》^④分别订正了《皇子表》《皇族表》，并对《皇子传》作了补证。向南《〈辽史·皇族表〉补正》^⑤《〈辽史·公主表〉补证》^⑥对《皇族表》《公主表》作了补证。梁万龙《耶律羽之及其族氏考析》^⑦考证了耶律羽之的家世、生平兼论述了耶律氏族源和粗民等问题。韩世明《辽代皇族六院部夷离堇房相关问题考》^⑧厘清了

---

① 杨忠谦：《金代文学家族的空间流动与文学交流》，《北方论丛》2012年第1期。
② 杨忠谦：《科举文化视野下的金代家族与文学》，《民族文学研究》2011年第6期。
③ 杨茂盛：《完颜家族在生女真社会发展中的作用》，见《辽金史论集》第4辑，书目文献出版社1989年版。
④ 谭其骧：《辽史订补三种》，《浙江大学文学院集刊》第2集，1942年。
⑤ 向南：《〈辽史·皇族表〉补正》，《东北地方史研究》1991年第2期。
⑥ 向南：《〈辽史·公主表〉补证》，《社会科学辑刊》1987年第6期。
⑦ 梁万龙：《耶律羽之及其族氏考析》，《内蒙古社会科学》1994年第1期。
⑧ 韩世明：《辽代皇族六院部夷离堇房相关问题考》，《民族研究》2012年第2期。

辽代皇族六院部夷离堇房复杂的世系，列出了清晰的世系简表。

围绕后族各支系研究的主要有：李符桐《辽朝国舅族拔里乙室已二部为回鹘考》①论证拔里乙室已二部的民族属性为回鹘。冯永谦《辽史外戚表补证》②、蔡美彪《辽史外戚表新编》③均对《外戚表》进行了订补。稽训杰《辽睿智萧后族属考》④认为萧思温家族出契丹族乙室已部族，属该部族的小翁帐。史风春《契丹外戚房属世次考》⑤《辽朝后族忽没里族帐所属考》⑥提出忽里没其族帐应为拔里大翁帐的看法。他的《萧徒姑撒考》⑦《关于辽朝后族室鲁的几个问题》⑧《辽朝后族萧挞凛身世考》⑨《辽朝后族萧翰身世考》⑩《关于辽长寿公主和延寿公主的几个问题》⑪《辽天祚帝元妃身世及诸子考》⑫等文着重对辽代后族相关人物的身世等问题作了系列考证，并在系列论文的基础上形成专著《辽朝后族诸问题研究》⑬。另有向南的《辽代萧氏后族及其居地考》⑭《萧惠世系族属考——兼及〈辽故皇弟秦越国妃萧氏墓志铭〉所记的几个人物》⑮；魏奎阁的《辽承天皇太后房族世次考》⑯《辽外戚萧和家族世系表新补》⑰《辽史外戚表新补》⑱；齐心《秦王发愿纪事碑考——兼论辽代后族萧氏世系》⑲；都兴智《辽代国舅拔里氏阿古只

① 李符桐：《辽朝国舅族拔里乙室已二部为回鹘考》，《台湾师范大学历史学报》1973 年第 1 期。
② 冯永谦：《辽史外戚表补证》，《社会科学辑刊》1979 年第 3—4 期。
③ 蔡美彪：《辽史外戚表新编》，《社会科学战线》1994 年第 2 期。
④ 稽训杰：《辽睿智萧后族属考》，《民族研究》1987 年第 6 期。
⑤ 史风春：《契丹外戚房属世次考》，《内蒙古社会科学》2011 年第 6 期。
⑥ 史风春：《辽朝后族忽没里族帐所属考》，《内蒙古社会科学》2012 年第 6 期。
⑦ 史风春：《萧徒姑撒考》，《北方文物》2016 年第 2 期。
⑧ 史风春：《关于辽朝后族室鲁的几个问题》，《内蒙古社会科学》2014 年第 5 期。
⑨ 史风春：《辽朝后族萧挞凛身世考》，《北方文物》2013 年第 4 期。
⑩ 史风春：《辽朝后族萧翰身世考》，《辽宁工程技术大学学报（社会科学版）》2013 年第 4 期。
⑪ 史风春：《关于辽长寿公主和延寿公主的几个问题》，《中国边疆史地研究》2014 年第 1 期。
⑫ 史风春：《辽天祚帝元妃身世及诸子考》，《内蒙古大学学报（哲学社会科学版）》2010 年第 4 期。
⑬ 史风春：《辽朝后族诸问题研究》，人民出版社 2017 年版。
⑭ 向南：《辽代萧氏后族及其居地考》，《社会科学辑刊》2003 年第 2 期。
⑮ 向南：《萧惠世系族属考——兼及〈辽故皇弟秦越国妃萧氏墓志铭〉所记的几个人物》，《东北史地》2008 年第 4 期。
⑯ 魏奎阁：《辽承天皇太后房族世次考》，见《阜新辽金史研究》第 3 辑，中国社会出版社 1997 年版。
⑰ 魏查阁、袁海波：《辽外戚萧和家族世系表新补》，《辽宁工程技术大学学报（社会科学版）》2003 年第 3 期。
⑱ 魏奎阁：《辽史外戚表新补》，《辽宁工程技术大学学报（社会科学版）》2002 年第 1 期。
⑲ 齐心：《秦王发愿纪事碑考——兼论辽代后族萧氏世系》，《首都博物馆丛刊》第 2 辑，1983 年。

家族的几个问题》^①等文,分别对相关宗族成员的世系关系作了考证。

汉族大族尤其是玉田韩氏家族的谱系也受到较多学者的关注。日本松田光次《辽朝汉人官僚小考——韩知古家族系谱及其事迹》^②、王民信《〈辽史·韩知古传〉及其世系证补》^③、齐心《〈辽代汉臣世系表〉补正——兼论辽金幽燕地区韩延徽族世系》^④《幽燕地区八大家族考述之一——论韩知古族》^⑤、爱新觉罗·乌拉熙春《韩知古家族世系考》^⑥等,均是围绕玉田韩氏或安次韩氏展开的考察。政协巴林左旗委员会编《大辽韩知古家族》^⑦以出土墓志为主,详细谱列韩氏家族的世系,并以家族人物事迹为行文主线,论述该家族在辽代社会的兴衰。李桂芝《梁援家世考》^⑧以梁援墓志为中心,考证了梁氏在辽金时期的家世,认为梁氏是辽金时期不被列入汉官著姓的大族。

西夏主体党项族的谱系研究集中于拓跋李氏家族。吴天墀《西夏史稿》^⑨和李范文主编《西夏通史》^⑩附录有党项西夏世系表,谱列从唐代拓跋赤辞到西夏末帝等最高统治者的世代承继。杨浣《五代夏州拓跋部世系与婚姻考论》^⑪以出土拓跋家族人物墓志铭为基础考证了唐五代时期拓跋李氏所知成员的世系。周伟洲《陕北出土三方唐五代党项拓跋氏墓志考释》^⑫也在墓志的基础上对唐末至五代党项拓跋氏世系有新的订正,以补其《唐代党项》一书所附党项拓跋氏世系表。

对金代宗族个案谱系研究涉及女真族,也涉及了渤海等民族。杨忠谦的

---

① 都兴智:《辽代国舅拔里氏阿古只家族的几个问题》,《黑龙江民族丛刊》2009 年第 5 期。
② [日]松田光次:《辽朝汉人官僚小考——韩知古家族系谱及其事迹》,见《小野胜年博士颂寿纪念东方学论集》,朋友书店 1982 年版。
③ 王民信:《〈辽史·韩知古传〉及其世系证补》,《幼狮学报》2 卷 1 期,1959 年。
④ 齐心:《〈辽代汉臣世系表〉补正——兼论辽金幽燕地区韩延徽族世系》,见《首都博物馆丛刊》第 1 辑,北京燕山出版社 1982 年版。
⑤ 齐心:《幽燕地区八大家族考述之一——论韩知古族》,见《北京史研究论文集》,北京史研究会 1982 年版。
⑥ 爱新觉罗·乌拉熙春:《韩知古家族世系考》,《立命馆文学》591 号,2005 年 10 月。
⑦ 政协巴林左旗委员会编:《大辽韩知古家族》,内蒙古人民出版社 2002 年版。
⑧ 李桂芝:《梁援家世考》,《黑龙江民族丛刊》2009 年第 2 期。
⑨ 吴天墀:《西夏史稿》,四川人民出版社 1980 年版。
⑩ 李范文编:《西夏通史》,人民出版社、宁夏人民出版社 2005 年版。
⑪ 杨浣:《五代夏州拓跋部世系与婚姻考论》,《宁夏社会科学》2005 年第 1 期。
⑫ 周伟洲:《陕北出土三方唐五代党项拓跋氏墓志考释》,《民族研究》2004 年第 6 期。

《金代女真皇族谱牒文化述论》^①强调了女真谱牒的政治意义和民族本位。刘晓溪《完颜希尹家族新证》^②结合墓志与文献探讨了完颜希尹家族的起源、家庭成员以及世系等。李智裕、苗霖霖《略论辽金时期东京渤海遗民张氏家族》^③梳理了张氏家族主要成员的身份、世系和为官经历以及联姻情况，分析了家族代表性人物在辽金时期诸多重要历史事件中的重要作用。苗霖霖《辽、金时期渤海遗民高氏家族考述》^④分析了高模翰家族在辽代的兴起与发展，并对金代辽阳高氏、辰州高氏和澄州高氏分别进行探究。

（二）仕宦

有辽一代，世家大族由仕宦跻身政治，进而发挥其家族势力影响朝政，在某种程度上已成为辽代政治发展的主旋律。世家大族仕宦沉浮在反映家族兴衰的同时，也映射出国家政治的发展变化。关于契丹族宗族仕宦的研究，主要集中于皇族和后族。都兴智《试论耶律羽之家族与东丹国》^⑤论述了辽代耶律羽之家族成员与东丹国及辽阳府的密切关系。熊鸣琴《钦哀后家族与辽道宗朝党争考论》^⑥认为钦哀后家族不是一个统一行动的政治群体，在辽道宗朝的党争中，家族各系各谋出路，甚至出现同族相残的现象。有关汉族宗族仕宦的研究，以玉田韩氏为对象的成果最多。李锡厚《试论辽代玉田韩氏家族的历史地位》^⑦考察了韩氏从入仕到"出宫籍"的过程，根据不同时期韩氏社会经济地位的变化分析了韩氏家族在辽代历史上的地位问题。王玉亭《辽代韩德昌及其子嗣职官述略——兼论玉田韩（氏）第五代权势问题》^⑧解析了韩氏第五代人的职官状况，

① 杨忠谦：《金代女真皇族谱牒文化述论》，《中州学刊》2012年第3期。
② 刘晓溪：《完颜希尹家族新证》，《东北史地》2013年第6期。
③ 李智裕、苗霖霖：《略论辽金时期东京渤海遗民张氏家族》，见《辽金历史与考古》第4辑，辽宁教育出版社2013年版。
④ 苗霖霖：《辽、金时期渤海遗民高氏家族考述》，《北华大学学报（社会科学版）》2013年第3期。
⑤ 都兴智：《试论耶律羽之家族与东丹国》，《辽宁工程技术大学学报（社会科学版）》2008年第6期。
⑥ 熊鸣琴：《钦哀后家族与辽道宗朝党争考论》，《中国史研究》2013年第2期。
⑦ 李锡厚：《试论辽代玉田韩氏家族的历史地位》，见《宋辽金史论丛》第1辑，中华书局1985年版。
⑧ 王玉亭：《辽代韩德昌及其子嗣职官述略——兼论玉田韩（氏）第五代权势问题》，《北方文物》2009年第3期。

认为韩氏家族保持了强盛的政治权势。苗霖霖《辽代上谷耿氏家族考》[①]考察了以军功起家的耿氏家族的仕宦状况，认为其盛衰与家族婚姻关联度较大。

有关金代家族仕宦的研究路径侧重于两种方式：一是科举入仕，二是政治联姻。苗霖霖《金朝涿州时氏家族婚姻与政治》[②]论述了婚姻与政治在时氏家族发展过程中的交互。而王新英《再论金代涿州时氏家族》[③]认为时氏家族在辽末以科举入仕，通过联姻巩固其世家大族的政治地位。齐伟《辽金时代的吕氏家族》[④]论述了东平吕氏以科举入仕，通过与世家大族联姻巩固政治地位。苗霖霖《金朝东平吕氏家族考略》[⑤]认为东平吕氏成员多人通过科举入仕，在中央和地方担任重要官职；通过与韩氏、赵氏等世家大族通婚，扩大了家族的声望。都兴智《略论辽金时期的渤海高氏》[⑥]探讨高氏的家世、政绩和军功以及科举和文化成就等问题。

（三）民族融合

宗族个案涉及的研究内容较为宽泛，除谱系与仕宦外，有不少成果还涉及到民族融合等问题。王玉亭《从辽代韩知古家族墓志看韩氏家族契丹化的问题》[⑦]分析了韩氏家族契丹姓氏所反映的契丹化现象、与契丹通婚所反映的契丹化程度以及契丹上层社会对韩氏家族契丹化的认同程度，认为韩氏家族的契丹化是一个家族同化于另一个民族。这是辽代汉人契丹化的典型个案。另还有都兴智、赵浩《关于辽代玉田韩氏家族契丹化的几个问题》[⑧]也涉及了汉人契丹化的问题。王善军《家族嬗变与民族融合——从耶律倍到耶律希亮的个案家族考

---

① 苗霖霖：《辽代上谷耿氏家族考》，《黑龙江民族丛刊》2012年第1期。
② 苗霖霖：《金朝涿州时氏家族婚姻与政治》，《北方文物》2012年第3期。
③ 王新英：《再论金代涿州时氏家族》，《北方文物》2013年第2期。
④ 齐伟：《辽金时代的吕氏家族》，见《辽金历史与考古国际学术研讨会论文集》，辽宁教育出版社2012年版。
⑤ 苗霖霖：《金朝东平吕氏家族考略》，见《辽金历史与考古》第5辑，辽宁教育出版社2014年版。
⑥ 都兴智：《略论辽金时期的渤海高氏》，见《东北亚研究论丛》第3辑，吉林大学出版社2009年版。
⑦ 王玉亭：《从辽代韩知古家族墓志看韩氏家族契丹化的问题》，《北方文物》2008年第1期。
⑧ 都兴智、赵浩：《关于辽代玉田韩氏家族契丹化的几个问题》，《辽宁师范大学学报（社会科学版）》2011年第3期。

察》① 指出，辽宋夏金元时期，北方地区的民族融合甚为明显。耶律氏家族，从辽初耶律倍传承至元代的耶律希亮等人，明显表现出民族文化的兼容性，成为具有代表性的个案。汤开建和杨惠玲《宋、金时期安多藏族部落包家族考述》② 考察了包家族的由来即汉化的吐蕃部落，由秦州迁于熙河并世居于此，包家族与金朝关系良好，成为金朝倚重的吐蕃部落。

（四）社会生活

社会生活内容广泛，宗族个案研究中较多地涉及婚姻、人际交往及职业生活等方面。王善军《由富求贵——从归化州张氏看辽金燕云地方豪族的发展路径》③ 指出，张氏家族在积累财富的同时，还依靠在当地的婚姻关系、社会关系网络以及对各种地方事务的积极参与，营造地方社会势力，更不忘谋求政治地位的提升。燕云地区豪族的发展，从一个侧面反映了北方民族统治下汉人地区社会关系的演变。日本学者三上次男《辽末金室完颜家族的通婚形态》④ 论述了完颜皇族的世婚制及其与之累世通婚的 8 个家族。桑秀云《金室完颜氏婚姻之试释》⑤ 也讨论了完颜氏的婚姻对象、婚姻观念及与 8 个婚姻之家的婚姻形态的由来与意义。周峰《北京辽金石刻刻工宫氏家族考》⑥ 对宫氏家族的石刻成就以及家族世系作了探讨。

六、宗族后裔

由于辽西夏金各政权包括统治民族在内的一些活跃民族的族称在随后的历史时期逐渐消失，其后裔情况便引起学者很大兴趣。对各民族后裔的探讨，往往具体体现在家族后裔的发展上。

① 王善军：《家族嬗变与民族融合——从耶律倍到耶律希亮的个案家族考察》，见《中国社会历史评论》第 13 卷，天津古籍出版社 2012 年版。
② 杨惠玲：《宋、金时期安多藏族部落包家族考述》，《民族研究》2006 年第 1 期。
③ 王善军：《由富求贵——从归化州张氏看辽金燕云地方豪族的发展路径》，《河北大学学报（哲学社会科学版）》2009 年第 6 期。
④ ［日］三上次男：《辽末金室完颜家族的通婚形态》，《东洋学报》27 卷 4 号，1940 年。
⑤ 桑秀云：《金室完颜氏婚姻之试释》，《"中央研究院"历史语言研究所集刊》第 39 本上册，1969 年。
⑥ 周峰：《北京辽金石刻刻工宫氏家族考》，《北京文博》2007 年第 3 期。

（一）契丹后裔

辽代契丹遗民在当今中国的分布极具地域性，集中在云南省。数百年来，他们在云南地区繁衍生息，在保留自身民族特性的同时，与当地的民族共同生活，相互交融，影响了他们的物质、文化、婚姻、宗族等社会层面。对契丹后裔研究用力最多的是杨毓骧。20 世纪 90 年代以来，杨毓骧有多篇文章对契丹后裔进行专题式论述，涉及文化、宗族、宗教等多方面。如《云南契丹后裔考说》[①]《云南契丹的社会文化》[②]《云南契丹后裔的宗族组织》[③]《云南契丹后裔的佛教》[④]《云南契丹人后裔的物质文化》[⑤]等。孟志东等著的《云南契丹后裔研究》[⑥]对云南契丹后裔的姓氏、来源、简史等进行了全方位的论述。罗海燕《契丹石抹家族在元代的变迁》[⑦]认为，石抹宜孙家族因战争而流布中原，终定居台州，在迁移中逐渐汉化。刘晓《元好问寄中书耶律公书补释——兼论士大夫家族在金元政治生活中的延续》[⑧]对元好问《寄中书耶律公书》中提到的 54 人中前人未考及的部分人物进行了补释，并论述了部分家族在金元政治生活中的延续。

（二）党项后裔

对西夏党项遗民家族个案的研究，主要内容是西夏遗民在元代的事迹考述。如魏淑霞《元代的西夏遗民——斡氏家族》[⑨]、史金波和吴峰云《元代党项人余氏及其后裔》[⑩]、陆宁《唐兀人察罕家族研究》[⑪]、孟楠《略论元代的察罕及其家

---

① 杨毓骧：《云南契丹后裔考说》，《思想战线》1994 年第 2 期。
② 杨毓骧：《云南契丹的社会文化》，《思想战线》1995 年第 2 期。
③ 杨毓骧：《云南契丹后裔的宗族组织》，《北方文物》1998 年第 4 期。
④ 杨毓骧：《云南契丹后裔的佛教》，《云南师范大学学报（哲学社会科学版）》1999 年第 2 期。
⑤ 杨毓骧：《云南契丹人后裔的物质文化》，《云南民族学院学报（哲学社会科学版）》2003 年第 1 期。
⑥ 孟志东等：《云南契丹后裔研究》，中国社会科学出版社 1995 年版。
⑦ 罗海燕：《契丹石抹家族在元代的变迁》，《黑龙江民族丛刊》2011 年第 3 期。
⑧ 刘晓：《元好问寄中书耶律公书补释——兼论士大夫家族在金元政治生活中的延续》，《中国社会科学院历史研究所学刊》第 2 集，商务印书馆 2004 年版。
⑨ 魏淑霞：《元代的西夏遗民——斡氏家族》，《西北第二民族学院学报（哲学社会科学版）》2008 年第 2 期。
⑩ 史金波、吴峰云：《元代党项人余氏及其后裔》，《宁夏大学学报（社会科学版）》1985 年第 2 期。
⑪ 陆宁：《唐兀人察罕家族研究》，《宁夏大学学报（人文社会科学版）》2007 年第 6 期。

族》①、周峰《元代西夏遗民杨朵儿只父子事迹考述》②、陈广恩《元唐兀高氏家族考略》③ 等。另外，还有对河南西夏遗民杨氏家族规约的研究。如杨富学《〈述善集〉与西夏遗民研究》④、杨富学和焦进文《河南濮阳新发现的元末西夏遗民乡约》⑤、胡若飞《从〈述善集〉匾额看河南濮阳西夏遗民的家族文化》⑥ 等。在对西夏遗民地域分布的研究中，也往往涉及宗族后裔。如史金波和吴峰云《西夏后裔在安徽》⑦、马明达《也谈安徽的西夏后裔》⑧、白滨和史金波《〈大元肃州路也可达鲁花赤世袭之碑〉考释——论元代党项人在河西的活动》⑨、石坤《从黑水城出土汉文文书看元亦集乃路的西夏遗民》⑩、任崇岳和穆朝庆《略谈河南省的西夏遗民》⑪ 等。

对西夏遗民的婚姻、民族融合等问题的研究，也与宗族后裔密切相关。如孟楠《元代西夏遗民婚姻研究》⑫ 和《元代西夏遗民的迁徙与其他民族的融合》⑬。更值得注意的是：张琰玲和孙颖慧的《元代西夏女性遗民人物史料整理与研究》⑭ 一文收集整理出新旧元史、元人文集、家谱、墓志铭中所见 240 名西夏女性遗民资料，对元代西夏女性遗民的社会地位、社会关系等问题作了探讨。

（三）女真后裔

女真遗民主要分布于河南、北京、甘肃、黑龙江等地。任崇岳《河南省完颜

① 孟楠：《略论元代的察罕及其家族》，《内蒙古大学学报（人文社会科学版）》2003 年第 3 期。

② 周峰：《元代西夏遗民杨朵儿只父子事迹考述》，《民族研究》2014 年第 5 期。

③ 陈广恩：《元唐兀高氏家族考略》，见《元史及民族与边疆研究集刊》第 22 辑，上海古籍出版社 2010 年版。

④ 杨富学：《〈述善集〉与西夏遗民研究》，《宁夏大学学报（人文社会科学版）》2003 年第 1 期。

⑤ 杨富学、焦进文：《河南濮阳新发现的元末西夏遗民乡约》，《宁夏社会科学》2001 年第 5 期。

⑥ 胡若飞：《从〈述善集〉匾额看河南濮阳西夏遗民的家族文化》，《西夏研究》2010 年第 4 期。

⑦ 史金波、吴峰云：《西夏后裔在安徽》，《安徽大学学报》1983 年第 1 期。

⑧ 马明达：《也谈安徽的西夏后裔》，《宁夏社会科学》1984 年第 4 期。

⑨ 白滨、史金波：《〈大元肃州路也可达鲁花赤世袭之碑〉考释——论元代党项人在河西的活动》，《民族研究》1979 年第 1 期。

⑩ 石坤：《从黑水城出土汉文文书看元亦集乃路的西夏遗民》，《敦煌学辑刊》2005 年第 2 期。

⑪ 任崇岳、穆朝庆：《略谈河南省的西夏遗民》，《宁夏社会科学》1986 年第 2 期。

⑫ 孟楠：《元代西夏遗民婚姻研究》，《宁夏社会科学》1992 年第 2 期。

⑬ 孟楠：《元代西夏遗民的迁徙与其他民族的融合》，《宁夏大学学报（社会科学版）》1995 年第 3 期。

⑭ 张琰玲、孙颖慧：《元代西夏女性遗民人物史料整理与研究》，《图书馆理论与实践》2013 年第 10 期。

姓女真遗民探析》①《论晋皖豫三省的女真遗民》②《河南省的女真遗民》③，主要研究了河南地区的女真族遗民。景爱《北京完颜氏遗族考》④《当代中国的完颜氏遗民》⑤及景爱与苗天娥《安徽省肥东县的完颜氏》⑥对北京、安徽合肥、甘肃平流泾川的完颜氏作了简述。完颜玺《完颜氏变迁记》⑦通过社会调查，描述了甘肃省泾川县王村镇完颜家族的来历与变迁。何志虎和贺晓燕《泾川完颜家族祖先遗像考释》⑧对泾川完颜家族祠堂所藏之完颜祖先图作了细致的解释，并分析了图像人物的排列特征等。粘子瑛《女真后裔在台湾：粘氏宗族与彰化福兴地区的发展》⑨对中国台湾地区的女真遗民粘氏宗族作了全方位的论述。日本长白清子《完颜麟庆及女真皇族完颜氏后裔》⑩、全道荣《女真族的一支后裔·全姓》⑪也对相关问题作了研究。

七、结语

辽西夏金宗族研究范围广泛，现有成果在诸多方面已有涉及，然直接探讨宗族组织的成果尚不多见。同时，三朝宗族研究的侧重点也有所不同。辽代宗族研究相对来说更全面一些，但也较多地集中在上层社会中的世家大族特别是其谱系、仕宦、婚姻等问题。金代宗族研究侧重于女真社会，对上层宗族的研究又主要集中于皇族。这些研究，在一定程度上有助于了解辽金的政治结构。西夏宗族研究更显薄弱，已有成果集中在西夏姓氏考证和西夏遗民等方面。因

---

① 任崇岳：《河南省完颜姓女真遗民探析》，《中州学刊》2009 年第 1 期。
② 任崇岳：《论晋皖豫三省的女真遗民》，《北方文物》1995 年第 2 期。
③ 任崇岳：《河南省的女真遗民》，《中州今古》1994 年第 4 期。
④ 景爱：《北京完颜氏遗族考》，见《辽金史论集》第 5 辑，文津出版社 1991 年版。
⑤ 景爱：《当代中国的完颜氏遗民》，《满族研究》1994 年第 3 期。
⑥ 景爱、苗天娥：《安徽省肥东县的完颜氏》，见《辽金史论集》第 11 辑，内蒙古大学出版社 2009 年版。
⑦ 完颜玺：《完颜氏变迁记》，吉林摄影出版社 2007 年版。
⑧ 何志虎、贺晓燕：《泾川完颜家族祖先遗像考释》，《甘肃社会科学》2005 年第 2 期。
⑨ 粘子瑛：《女真后裔在台湾：粘氏宗族与彰化福兴地区的发展》，台湾古籍出版有限公司 2005 年版。
⑩ ［日］长白清子：《完颜麟庆及女真皇族完颜氏后裔》，见《金史研究论丛》，哈尔滨出版社 2000 年版。
⑪ 全道荣：《女真族的一支后裔·全姓》，凤凰出版社 2009 年版。

传世文献缺乏，甚至难以考证出一个丰赡而完整传承的西夏宗族世系，西夏社会中宗族的动态发展过程尚无法清晰描述。辽西夏金三朝虽同属于北方民族建立的政权，但是对三朝宗族进行同一层面的必要联系与对比还较为缺乏，对宗族社会的构成单位——家庭的丰富内涵也缺乏必要的动态认知。总起来看，从宏观层面对三朝宗族的研究，或相关的理论创新，显然还有待加强。

从族际交往到一体认同 *

—— 20 世纪以来的宋代民族融合研究

20 世纪以来，学术界围绕宋代民族融合的问题积累了相当数量的研究成果，涉及各民族的迁徙、杂居、交往、融合以及中华民族的认同意识等各个方面。这些成果对相关问题既有开拓，又有深化，但同时也有不足之处。建议今后的研究应注重挖掘民族融合的媒介和少数民族史料、纵向融合与横向融合的交互影响以及加强相关社会背景的研究等。

近年来，学术界有不少学者，用"10—13 世纪的中国"来指称五代辽宋西夏金多政权并存时期，以替代以往断代史的称谓。这一新提法，显示了以历史时段为对象重新用整体性视角审视多政权的对立与融合的倾向。同时，也有学者指出，辽宋夏金元时期是中国古代第三次民族大融合时期。毫无疑问，这一时期各政权统治区域内的民族群体，均在融合过程中扮演了各种各样的角色。长期以来，学术界对该时期民族融合问题从各种不同层面进行研究和总结。对于表现活跃的北方地区民族融合的研究，笔者以辽金为对象作了述评。[①] 相对来说，宋作为持续时间最久的政权，统治区内人口最多，民族成分更为复杂，与其他政权的互动也十分频繁。因此，宋代民族融合问题受到学者较多关注，其研究成果更值得介绍和分析。这些成果的论述视角，大致可以分为两类：一是从整体来看各民族群体之间的融合，宋代由于文明发展程度较高并处于政治地缘关系的中心地位，与周边的辽、西夏、金、大理等民族政权及其统治区域的民

＊ 原载《安徽史学》2015 年第 1 期。

① 王善军：《20 世纪以来辽金民族融合问题研究综述》，见《西夏学》第 6 卷，上海古籍出版社 2010 年版。

族不断交流融汇。二是从统治区域来说，宋朝本身就是多民族存在的实体，汉族和其他少数民族也存在民族融合问题。本文旨在对这些成果进行系统梳理，并予以简单评论。

一、民族迁徙与杂居

民族迁徙是民族融合的首要条件。迁入民族与原有民族杂居需要不断整合，从而消除语言沟通障碍、建立共同的经济联系和形成认同心理等。民族迁徙涉及民族国家疆域界限的问题，很多学者认为古代"中国"是一个文化体，而没有严格意义上的区域疆界。但是针对宋代具体情况的变化，不少学者已提出了修正性或补充性的看法。葛兆光《宋代"中国"意识的凸显——关于近世民族主义思想的一个远源》[①]、杜芝明和黎小龙《"极边"、"次边"与宋朝边疆思想探析》[②] 等论文认为，由于少数民族政权的崛起对于宋王朝产生了巨大的冲击，从而打破了唐以前汉族中国人关于天下、中国与四夷的传统观念和想象，有了实际的敌国意识和边界意识，有了关于"中国"有限的空间意识。郑涛和张文《极边、次边、近里：北宋西北边疆层级体系三级制界说》[③] 指出，北宋边疆层级体系是三级制，由极边、次边、近里构成，其性质可说是一种边防体系，其理论基础源于宋人的纵深防御思想。同时，也有学者关注到宋朝实际边界的特殊状态。佐伯富《关于宋代雄州的缓冲地两输地》[④] 和安国楼《宋辽边境的"两属户"》[⑤] 指出，河北雄州下辖的归信和容城两县，是同时归属于宋辽双方政权的。由此可见，宋代虽有朦胧边界意识的萌芽，但是边界意识的作用仍然是有限的。不清晰不明确的边界意识，为民族迁徙提供了更多的机会。

另外，有些概念如"民族迁徙（移）""人口流动""人口迁移""移民"等，

---

① 葛兆光：《宋代"中国"意识的凸显——关于近世民族主义思想的一个远源》，《文史哲》2004年第1期。

② 杜芝明、黎小龙：《"极边"、"次边"与宋朝边疆思想探析》，《中国边疆史地研究》2010年第2期。

③ 郑涛、张文：《极边、次边、近里：北宋西北边疆层级体系三级制界说》，《中国边疆史地研究》2012年第2期。

④ ［日］佐伯富：《关于宋代雄州的缓冲地两输地》，日本《中国史研究》，东洋史研究会1969年版。

⑤ 安国楼：《宋辽边境的"两属户"》，《中国史研究》1991年第4期。

在移民研究论著中频频出现,各自所指代的内涵也说法不一。赵永春《关于
"人口迁移"、"移民"及其相关概念》①对这几个概念进行梳理评析,认为对"人
口迁移""人口流动""移民""民族迁移"等概念不宜进行严格区分。

(一)各民族的人口流动

两宋统治区域尽管有所变化,但均与周边民族政权的统治区域犬牙交错,
这就为人口的流动提供了便利。由于宋朝经济文化相对发达,社会相对稳定,
也由于宋政权对流入人口的吸引政策,因此会有周边民族政权的人口内附宋
朝。杨蕤《北宋初期党项内附初探》②指出,北宋初期党项族有十余万民众内附
宋王朝辖区内的宋夏沿边地区,并促进了该地区的开发。佟建荣《宋夏缘边叛
服蕃部考》③具体考述了在宋夏双方争夺边境民族人口的过程中,西夏归宋的西
界蕃部和投夏的北宋蕃部;《宋夏沿边蕃部人口流动考论》④进一步论述了蕃部
人口流动对宋夏关系、蕃部社会、西北地区生态的影响,并认为主要流动是叛
夏投宋。陈武强《北宋前中期吐蕃内附族账考》⑤指出,北宋前中期(960—1067
年)政府大力招诱吐蕃内附,西北缘边先后有约三十万吐蕃部落族帐纳入北宋
政府管辖之下,接受其统治。他的《北宋后期吐蕃内附族帐考》⑥指出,北宋后
期(1068—1127年),先后约120多万的吐蕃部落族帐归顺北宋统治。吐蕃部落
族帐的内附,促进了藏汉经济文化交流以及西北边疆的开发,在藏汉民族关系
史上产生了深远影响。

宋朝对来自周边政权统治区域的归顺者,往往称为"归明人",或"归正
人""归朝人"等。学界以此为考察对象的研究成果,有黄宽重《略论南宋时代
的归正人》⑦、顾吉辰《北宋归明制度考述》⑧、陶玉坤和薄音湖《北宋对契丹归明

---

① 赵永春:《关于"人口迁移"、"移民"及其相关概念》,《史学集刊》2012年第2期。
② 杨蕤:《北宋初期党项内附初探》,《民族研究》2005年第4期。
③ 佟建荣:《宋夏缘边叛服蕃部考》,《固原师专学报》2006年第2期。
④ 佟建荣:《宋夏沿边蕃部人口流动考论》,见《西夏学》第1辑,宁夏人民出版社2006年版。
⑤ 陈武强:《北宋前中期吐蕃内附族账考》,《西藏大学学报(社会科学版)》2010年第3期。
⑥ 陈武强:《北宋后期吐蕃内附族帐考》,《西藏研究》2012年第2期。
⑦ 黄宽重:《略论南宋时代的归正人(上下)》,《食货月刊》复刊1977年第7卷3、4期。
⑧ 顾吉辰:《北宋归明制度考述》,《固原师专学报》1988年第4期。

人的政策》①、戴建国《宋朝对西南少数民族归明人的政策》②、侯爱梅《试论北宋对西夏归明人的政策》③和《北宋时期西夏归明族帐考》④、陶玉坤《北宋对契丹归明人的安置》⑤、徐东升《宋朝对归明、归朝、归正人政策析论》⑥等。从这些论著中可以看出,在冷兵器时代,战争凭借的主要力量是人口,因此宋王朝与周边民族政权之间往往有人口的争夺。另外,榎並岳史《关于南宋的"归正人"——以名称及其发展实态为中心》⑦指出,以前具有同一性质的归明人、归朝人、归正人,是根据出身地(籍贯)来划分的,由此可以看到以宋为中心的国际关系的变化。

宋朝对周边民族政权人口采取招抚、引诱、笼络的政策吸引人口投附,以赐田、授官等措施给予安置。关于宋朝对边区人口争夺招诱政策,也引起了研究者的注意。李华瑞《论宋夏争夺西北少数民族的斗争》⑧从宋夏全面战争爆发前、宋夏全面战争爆发后、宋夏争夺横山和熙河等三方面展开论述。安介生《北宋初年山西向外移民考》⑨具体考察了北宋初年北汉人口向宋朝的流动。安国楼《宋朝周边民族政策研究》⑩一书中设有"民族边区的人口流移与宋朝人口政策"一章,具体论述了边关人口政策、对内附部族人户的安置、蕃汉人口流移与贩卖的限制等问题。夏宇旭《浅析宋朝对金治下契丹人的招诱》⑪指出,归附宋朝的契丹人成为宋朝的重要军事力量。另外,河原正博《关于蛮酋的内徙》⑫提出了宋代"蛮酋"(族长)向宋朝疆域的"内徙"问题。

① 陶玉坤、薄音湖:《北宋对契丹归明人的政策》,《内蒙古社会科学》2003 年第 6 期。
② 戴建国:《宋朝对西南少数民族归明人的政策》,《云南社会科学》2006 年第 2 期。
③ 侯爱梅:《试论北宋对西夏归明人的政策》,《宁夏社会科学》2006 年第 3 期。
④ 侯爱梅:《北宋时期西夏归明族帐考》,《宁夏大学学报(人文社会科学版)》2006 年第 4 期。
⑤ 陶玉坤:《北宋对契丹归明人的安置》,《辽宁师范大学学报(社会科学版)》2008 年第 4 期。
⑥ 徐东升:《宋朝对归明、归朝、归正人政策析论》,《厦门大学学报(哲学社会科学版)》2012 年第 1 期。
⑦ [日]榎並岳史:《关于南宋的"归正人"——以名称及其发展实态为中心》,日本《环东南亚研究中心年报》第 5 号, 2010 年 2 月。
⑧ 李华瑞:《论宋夏争夺西北少数民族的斗争》,《中州学刊》1992 年第 1 期。
⑨ 安介生:《北宋初年山西向外移民考》,《晋阳学刊》1996 年第 3 期。
⑩ 安国楼:《宋朝周边民族政策研究》,文津出版社 1997 年版。
⑪ 夏宇旭:《浅析宋朝对金治下契丹人的招诱》,《东北师大学报(哲学社会科学版)》2009 年第 2 期。
⑫ [日]河原正博:《关于蛮酋的内徙》,日本《法政学报》1955 年第 7 号。

宋代人口有流入，也有流出。方国瑜《唐宋时期洱海区的汉族移民》[①]考证了唐宋以来迁入云南洱海地区的汉人。范传贤《宋代输出人口问题及其它》[②]指出，宋代奴隶贸易存在特殊性，不是落后地区流向发达地区，而是发达地区流向落后地区，即将奴隶运往契丹、女真、西夏、戎人、溪峒等边远地区。

在宋政权统治的疆域内部，由于北方战乱，以汉族为主体的北方人口往往向南方迁移寻找安宁之地。学术界对此问题较早关注的，是张家驹《靖康之乱与北方人口的南迁》[③]一文。该文指出主要迁入地是东南和四川。吴松弟《北方移民与南宋社会变迁》[④]一书，在建立具体的"移民档案"的基础上，探讨了移民的迁移、地区分布、迁出地、主要迁移路线以及入籍过程，论述了移民对南宋社会方方面面的影响。他的另一部著作《中国移民史》(第四卷)[⑤]又对宋代移民作了更为全面的探讨。刘浦江《十二世纪中叶中国北方人口的南迁》[⑥]论述了靖康之变到绍兴和议、海陵王南侵前后北方人口的南迁及移民流向和地域分布。也有学者将人口南迁与边区的发展联系在一起讨论。刘美崧《宋代汉族迁入岭南及其对南疆的开发》[⑦]论述了汉人迁入少数民族地区并与南方少数民族共同开发南疆。

（二）民族杂居

受少数民族传统分布区域的影响，宋代主要的民族杂居区域大体上可以分为西北地区和南方地区，其他区域少数民族分布相对较少。民族杂居多是少数民族人口混杂在汉族人口中。关于西北地区，研究成果相对较多。顾吉辰有《北宋前期党项羌族帐考》[⑧]《宋仁宗时期我国西北地区族帐考》[⑨]《北宋神哲徽

---

① 方国瑜:《唐宋时期洱海区的汉族移民》,《人文科学杂志》1957 年第 1 期。
② 范传贤:《宋代输出人口问题及其它》,《中国历史文献研究集刊》1980 年第 1 期。
③ 张家驹:《靖康之乱与北方人口的南迁》,《文史杂志》1942 年 3 月第 2 卷第 3 期。
④ 吴松弟:《北方移民与南宋社会变迁》,文津出版社 1993 年版。
⑤ 吴松弟:《中国移民史》第四卷,福建人民出版社 1997 年版。
⑥ 刘浦江:《十二世纪中叶中国北方人口的南迁》,见《原学》第 6 辑,中国广播电视出版社 1998 年版。
⑦ 刘美崧:《宋代汉族迁入岭南及其对南疆的开发》,《中国边疆史地研究》1992 年第 2 期。
⑧ 顾吉辰:《北宋前期党项羌族帐考》,《史学集刊》1985 年第 3 期。
⑨ 顾吉辰:《宋仁宗时期我国西北地区族帐考》,《青海师范大学学报(哲学社会科学版)》1985 年第 4 期。

三朝我国西北地区族帐考》^①等文。陈守忠《北宋时期秦陇地区吐蕃各部族及其居地考》^②以宋廷向西拓地、建立堡寨的年月次第为经，以地理位置为纬，一一考述了各部族居地及其与宋廷的关系。刘建丽《宋代西北吐蕃研究》^③一书设有"宋代西北吐蕃部族及其分布"一章，具体考述了吐蕃部族在西北的分布。汤开建《五代辽宋时期党项部落的分布》^④考述了党项部落在契丹、西夏、北宋西北边境三大地区的分布情况；《五代宋金时期甘青藏族部落的分布》^⑤考述了吐蕃部落在西北地区相对集中的 5 个区域的分布情况。蔡家艺《辽宋金夏境内的沙陀族遗民》^⑥指出，沙陀族解体后，其族人大都散入辽、宋、夏、金境内。其中宋朝境内的沙陀人，绝大多数来自后汉、后周和北汉，其中有不少是沙陀世家大族，并对宋朝的建立和发展发挥了重大作用。薛正昌《唐宋元时期固原境内的民族》^⑦考述了固原境内在唐宋元时期的民族分布情况。

关于南方少数民族的分布，主要有李默《宋元广西瑶族分布考略》^⑧《宋、元时期广东瑶族分布考略》^⑨，考述了宋元时期瑶族在广东、广西的分布；薛政超《唐宋时期湖南的少数民族移民及其影响》^⑩探讨了少数民族移民对湖南民族关系产生的重大影响；冈田宏二《论宋代溪洞蛮的种族系谱》^⑪从文献史料中的瑶族和仡佬族的名称出发，通过他们的种族姓氏，探讨了其历史沿革和分布的状况。

以上研究成果，大都是考证某一部族（民族）在宋朝的地域分布或者是某一地域不同部族（民族）的分布。此外，还有学者对少数民族人口数量进行研

① 顾吉辰：《北宋神哲徽三朝我国西北地区族帐考》，《西北民族学院学报（哲学社会科学版）》1986 年第 4 期。
② 陈守忠：《北宋时期秦陇地区吐蕃各部族及其居地考（上下）》，《西北师大学报（社会科学版）》1996 年第 2、3 期。
③ 刘建丽：《宋代西北吐蕃研究》，甘肃文化出版社 1998 年版。
④ 汤开建：《五代辽宋时期党项部落的分布》，《西北民族研究》1993 年第 1 期。
⑤ 汤开建：《五代宋金时期甘青藏族部落的分布》，《中国藏学》1989 年第 4 期。
⑥ 蔡家艺：《辽宋金夏境内的沙陀族遗民》，《民族研究》2004 年第 5 期。
⑦ 薛正昌：《唐宋元时期固原境内的民族》，《宁夏社会科学》1998 年第 1 期。
⑧ 李默：《宋元广西瑶族分布考略》，《广东社会科学》1986 年第 4 期。
⑨ 李默：《宋、元时期广东瑶族分布考略》，《民族研究》1985 年第 2 期。
⑩ 薛政超：《唐宋时期湖南的少数民族移民及其影响》，《邵阳学院学报（社会科学版）》2009 年第 2 期。
⑪ ［日］冈田宏二：《论宋代溪洞蛮的种族系谱》，日本《东南亚——历史与文化》第 3 号，1973 年。

究。李清凌《北宋的西北人口》①估算了陕西五路的汉族人口、陕西五路及河湟吐蕃人口、党项西夏人口、西州回鹘、喀喇汗国及西辽等政权下的人口数量，总结出宋代西北人口具有民族成分复杂、人口波动性大等特点。程民生《宋朝少数民族人口数量探究》②考述了少数民族的分布情况，经考证推测北宋中后期宋朝境内有少数民族人口四百六十七万余人。

在宋代境内还有客居的外国人，其中一些从事商业活动，与民间社会有较深的社会经济联系，甚至出现族际通婚的现象。较早关注这一问题的是江应樑《唐宋时中国境内之外侨》③。该文涉及外人侨居中国之盛况、蕃坊及蕃长、中国政府对外侨的优待、外侨之富有、与华人通婚、生活的华化、蕃奴等内容。认为唐宋时代外侨居住中国，对于国家、社会、民族、文化都产生了深刻的影响。相关研究还有白寿彝《宋时大食商人在中国的活动》④、关履权《宋代广州的外商》⑤、穆宝修《唐宋时期穆斯林的来华和留居》⑥、黄纯艳《宋代来华外商述论》⑦、王利民《唐宋时代在华的外国商人》⑧、廖大珂《宋元时期泉州的阿拉伯人》⑨、马建春《两宋时期留居杭州的穆斯林蕃商胡贾》⑩等。外国人既可与华人杂居城中，也有其相对独立的居住区域，称为蕃坊。马娟《唐宋时期穆斯林蕃坊考》⑪对蕃坊的形成、组成形式、蕃长职掌及性质、活动等多方面进行论证；同时指出唐宋时期穆斯林蕃坊对后来的教坊制度、哈的司管理机构的影响。刘莉《试论唐宋时期的蕃坊》⑫通过唐宋时期蕃坊的产生、蕃坊与羁縻府州的比较、蕃坊的历史地位等方面的论证，揭示了蕃坊与唐宋政府关系的特殊性及其在中国回族社会结构形成进程中的重要意义。王四达《宋元泉州外侨社区的兴衰及其

---

① 李清凌：《北宋的西北人口》，《河西学院学报》2002 年第 4 期。

② 程民生：《宋朝少数民族人口数量探究》，《民族研究》2002 年第 3 期。

③ 江应樑：《唐宋时中国境内之外侨》，《南诏季刊》1935 年第 1 期。

④ 白寿彝：《宋时大食商人在中国的活动》，见《中国伊斯兰教史存稿》，宁夏人民出版社 1983 年版。

⑤ 关履权：《宋代广州的外商》，《学术研究》1985 年第 2 期。

⑥ 穆宝修：《唐宋时期穆斯林的来华和留居》，《云南社会科学》1985 年第 5 期。

⑦ 黄纯艳：《宋代来华外商述论》，《云南社会科学》1997 年第 4 期。

⑧ 王利民：《唐宋时代在华的外国商人》，《文史知识》1998 年第 4 期。

⑨ 廖大珂：《宋元时期泉州的阿拉伯人》，《回族研究》2011 年第 2 期。

⑩ 马建春：《两宋时期留居杭州的穆斯林蕃商胡贾》，《浙江社会科学》2011 年第 4 期。

⑪ 马娟：《唐宋时期穆斯林蕃坊考》，《回族研究》1998 年第 3 期。

⑫ 刘莉：《试论唐宋时期的蕃坊》，《中央民族大学学报》1999 年第 6 期。

启示》①对宋元时期泉州外侨社区的形成原因、兴衰的经验教训和启示进行了分析。

二、族际交往

族际交往涉及的范围甚广，然就主要方面而言，莫过于由通婚而形成的血缘交往以及由物质、精神交流而形成的文化交往。

（一）族际通婚

婚姻具有合两姓之好的社会作用，族际通婚在一定程度上又赋予婚姻结两族之好的社会文化意义。民族融合到一定程度时，才会出现自然状态下的族际通婚。但是，宋代官方是禁止汉族与异民族之间通婚的。对内而言，张邦炜《婚姻与社会（宋代）》②指出宋代禁止族际婚；对外而言，彭利芸《宋代婚俗研究》③指出宋代在理学的熏陶下，增进了民族意识，因而对和亲政策，力加排斥。也应看到，宋王朝对族际婚姻的禁止，不但是有条件的，而且往往禁而难止。宋人与外商通婚被学者关注，前文已有提及。专门研究则有鲁忠慧《试析唐宋时期回回先民的国际婚姻：蕃汉通婚》④。该文认为，唐宋时期东来中国而久居华夏的波斯人和阿拉伯人及信奉伊斯兰教的各国穆斯林及其后裔，通过商贸活动增进蕃汉之间的融合，从而形成蕃汉通婚。由于前代的民族融合基础，宋朝境内很多少数民族的本民族色彩逐渐淡化，甚至是"华夷"难辨，因而有利于蕃汉通婚。赵海霞《鲜卑折掘氏与党项折氏》⑤指出，原是鲜卑部落的折掘氏部，经过长期的民族融合，逐渐融入党项羌之中，至唐末形成党项折氏这一大部落。宋代以后，党项折氏随着与汉族的长期通婚，又逐渐融合到汉族之中。少数民族之间，也同样有相互通婚的社会现象。刘兴亮《宋代西北吐蕃联姻问题探析》⑥指出，两宋时期，西北吐蕃势微，部众四散。为求生存，吐蕃各部在发展自

---

① 王四达：《宋元泉州外侨社区的兴衰及其启示》，《东南文化》2008 年第 1 期。
② 张邦炜：《婚姻与社会（宋代）》，四川人民出版社 1989 年版。
③ 彭利芸：《宋代婚俗研究》，新文丰出版公司 1988 年版。
④ 鲁忠慧：《试析唐宋时期回回先民的国际婚姻：蕃汉通婚》，《宁夏社会科学》2001 年第 5 期。
⑤ 赵海霞：《鲜卑折掘氏与党项折氏》，《西北民族研究》2011 年第 2 期。
⑥ 刘兴亮：《宋代西北吐蕃联姻问题探析》，《西藏大学学报》2010 年第 2 期。

身的同时,亦注意用联姻等方式来强化彼此以及与西夏、辽、回鹘等民族政权之间的关系。联姻对西北吐蕃政权的巩固,各民族间经济文化交流均起到了一定的作用。

（二）族际文化的交往

文化是一个民族区别于另一个民族的重要标识。在一定程度上来说,民族融合的意义在于族际文化的融汇。色音《民族融合与文化融合》①指出,严格意义上的民族融合归根结底就是指文化融合,只要文化未完全融合,其民族也必然未能完全融合;只要存在着文化上的差异,就意味着民族还未彻底融为一体。对于宋王朝而言,既吸收了北方民族的文化元素,又汲取南方境内少数民族的文化营养,民间的物质文化交流、精神文化交流丰富了宋朝社会文化的内涵。

1. 物质文化交流

宋王朝在物质文化上与北方少数民族政权之间的交流主要是靠贸易的方式。林文勋《宋代以"互市"为内容的民族政策》②《宋王朝边疆民族政策的创新及其历史地位》③认为,宋代处于经济发展的中心地位,同时宋王朝贸易范围的扩大使得周边民族政权在一定程度上卷入了宋王朝的市场体系之中,而宋王朝利用互市作为一只无形的手牢牢地控制着周边民族。宋朝与周边民族的贸易渠道主要有榷场贸易、和市贸易、走私贸易和朝贡贸易四种形式。和平时期主要是官方的榷场贸易,遇有战事榷场贸易则停止,但是民间的走私贸易一直盛行。走私贸易方面的研究成果有:全汉昇《宋金间的走私贸易》④、廖隆盛《北宋与辽夏边境的走私贸易问题》⑤、张庆龄《宋辽间的走私贸易》⑥、靳华《试析宋往金界的走私》⑦、陈旭《宋夏之间的走私贸易》⑧等。走私贸易在和平时期于榷场以外贩卖违禁物品,加深双方的物质文化交流;而在双方中止合法贸易时进行的活

---

① 色音:《民族融合与文化融合》,《青海社会科学》1989年第4期。
② 林文勋:《宋代以"互市"为内容的民族政策》,《云南民族学院学报》1991年第3期。
③ 林文勋:《宋王朝边疆民族政策的创新及其历史地位》,《中国边疆史地研究》2008年第4期。
④ 全汉昇:《宋金间的走私贸易》,《国立中央研究院历史语言研究所集刊》第11本,1943年。
⑤ 廖隆盛:《北宋与辽夏边境的走私贸易问题(上下)》,《食货月刊》1981年复刊第10卷第11、12期。
⑥ 张庆龄:《宋辽间的走私贸易》,《史林》1988年第2期。
⑦ 靳华:《试析宋往金界的走私》,《北方论丛》1993年第2期。
⑧ 陈旭:《宋夏之间的走私贸易》,《中国史研究》2005年第1期。

动，承担着调剂余缺、沟通有无的功能。

各民族物质文化的交流，必然形成一些活跃的区域。周宝珠《北宋时期中国各族在东京的经济文化交流》①认为，北宋国都东京代替原来的长安和洛阳，成了国内各族经济文化交流的中心。廖寅《宋代博易场研究——以广西博易场为中心》②指出，宋代博易场在促进蕃汉之间经济互补、信息文化交流以及和平稳定等方面有独特的历史作用。相关研究成果还有，任树民《北宋西北边疆蕃城、蕃市初探》③和《北宋时期丝绸东路的贸易网点——唃家位》④、燕永成《熙丰变法时期的西部边贸开发》⑤、黄雄鹰《横山寨博易场对宋代桂西壮族经济发展的影响》⑥、凌受勋《宋代戎州民族贸易市场》⑦、闫贵荣《浅议宋代陇右商业贸易》⑧、朱文慧和王元林《宋代广南西路的三大博易场和海南岛的对外贸易》⑨等。

此外，有些学者还从区域民族与内地联系的角度进行探究。程溯洛《五代宋辽金时期新疆回鹘人民和祖国各地的经济联系》⑩、黄万纶《唐宋时期西藏同内地经济文化联系的历史考察》⑪分别考述了古代新疆、西藏与我国其他各民族之间具体经济文化联系。

2. 精神文化交流

对于宋朝而言，民族间的人员往来必然带动精神文化的传播，汉族与少数民族之间在精神文化上也形成交融的态势。

---

① 周宝珠：《北宋时期中国各族在东京的经济文化交流》，《河南师大学报（社会科学版）》1982年第4期。

② 廖寅：《宋代博易场研究——以广西博易场为中心》，《中国社会经济史研究》2013年第3期。

③ 任树民：《北宋西北边疆蕃城、蕃市初探》，《甘肃民族研究》1995年第3期。

④ 任树民：《北宋时期丝绸东路的贸易网点——唃家位》，《西北民族学院学报（哲学社会科学版）》1997年第2期。

⑤ 燕永成：《熙丰变法时期的西部边贸开发》，《中国经济史研究》2000年第2期。

⑥ 黄雄鹰：《横山寨博易场对宋代桂西壮族经济发展的影响》，《广西右江民族师专学报》2003年第4期。

⑦ 凌受勋：《宋代戎州民族贸易市场》，《宜宾学院学报》2006年第7期。

⑧ 闫贵荣：《浅议宋代陇右商业贸易》，《延安大学学报（社会科学版）》2007年第6期。

⑨ 朱文慧、王元林：《宋代广南西路的三大博易场和海南岛的对外贸易》，《海南大学学报（人文社会科学版）》2010年第5期。

⑩ 程溯洛：《五代宋辽金时期新疆回鹘人民和祖国各地的经济联系》，《中央民族学院学报》1979年第3期。

⑪ 黄万纶：《唐宋时期西藏同内地经济文化联系的历史考察》，《中央民族学院学报》1986年第3期。

其一，宋朝的汉族吸收了少数民族的文化元素。较早地关注北方民族文化南传的是刘铭恕《宋代辽金文化之南渐》[①]。该文从辽金服饰文化之南渐、两宋所流行的蕃歌胡乐、语言及其他方面进行考述。陶晋生《辽金两代对传统中国文化的影响》[②]从政治、社会、经济、文化四个方面进行了论述。

关于服饰方面，刘驰等《民族文化交流对宋代服饰的影响》[③]以女真族和契丹族文化对宋代服饰的影响为例，探讨宋代服饰中民族文化交流问题，认为文化交流是服饰演变的催化剂。施联朱和容观琼《历史上黎汉民族团结友谊的光辉篇章——记我国著名女纺织技术革新家黄道婆向黎族人民学习棉纺织技术的事迹》[④]认为，宋末元初著名女纺织技术革新家黄道婆，向黎族人民学习棉纺织技术，促进了江南地区棉纺织业大发展，为我国各族人民友好团结的历史写下了光辉的一页。

关于音乐舞蹈方面，曾美月《宋代的耍令、番曲与鼓板——由此看宋朝汉族与北方少数民族的音乐交流》[⑤]以北方少数民族传入宋的耍令、番曲和鼓板为考察对象，认为最初屡遭朝廷禁止而受百姓士大夫深爱，中期被朝廷默认，后期被宫廷沿用。宋朝汉族与北方少数民族之间的音乐交流是双向的、互动的，尽管统治者的态度各有差异，但融合是不可抗拒的潮流。段炳昌《唐宋时期影响中原的云南乐舞》[⑥]认为，在辉煌的唐宋文化构筑过程中，云南少数民族音乐文化的影响，确是不能低估的。

关于礼俗方面，刘春德《宋代火葬的盛行及其对"华夷之辨"观念的挑战》[⑦]认为宋代火葬习俗屡禁不止，火葬与反火葬之争其实质是挑战与维护"华夷之辨"观念的一个缩影。这场斗争是作为"华夷之辨"观念维护者的宋代儒家学

---

① 刘铭恕：《宋代辽金文化之南渐》，《中国文化研究所集刊》1940年第6卷。
② 陶晋生：《辽金两代对传统中国文化的影响》，见《宋旭轩教授八十荣寿论文集》，本书编辑委员会2000年版。
③ 刘驰等：《民族文化交流对宋代服饰的影响》，《西北纺织工学院学报》1999年第3期。
④ 施联朱、容观琼：《历史上黎汉民族团结友谊的光辉篇章——记我国著名女纺织技术革新家黄道婆向黎族人民学习棉纺织技术的事迹》，《中央民族大学学报》1977年第4期。
⑤ 曾美月：《宋代的耍令、番曲与鼓板——由此看宋朝汉族与北方少数民族的音乐交流》，《文化艺术研究》2010年第2期。
⑥ 段炳昌：《唐宋时期影响中原的云南乐舞》，《云南教育学院学报》1990年第4期。
⑦ 刘春德：《宋代火葬的盛行及其对"华夷之辨"观念的挑战》，《广西右江民族师专学报》2005年第5期。

说影响力式微，而作为挑战一方的佛教和少数民族丧葬观念强势影响中原文化，以及宋代特殊的时代特征交织作用的结果。

关于语言方面，王学奇《宋元明清戏曲中的少数民族语》[①] 从戏曲中考索出一些少数民族的词汇。李文泽《宋代语言研究》[②] "词汇编"也设有"外来语的影响"一节。杨柏怡《从辽宋关系看辽对宋诗酒文化的影响》[③] 认为，在双方不断交往过程中，宋代酒诗词在内容、风格等方面均受到辽的影响，使得宋代诗酒文化更为丰富、充实。

文化在传播过程中会在实用原则下进行取舍，甚至产生误解误读的现象。宋朝社会对于外来文化因素不但能够积极吸纳，而且能够改造利用，使之兼具少数民族文化与汉文化双重特质，从而成为民族融合的重要媒介。宋德金《双陆与民族文化的交流与融合》[④] 以源自古印度的双陆为考察对象，认为双陆自魏晋入中国逐渐融汇为汉文化的重要象征，在宋、辽、金、元各个政权中流行，成为这一时期民族融合的重要媒介。张小贵《唐宋祆祠庙祝的汉化——以史世爽家族为中心的考察》[⑤] 考察了史世爽先世受牒的历史，认为唐代萨宝府下的祆正、祆祝，专为管理胡人信教而设，属中央王朝的职官体系。至宋代，祆祠更纳入中原王朝的祭礼，成为地道的汉人信仰。唐宋之际祆祠庙祝任免权的变化，正反映了这一外来宗教如何逐渐融入中土社会。郑祖襄《宋、元、明琵琶图像考——琵琶乐器汉化过程的图像分析》[⑥] 以琵琶考古图像为研究中心，认为宋、元、明时期，正是琵琶这件外来乐器汉化的历史过程，也是琵琶音乐独立化、器乐化的发展进程。

其二，传统儒家文化也对宋朝境内的少数民族产生了深远的影响。程民生《宋代少数民族学校述略》[⑦] 指出，宋代前后兴办少数民族学校有十余所，专以

---

① 王学奇：《宋元明清戏曲中的少数民族语（一、二、三、四）》，《唐山师范学院学报》2001 年第 1、3、4、6 期。

② 李文泽：《宋代语言研究》，线装书局 2001 年版。

③ 杨柏怡：《从辽宋关系看辽对宋诗酒文化的影响》，《北方文物》2011 年第 4 期。

④ 宋德金：《双陆与民族文化的交流与融合》，《历史研究》2003 年第 2 期。

⑤ 张小贵：《唐宋祆祠庙祝的汉化——以史世爽家族为中心的考察》，《中山大学学报（社会科学版）》2005 年第 3 期。

⑥ 郑祖襄：《宋、元、明琵琶图像考——琵琶乐器汉化过程的图像分析》，《中国音乐学》2008 年第 4 期。

⑦ 程民生：《宋代少数民族学校述略》，《中央民族学院学报》1989 年第 3 期。

儒家经典为教材，对少数民族地区起到了传播文化的作用。任树民《宋代缘边
吐蕃风俗文化嬗变之考略》[①]考察了分布在今甘青川陕一带缘边地区未建立地
区性政权的吐蕃部族，认为由于其漫散山谷，互不统属，与当地的汉人、党项等
交相杂居，风俗与其他各地略不相同，较之唐代吐蕃风俗文化有着明显的嬗变，
反映出民族文化融合的迹象。陈冠文《宋代广西汉、壮民族间的文化交流》[②]从
壮族对汉文化的吸收、民族冲突、民族迁徙、壮族的"汉裔"观念等角度论述壮
族融入汉族这一历史的进程，认为宋代汉、壮族间出现了大规模的融合。李倩
《宋元时期汉黎人民的经济文化交往》[③]认为，通过经济、文化联系、友好往来
和大量移民，黎族社会的发展进程、经济结构受到重要影响。李生信《西北回
族话中宋元明白话词汇的传承与变异》[④]指出，在今天西北回族话中，还保留了
不少宋元明时期常用的白话词汇，表明了宋元文化对回族文化的影响。张羽琼
《论两宋时期贵州区域文化的变迁》[⑤]指出，两宋时期，随着中原王朝对西南边疆
各族政治统治的加强以及中原人民的大批入黔，以儒学为核心的中原文化在贵
州进一步传播，各少数民族逐步认同中原文化。吴敬和杨洪《以考古材料为视
角的贵州地区宋代葬俗研究》[⑥]论证南宋时期贵州北部地区出现汉文化的丧葬习
俗，提供了贵州地区民族融合的考古学证据。

　　汉族的一些士大夫也深刻影响着南方的少数民族，较早关注这一问题的是
罗常培《朱熹对于岭南风俗的影响》[⑦]。该文认为朱熹在闽南只有5年，却有"化
民成俗"的成绩，但同时也对妇女守节等影响提出质疑。刘美崧《苏氏父子对
汉文化的传布及其对黎族人民的影响》[⑧]论述了苏轼和苏过在海南对汉文化的传

---

　　① 任树民：《宋代缘边吐蕃风俗文化嬗变之考略》，《西藏民族学院学报（社会科学版）》1996年
第3期。

　　② 陈冠文：《宋代广西汉、壮民族间的文化交流》，《广西民族研究》1989年第4期。

　　③ 李倩：《宋元时期汉黎人民的经济文化交往》，《社会科学动态》1999年第8期。

　　④ 李生信：《西北回族话中宋元明白话词汇的传承与变异》，《宁夏师范学院学报》2012年第
2期。

　　⑤ 张羽琼：《论两宋时期贵州区域文化的变迁》，《贵州民族研究》2003年第1期。

　　⑥ 吴敬、杨洪：《以考古材料为视角的贵州地区宋代葬俗研究》，《贵州民族研究》2011年第2期。

　　⑦ 罗常培：《朱熹对于岭南风俗的影响》，《国立第一中山大学语言历史学研究所周刊》第1集第
4期，1927年。

　　⑧ 刘美崧：《苏氏父子对汉文化的传布及其对黎族人民的影响》，《历史文献与民族文化研究》，
高等教育出版社1994年版。

播及其对黎族人民的影响。马强《唐宋士大夫与西南、岭南地区的移风易俗》①认为，西南地区地方官员尤其是流贬士大夫执着于以破除迷信、引导文明生活方式的移风易俗活动，收到了一定的社会治理效果，也典型地体现了中国古代知识阶层"处江湖之远"而自觉践履儒家"以夏化夷""有教无类"的思想情怀。王章伟《文明推进中的现实与想象——宋代岭南的巫觋巫术》②指出，宋朝政府和士大夫一方面以一个陌生外来者的角度，了解、描述、塑造想象中的岭南"异文化"；另一方面为了将岭外逐渐纳入中原的礼乐文明里，政府和士大夫又透过高压和劝诱两种手段，逐渐消除原地的土著文化。

其三，精神文化交流的双向互动。孙悟湖《宋代汉藏民间层面宗教文化交流》③认为，宋代汉藏两族宗教文化交流通过民间方式，将汉地的宗法性传统宗教文化、道教文化、佛教文化传递到了周边藏区民间，也将藏传佛教文化、苯教文化和其他藏族宗教习俗传播到了周边汉地民间。汉藏民间层面宗教文化交流推动了学者、僧侣层面和官方层面宗教文化交流的深度和广度，从某种程度上保持和深化了学者、僧侣层面和官方层面宗教文化交流的成果。王菲菲《两宋时期辽、金、西夏的歌舞及其与汉族的交流》④认为，两宋先后与辽、西夏、金民族政权并立，由此形成了汉族与多个少数民族歌舞长期并存和交融的特殊局面。鲁芳《宋元时期民族间道德生活的斗争与融合》⑤指出，宋元时期各民族之间频繁的冲突与战争促进了民族间的交流，使不同民族的道德生活在斗争中走向融合。主要表现为：少数民族对汉族礼制的吸纳，屠城与民本的对抗，孝道观念的契合与差异，收继婚与贞洁观的矛盾。

三、民族融合程度

关于宋代民族融合的广度和深度问题，研究成果相对薄弱，学术观点也有

---

① 马强：《唐宋士大夫与西南、岭南地区的移风易俗》，《西南师范大学学报（人文社会科学版）》2006 年第 2 期。
② 王章伟：《文明推进中的现实与想象——宋代岭南的巫觋巫术》，《新史学》2012 年第 23 卷第 2 期。
③ 孙悟湖：《宋代汉藏民间层面宗教文化交流》，《西藏研究》2006 年第 4 期。
④ 王菲菲：《两宋时期辽、金、西夏的歌舞及其与汉族的交流》，《艺术百家》2009 年第 3 期。
⑤ 鲁芳：《宋元时期民族间道德生活的斗争与融合》，《伦理学研究》2011 年第 6 期。

不同，但大多数学者倾向于辽宋夏金元时期在中国历史上是民族大融合时期。

（一）民族融合的广度

从广度上看，不论是少数民族相对集中的边疆地区，还是以汉族为主体的中原地区，以及宋朝全境甚或是以宋朝为中心的多政权统治区域，其民族融合均得到学者的一定关注。边疆地区的民族融合与边疆开发具有密切的关系，这方面的研究成果多集中在宋王朝对边疆地区的民族政策与社会经济发展上。柳依《宋代对吐蕃居地的土地开发》[1]指出，土地开发取得了一定的成效，大量荒地得到开垦，大批投顺蕃部定居从事农耕。王雪英《试论宋代广西的开发》[2]认为，宋代是广西境内各少数民族形成的重要时期，但区域差异比较明显：东部以土著民族融合于汉族为主，表现为土著民族的汉化；西部则以汉族融合于土著民族为主，表现为汉族的土著化。安国楼《北宋的开边及其对荆湖新边地区的政策》[3]认为，宋朝为实现所谓"用夏变夷"的目的，采取了一系列的经营政策和措施，客观上打破了各部族封闭、半封闭的生活环境和地域界线，为边族与内地民族间进行广泛交流扫除了障碍，促进了新边地区的开发和蕃汉民族间的交流与融合。上西泰之《关于北宋时期荆湖路"溪峒蛮"地的开拓》[4]以梅山峒蛮和诚徽州蛮为研究中心，展现了开拓以前、开拓开始、开拓后两地变化的过程。相关的研究成果还有莫家仁《宋王朝对广西的统治与开发——兼论宋代广西民族关系》[5]、尤中《隋、唐、五代、宋王朝对西南各民族地区的经营》[6]、刘美崧《唐宋对海南的经营及黎族社会经济的发展》[7]、安国楼《论宋朝对西北边区民族

① 柳依：《宋代对吐蕃居地的土地开发》，《甘肃社会科学》1991 年第 4 期。

② 王雪英：《试论宋代广西的开发》，《广西民族研究》1993 年第 2 期。

③ 安国楼：《北宋的开边及其对荆湖新边地区的政策》，《西南师范大学学报（哲学社会科学版）》1997 年第 3 期。

④ ［日］上西泰之：《关于北宋时期荆湖路"溪峒蛮"地的开拓》，日本《东洋史研究》第 54 卷第 4 期，1996 年。

⑤ 莫家仁：《宋王朝对广西的统治与开发——兼论宋代广西民族关系》，《广西民族研究》1990 年第 1 期。

⑥ 尤中：《隋、唐、五代、宋王朝对西南各民族地区的经营》，《云南社会科学》1996 年第 1 期。

⑦ 刘美崧：《唐宋对海南的经营及黎族社会经济的发展》，《中国社会经济史研究》1991 年第 2 期。

的统治体制》①和《北宋后期西北边区的开拓与经营》②、杨文《试论北宋后期士大夫变法思潮与王安石变法对经略河湟民族政策的影响》③ 等。

边疆地区之外，其他地区以及宋政权全境或跨政权范围的民族融合则涉及的民族关系更为复杂。李锡厚《宋辽金时期中原地区的民族融合》④ 认为，迁徙杂居、经济文化交流以及语言风俗的相互效仿，促进了中原地区的民族融合。柳立言《宋代的族群融和》⑤ 认为，族群问题在宋代可以分为两个方面：一方面是和外族之间的对立和融合；另一方面是南宋时期内部的族群关系。宋代在处理族群关系方面并不成功，但五千年文化的相容性抵不过十数年政治与经济的相异性，恐怕只是暂时的，会因时、因人而异的。此外，还有些学者从民族政权的对峙与互动的角度来探讨宋朝与周边民族政权的融合。吴泰《试论宋、辽、金对峙时期民族关系的几个问题》⑥ 指出，从表面上看宋与对峙政权之间战争时间长、破坏性大、民族矛盾形势严峻，但是和平共处才是这些对立政权相互关系的主流。徐杰舜《宋辽夏金民族互动过程述论》⑦ 认为，战争、迁徙、同化（融合）是五代及宋辽夏金时期互动的链接点。虞云国《试论十至十三世纪中国境内诸政权的互动》⑧ 着力探讨各政权之间的互动及相关问题。

（二）民族融合的深度

从深度上看，由于宋朝的少数民族在地域上分布不平衡，所以在民族融合程度上各有差异。近年来随着区域史研究的兴起，民族融合也显示出浓郁的地域特色，不少学者结合自身地缘优势来进行研究。河南学者任崇岳《中原地区历史上的民族融合》⑨ 和《中原移民简史》⑩ 系统考察中原地区的民族融合，其中

① 安国楼：《论宋朝对西北边区民族的统治体制》，《民族研究》1996 年第 1 期。

② 安国楼：《北宋后期西北边区的开拓与经营》，见《宋史研究论文集》第 10 辑，兰州大学出版社 2004 年版。

③ 杨文：《试论北宋后期士大夫变法思潮与王安石变法对经略河湟民族政策的影响》，《西藏研究》2011 年第 2 期。

④ 李锡厚：《宋辽金时期中原地区的民族融合》，《中州学刊》2005 年第 5 期。

⑤ 柳立言：《宋代的族群融和》，《历史月刊》1995 年 11 月号。

⑥ 吴泰：《试论宋、辽、金对峙时期民族关系的几个问题》，《北方论丛》1982 年第 3 期。

⑦ 徐杰舜：《宋辽夏金民族互动过程述论》，《贵州民族研究》2005 年第 3 期。

⑧ 虞云国：《试论十至十三世纪中国境内诸政权的互动》，见《中华文史论丛》2005 年第 79 辑。

⑨ 任崇岳：《中原地区历史上的民族融合》，内蒙古人民出版社 2004 年版。

⑩ 任崇岳：《中原移民简史》，河南人民出版社 2006 年版。

长达四个多世纪的宋辽金元时期是中原地区民族融合的又一重要时期,河南省的蒙古、维、回族以及女真、契丹、西夏人就是在这一时期进入的。四川学者刘复生《西南史地与民族——以宋代为重心的考察》①集结了其多年研究西南民族史的论文,对西南地区的一些重要族称进行了民族成分分析,并重点探讨了一定区域内民族关系的演变,特别是多民族交往、融合状态下的社会经济发展。温春来《从"异域"到"旧疆"——宋至清贵州西北部地区的制度、开发与认同》②以其故乡为对象,运用长时段的方法描述了贵州西北地区逐步从"异域"变成"旧疆"的历史过程,同时也回应了"想象的共同体"这一西方学术话语。日本学者冈田宏二长期关注中国长江以南的少数民族,《中国华南民族社会史研究》主要考察了宋代长江以南地区的少数民族情况。美国学者理查德·冯·格兰(Von Glahn, Richard)《溪洞之国:宋代在四川边缘地区的扩展、定居与教化》③主要考察了泸州地区与当时宋代社会变迁、经济发展之间的互动关系,泸州地区的国家地位也逐步由边界过渡到外围再发展成为经济腹地。重庆学者张世友和彭福荣《论两宋时期乌江流域人口流迁对民族交融的推动》④认为,来自全国各地的不同形式移民纷纷扎根乌江流域,不仅大力推动了本地各民族政治、经济和文化的快速发展,而且有效推进了本地各民族之间的相互交流与融合。张文《两宋时期西南地区的民族冲突与社会控制》⑤认为,建立在文化差异与经济利益争夺基础上的民族社会冲突,成为该地区民族融合的前奏。

长期的民族往来,在宋朝边疆地区形成了"熟户"群体。李埏《北宋西北少数民族地区的生熟户》⑥指出,纵观我国古代历史,边疆少数民族有生熟户之分,盖自宋始。宋王朝以距离内地远近、受汉文化影响的多少,以及接受其统治的程度等多种标准,把西北地区吐蕃、党项等少数民族蕃落分为生户、熟户,实

---

① 刘复生:《西南史地与民族——以宋代为重心的考察》,巴蜀书社 2011 年版。
② 温春来:《从"异域"到"旧疆"——宋至清贵州西北部地区的制度、开发与认同》,生活·读书·新知三联书店 2008 年版。
③ [美]理查德·冯·格兰:《溪洞之国:宋代在四川边缘地区的扩展、定居与教化》,哈佛大学出版社 1987 年版。
④ 张世友、彭福荣:《论两宋时期乌江流域人口流迁对民族交融的推动》,《贵州民族研究》2012年第 3 期。
⑤ 张文:《两宋时期西南地区的民族冲突与社会控制》,《西南师范大学学报(人文社会科学版)》2004 年第 6 期。
⑥ 李埏:《北宋西北少数民族地区的生熟户》,《思想战线》1992 年第 2 期。

行不同的统治政策。金成奎《宋代的西北问题与异民族政策》①一书设有"宋代熟户的形成及其对策"一章，把熟户分为"移住型"和"献地型"，并对统治政策加以概述。陈武强和格桑卓玛《简论北宋对西北缘边吐蕃熟户的政策》②指出，吐蕃内属后，宋蕃民族关系发生了新变化，北宋政府根据边情和统治的需要，对缘边吐蕃熟户实行了封爵、给田免租、通贸易和恤刑等四个方面的优抚民族政策。

民族融合中会出现文化涵化现象，这类现象也反映出民族融合的深度。章权才《宋元明清时期中华民族凝聚力的历史发展》③认为，宋元明清时期中华民族文化一方面在传统继承中，另一方面在民族融合、中西文化交流中实现了新的发展。充分展示了中华民族的聪明智慧和自立于世界民族之林的能力，必然导致中华民族自尊心、自信心和自主意识的加强，中华民族凝聚力的进一步发展。荣新江《〈清明上河图〉为何千汉一胡》④利用图像、文献等材料佐证出《清明上河图》中一个手牵骆驼，面部具有突出的颧骨、深陷的眼窝、高翘的鼻梁、厚重的嘴唇特征的人为汉化的胡人。但程民生《〈清明上河图〉中的驼队是胡商吗？——兼谈宋朝境内骆驼的分布》⑤从宋朝骆驼分布的角度对此文提出质疑。王善军《南宋社会中的契丹人》⑥认为，通过各种渠道进入南宋的契丹人，社会习俗不断发生变化，通过族际婚姻，姓氏名字变迁，甚至服饰、饮食、节日等生活习俗方面与其他民族尤其是汉族的融合，逐渐失去其本民族的特征。谷口房男《关于唐宋时期的〈平蛮颂〉：华南少数民族汉化过程的一个断面》⑦对与唐代的西原蛮、宋代广源州蛮的暴动有关的《平蛮颂》碑文作了分析。冈田宏二《论

---

① ［韩］金成奎：《宋代的西北问题与异民族政策》，汲古书院 2000 年版。
② 陈武强、格桑卓玛：《简论北宋对西北缘边吐蕃熟户的政策》，《北方民族大学学报（哲学社会科学版）》2010 年第 6 期。
③ 章权才：《宋元明清时期中华民族凝聚力的历史发展》，《学术研究》1993 年第 2 期。
④ 荣新江：《〈清明上河图〉为何千汉一胡》，见《邓广铭教授百年诞辰纪念论文集》，中华书局 2008 年版。
⑤ 程民生：《〈清明上河图〉中的驼队是胡商吗？——兼谈宋朝境内骆驼的分布》，《历史研究》2012 年第 5 期。
⑥ 王善军：《南宋社会中的契丹人》，见《南宋史及南宋都城临安研究（续）上》，人民出版社 2013 年版。
⑦ ［日］谷口房男：《关于唐宋时期的〈平蛮颂〉：华南少数民族汉化过程的一个断面》，日本《白山史学》1975 年第 18 号。

宋代溪洞蛮的社会及其变质》①指出,不仅唐宋变革时期汉族的社会发生了大变质,而且周边的土著社会也发生了很大的变化。

两宋时期,随着政治中心的南迁和经济重心的南移,北方向南方的移民规模扩大,速度加快,民族融合的进程也因之加速进行。谢重光《唐宋时期南方民族关系的新格局》②通过对福佬和客家两个汉族南方民系的探讨,认为在此时期汉族南方诸民系次第形成,一些南方少数民族也发展成熟,奠定了南方民族关系的新格局。他的《畲族在宋代的形成及其分布地域》③《两宋之际客家先民与畲族先民关系的新格局》④也作了相关探讨。曾雄生《唐宋时期的畲田与畲田民族的历史走向》⑤将畲田民族的历史放在中国经济重心南移这一重大历史背景下进行考察,指出唐宋时期中国经济重心的南移加剧了原本就因刀耕火种而不断迁徙的畲田民族与周边民族(主要是汉族)的冲突,同时也促进了民族的融合和农业的进步。

四、民族观念

在长期的民族政权对峙与融合的过程中,族际认知不断深化,高层次的民族认同也不断得到发展。学术界对民族观念的研究,可分为如下三个方面。

(一)族际认知

关于宋代汉人对其他民族的认知,陶晋生《宋辽关系史研究》⑥设有"北宋朝野人士对于契丹的看法"一章,认为北宋朝野人士对契丹的看法分为官方对辽的公开平等的态度、官方和非官方私下强调宋朝优势地位的态度和非官方实事求是的态度。杨蕤《论宋代的胡人》⑦一文,认为"胡人"的概念在宋代有三

---

① [日]冈田宏二:《论宋代溪洞蛮的社会及其变质》,日本《上智史学》1971年第16号。
② 谢重光:《唐宋时期南方民族关系的新格局》,《浙江学刊》2004年第5期。
③ 谢重光:《畲族在宋代的形成及其分布地域》,《韩山师范学院学报》2001年第1期。
④ 谢重光:《两宋之际客家先民与畲族先民关系的新格局》,《福建论坛(人文社会科学版)》2002年第2期。
⑤ 曾雄生:《唐宋时期的畲田与畲田民族的历史走向》,《古今农业》2005年第4期。
⑥ 陶晋生:《宋辽关系史研究》,联经出版事业公司1984年版。
⑦ 杨蕤:《论宋代的胡人》,《中国边疆史地研究》2011年第1期。

种情况：一是宋人称党项、契丹或者女真等北方对手为"胡人"；二是指先秦至宋以鞍马为家的北方游牧民族，其中指汉代匈奴的情况较多，并多出现在宋代文人的诗文中；三是指来自遥远异邦国度的商人，与宋代海外贸易有一定关联。马强《地理体验与唐宋"蛮夷"文化观念的转变——以西南与岭南民族地区为考察中心》①指出，唐宋时期随着内地对西南与岭南地区地理考察与地情知识了解的增多，对西南、岭南民族地区"荒蛮"、神秘印象开始发生转变。一批士大夫通过深入西南地区物质生活的亲身体验，开始逐渐消除对西南地理环境的神秘恐怖认识，主要表现在对西南瘴气由恐惧转向不断探讨瘴疫的环境因素与致病机理；考察西南、岭南民族地理之风悄然兴起，对民族地区的服饰饮食文化由陌生到认同，对西南民歌音乐文化的喜爱与探究、传播等。

关于少数民族对汉族的认知以及少数民族间的相互认知，专门研究尚难见到，邓小南《论五代宋初"胡/汉"语境的消解》②对此有所涉及。该文指出，"胡/汉"语境的"消解"，在历史上体现为一个并非与朝代兴亡同步的漫长过程。一方面，它是民族冲突与民族融合进程的自然结果；另一方面，在特定历史背景下，人们观念与认识的演变也是促成这种"消解"的重要因素。

（二）传统正闰观的动摇

宋代士大夫阶层中代表人物萌发出民族平等思想，突破华夷之防，勇于批评传统正闰观。较早关注这一问题的是杨国勇《司马光民族思想的进步性与局限性》③。相较而言，近十余年来的研究视野渐趋开阔。潘定武《试论苏轼的民族意识》④认为，苏轼民族意识的进步性表现在民族危机上积极的战守意识、倾向民族和平的共存意识和倡导民族交流的融合意识方面。何忠礼和周方高《论司马光民族观的继承性与创造性》⑤认为，司马光的民族观主要表现在提出了民族平等观，将"四夷一家"的思想发展为汉族与少数民族在人性、人格上的平等；

---

① 马强：《地理体验与唐宋"蛮夷"文化观念的转变——以西南与岭南民族地区为考察中心》，《西南师范大学学报（人文社会科学版）》2005年第5期。
② 邓小南：《论五代宋初"胡/汉"语境的消解》，《文史哲》2005年第5期。
③ 杨国勇：《司马光民族思想的进步性与局限性》，《光明日报》1984年1月11日第3版。
④ 潘定武：《试论苏轼的民族意识》，《西北农林科技大学学报（社会科学版）》2001年第2期。
⑤ 何忠礼、周方高：《论司马光民族观的继承性与创造性》，《福建论坛（人文社会科学版）》2004年第4期。

倡扬了民族和睦观，延伸先秦儒家的"德化"思想，将中原与边疆一体的思想发展成为中原王朝与周边民族政权和睦共处的观点；丰富了民族诚信观，认为在处理好民族关系时，一定要讲究诚信。王立霞和余悦《欧阳修民族思想研究》[①]认为，面对周边少数民族势力的日益壮大，欧阳修虽在政治上极力坚持宋朝的正统地位，但是史学家职责的客观性，及其对历史与现实民族、民族关系的深切认识，加之历代各族人民向汉文化趋同的努力，使他无法以传统的夷夏观念来看待其他民族，充满矛盾与挣扎。与他同时代的士人，很多与他有相似的观点，折射出宋时华夷界限的淡化已是不可逆转的趋势。

传统正闰观的动摇，除在代表人物思想中有所体现外，在群体意识中，亦有所反映。董煜宇《历法在宋朝对外交往中的作用》[②]对历法在宋与辽、夏、金、南唐、大理、交趾等的交往中所起的作用作了探讨，分析了在不同层次的政治交往中历法所扮演的不同角色；颁赐历法，是实行统治的象征；改易历法，意味着政权之间关系的变化；历法之争，实质上是皇权地位的正统之争。韦兵《竞争与认同：从历日颁赐、历法之争看宋与周边民族政权的关系》[③]认为，10—13世纪，中国拥有几个相互竞争、边界变动的正朔颁布中心，与此多元时间标准颁布中心对应的是几个并立的朝贡中心，这是由当时民族竞争融合的格局决定的。熊鸣琴《超越"夷夏"：北宋"中国"观初探》[④]认为，北宋的"中国"观及正统论呈现出超越"夷夏"族群意识的儒家文化伦理色彩。宋儒将"中国"文化价值提升为一种普遍的宇宙本体原则，以此作为"中国"身份判定的核心标准，希望以文化、道义上的优势德服四裔，但同时也赋予了它突破种族樊篱的超越性，这为此后金、元等非汉族政权被汉族接纳入"中国"奠定了新的理论基础。

（三）中华一体认同意识

关于该时期中华一体意识问题，尤中《宋朝以后的中华民族——中华民族

---

① 王立霞、余悦：《欧阳修民族思想研究》，《甘肃社会科学》2010 年第 6 期。

② 董煜宇：《历法在宋朝对外交往中的作用》，《上海交通大学学报（社会科学版）》2002 年第 3 期。

③ 韦兵：《竞争与认同：从历日颁赐、历法之争看宋与周边民族政权的关系》，《民族研究》2008 年第 5 期。

④ 熊鸣琴：《超越"夷夏"：北宋"中国"观初探》，《中州学刊》2013 年第 4 期。

多元一统格局的历史形成和发展演变续论》[①]指出，宋朝以后各民族之间不断的交流奠定了中华民族多元一体的格局。马瑞江《文化交融、变迁与多民族国家一体化的历史进程——辽宋夏金元时期士人人格与心态的变迁及历史作用》[②]从文化交融与变迁的角度，探讨士人人格与心态的变迁，认为在北方长期的文化碰撞和交流中，士人逐渐超越了狭隘的种族立场，儒学实用主义与草原民族质朴实用的文化结合，成为统一的多民族国家的文化主流。蒋维忠和安贵臣《辽、宋、金、元时期各族的中华意识评析》[③]指出，辽、宋、金、元时期的文化，不仅是指少数民族的汉族化，而且是更高层次的中华化。段红云《略论辽宋夏金对峙时期中国民族的一体化进程》[④]认为，这一时期北方游牧文化区的各民族不断南下进入中原汉族农耕文化区促进了各游牧民族经济发展和社会文化转型，并通过与汉族在分布上的交错杂居、经济上的互通有无、政治上的相互借鉴、文化上的相互融合，推进了中国各民族经济、政治和文化的一体化进程。

五、赘语

纵观有关宋代民族融合的研究成果，从族际交往到一体认同，已有成果比较集中在 20 世纪 80 年代以后，而 20 世纪中期及以前相对较少。出现这种现象的原因，与中国学术发展史及中国社会的变迁有关。综合来看，近三十余年来的研究成果引人注目，对相关问题既有开拓，又有深化，但同时也有不足之处，难免泥沙俱下。对于该领域研究的未来走向，笔者谨提出如下粗浅认识，以供参考。

第一，在民族融合的过程中，应有重要的媒介起着连接两个甚至多个民族的作用。在这方面，学术界的关注尚不够充分，尤其是典型性的被不同民族所

---

① 尤中：《宋朝以后的中华民族——中华民族多元一统格局的历史形成和发展演变续论》，《云南社会科学》1991 年第 2 期。

② 马瑞江：《文化交融、变迁与多民族国家一体化的历史进程——辽宋夏金元时期士人人格与心态的变迁及历史作用》，《宁夏社会科学》1997 年第 1 期。

③ 蒋维忠、安贵臣：《辽、宋、金、元时期各族的中华意识评析》，《中央民族大学学报》1996 年第 2 期。

④ 段红云：《略论辽宋夏金对峙时期中国民族的一体化进程》，《广西民族大学学报（哲学社会科学版）》2012 年第 4 期。

认同的媒介应注意挖掘。

第二，宋代民族融合的史料，多由汉人记载，受此影响，研究者容易忽视少数民族的求同意识，即较少关注少数民族与汉族相融合的自主性。因此，应立足于少数民族角度，加强其所留史料的挖掘。

第三，横向融合与纵向融合均应予以观照。所谓纵向融合，是指历史发展的纵向延伸，即随着王朝的更迭，前代进入的外来民族及文化经过融合后在后代形成的历史积淀。因为民族融合和文化变迁的结果是需要长时段来蕴育的，外来民族和文化与前代民族和文化的融合程度一般没有与后代融合的程度深，所以从历史发展的纵向联系来说，纵向上的融合是不可忽视的。关于这方面的研究甚为罕见，但值得从不同角度进行深入探讨的课题甚多。所谓横向融合，是相对于纵向融合来说的，即外来民族和文化与本时期的社会相融合，旨在强调文化在不同地域上的变异。宋朝对外处在与辽、西夏、金、元民族政权先后并立对峙，对内又是由多民族成分构成，学术界所关注的大都是横向层面的融合。从取向上来说，应进一步开拓纵向融合研究的空间，尤其是晚唐、五代入宋的外来民族与文化，这样才不至于割断历史的纵向联系，同时也应注意纵向融合与横向融合的交互影响。

第四，加强宋代民族融合相关社会背景的研究。民族融合是一个复杂的体系，和社会背景有着密切关系。比如，学界论述颇多的"唐宋变革"这一论断，较少有学者从民族融合的角度出发论述外来民族文化与华夏文化之间的血肉联系及其对于唐宋变革的促成意义。经济重心的南移、政治中心的南迁、北方人口的南迁这些重大历史环境的变迁也势必带动南方少数民族人口与汉族人口的互动，加速民族融合的进程。由此可以重新考量宋朝的历史地位这一传统命题。

第五，慎重对待外来理论。伴随改革开放，外来研究成果更为便利地进入中国并为不少国内学者接受。关于民族融合研究的相关理论，主要有挪威人类学家弗里德里克·巴斯（Fredrik Barth）的族群边界理论，美国学者班纳迪克·安德森（Benedict Anderson）提出的"想象的共同体"，德裔美国汉学家卡尔·魏特夫（Karl August Wittfogel）提出的"征服王朝"学说等。但在借鉴运用的过程中，多数学者却面临着外来理论是否与中国古代历史实际相符合或是否能正确解释中国古代社会发展这一基本问题。事实上，这些理论还有一些值得思考的地方。研究者应在马克思主义指导下，结合中国历史的具体实际，批判性地予以回应和借鉴。

第六，民族融合相对于汉化、同化、涵化这些带有定性结论的概念，是一个内涵丰富、包容度较高的概念，使用起来较为方便。近年来很多学者在撰文时运用，得出某一地区、某一时段有民族融合的结论，造成概念性结论的泛化。笔者以为，研究者在撰文时应适时地对"民族融合"一词在层次上作出界定性的说明，加强民族融合动态图景的展现，从而使得这一论题得以不断深入推进。

宋代社会史研究的历程 *

　　20世纪以来，宋代社会史研究走过的百余年历程可分为四个阶段：起步与开拓阶段不但开辟了若干领域，而且已经尝试理论分析，出现整体史研究的倾向；曲折与停滞阶段则强调理论，流行宏大叙事范式，但研究范围收窄，两岸研究出现明显差异；复兴与发展阶段的研究领域不断扩大，理论与实证相结合，研究方法逐渐更新；走向繁荣阶段随着理论与方法的多样化，研究领域进一步扩大，社会史视角与传统领域相结合，研究问题不断细化，取得大量具体成果。不同时期宋代社会史研究的特点，为学术研究的未来走向提供了借鉴。

　　宋代社会史研究作为历史学百花园中的一片小小园地，20世纪以来已走过百余年的风风雨雨，可说是中国现代历史学的一个缩影。在这片园地中，也有过一代又一代的园丁曾辛勤地耕耘，日积月累，收获了颇为可观的学术成果。这些成果，淹没在历史学论著的汪洋大海中，读者要想有一个比较全面的了解，即使在信息手段如此发达的今天，仍可说颇为不易。本文概述宋代社会史研究的历程，以为读者阅读宋代社会史论著提供一定的方便。

一、起步与开拓（1900—1948年）

　　1902年梁启超发表《新史学》，呼吁增加对群体历史的研讨，中国的新史学随之而逐渐发生，社会史研究亦由此时而起步。此后约半个世纪，可视为宋代社会史研究的起步与开拓阶段。该阶段的成就主要有如下几点。

---

　　* 原载《深圳大学学报》2014年第5期。

（一）开辟若干领域

在研究范围上，若干领域的问题陆续进入研究者的视野，被开辟为社会史研究的课题。

关于都市生活，有全汉昇《宋代都市的夜生活》[①]、岑家梧《南宋之都市生活》[②]、张家驹《宋室南渡后的南方都市》[③]、孙正容《南宋时代临安都市生活考》[④]、丛治湘《北宋汴京集市庙会概况》[⑤]等。

关于物质生活，有畜邻室主《南宋诗人眼中的农民痛苦》[⑥]、全汉昇《宋代女子职业与生计》[⑦]《南宋杭州的外来食料与食法》[⑧]、钱华《宋代妇女服饰考》[⑨]、黄毓甲《宋元农村经济与农民生活》[⑩]等。物质生活中的灾荒救济问题，受到较多关注，有华文煜《宋代之荒政》[⑪]、邹枋《朱熹救荒论与经界论》[⑫]、黄源征《朱子在籍在官之救荒概略及其平议》[⑬]、高迈《宋代的救济事业》[⑭]、徐益棠《宋代平时的社会救济行政》[⑮]、吴云瑞《宋代农荒豫防策——仓制》[⑯]等。

关于风俗，有罗常培《朱熹对于闽南风俗的影响》[⑰]、王遵海《宋代士风》[⑱]论述士大夫与风俗；林达祖《唐宋时代元宵看灯的盛况》[⑲]、子振《〈水浒传〉和宋代

① 全汉昇：《宋代都市的夜生活》，《食货》1934年第1卷第1期。
② 岑家梧：《南宋之都市生活》，《现代史学》1934年第2卷第1、2期。
③ 张家驹：《宋室南渡后的南方都市》，《食货》1935年第1卷第10期。
④ 孙正容：《南宋时代临安都市生活考》，《文澜学报》1935年第1卷第1期。
⑤ 丛治湘：《北宋汴京集市庙会概况》，《工商半月刊》1945年第2期。
⑥ 畜邻室主：《南宋诗人眼中的农民痛苦》，《国闻周报》1931年第8卷第24期。
⑦ 全汉昇：《宋代女子职业与生计》，《食货》1935年第1卷第9期。
⑧ 全汉昇：《南宋杭州的外来食料与食法》，《食货》1936年第2卷第2期。
⑨ 钱华：《宋代妇女服饰考》，《中国文学会集刊》1936年第3期。
⑩ 黄毓甲：《宋元农村经济与农民生活》，《金陵学报》1939年第9卷第1—2期。
⑪ 华文煜：《宋代之荒政》，《经济统计季刊》1932年第1卷第4期。
⑫ 邹枋：《朱熹救荒论与经界论》，《建国月刊》1934年第10卷第1期。
⑬ 黄源征：《朱子在籍在官之救荒概略及其平议》，《国专月刊》1935年第1卷第1期。
⑭ 高迈：《宋代的救济事业》，《文化建设》1936年第2卷第12期。
⑮ 徐益棠：《宋代平时的社会救济行政》，《中国文化研究汇刊》1945年第5卷上。
⑯ 吴云瑞：《宋代农荒豫防策——仓制（上下）》，《中央日报》1946年12月28日、1947年1月11日。
⑰ 罗常培：《朱熹对于闽南风俗的影响》，《国立第一中山大学语言历史学研究所周刊》1927年第1集第4期。
⑱ 王遵海：《宋代士风》，《励学》1936年第6期。
⑲ 林达祖：《唐宋时代元宵看灯的盛况》，《论语》1937年第106期。

风习》①涉及节日风俗；烟桥《宋代的游艺》②、泽甫《两宋游艺述考》③涉及游艺；初白《宋代婚俗零考》④、董家遵《唐宋时"七出"研究》⑤、陶希圣《十一至十四世纪的各种婚姻制度》⑥则探讨了婚姻风俗。

关于社会群体，有刘兴唐《宋代中国之血族公有财产制》⑦探讨血缘群体；黄现璠《宋代太学生救国运动》⑧、吴其昌《宋代学生干政运动考》⑨、沈忱农《两宋学生运动考》⑩论述太学生群体；王桐龄《唐宋时代妓女考》⑪、李业勤《宋朝之歌妓》⑫则考证妓女群体。

（二）尝试理论分析

在研究方法上，虽然大多数作品仍以传统的资料排比和考证为主，但尝试进行理论分析或以新视角来观察问题的论文已不断出现。

运用阶级和社会变革理论分析问题的有：中一《北宋社会鸟瞰》⑬、陶希圣《宋代的各种暴动》⑭、王毓铨《北宋社会经济与政治》⑮、李文治《北宋民变之经济的动力》⑯、裴重《南宋的民众运动》⑰等。

运用社会文明理论分析问题的有：陈东原《宋儒对于妇女的观念》⑱、全汉

---

① 子振：《〈水浒传〉和宋代风习》，《文潮月刊》1947年第3卷第5期。
② 烟桥：《宋代的游艺》，《珊瑚》1934年第4卷第7期。
③ 泽甫：《两宋游艺述考》，《东方文化》1942年第1卷第4—5期。
④ 初白：《宋代婚俗零考》，《燕大月刊》1929年第5卷第3期。
⑤ 董家遵：《唐宋时"七出"研究》，《文史汇刊》1935年第1卷第1期。
⑥ 陶希圣：《十一至十四世纪的各种婚姻制度》，《食货》1935年第1卷第12期；《食货》1936年第2卷第3期。
⑦ 刘兴唐：《宋代中国之血族公有财产制》，《文化批判》1935年第3卷第1期。
⑧ 黄现璠：《宋代太学生救国运动》，商务印书馆1936年版。
⑨ 吴其昌：《宋代学生干政运动考》，《清华学报》1926年第3卷第2期。
⑩ 沈忱农：《两宋学生运动考》，《东方杂志》1936年第33卷第4号。
⑪ 王桐龄：《唐宋时代妓女考》，《史学年报》1929年第1期。
⑫ 李业勤：《宋朝之歌妓》，《新光杂志》1941年第2卷第5期。
⑬ 中一：《北宋社会鸟瞰》，《四十年代》1934年第2卷第5期。
⑭ 陶希圣：《宋代的各种暴动》，《中山文化教育馆季刊》1934年第1卷第2期。
⑮ 王毓铨：《北宋社会经济与政治（一、二）》，《食货》1936年第3卷第11、12期。
⑯ 李文治：《北宋民变之经济的动力》，《食货》1936年第4卷第11期。
⑰ 裴重：《南宋的民众运动》，《大陆杂志》1941年第1卷第6期。
⑱ 陈东原：《宋儒对于妇女的观念》，《学生杂志》1926年第13卷第11期。

昇《宋代东京对于杭州都市文明的影响》[①]、徐嘉瑞《北宋汴京的民众生活及其艺术》[②] 等。

此外,陈鲲化《唐宋时代家族共产制度与法律》[③] 以中外比较的方法对家族共产进行了法律学分析,则属于运用现代社会科学理论分析问题的尝试。

(三)整体史研究的出现

在该时期积累的数量有限的成果中,出现了多篇视宋代社会为研究对象的论文,显示出在宋代社会史研究中的整体史研究倾向。

宋代社会涉及方面甚多,陶希圣《宋代社会之一斑》[④] 虽只是以举隅的方式作了简单的述论,但已对许多重要方面反映的整体社会变迁有所揭示。

宋代社会的地域差异相当明显,尤其是南北方之间更为突出。张家驹《宋室南渡前夕的中国南方社会》[⑤]、张荫麟《宋代南北社会之差异》[⑥],对这种情况已有整体视野下的观察。

该阶段国外学者的研究主要集中在日本。与中国学者一样,不少日本学者对都市生活给予了特别关注。那波利贞《宋都汴京的繁华》[⑦]、中野英雄《北宋的首都汴京》[⑧]、曾我部静雄《开封与杭州》[⑨] 介绍了开封的城市风貌、传统节日等情况。[⑩] 加藤繁《宋代都市的发达》[⑪] 进一步涉及宋代城市的商业布局和生活。他的《唐宋时代的商人组合"行"》[⑫]《唐宋时代庄园之组织及其与聚落之关系》[⑬]

---

① 全汉昇:《宋代东京对于杭州都市文明的影响》,《食货》1936 年第 2 卷第 3 期。
② 徐嘉瑞:《北宋汴京的民众生活及其艺术》,《语言文学专刊》1936 年第 1 卷第 1 期。
③ 陈鲲化:《唐宋时代家族共产制度与法律》,朝阳大学《法律评论》1934 年第 12 卷第 1—2 期。
④ 陶希圣:《宋代社会之一斑》,《社会学刊》1934 年第 4 卷第 3 期。
⑤ 张家驹:《宋室南渡前夕的中国南方社会》,《食货》1936 年第 4 卷第 1 期。
⑥ 张荫麟:《宋代南北社会之差异》,《史地杂志》1940 年第 1 卷第 3 期。
⑦ [日]那波利贞:《宋都汴京的繁华》,《历史与地理》1922 年第 10 卷第 5 号。
⑧ [日]中野英雄:《北宋的首都汴京》,《日本大学文学部研究年报》1937 年版第 4 辑。
⑨ [日]曾我部静雄:《开封与杭州》,见《中国历史地理丛书》第 7 辑,富山书房 1940 年版。
⑩ 参见梁建国:《日本学者关于宋代东京研究概况》,《中国史研究动态》2007 年第 4 期。
⑪ [日]加藤繁:《宋代都市的发达》,见《桑原博士还历记念东洋史论丛》,弘文堂书房 1931 年版。
⑫ [日]加藤繁:《唐宋时代的商人组合"行"》,《白鸟(库吉)博士还历纪念东洋史论丛》,岩波书店 1925 年版。
⑬ [日]加藤繁:《唐宋时代庄园之组织及其与聚落之关系》,张其译,《方志月刊》1934 年第 7 卷第 2 期。

则涉及了经济类组织和乡村组织问题。加藤繁《宋代的户口》[①]、日野开三郎《论宋代诡户及户口问题》[②]、曾我部静雄《关于宋代户口统计的新研究》[③]就宋代户口问题展开讨论。而关于家族共产问题，曾引起中日学者的讨论。中田薰《唐宋时代的家族共产制》[④]、仁井田陞《唐宋时代的家族共产与遗言法》[⑤]等多篇论文集中进行了探讨。

二、曲折与停滞（1949—1977 年）

新中国成立以后，中国大陆马克思主义史学侧重探讨政治、经济问题，关于宋代社会史的成果相对稀少。及至"文化大革命"爆发，社会史的研究便基本停滞了。本时期研究的特点大体表现为以下几点。

（一）强调理论，流行宏大叙事范式

这一时期中国大陆宋代社会史的研究主要体现在以阶级理论、社会形态理论以及历史唯物主义分析问题，流行宏大叙事范式。"文化大革命"爆发前的研究成果，尚有一些史论结合、具有较高学术价值的作品。华山《从茶叶经济看宋代社会》[⑥]、关履权《论两宋农民战争》[⑦]和侯外庐《唐宋之际农民战争的历史特点》[⑧]，是该时期学术上的代表作品。"文化大革命"期间则以空洞的教条理论统率史料，甚至歪曲史料，影射现实，发表的论文多谈不上什么学术价值。

---

① ［日］加藤繁：《宋代的户口》，《东洋史讲座》1930 年第 14 册。
② ［日］日野开三郎：《论宋代诡户及户口问题》，《史学杂志》1936 年第 47 卷第 1 期；复一译：《论宋代诡户及户口问题》，《华学日报·史学周刊》，1936 年 8 月 13、20 日，第 98—99 期。
③ ［日］曾我部静雄：《关于宋代户口统计的新研究》，《东亚经济研究》1942 年第 26 卷第 3 期。
④ ［日］中田薰：《唐宋时代的家族共产制（一、二）》，《国家学会杂志》1926 年第 40 卷第 7、8 号。
⑤ ［日］仁井田陞：《唐宋时代的家族共产与遗言法》，《市村博士古稀记念东洋史论丛》，汪兼山译，《食货》1935 年第 1 卷第 5 期。
⑥ 华山：《从茶叶经济看宋代社会（上下）》，《文史哲》1957 年第 2、3 期。
⑦ 关履权：《论两宋农民战争》，《历史研究》1962 年第 2 期。
⑧ 侯外庐：《唐宋之际农民战争的历史特点》，《新建设》1964 年第 3 期。

（二）研究范围收窄

由于直接从社会史角度观察和论述问题的成果，比前期已是大为缩减，因而研究的问题也就明显收窄。即使从政治史、经济史角度出发，内容涉及社会史的成果，也主要集中在农民起义和阶级斗争方面。

农民起义作为宋代阶级斗争的最高形式，在较长时期内成为学术界集中讨论的热点问题。张舜徽《论两宋农民起义的社会背景和英勇事迹》[①]、星月《宋代的明教与农民起义》[②]等，均属这方面学术价值较高的成果。

阶级斗争的内容，自然不仅仅是农民起义，因此以阶级斗争为研究对象的成果，也不局限于农民起义问题。如果说吴泰等著的《宋江故事的流传和南宋的阶级斗争》[③]、杨荣国《〈水浒〉与宋代的阶级斗争》[④]等成果，尚是以农民起义为核心展开的阶级斗争研究，那么华山《关于宋代的客户问题》[⑤]《再论宋代客户的身份问题》[⑥]等论文，则是以阶级阶层为核心展开的阶级问题或阶级斗争研究。

该时期涉及其他方面的论文甚少，像王拾遗《酒楼——从水浒看宋元风俗》[⑦]、袁震《宋代户口》[⑧]、吴晗《宋元以来老百姓的称呼》[⑨]等，可说是颇为难得。从考古学角度涉及的一些问题，像冯先铭《从文献看唐宋以来饮茶风尚及陶瓷茶具的演变》[⑩]、徐苹芳《宋元时代的火葬》[⑪]等，也同样值得珍视。

（三）两岸研究出现差异

与大陆地区有所不同，港台地区在继承前一阶段学术传统的基础上，在某

---

① 张舜徽：《论两宋农民起义的社会背景和英勇事迹》，见《中国史论文集》，湖北人民出版社1956年版。

② 星月：《宋代的明教与农民起义》，《历史研究》1959年第6期。

③ 吴泰等：《宋江故事的流传和南宋的阶级斗争》，《光明日报》1975年9月20日。

④ 杨荣国：《〈水浒〉与宋代的阶级斗争》，《红旗》1975年第10期。

⑤ 华山：《关于宋代的客户问题》，《历史研究》1960年第1—2期。

⑥ 华山：《再论宋代客户的身份问题》，《光明日报》1961年4月12日。

⑦ 王拾遗：《酒楼——从水浒看宋元风俗》，《光明日报》1954年8月8日。

⑧ 袁震：《宋代户口》，《历史研究》1957年第3期。

⑨ 吴晗：《宋元以来老百姓的称呼》，见《灯下集》，生活·读书·新知三联书店1960年版。

⑩ 冯先铭：《从文献看唐宋以来饮茶风尚及陶瓷茶具的演变》，《文物》1963年第1期。

⑪ 徐苹芳：《宋元时代的火葬》，《文物参考资料》1956年第9期。

些领域取得了一定数量的成果。这些成果多表现为史料丰富，考述详尽，但研究范围也同样偏窄。值得说明的是，该时期港台学者尚能在一定程度上接触到大陆学者的研究成果。香港崇文书店 1973 年还出版了《宋辽金社会经济史论集》①一书，汇集相关论文若干篇。

关于阶级阶层虽同样受到港台学者的重视，如宋晞《宋代富商入仕的途径》②、孙国栋《唐宋之际社会门第之消融——唐宋社会转变研究之一》③、陈义彦《北宋统治阶层的社会流动之研究》④等，但侧重点明显不同。港台学者更多注重统治阶级及其内部变迁的研究。

除阶级阶层问题外，社会群体、社会问题及社会生活也受到注意。如王建秋《宋代太学与太学生》⑤、王德毅《宋代灾荒的救济政策》⑥、庞德新《从话本及拟话本所见之宋代两京市民生活》⑦等，但相关成果相对偏少。

该阶段国外学者的研究成果主要集中在日本和法国。日本宫崎市定《从部曲到佃户——唐宋间社会变革之一面》⑧、梅原郁《宋代的开封与城市制度》⑨分别探讨了相关问题。

三、复兴与发展（1978—2000 年）

1978 年"科学的春天"来临之后，中国大陆的历史研究得以复兴和发展。宋代社会史研究的复兴尽管稍显迟缓，但随着 20 世纪 80 年代中期史学界对社会史研究的提倡，相关研究领域发展迅速，成绩斐然。⑩

---

① 周康燮编：《宋辽金社会经济史论集》，香港崇文书店 1973 年版。

② 宋晞：《宋代富商入仕的途径》，《大陆杂志》1952 年第 4 卷第 11 期。

③ 孙国栋：《唐宋之际社会门第之消融——唐宋社会转变研究之一》，《新亚学报》1959 年第 4 卷第 1 期。

④ 陈义彦：《北宋统治阶层的社会流动之研究》，嘉新水泥公司文化基金会 1977 年版。

⑤ 王建秋：《宋代太学与太学生》，台湾中国学术著作奖助委员会 1965 年版。

⑥ 王德毅：《宋代灾荒的救济政策》，台湾中国学术著作奖助委员会 1970 年版。

⑦ 庞德新：《从话本及拟话本所见之宋代两京市民生活》，龙门书局 1974 年版。

⑧ ［日］宫崎市定：《从部曲到佃户——唐宋间社会变革之一面》（上、下），《食货月刊》1973、1974 年复刊第 3 卷第 9、10 期。

⑨ ［日］梅原郁：《宋代的开封与城市制度》，《鹰陵史学》1977 年第 3—4 号。

⑩ 关于该时期较为详细的研究状况，可参见王善军：《20 世纪后 20 年宋代社会史研究综述》，《宋史研究通讯》2000 年第 1 期；收入《阳都集》，中国社会科学出版社 2012 年版。

（一）研究领域的扩大，注重社会生活史

总论社会生活史的著作是朱瑞熙、张邦炜、刘复生、蔡崇榜、王曾瑜合著的《辽宋西夏金社会生活史》①，该书宋代部分占了相当多的篇幅。具体分为饮食、服饰、居室、交通、妇女、婚姻、生育、丧葬、社会交谊、宗教信仰、鬼神崇拜、巫卜、文体娱乐、医疗保健、称谓、排行、避讳、押字、刺字文身、休假、语言文字、家族、节日等若干方面。柯大课《中国宋辽金夏习俗史》②也叙述了宋代岁时节令、物质生活、人生仪礼、社会组织、民间信仰、生产贸易、娱乐等方面。林正秋《宋代生活风俗研究》③对生活领域的各种风俗作了系统论述，诸如饮食文化、社会风俗、保健养生、官民服饰、园林建筑、交通旅游、商贸娱乐、宫廷礼仪等。

除这些总论性著作外，更多的则是具体论述社会生活某一方面问题的论著。陈伟明《唐宋饮食文化初探》④《唐宋饮食文化发展史》⑤、中村乔《宋代的菜肴和食品》⑥、石田雅彦《“茶道”前史研究——宋代片茶文化完成到日本的茶道——》⑦ 主要涉及饮食方面。彭利芸《宋代婚俗研究》⑧从一般婚俗、皇族婚姻、民间婚俗等方面进行探讨，刘静贞《不举子——宋人的生育问题》⑨从损子坏胎的报应传说、妇产医学、不举子的经济理由、亲子关系等方面，探讨了婚俗和生育问题。沈宗宪《宋代民间的幽冥世界观》⑩则从信仰角度探讨基层社会的精神生活。伊永文《宋代城市风情》⑪《宋代市民生活》⑫、李春棠《坊墙倒塌以后——

① 朱瑞熙等：《辽宋西夏金社会生活史》，中国社会科学出版社 1998 年版。
② 柯大课：《中国宋辽金夏习俗史》，人民出版社 1994 年版。
③ 林正秋：《宋代生活风俗研究》，中国商业出版社 1997 年版。
④ 陈伟明：《唐宋饮食文化初探》，中国商业出版社 1993 年版。
⑤ 陈伟明：《唐宋饮食文化发展史》，学生书局 1995 年版。
⑥ ［日］中村乔：《宋代的菜肴和食品》，朋友书店 2000 年版。
⑦ ［日］石田雅彦：《“茶道”前史研究——宋代片茶文化完成到日本的茶道——》，雄山阁 2003 年版。
⑧ 彭利芸：《宋代婚俗研究》，新文丰出版公司 1988 年版。
⑨ 刘静贞：《不举子——宋人的生育问题》，稻乡出版社 1998 年版。
⑩ 沈宗宪：《宋代民间的幽冥世界观》，商鼎文化出版社 1993 年版。
⑪ 伊永文：《宋代城市风情》，黑龙江人民出版社 1987 年版。
⑫ 伊永文：《宋代市民生活》，中国社会出版社 1999 年版。

宋代城市生活长卷》^①等均是关于城市生活的专著。

（二）理论与实证相结合，阶级和社会群体研究加强

与前两个阶段的史料排列或以论带史不同，本阶段的研究成果大都呈现出理论与实证相结合的特点。

朱瑞熙《宋代社会研究》^②是国内第一部关于宋代社会研究的专著，内容较为简略，许多课题具有纲要的特点。

阶级和社会群体的研究得到加强。关于阶级，王曾瑜《宋朝阶级结构》^③全面论述了宋朝农民阶级、地主阶级和非主体阶级的构成及各阶层的社会经济地位和生活状况。梁太济《两宋阶级关系的若干问题》^④侧重从诸色户计和经济关系的角度，对两宋阶级关系的若干特点进行了分析。

关于社会群体。家族方面有：孔东《宋代东莱吕氏之族望及其贡献》^⑤、蔡东洲《宋代阆州陈氏研究》^⑥等均是从个案角度进行的探讨；徐扬杰《宋明家族制度史论》^⑦则是从制度角度进行的总体探讨，但因侧重于明清部分，关于宋代部分的内容相当有限。

儒士方面有：王瑞明《宋儒风采》^⑧从十几个方面进行了解剖，力图多层次、多角度地说明宋儒文化素养的高超、精神风貌的非凡和思想情趣的卓越。梁庚尧连续发表《南宋官户与士人的城居》^⑨《南宋的贫士与贫官》^⑩《南宋城居官户与士人的经济来源》^⑪《豪横与长者：南宋官户与士人居乡的两种形象》^⑫等文，对官户和士人群体作了系列的探讨。

---

① 李春棠：《坊墙倒塌以后——宋代城市生活长卷》，湖南出版社1993年版。
② 朱瑞熙：《宋代社会研究》，中州书画社1983年版。
③ 王曾瑜：《宋朝阶级结构》，河北教育出版社1996年版。
④ 梁太济：《两宋阶级关系的若干问题》，河北大学出版社1998年版。
⑤ 孔东：《宋代东莱吕氏之族望及其贡献》，（台湾）商务印书馆1988年版。
⑥ 蔡东洲：《宋代阆州陈氏研究》，天地出版社1999年版。
⑦ 徐扬杰：《宋明家族制度史论》，中华书局1995年版。
⑧ 王瑞明：《宋儒风采》，岳麓书社1997年版。
⑨ 梁庚尧：《南宋官户与士人的城居》，《新史学》1990年第1卷第2期。
⑩ 梁庚尧：《南宋的贫士与贫官》，《台湾大学历史学系学报》1991年第16期。
⑪ 梁庚尧：《南宋城居官户与士人的经济来源》，见《中国近世社会文化史论文集》，"中央研究院"历史语言研究所出版编辑委员会1992年版。
⑫ 梁庚尧：《豪横与长者：南宋官户与士人居乡的两种形象》，《新史学》1993年第4卷第4期。

妇女儿童方面有：游惠远《宋代民妇的角色与地位》^①是关于妇女的专著；周愚文《宋代儿童的生活与教育》^②则专论儿童群体。

（三）研究方法逐渐更新

一些较具新意的研究方法逐渐得到学者的有意识的利用，呈现出该时期研究方法的多样性。如，计量分析方面，以往较多在经济史领域使用，该时期在社会史领域也受到重视。吴松弟《北方移民与南宋社会变迁》[3]、王善军《宋代宗族和宗族制度研究》[4]等著作均使用计量分析取得某些学术结论。又如心态分析方面，郭学信《宋代士大夫文化品格与心态》[5]等著作及林文勋《宋代商人心态初探》[6]、余贵林《宋代士大夫的心态与行为》[7]、张海鸥《宋代文人的谪居心态》[8]等论文，均作了有益的尝试。其他社会科学理论和方法的借鉴，主要是借鉴社会学的理论和方法。任崇岳等《中国社会通史·宋元卷》[9]，大量借用了社会学的理论和概念，但显然使人有生硬之感。

该时期，国外宋代社会史研究异军突起和学术交流加强。20世纪80年代，美国"宋史研究中最热门的领域是社会史研究"[10]。1982年，郝若贝（Robert Hartwell）发表《750—1550年间中国的人口、政治及社会转型》[11]一文，深刻影响了此后的研究者特别是他的学生的研究趣向。韩森（Valerie Hansen）《变迁之神——南宋时期的民间信仰》[12]、韩明士（Robert Hymes）《政治家和绅士：两宋江

---

① 游惠远：《宋代民妇的角色与地位》，新文丰出版公司1998年版。
② 周愚文：《宋代儿童的生活与教育》，师大书苑有限公司1996年版。
③ 吴松弟：《北方移民与南宋社会变迁》，文津出版社1993年版。
④ 王善军：《宋代宗族和宗族制度研究》，河北教育出版社2000年版。
⑤ 郭学信：《宋代士大夫文化品格与心态》，天津人民出版社1997年版。
⑥ 林文勋：《宋代商人心态初探》，《中州学刊》1992年第2期。
⑦ 余贵林：《宋代士大夫的心态与行为》，《中州学刊》1993年第2期。
⑧ 张海鸥：《宋代文人的谪居心态》，《求索》1997年第4期。
⑨ 任崇岳等：《中国社会通史·宋元卷》，山西教育出版社1996年版。
⑩ 参见［比］魏希德：《美国宋史研究的新趋向：地方宗教与政治文化》，《中国史研究动态》2011年第3期。
⑪ ［美］郝若贝：《750—1550年间中国的人口、政治及社会转型》，易素梅、林小异等译，见《当代西方汉学研究集萃》，上海古籍出版社2012年版。
⑫ ［美］韩森：《变迁之神——南宋时期的民间信仰》，包伟民译，浙江人民出版社1999年版。

西抚州的社会精英》①、万安玲（Linda Walton）《南宋的书院和社会》② 分别探讨了从北宋向南宋转变的不同社会侧面。其他著作尚有：戴仁柱（Richard L.Davis）《宋代的朝廷与家族：明州史氏仕途成功与家族命运》③、伊沛霞（Patricia Ebrey）《内闱：宋代的婚姻和妇女生活》④、柏文莉（Beverly Bossler）《权力关系：宋代中国的家族、地位与国家》⑤、马伯良（McKnight, Brain E）《宋代的法律与秩序》⑥、贾志扬（John W .Chaffee）《荆棘之路：宋代科举社会史》⑦ 和《天潢贵胄：宋代宗室史》⑧ 等。

日本的宋史研究也比较重视社会史的研究，取得了较丰富的成果。城市社会方面有伊原弘《中国中世纪纪行——宋代都市和都市生活》⑨《中国开封的生活和岁时——描绘宋代都市生活》⑩ 等著作。而关于乡村社会，更受到学者的特别关注。柳田节子《宋元乡村制的研究》⑪、大泽正昭《唐宋变革期农业社会史研究》⑫ 均是这方面的专门著作；论文集《柳田节子先生古稀纪念论集——中国的传统社会与家族》⑬《宋代的规范与习俗》⑭ 对此也多有涉及。有关宗族、士人等方面的论文集或著作则有：小林义广《欧阳修——他的生涯与宗族》⑮、宋代史研究会《宋代的知识人——思想·制度·地域社会》⑯、古林森广《中国宋代的社会

---

① ［美］韩明士：《政治家和绅士：两宋江西抚州的社会精英》，剑桥大学出版社 1986 年版。

② ［美］万安玲：《南宋的书院和社会》，夏威夷大学出版社 1999 年版。

③ ［美］戴仁柱：《宋代的朝廷与家族：明州史氏仕途成功与家族命运》，杜克大学出版社 1986 年版。

④ ［美］伊沛霞：《内闱：宋代的婚姻和妇女生活》，胡志宏译，江苏人民出版社 2004 年版。

⑤ ［美］柏文莉：《权力关系：宋代中国的家族、地位与国家》，刘云军译，江苏人民出版社 2015 年版。

⑥ ［美］马伯良：《宋代的法律与秩序》，杨昂、胡雯姬译，中国政法大学出版社 2010 年版。

⑦ ［美］贾志扬：《荆棘之路：宋代科举社会史》，中文译本《宋代科举》，东大图书股份有限公司 1995 年版。

⑧ ［美］贾志扬：《天潢贵胄：宋代宗室史》，赵冬梅译，江苏人民出版社 2005 年版。

⑨ ［日］伊原弘：《中国中世纪纪行——宋代都市和都市生活》，中央公论社 1988 年版。

⑩ ［日］伊原弘：《中国开封的生活和岁时——描绘宋代都市生活》，山川出版社 1991 年版。

⑪ ［日］柳田节子：《宋元乡村制的研究》，创文社 1986 年版。

⑫ ［日］大泽正昭：《唐宋变革期农业社会史研究》，汲古书院 1996 年版。

⑬ 柳田节子先生古稀纪念论集编集委员会编：《柳田节子先生古稀纪念论集——中国的传统社会与家族》，汲古书院 1993 年版。

⑭ 宋代史研究会：《宋代的规范与习俗》，汲古书院 1995 年版。

⑮ ［日］小林义广：《欧阳修——他的生涯与宗族》，创文社 2000 年版。

⑯ 宋代史研究会：《宋代的知识人——思想·制度·地域社会》，汲古书院 1993 年版。

与经济》① 等。

四、走向繁荣（2001 年以来）

进入 21 世纪以来，宋代社会史研究在上世纪已取得丰富成果的基础上，进一步走向繁荣。同时，不同国家和地区的学者交流广泛，成果的相互影响明显加强，呈现出异彩纷呈之势、学术全球化之势。越来越多的国外学者加入研究者行列，继日本、美国之后，韩国学者也成为宋代社会史研究的又一生力军。以下对本阶段的介绍，不再将国外学者单列，而是混同介绍。

（一）随着理论与方法的多样化，研究领域进一步扩大

借鉴其他社会科学的理论和方法，研究角度不断创新，或在此前已有所涉及的基础上进一步得到开拓和加强，成为新世纪初期的社会史研究的明显特征。心态史、计量史等之外，生态史、图像史、性别史、社会文化史以及概念史等，不断受到学者的重视。

生态史：以区域生态史研究为主。程遂营《唐宋开封生态环境研究》②、程民生《北宋开封气象编年史》③ 等是关于开封生态史的专著，其他则有张全明《南宋两浙地区的气候变迁及其总体评估》④、韩国俞垣浚《北宋前期太湖流域的水利及其特征》⑤ 等相关论文。

性别史：以女性研究为主。专著有日本柳田节子《宋代庶民的妇女们》⑥、刘芳如《从绘本与文本的参照探索宋代几项女性议题》⑦、方燕《巫文化视域下的宋

---

① ［日］古林森广：《中国宋代的社会与经济》，国书刊行会 1995 年版。
② 程遂营：《唐宋开封生态环境研究》，中国社会科学出版社 2002 年版。
③ 程民生：《北宋开封气象编年史》，人民出版社 2012 年版。
④ 张全明：《南宋两浙地区的气候变迁及其总体评估》，见《宋史研究论丛》第 10 辑，河北大学出版社 2009 年版。
⑤ ［韩］俞垣浚：《北宋前期太湖流域的水利及其特征》，见《宋史研究论丛》第 7 辑，河北大学出版社 2006 年版。
⑥ ［日］柳田节子：《宋代庶民的妇女们》，汲古书院 2003 年版。
⑦ 刘芳如：《从绘本与文本的参照探索宋代几项女性议题》，台北文史哲出版社 2005 年版。

代女性——立足于女性生育、疾病的考察》①、铁爱花《宋代士人阶层女性研究》②
等。另有邓小南主编《唐宋女性与社会》③论文集及杨果《宋代"才女"现象初
探》④、韩国朴志焄《北宋时期宣仁太后的摄政》⑤等系列论文。

社会文化史：关于衣食住行的，有王雪莉《宋代服饰制度研究》⑥、刘朴兵
《唐宋饮食文化比较研究》⑦、谭刚毅《两宋时期的中国民居与居住形态》⑧、邵晓
峰《中国宋代家具：研究与图像集成》⑨、曹家齐《宋代交通管理制度研究》⑩等。
关于民间信仰的，有贾二强《唐宋民间信仰》⑪、王章伟《在国家与社会之间——
宋代巫觋信仰研究》⑫《文明世界的魔法师——宋代的巫觋与巫术》⑬、皮庆生《宋
代民众祠神信仰研究》⑭、李小红《宋代社会中的巫觋研究》⑮、刘祥光《宋代日常
生活中的卜算与鬼怪》⑯等。

基层社会史：在研究视角深入民间基层社会的过程中，一些学者提出或使
用了新的研究概念。以"富民"概念为题，早先见于黄启昌《富民阶层与宋代社
会》⑰一文。林文勋、谷更有《唐宋乡村社会力量与基层控制》⑱，林文勋《中国古
代"富民"阶层研究》⑲等论著已将富民作为基本概念并进行了全面论析。廖寅
《宋代两湖地区民间强势力量与地域秩序》⑳使用了"民间强势力量"概念。谷更

---

① 方燕：《巫文化视域下的宋代女性——立足于女性生育、疾病的考察》，中华书局 2008 年版。
② 铁爱花：《宋代士人阶层女性研究》，人民出版社 2011 年版。
③ 邓小南编：《唐宋女性与社会》，上海辞书出版社 2003 年版。
④ 杨果：《宋代"才女"现象初探》，见《宋史研究论文集》，河北大学出版社 2002 年版。
⑤ ［韩］朴志焄：《北宋时期宣仁太后的摄政》，见《宋史研究论丛》第 7 辑，河北大学出版社
2006 年版。
⑥ 王雪莉：《宋代服饰制度研究》，杭州出版社 2007 年版。
⑦ 刘朴兵：《唐宋饮食文化比较研究》，中国社会科学出版社 2010 年版。
⑧ 谭刚毅：《两宋时期的中国民居与居住形态》，东南大学出版社 2008 年版。
⑨ 邵晓峰：《中国宋代家具：研究与图像集成》，东南大学出版社 2010 年版。
⑩ 曹家齐：《宋代交通管理制度研究》，河南大学出版社 2002 年版。
⑪ 贾二强：《唐宋民间信仰》，福建人民出版社 2002 年版。
⑫ 王章伟：《在国家与社会之间——宋代巫觋信仰研究》，香港中华书局 2005 年版。
⑬ 王章伟：《文明世界的魔法师——宋代的巫觋与巫术》，三民书局 2006 年版。
⑭ 皮庆生：《宋代民众祠神信仰研究》，上海古籍出版社 2008 年版。
⑮ 李小红：《宋代社会中的巫觋研究》，光明日报出版社 2012 年版。
⑯ 刘祥光：《宋代日常生活中的卜算与鬼怪》，政大出版社 2013 年版。
⑰ 黄启昌：《富民阶层与宋代社会》，《求索》1995 年第 3 期。
⑱ 林文勋、谷更有：《唐宋乡村社会力量与基层控制》，云南大学出版社 2005 年版。
⑲ 林文勋：《中国古代"富民"阶层研究》，云南大学出版社 2008 年版。
⑳ 廖寅：《宋代两湖地区民间强势力量与地域秩序》，人民出版社 2011 年版。

有《唐宋国家与乡村社会》①、郭东旭《宋代民间法律生活研究》②以及刁培俊《南宋"乡村社会"管窥——以〈夷坚志〉所见南方资料为主的初步考察》③等论文也涉及基层社会史的研究。

社会保障史：张文在西南师范大学出版社出版《宋朝社会救济研究》④《宋朝民间慈善活动研究》⑤两书，另有郭文佳《宋代社会保障研究》⑥等。

（二）社会史视角与传统领域的结合

传统的研究领域与社会史视角的结合，不但表现在有关专著的不断出现，也表现在许多学者在选编个人论文集时以"社会"及其相关概念为题来统领以往的散篇论文。游彪《宋代特殊群体研究》⑦、汪圣铎《宋代社会生活研究》⑧和包伟民《传统国家与社会（960—1279 年）》⑨等涉及多个传统领域，更多的则是分属于某一方面的具体成果。

政治与社会：主要集中在从社会史角度对法律的研究。如台湾学者合著的论文集《宋代社会与法律——〈名公书判清明集〉讨论》⑩、日本高桥芳郎《宋代中国的法制与社会》⑪、郭东旭《宋代法律与社会》⑫、戴建国《唐宋变革时期的法律与社会》⑬、小野泰《宋代的水利政策与地域社会》⑭等。

经济与社会：主要是在观照宋代社会的前提下研究经济生活和经济关系。

---

① 谷更有：《唐宋国家与乡村社会》，中国社会科学出版社 2006 年版。
② 郭东旭：《宋代民间法律生活研究》，人民出版社 2012 年版。
③ 刁培俊：《南宋"乡村社会"管窥——以〈夷坚志〉所见南方资料为主的初步考察》，见《国学研究》第 24 卷，北京大学出版社 2009 年版。
④ 张文：《宋朝社会救济研究》，西南师范大学出版社 2001 年版。
⑤ 张文：《宋朝民间慈善活动研究》，西南师范大学出版社 2005 年版。
⑥ 郭文佳：《宋代社会保障研究》，新华出版社 2005 年版。
⑦ 游彪：《宋代特殊群体研究》，商务印书馆 2006 年版。
⑧ 汪圣铎：《宋代社会生活研究》，人民出版社 2007 年版。
⑨ 包伟民：《传统国家与社会（960—1279 年）》，商务印书馆 2009 年版。
⑩ 宋代官箴研读会：《宋代社会与法律——〈名公书判清明集〉讨论》，东大图书股份有限公司 2001 年版。
⑪ ［日］高桥芳郎：《宋代中国的法制与社会》，汲古书院 2002 年版。
⑫ 郭东旭：《宋代法律与社会》，人民出版社 2008 年版。
⑬ 戴建国：《唐宋变革时期的法律与社会》，上海古籍出版社 2010 年版。
⑭ ［日］小野泰：《宋代的水利政策与地域社会》，汲古书院 2011 年版。

如姜锡东《宋代商人和商业资本》①、陈国灿《宋代江南城市研究》②、沈冬梅《茶与宋代社会生活》③、程民生《宋代物价研究》④、何辉《宋代消费史：消费与一个王朝的盛衰》⑤、田银生《走向开放的城市——宋代东京街市研究》⑥等专著及葛金芳的论文集《两宋社会经济研究》⑦等。唐宋变革重新受到学术界关注，葛金芳《唐宋变革期研究》⑧、林文勋《唐宋社会变革论纲》⑨均主要从经济角度进行论证，李华瑞主编《"唐宋变革"论的由来与发展》⑩则主要是对学术史的反思。

文化与社会：涉及文学艺术、教育科举、宗教信仰等文化各方面与社会的关系。如日本冈本不二明《唐宋的小说与社会》⑪，何忠礼《科举与宋代社会》⑫，美国韩明士《道与庶道：宋代以来的道教、民间信仰和神灵模式》⑬，日本平田茂树、远藤隆俊、冈元司《宋代社会的空间与交流》⑭，张剑、吕肖奂、周扬波《宋代家族与文学研究》⑮，林美惠《吉祭礼与宋代郊祠符号》⑯，段玉明《相国寺——在唐宋帝国的神圣与凡俗》⑰等。

（三）研究问题不断细化，取得大量具体成果

在21世纪社会史研究的过程中，研究者各有各的学术领域，问题不断细化，取得的学术成果也日益丰硕。

1.通史类成果

---

① 姜锡东：《宋代商人和商业资本》，中华书局2002年版。
② 陈国灿：《宋代江南城市研究》，中华书局2002年版。
③ 沈冬梅：《茶与宋代社会生活》，中国社会科学出版社2007年版。
④ 程民生：《宋代物价研究》，人民出版社2008年版。
⑤ 何辉：《宋代消费史：消费与一个王朝的盛衰》，中华书局2010年版。
⑥ 田银生：《走向开放的城市——宋代东京街市研究》，生活·读书·新知三联书店2011年版。
⑦ 葛金芳：《两宋社会经济研究》，天津古籍出版社2010年版。
⑧ 葛金芳：《唐宋变革期研究》，湖北人民出版社2004年版。
⑨ 林文勋：《唐宋社会变革论纲》，人民出版社2011年版。
⑩ 李华瑞：《"唐宋变革"论的由来与发展》，天津古籍出版社2010年版。
⑪ ［日］冈本不二明：《唐宋的小说与社会》，汲古书院2003年版。
⑫ 何忠礼：《科举与宋代社会》，商务印书馆2006年版。
⑬ ［美］韩明士：《道与庶道：宋代以来的道教、民间信仰和神灵模式》，皮庆生译，江苏人民出版社2007年版。
⑭ ［日］平田茂树、远藤隆俊、冈元司：《宋代社会的空间与交流》，河南大学出版社2008年版。
⑮ 张剑、吕肖奂、周扬波：《宋代家族与文学研究》，中国社会科学出版社2009年版。
⑯ 林美惠：《吉祭礼与宋代郊祠符号》，复文图书有限公司2011年版。
⑰ 段玉明：《相国寺——在唐宋帝国的神圣与凡俗》，巴蜀书社2004年版。

通史类编撰成果明显。在专门类的各种通史不断涌现的过程中，宋代无疑占有重要地位。如徐吉军、方建新、方健、吕凤棠《中国风俗通史·宋代卷》①，陈戍国《中国礼制史·宋辽金夏卷》②，邢铁《中国家庭史·宋辽金元时期》③，游彪等《中国民俗史·宋辽金元卷》④，邱云飞《中国灾害通史·宋代卷》⑤，方建新、徐吉军《中国妇女通史·宋代卷》⑥ 等。

2. 专题类成果

专题史的分类愈来愈细，各类专题不胜枚举。此处仅以宗族和官僚群体研究为例。

宗族：总论性专著有陶晋生《北宋士族——家族·婚姻·生活》⑦、邢铁《宋代家庭研究》⑧、黄宽重《宋代的家族与社会》⑨、柳立言《宋代的家庭和法律》⑩、马泓波《宋代家法族规研究——宋儒理想中的家庭秩序》⑪ 等；个案性专著有李贵录《北宋三槐王氏家族研究》⑫、刘焕阳《宋代晁氏家族及其文献研究》⑬、马斗成《宋代眉山苏氏家族研究》⑭、汤江浩《北宋临川王氏家族及文学考论——以王安石为中心》⑮、何新所《昭德晁氏家族研究》⑯、姚红《宋代东莱吕氏家族及其文献考论》⑰、罗莹《宋代东莱吕氏家族研究》⑱、陈莉萍和陈小亮《宋元时期四明袁

---

① 徐吉军等：《中国风俗通史·宋代卷》，上海文艺出版社 2001 年版。
② 陈戍国：《中国礼制史·宋辽金夏卷》，湖南教育出版社 2001 年版。
③ 邢铁：《中国家庭史·宋辽金元时期》，广东人民出版社 2007 年版。
④ 游彪等：《中国民俗史·宋辽金元卷》，人民出版社 2008 年版。
⑤ 邱云飞：《中国灾害通史·宋代卷》，郑州大学出版社 2008 年版。
⑥ 方建新、徐吉军：《中国妇女通史·宋代卷》，杭州出版社 2011 年版。
⑦ 陶晋生：《北宋士族——家族·婚姻·生活》，"中央研究院"历史语言研究所 2001 年版。
⑧ 邢铁：《宋代家庭研究》，上海人民出版社 2005 年版。
⑨ 黄宽重：《宋代的家族与社会》，东大图书股份有限公司 2006 年版、国家图书馆出版社 2009 年版。
⑩ 柳立言：《宋代的家庭和法律》，上海古籍出版社 2008 年版。
⑪ 马泓波：《宋代家法族规研究——宋儒理想中的家庭秩序》，吉林人民出版社 2012 年版。
⑫ 李贵录：《北宋三槐王氏家族研究》，齐鲁书社 2004 年版。
⑬ 刘焕阳：《宋代晁氏家族及其文献研究》，齐鲁书社 2004 年版。
⑭ 马斗成：《宋代眉山苏氏家族研究》，中国社会科学出版社 2005 年版。
⑮ 汤江浩：《北宋临川王氏家族及文学考论——以王安石为中心》，人民文学出版社 2005 年版。
⑯ 何新所：《昭德晁氏家族研究》，上海古籍出版社 2006 年版。
⑰ 姚红：《宋代东莱吕氏家族及其文献考论》，中国社会科学出版社 2010 年版。
⑱ 罗莹：《宋代东莱吕氏家族研究》，人民出版社 2011 年版。

氏宗族研究》^①等;区域性专著有朱开宇《科举社会、地域秩序与宗族发展——宋明间的徽州,1100—1644 年》^②;论文集有张邦炜《宋代婚姻家族史论》^③、邹重华和粟品孝主编《宋代四川家族与学术论集》^④、日本的井上彻和远藤隆俊编《宋—明宗族的研究》^⑤等。

官僚群体:总论官僚群体的著作主要有:韩国曹福铉《宋代官员的俸禄制度》^⑥、日本衣川强《宋代官僚社会史研究》^⑦、魏峰《宋代迁徙官僚家族研究》^⑧、韩瑞军《宋代官员经济犯罪及防治研究》^⑨等。论官僚中文官群体的著作主要有沈松勤继《北宋文人与党争》^⑩之后的姊妹篇《南宋文人与党争》^⑪、唐春生《翰林学士与宋代士人文化》^⑫等;论官僚中武官群体的著作主要有:陈峰《北宋武将群体与相关问题研究》^⑬《生逢宋代——北宋士林将坛说》^⑭、何冠环《北宋武将研究》^⑮《攀龙附凤——北宋潞州上党李氏外戚将门研究》^⑯等;赵冬梅《文武之间:北宋武选官研究》^⑰则以文武之间的武选官群体为研究对象。除此之外,与官僚群体密切相关的士大夫、士人群体的研究,成果也相当丰硕,如周扬波《宋代士绅结社研究》^⑱和方健《北宋士人交游录》^⑲等。

以上对各阶段研究状况的介绍,主要侧重说明不同时期宋代社会史研究的

① 陈莉萍、陈小亮:《宋元时期四明袁氏宗族研究》,浙江大学出版社 2012 年版。

② 朱开宇:《科举社会、地域秩序与宗族发展——宋明间的徽州,1100—1644 年》,台湾大学出版委员会 2006 年版。

③ 张邦炜:《宋代婚姻家族史论》,人民出版社 2003 年版。

④ 邹重华、粟品孝主编:《宋代四川家族与学术论集》,四川大学出版社 2005 年版。

⑤ [日]井上彻、远藤隆俊编:《宋—明宗族的研究》,汲古书院 2005 年版。

⑥ [韩]曹福铉:《宋代官员的俸禄制度》,新书苑出版社 2006 年版。

⑦ [日]衣川强:《宋代官僚社会史研究》,汲古书院 2006 年版。

⑧ 魏峰:《宋代迁徙官僚家族研究》,上海古籍出版社 2009 年版。

⑨ 韩瑞军:《宋代官员经济犯罪及防治研究》,中国社会科学出版社 2011 年版。

⑩ 沈松勤:《北宋文人与党争》,人民出版社 1998 年版。

⑪ 沈松勤:《南宋文人与党争》,人民出版社 2005 年版。

⑫ 唐春生:《翰林学士与宋代士人文化》,中国社会科学出版社 2011 年版。

⑬ 陈峰:《北宋武将群体与相关问题研究》,中华书局 2004 年版;增订本,人民出版社 2021 年版。

⑭ 陈峰:《生逢宋代——北宋士林将坛说》,生活·读书·新知三联书店 2013 年版。

⑮ 何冠环:《北宋武将研究》,香港中华书局 2003 年版。

⑯ 何冠环:《攀龙附凤——北宋潞州上党李氏外戚将门研究》,香港中华书局 2013 年版。

⑰ 赵冬梅:《文武之间:北宋武选官研究》,北京大学出版社 2010 年版。

⑱ 周扬波:《宋代士绅结社研究》,中华书局 2008 年版。

⑲ 方健:《北宋士人交游录》,上海书店出版社 2013 年版。

特点。对相关研究成果的胪列，仅就涉及的若干方面展开，有些还带有明显的举例性质，因而远非以往研究状况的全貌。大浪淘沙，在各专题、各方面已取得的丰富研究论著中，尽管有时泥沙俱下，鱼龙混杂，但各种优秀的成果，自会由读者慧眼识金，加以评说；鉴往知来，宋代作为一个重要断代，又处于古代社会的转型时期，社会变迁明显，加之资料较为丰富，可供社会史选择的课题极多，相信今后一定会有越来越多的优秀成果问世。

参考文献

（拼音排序）

一、史料部分（含今人整理文献与考古资料）

蔡絛：《铁围山丛谈》，中华书局 1983 年版。

蔡襄：《蔡襄集》，上海古籍出版社 1996 年版。

曾巩：《曾巩集》，中华书局 1984 年版。

陈炳应译：《西夏谚语——新集锦成对谚语》，山西人民出版社 1993 年版。

陈傅良：《陈傅良先生文集》，浙江大学出版社 1999 年版。

陈耆卿：《嘉定赤城志》，宋元方志丛刊本，中华书局 1990 年版。

陈述：《全辽文》，中华书局 1982 年版。

陈思编，陈世龙补：《两宋名贤小集》，影印文渊阁四库全书本。

陈文蔚：《克斋集》，影印文渊阁四库全书本。

程珌：《洺水集》，影印文渊阁四库全书本。

程颢、程颐：《二程集》，中华书局 1981 年版。

程钜夫：《雪楼集》，影印文渊阁四库全书本。

范成大：《范成大笔记六种》，中华书局 2002 年版。

范成大：《范石湖集》，上海古籍出版社 1981 年版。

范仲淹：《范仲淹全集》，四川大学出版社 2002 年版。

方勺：《泊宅编》，中华书局 1983 年版。

费衮：《梁溪漫志》，中华书局 1985 年版。

高建国：《宋代麟府路碑石整理与研究》，中国社会科学出版社 2021 年版。

何坦：《西畴老人常言》，丛书集成初编本，中华书局 1985 年版。

何薳：《春渚纪闻》，中华书局 1983 年版。

河北省文物研究所：《宣化辽墓——1974～1993 年考古发掘报告》，文物出版社 2001 年版。

洪迈:《容斋随笔》,中华书局 2005 年版。

洪迈:《夷坚志》,中华书局 2006 年版。

洪适:《盘洲文集》,影印文渊阁四库全书本。

黄淮、杨士奇:《历代名臣奏议》,上海古籍出版社 1989 年版。

黄潜:《黄潜集》,浙江古籍出版社 2013 年版。

黄以周等:《续资治通鉴长编拾补》,中华书局 2004 年版。

贾敬颜:《五代宋金元人边疆行记十三种疏证稿》,中华书局 2004 年版。

姜夔:《白石道人诗集》,四部丛刊初编本。

克恰诺夫、李范文、罗矛昆:《圣立义海研究》,宁夏人民出版社 1995 年版。

乐史:《太平寰宇记》,中华书局 2007 年版。

黎靖德:《朱子语类》,中华书局 1994 年版。

李纲:《李纲全集》,岳麓书社 2004 年版。

李觏:《李觏集》,中华书局 2011 年版。

李俊甫:《莆阳比事》,江苏古籍出版社 1988 年版。

李焘:《续资治通鉴长编》,中华书局 2004 年版。

李心传:《建炎以来系年要录》,中华书局 2013 年版。

李新:《跨鳌集》,影印文渊阁四库全书本。

李之仪:《姑溪居士后集》,丛书集成初编本,中华书局 1985 年版。

厉鹗:《辽史拾遗》,丛书集成初编本,中华书局 1985 年版。

梁克家:《淳熙三山志》,四川大学出版社 2007 年版。

林表民:《赤城集》,影印文渊阁四库全书本。

刘才邵:《檆溪居士集》,影印文渊阁四库全书本。

刘凤翥:《契丹文字研究类编》,中华书局 2014 年版。

刘凤翥等辑:《辽上京地区出土的辽代碑刻汇辑》,社会科学文献出版社 2009 年版。

刘克庄著,辛更儒笺校:《刘克庄集笺校》,中华书局 2011 年版。

刘祁:《归潜志》,中华书局 1983 年版。

刘昫等:《旧唐书》,中华书局 1975 年版。

刘宰:《漫塘文集》,线装书局 2004 年版。

楼钥:《攻媿集》,丛书集成初编本,中华书局 1985 年版。

陆九渊:《陆九渊集》,中华书局 1980 年版。

陆游:《老学庵笔记》,中华书局 1997 年版。

马端临:《文献通考》,中华书局 2011 年版。

孟元老撰,伊永文笺注:《东京梦华录笺注》,中华书局 2007 年版。

欧阳修:《欧阳修全集》,中华书局 2001 年版。

欧阳修:《新五代史》,中华书局 2016 年版。

潘宗周编:《宝礼堂宋本书录》,上海古籍出版社 2007 年版。

潜说友:《咸淳临安志》,宋元方志丛刊本,中华书局 1990 年版。

阮元校刻:《十三经注疏》,清嘉庆刊本,中华书局 2009 年版。

史浩:《鄮峰真隐漫录》,影印文渊阁四库全书本。

史金波、聂鸿音、白滨译注:《天盛改旧新定律令》,法律出版社 2000 年版。

司马光:《司马光集》,四川大学出版社 2010 年版。

司马光:《资治通鉴》,中华书局 2011 年版。

司马迁:《史记》,中华书局 2014 年版。

宋濂:《文宪集》,影印文渊阁四库全书本。

宋濂等:《元史》,中华书局 1976 年版。

宋祁:《景文集》,丛书集成初编本,中华书局 1985 年版。

宋绶编:《宋大诏令集》,中华书局 1962 年版。

苏轼:《苏轼文集》,中华书局 1986 年版。

苏颂:《苏魏公文集》,中华书局 1988 年版。

苏天爵:《元朝名臣事略》,中华书局 1996 年版。

苏天爵:《滋溪文稿》,中华书局 1997 年版。

苏辙:《苏辙集》,中华书局 1990 年版。

陶宗仪:《南村辍耕录》,中华书局 1959 年版。

脱脱等:《金史》,中华书局 2020 年版。

脱脱等:《辽史》,中华书局 2017 年版。

脱脱等:《宋史》,中华书局 1985 年版。

王鼎:《焚椒录》,丛书集成初编本,中华书局 1985 年版。

王令:《王令集》,上海古籍出版社 2011 年版。

王迈:《臞轩集》,影印文渊阁四库全书本。

王明清:《挥麈录》,上海书店出版社 2001 年版。

王钦若等编纂:《册府元龟》,凤凰出版社 2006 年版。

王栐:《燕翼诒谋录》,中华书局 1981 年版。

王恽著,杨亮、钟彦飞点校:《王恽全集汇校》,中华书局 2013 年版。

危素:《危太朴集》,元人文集珍本丛刊本,新文丰出版公司 1985 年版。

委心子:《新编分门古今类事》,中华书局 1987 年版。

魏了翁:《鹤山先生大全集》,四部丛刊初编本。

吴曾:《能改斋漫录》,上海古籍出版社 1979 年版。

吴广成撰,龚世俊等校证:《西夏书事校证》,甘肃文化出版社 1995 年版。

吴潜:《许国公奏议》,丛书集成初编本,中华书局 1985 年版。

吴自牧:《梦粱录》,中国商业出版社 1982 年版。

向南编:《辽代石刻文编》,河北教育出版社 1995 年版。

向南等编:《辽代石刻文续编》,辽宁人民出版社 2010 年版。

谢深甫等:《庆元条法事类》,黑龙江人民出版社 2002 年版。

徐梦莘:《三朝北盟会编》,上海古籍出版社 2008 年版。

徐松辑:《宋会要辑稿》,上海古籍出版社 2014 年版。

薛居正等:《旧五代史》,中华书局 2016 年版。

杨万里撰,辛更儒笺校:《杨万里集笺校》,中华书局 2007 年版。

杨仲良:《皇宋通鉴长编纪事本末》,江苏古籍出版社 1988 年版。

姚燧:《牧庵集》,四部丛刊初编本。

耶律楚材:《西游录》,中华书局 1981 年版。

耶律楚材:《湛然居士文集》,中华书局 1986 年版。

耶律铸:《双溪醉隐集》,辽海丛书本,辽沈书社 1985 年版。

(旧题)叶隆礼:《契丹国志》,上海古籍出版社 1985 年版。

叶梦得:《石林燕语》,中华书局 1984 年版。

叶绍翁:《四朝闻见录》,中华书局 1989 年版。

叶寘:《爱日斋丛钞》,中华书局 2010 年版。

佚名:《宋史全文》,中华书局 2016 年版。

佚名:《元典章》,中华书局、天津古籍出版社 2011 年版。

余靖:《武溪集》,宋集珍本丛刊本,线装书局 2004 年版。

元好问著,狄宝心校注:《元好问文编年校注》,中华书局 2012 年版。

张邦基:《墨庄漫录》,中华书局 2002 年版。

张金吾:《金文最》,中华书局 1990 年版。

张舜民:《画墁录》,全宋笔记本,大象出版社 2006 年版。

张孝祥:《于湖居士文集》,上海古籍出版社 1980 年版。

赵鼎:《忠正德文集》,影印文渊阁四库全书本。

赵珙:《蒙鞑备录》,全宋笔记本,大象出版社 2016 年版。

赵汝愚:《宋朝诸臣奏议》,上海古籍出版社 1999 年版。

赵翼:《廿二史劄记》,中华书局 1984 年版。

真德秀:《西山先生真文忠公文集》,四部丛刊初编本。

周必大:《文忠集》,影印文渊阁四库全书本。

周辉:《清波杂志》,全宋笔记本,大象出版社 2008 年版。

周密:《癸辛杂识》,中华书局 1988 年版。

周密:《武林旧事》,中华书局 2007 年版。

周去非著,杨武泉校注:《岭外代答校注》,中华书局 1999 年版。

周紫芝:《太仓稊米集》,影印文渊阁四库全书本。

朱杰人等编:《朱子全书》,上海古籍出版社 2002 年版。

朱彧:《萍洲可谈》,全宋笔记本,大象出版社 2006 年版。

祝穆:《方舆胜览》,中华书局 2003 年版。

庄绰:《鸡肋编》,中华书局 1983 年版。

宗泽:《宗泽集》,浙江古籍出版社 2012 年版。

二、今人论著部分

(一)著作

陈述:《契丹政治史稿》,人民出版社 1986 年版。

陈垣:《元西域人华化考》,上海古籍出版社 2008 年版。

高福顺:《教育与辽代社会》,人民出版社 2019 年版。

刘朴兵:《唐宋饮食文化比较研究》,中国社会科学出版社 2010 年版。

毛汉光:《中国中古社会史论》,上海书店出版社 2002 年版。

孟志东等:《云南契丹后裔研究》,中国社会科学出版社 1995 年版。

漆侠:《漆侠全集》,河北大学出版社 2008 年版。

齐伟:《辽代汉官集团的婚姻与政治》,科学出版社 2017 年版。

任崇岳:《中原地区历史上的民族融合》,内蒙古人民出版社 2004 年版。

沈冬梅:《茶与宋代社会生活》,中国社会科学出版社 2007 年版。

史风春:《辽朝后族诸问题研究》,人民出版社 2017 年版。

宋德金、史金波:《中国风俗通史·辽金西夏卷》,上海文艺出版社 2006 年版。

佟建荣:《西夏姓名研究》,社会科学文献出版社 2015 年版。

王可宾:《女真国俗》,吉林大学出版社 1988 年版。

王善军:《世家大族与辽代社会》,人民出版社 2008 版。

王善军:《宋代宗族和宗族制度研究》,人民出版社 2018 年版。

邢铁:《中国家庭史·辽宋金元卷》,广东人民出版社 2007 年版。

徐吉军等:《中国风俗通史·宋代卷》,上海文艺出版社 2001 年版。

杨果:《宋辽金史论稿》,商务印书馆 2010 年版。

游彪等:《中国民俗史·宋辽金元卷》,人民出版社 2008 年版。

张邦炜:《宋代婚姻家族史论》,人民出版社 2003 年版。

朱瑞熙等:《辽宋西夏金社会生活史》,中国社会科学出版社 1998 年版。

宗韵:《明代家族上行流动研究——以 1595 篇谱牒序跋所涉家族为案例》,华东师范大学出版社 2009 年版。

[韩]曹福铉:《宋代官员的俸禄制度》,新书苑出版社 2006 年版。

[韩]金渭显:《契丹社会文化史论》,景仁文化社 2004 年版。

[美]柏文莉:《权力关系:宋代中国的家族、地位与国家》,江苏人民出版社 2015 年版。

[美]贾志扬:《天潢贵胄:宋代宗室史》,江苏人民出版社 2005 年版。

[日]井上彻、远藤隆俊编:《宋－明宗族的研究》,汲古书院 2005 年版。

[日]小林义广:《欧阳修——他的生涯与宗族》,创文社 2000 年版。

(二)论文

常建华:《元人文集族谱序跋数量及反映的谱名与地区分布》,《史学集刊》2008 年第 6 期。

陈晓莉:《辽夏金代居住风俗》,《民俗研究》1995 年第 4 期。

程民生:《宋代少数民族学校述略》,《中央民族学院学报》1989 年第 3 期。

程妮娜:《辽代契丹族饮食习俗述略》,《博物馆研究》1991 年第 3 期。

程妮娜:《契丹婚制婚俗探析》,《社会科学战线》1992 年第 1 期。

邓小南:《论五代宋初"胡／汉"语境的消解》,《文史哲》2005 年第 5 期。

刁培俊:《宋代的富民与乡村治理》,《河北学刊》2005 年第 2 期。

都兴智:《辽代国舅拔里氏阿古只家族的几个问题》,《黑龙江民族丛刊》2009 年第 5 期。

杜建录:《论党项宗族》,《民族研究》2001 年第 4 期。

韩世明、都兴智:《渤海王族姓氏新考》,《中国边疆史地研究》2015 年第 2 期。

韩世明:《辽金时期女真家庭形态研究》,《史学集刊》1993 年第 2 期。

胡小鹏:《辽可老公主出嫁"大食"史实考辨》,《西北师大学报(社会科学版)》1995 年第 6 期。

黄宽重:《略论南宋时代的归正人(上下)》,《食货月刊》复刊第 7 卷 3、4 期,1977 年。

嵇训杰:《辽睿智萧后族属考》,《民族研究》1987 年第 6 期。

贾鸿恩、李俊义:《辽萧孝恭萧孝资墓志铭考释》,《北方文物》2006 年第 1 期。

康鹏:《辽圣宗贵妃玄堂志铭献疑》,《隋唐辽宋金元史论丛》第 8 辑,上海古籍出版社 2018 年版。

李俊义、庞昊:《辽上京松山州刘氏家族墓地经幢残文考释》,《北方文物》2010 年第 3 期。

李埏:《北宋西北少数民族地区的生熟户》,《思想战线》1992 年第 2 期。

李锡厚:《宋辽金时期中原地区的民族融合》,《中州学刊》2005 年第 5 期。

李逸友:《契丹的髡发习俗——从豪欠营辽墓契丹女尸的发式谈起》,《文物》1983 年第 9 期。

李治安:《元初华夷正统观念的演进与汉族文人仕蒙》,《学术月刊》2007 年第 4 期。

林瑞翰:《女真初起时期之寨居生活》,《大陆杂志》第 12 卷第 11 期, 1956 年。

刘达科:《金元耶律氏文学世家探论》,《民族文学研究》2003 年第 2 期。

刘复生:《宋代"衣服变古"及其时代特征——兼论"服妖"现象的社会意义》,《中国史研究》1998 年第 2 期。

刘浦江、康鹏:《契丹名、字初释——文化人类学视野下的父子连名制》,《文史》2005 年第 3 辑。

刘晓:《耶律铸夫妇墓志札记》,《暨南史学》第 3 辑, 暨南大学出版社 2004 年版。

刘子健:《南宋中叶马球衰落和文化的变迁》,《历史研究》1980 年第 2 期。

孟广耀:《苏东坡与耶律楚材家族的关系》,《民族研究》1982 年第 3 期。

内蒙古文物考古研究所等:《内蒙古多伦县小王力沟辽代墓葬》,《考古》2016 年第 10 期。

邱靖嘉:《辽朝皇位继承史事考》,《辽金历史与考古》第 6 辑, 辽宁教育出版社 2015 年版。

任爱君:《9 世纪中后期契丹社会的组织结构与发展状态——以世里氏家族研究为中心》,《内蒙古社会科学》2008 年第 6 期。

邵方:《西夏党项社会的族际婚》,《西北民族研究》2004 年第 3 期。

史金波:《西夏党项人的亲属称谓和婚姻》,《民族研究》1992 年第 1 期。

宋德金:《双陆与民族文化的交流与融合》,《历史研究》2003 年第 2 期。

孙昌盛:《西夏服饰研究》,《民族研究》2001 年第 6 期。

陶玉坤、薄音湖:《北宋对契丹归明人的政策》,《内蒙古社会科学》2003 年第 6 期。

王曾瑜:《辽宋西夏金的避讳、称谓和排行》,《安徽师范大学学报(人文社会科学版)》2005 年第 5 期。

王德忠:《论辽朝部族组织的历史演变及其社会职能》,《东北师大学报(哲学社会科学版)》2001 年第 6 期。

王国维:《耶律文正年谱》,《王国维集》第 4 册, 中国社会科学出版社 2008 年版。

王明荪:《论辽代帝后之汉学》,《辽金史论集》第 10 辑, 中国社会科学出版社 2007 年版。

武玉环:《略论辽代契丹人的衣食住行》,《北方文物》1991 年第 3 期。

夏宇旭:《金代女真人食用蔬菜瓜果刍议》,《满语研究》2013 年第 2 期。

向南、杨若薇:《论契丹族的婚姻制度》,《历史研究》1980 年第 5 期。

熊鸣琴:《超越"夷夏":北宋"中国"观初探》,《中州学刊》2013 年第 4 期。

杨惠玲:《宋、金时期安多藏族部落包家族考述》,《民族研究》2006 年第 1 期。

张国庆:《辽代契丹人饮食考述》,《中国社会经济史研究》1990 年第 1 期。

朱瑞熙:《宋代的南食和北食》,《中国烹饪》1985 年第 11 期。

附录：作者主要论著目录

一、著作

《宋代宗族和宗族制度研究》，专著，河北教育出版社 2000 年版；人民出版社 2018 年版。

《世家大族与辽代社会》，专著，人民出版社 2008 年版。

《宋代世家个案研究》，专著，人民出版社 2019 年版。

《阳都集》，个人论文集，中国社会科学出版社 2012 年版。

《海粟集》，主编，世界图书出版公司 2012 年版。

《宋代社会史论集》，编，吉林大学出版社 2014 年版。

《中国历史文献选读》，主编，吉林大学出版社 2019 年版。

《中国改革通史·综合卷》，副主编，河北教育出版社 2000 年版。

《中国改革通史·两宋卷》，合著，河北教育出版社 2000 年版。

《辽宋西夏金代通史·社会经济卷》，合著，人民出版社 2010 年版。

《宋以后的宗族形态与社会变迁》，合著，天津人民出版社 2013 年版。

二、论文

《近年古代封建宗族制度研究管窥》，《中国史研究动态》1991 年第 3 期。

《宋代狱空制度简评》，《劳改劳教理论研究》1991 年第 4 期。

《宋代族产初探》，《中国经济史研究》1992 年第 3 期。转载于《人大报刊复印资料·宋辽金元史》1993 年第 2 期。

《宋代谱牒的兴盛及其时代特征》，《中州学刊》1992 年第 3 期。转载于《人大报刊复印资料·宋辽金元史》1992 年第 4 期。

《敲响封建政治制度的丧钟——邓牧政治思想论略》，《石油大学学报》1992 年第 3 期。

《唐宋之际宗族制度变革概论》，《宋史研究论文集》，河南大学出版社 1993 年版。

《中华家教与精神文明建设》,《历史文化与精神文明建设》,河北大学出版社 1995 年版。

《宋代宗族制度的社会职能及其对阶级关系的影响》,《河北大学学报》1996 年第 3 期。转载于《人大报刊复印资料·宋辽金元史》1996 年第 4 期、《高等学校文科学报文摘》1997 年第 1 期。

《宋代真定韩氏家族研究》,《新史学》第 8 卷第 4 期, 1997 年 12 月。

《从〈名公书判清明集〉看宋代的宗祧继承及其与财产继承的关系》,《中国社会经济史研究》1998 年第 2 期。

《强宗豪族与宋代基层社会》,《河北大学学报》1998 年第 3 期。

《提高图书编校质量之我见》,《出版发行研究》1999 年第 1 期。

《宋代族塾义学的兴盛及其社会作用》,《中国史研究》1999 年第 2 期。转载于《人大报刊复印资料·宋辽金元史》1999 年第 3 期。

《宋代世家初探》,《文史》1999 年第 3 辑。

《〈宋史·曹彬传〉勘误》,《河北大学学报》1999 年第 3 期。

《宋代的宗族祭祀和祖先崇拜》,《世界宗教研究》1999 年第 3 期。

《宋代皇族谱牒考述》,《历史档案》1999 年第 3 期。

《关于义门大家庭分布和发展的几个问题》,《历史研究》1999 年第 5 期。

《北宋青州麻氏家族的忽兴与骤衰》,《齐鲁学刊》1999 年第 6 期。

《宋初精神文明建设简论》,《宋史研究论文集》,宁夏人民出版社 1999 年版。

《20 世纪后 20 年宋代社会史研究综述》,《宋史研究通讯》2000 年第 1 期。

《宋代家庭结构初探》,《社会科学战线》2000 年第 3 期。转载于《高等学校文科学报文摘》2000 年第 4 期。

《宋代的宗族重建》,《资政通鉴》,北京出版社 2001 年版。

《积贫与奢靡并存的南宋社会》,《资政通鉴》,北京出版社 2001 年版。

《20 年来宋代社会生活史研究综述》,《中国史研究动态》2001 年第 2 期。

《辽代籍没法考述》,《民族研究》2001 年第 2 期。转载于《人大报刊复印资料·法理学、法史学》2001 年第 7 期。

《高翥〈清明日对酒〉诗新解》,《河北大学学报》2002 年第 3 期。

《〈宋代荫补制度研究〉评价》,《中国史研究动态》2002 年第 12 期。

《宋代三槐王氏家族的仕宦婚姻与文化成就》,《河北学刊》2003 年第 2 期。

《辽朝横帐新考》,《历史研究》2003 年第 2 期。转载于《人大报刊复印资料·宋辽金元史》2003 年第 3 期。

《论辽代皇族》,《民族研究》2003 年第 5 期。转载于《人大报刊复印资料·宋辽金元史》2004 年第 2 期。

《宋代三槐王氏家族兴替考述》,《宋史研究论丛》第 5 辑, 河北大学出版社 2003 年版。

《宋代真定曹氏家族剖析》,《历史文化研究》第 19 辑, 韩国外国语大学历史文化研究所 2003 年 12 月。

《世选制度与契丹的家族势力》,《社会科学战线》2004 年第 1 期。

《范氏义庄与宋代范氏家族的发展》,《中国农史》2004 年第 2 期。

《宋代华阳王氏家族科举论略》,《中华文化论坛》2005 年第 1 期。

《辽代世家大族的军事势力》,《安徽史学》2005 年第 4 期。转载于《人大报刊复印资料·宋辽金元史》2005 年第 4 期。

《宋代华阳王氏家族的科举和仕宦》,《宋代四川家族与学术论集》, 四川大学出版社 2005 年版。

《辽太宗皇后考》,《黑龙江民族丛刊》2005 年第 5 期。

《辽代世家大族文化活动述论》,《安徽史学》2006 年第 2 期。转载于《人大报刊复印资料·宋辽金元史》2006 年第 3 期。

《简论使辽对北宋使臣政治性格的影响》,《河北大学学报》2006 年第 2 期。(与王慧杰合作)

《辽代渤海世家大族考述》,《民族研究》2006 年第 3 期。

《从石刻资料看辽代世家大族与佛教的关系》,《东亚文史论丛》2007 年号, 日本东亚历史文化研究会出版。

《论辽代后族》,《黑龙江民族丛刊》2007 年第 2 期。

《辽代世家大族的经济势力及其来源》,《辽金史研究》第 10 辑, 中国社会科学出版社 2007 年版。

《耶律乙辛集团与辽朝后期的政治格局》,《学术月刊》2008 年第 2 期。转载于《人大报刊复印资料·宋辽金元史》2008 年第 2 期。

《漆侠先生对马克思主义史学理论与方法的运用》,《史学理论研究》2008 年第 3 期。(与毛曦合作)

《宋代世家大族消费述论》,《社会科学战线》2008 年第 7 期。

《共财与家法——宋代饶阳李氏家族探析》,《中国社会历史评论》第 9 卷, 天津古籍出版社 2008 年 7 月。

《世家大族与辽代社会研究——〈世家大族与辽代社会〉成果简介》,《国家社科基金项目成果选介汇编》第 5 辑, 社会科学文献出版社 2009 年版。

《游动饮食的文化阐释——〈中国北方游牧民族饮食文化研究〉评介》,《文化学刊》2009 年第 2 期。(与黄大为合作)

《"没奈何"的财富: 南宋成纪张氏家族消费考述》,《国际社会科学杂志》2009 年第 3 期。

《由富求贵: 从归化州张氏看辽金燕云地方豪族的发展路径》,《河北大学学报》2009 年第 6 期。

《特权庇护：宋代的邢州柴氏家族》，《宋史研究论丛》第 10 辑，河北大学出版社 2009 年版。

《宋代世家大族经济来源简述》，《中国古代法制研究集萃——郭东旭先生七十寿辰纪念文集》，河北人民出版社 2010 年版。

《20 世纪以来辽金民族融合问题研究综述》，《西夏学》第 6 卷，上海古籍出版社 2010 年版。

《宋代族谱序跋所涉家族的地域分布》，《大连大学学报》2012 年第 1 期。（与黄超合作）

《辽代尚父考》，《社会科学战线》2012 年第 1 期。

《家族嬗变与民族融合——从耶律倍到耶律希亮的个案家族考察》，《中国社会历史评论》第 13 卷，天津古籍出版社 2012 年版。

《宋代四川世家大族兴盛原因浅说》，《宋史研究论丛》第 13 辑，河北大学出版社 2012 年版。

《漆侠先生的辽金史研究》，《漆侠与历史学——纪念漆侠先生逝世十周年文集》，河北大学出版社 2012 年版。

《中华家教的当代价值》，《国学与文化自觉》，人民出版社 2012 年版。

《南宋社会中的契丹人》，《南宋史及南宋都城临安研究（续）上》，人民出版社 2013 年版。

《宋代宗族发展的区域差异及其原因》，《安徽史学》2013 年第 1 期。

《宋代旌表制度述略》，《宋史研究论丛》第 14 辑，河北大学出版社 2013 年版。

《略论宋代世家大族的家学》，《社会科学》2014 年第 1 期。转载于《人大报刊复印资料·宋辽金元史》2014 年第 2 期、摘载于《新华文摘》2014 年第 9 期。

《尽有诸元：科举与宋代浦城章氏家族的发展》，《中国史研究》2014 年第 3 期。

《宋代社会史研究的历程》，《深圳大学学报》2014 年第 5 期。

《从族际交往到一体认同——20 世纪以来的宋代民族融合研究》，《安徽史学》2015 年第 1 期。（与王道鹏合作）

《唐代高门士族入宋后裔考略》，《社会科学》2015 年第 8 期。

《生命彩装：辽宋夏金人生礼仪述略》，《兰州学刊》2015 年第 10 期。

《北宋末年举人群体的二相公信仰初探》，《宋史研究论丛》第 16 辑，河北大学出版社 2015 年版。（与孙继合作）

《辽宋西夏金元日常生活史研究概述》，《中国社会历史评论》第 17 卷，天津古籍出版社 2016 年版。

《五代北宋时期折家将作战对象考》，《周秦汉唐文化研究》第 9 辑，三秦出版社 2016 年版。（与杨培艳合作）

《宋徽宗行"八行科"及其影响探析》，《东岳论丛》2017 年第 5 期。（与孙继合作）

《10—13 世纪中国日常生活中的中华一体意识》，《光明日报》2018 年 4 月 23 日 14 版（理论版）。

《辽西夏金宗族研究综述》，《宋史研究论丛》第 22 辑，科学出版社 2018 年版。（与郝振宇合作）

《骤贵者必暴富：南宋武将家族的经济势力——成纪张氏个案考察》，《南国学术》2018 年第 4 期。转载于《人大报刊复印资料·宋辽金元史》2019 年第 2 期。

《翰林天文考》，《中国史研究》2019 年第 1 期。（与郭应彪合作）

《辽代的宗族字辈与排行》，《安徽史学》2019 年第 1 期。

《比较视野下唐宋官宦世家的个案与群体研究》，《史学月刊》2019 年第 3 期。

《宋代宗族史个案研究方法浅识》，《开拓与创新——新视角·新方法·新观点宋史学术前沿论坛文集》，中西书局 2019 年版。

《辽代族际婚试探》，《史学集刊》2020 年第 6 期。转载于《人大报刊复印资料·宋辽金元史》2021 年第 1 期、摘载于《新华文摘》2021 年第 5 期。

《辽代〈故贵妃萧氏玄堂志铭〉考释》，《中国边疆史地研究》2021 年第 1 期。（与王迎辉合作）

《辽代契丹世家大族家庭伦理的变迁及其原因》，《内蒙古社会科学》2021 年第 1 期。（与李红坦合作）

《高校中国古代史教学中的"中国观"问题——以辽宋西夏金史课程为例》，《教育教学论坛》2021 年第 21 期。摘载于《新华文摘》2021 年第 17 期。（与王振华合作）

《辽宋西夏金时期族际饮食文化交流略论》，《河北大学学报》2021 年第 5 期。

《从"尚阀阅"到"贵人物"——唐宋官宦世家婚姻价值取向的比较》，《西北大学学报》2022 年第 2 期。（与姜宇合作）

《女真贵种与金代政治文明的演变》，《中国社会科学》2022 年第 6 期。

《宋代读书风气何以盛行》，《中国社会科学报》2022 年 10 月 10 日第 5 版。

后　记

敝帚自珍。自己过往发表的文章，尽管限于学术功力而难有令人满意者，但写作过程中付出的心血，唯有自知。因此，面对这些旧作，也便油然而生起自珍之情。收集这些作品汇编成册，虽是一种水到渠成的相对简单的工作，但其中其实是包含个人情感的。当然，文集付梓，不仅可以满足自珍的心理，也可借此机会再次获得学界师友的攻瑕指失。

教学相长。近年来，随着教学任务的不断调整，我逐渐侧重将自己的个人研究兴趣与培养人才相结合。本文集所收的文章，有多篇是与我的学生合作完成的。具体来说，《辽代契丹世家大族家庭伦理的变迁及其原因》《宋代族谱序跋所涉家族的地域分布》《宋徽宗行"八行科"及其影响探析》《北宋末年举人群体的二相公信仰初探》《翰林天文考》《辽代〈故贵妃萧氏玄堂志铭〉考释》《五代北宋时期折家将作战对象考》《薄命才女——萧观音传》《辽西夏金宗族研究综述》《从族际交往到一体认同——20世纪以来的宋代民族融合研究》等文，分别是与我的学生李红坦、黄超、孙继、郭应彪、王迎辉、杨培艳、郑东凯、郝振宇、王道鹏等合作完成的。借此机会，向他们表示真诚的感谢！

本文集所包含的文章，在内容上与最初发表时完全一致，但在格式上做了一些统一工作。注释统一改为页下注，有些注释比较简略的，也加注了引用文献的版本和页码。版本的注释，统一以目前笔者所见到的版本为准，而不以文章原发时的文献版本情况为依据。

王善军

2022 年 1 月 2 日